普通高等教育“十一五”国家级规划教材



# 农业机械化技术经济学

## Technical Economics of Agricultural Mechanization

杨敏丽 主编

中国农业大学出版社
ZHONGGUONONGYEDAXUE CHUBANSHE

## 内容简介

本书分上、下两篇共10章内容。上篇为理论与方法篇，主要包括导论、农业机械化技术经济效果与评价、农业机械化技术经济分析方法、农业机械化项目可行性的技术经济分析4章内容。下篇为应用分析篇，主要包括农业机械化技术进步的宏观经济效果分析、农业机械运用管理的技术经济分析、农机社会化服务的技术经济分析、农业机械商品流通的技术经济分析、节能降耗与农业机械化技术经济分析以及农业机械化技术创新与价值工程6章内容。

本书具有实用性和系统性的特点，既可供高等院校农业机械化工程专业高年级本科生和硕士研究生使用，亦可供农业机械化管理、科研、推广等相关人员参考。

## Abstract

The book consists of two parts, ten chapters. Part Ⅰ is Theory and Method, including Introduction, Technical Economic Effect and Evaluation of Agricultural Mechanization, Technical Economic Analysis Methods of Agricultural Mechanization, and Technical Economic Analysis of Agricultural Mechanization Project Feasibility. Part Ⅱ is Application and Analysis, including Macroeconomic Effect of Agricultural Mechanization Technical Progress, Technical Economic Analysis of Agricultural Machinery Management and Upgrading, Technical Economic Analysis of Agricultural Machinery Socialized Service, Technical Economic Analysis of Agricultural Machinery Distribution, Technical Economic Analysis of Energy Saving and Consumption Reducing of Agricultural Mechanization, and Technology Innovation and Value Engineering of Agricultural Mechanization.

The book can be a textbook for undergraduate and graduate programs and be the reference for managers, researchers, and extension specialists of agricultural mechanization.



**图书在版编目(CIP)数据**

农业机械化技术经济学/杨敏丽主编. —北京：中国农业大学出版社，2011.6

ISBN 978-7-5655-0311-5

Ⅰ.①农… Ⅱ.①杨… Ⅲ.①农业机械化-技术经济学-教材 Ⅳ.①F303.2

中国版本图书馆CIP数据核字(2011)第107030号

**书　　名**　农业机械化技术经济学

**作　　者**　杨敏丽　主编

**策划编辑**　张苏明　童　云　　**责任编辑**　童　云

**封面设计**　郑　川　　**责任校对**　陈　莹　王晓凤

**出版发行**　中国农业大学出版社

**社　　址**　北京市海淀区圆明园西路2号　　**邮政编码**　100193

**电　　话**　发行部 010-62731190，2620　　读者服务部 010-62732336

编辑部 010-62732617，2618　　出　版　部 010-62733440

**网　　址**　http://www.cau.edu.cn/caup　　**e-mail**　cbsszs@cau.edu.cn

**经　　销**　新华书店

**印　　刷**　北京时代华都印刷有限公司

**版　　次**　2011年6月第1版　2011年6月第1次印刷

**规　　格**　787×980　16开本　23.75印张　436千字

**印　　数**　1～3 000

**定　　价**　39.80元

# 前　言

农业机械化发展问题，其核心是技术经济问题。新中国成立60多年来，中国农业机械化事业取得了长足进步，发展环境显著优化、政策法规不断健全、发展速度明显加快、地位作用持续增强，走出了一条“农民自主、政府扶持，市场主导、社会服务，共同利用、提高效益”为主要特征的中国特色农业机械化发展道路，成功实现农业生产方式由人畜力为主向机械作业为主的历史性跨越。

2010年，全国农机总动力达到9.28亿kW，农机装备结构持续优化；农业机械化关键技术及装备研发力度不断加大，部分“瓶颈”环节技术与技术集成问题得到解决；全国农作物耕种收综合机械化水平达到52.3%，主要粮食作物生产机械化快速推进。水稻机械种植和收获水平分别达到20.9%和64.5%；玉米机械收获水平达到25.8%，进入提速发展阶段。马铃薯及油菜、棉花、花生、茶叶等主要经济作物生产机械化取得突破性进展。畜牧水产养殖业、林果业、设施农业及农产品初加工等机械化全面发展。农机社会化服务呈现出组织形式多样化、服务方式市场化、服务内容专业化、投资主体多元化的特征，服务能力和效益明显提升。农业机械化的快速发展，在很大程度上缓解了青壮年务农劳力短缺对粮食生产带来的不利影响，有效提高了土地产出率、资源利用率和劳动生产率，持续增强了农业综合生产能力、抗风险能力和市场竞争力，为我国粮食生产实现“七连增”以及农业农村经济保持良好发展势头提供了强有力的支撑。

随着工业化、城镇化的加快推进，农民更加渴望有尊严的生活和体面劳动，青壮年务农劳力短缺矛盾日益突出，农业机械化发展的需求更加旺盛而迫切。加快推进农业现代化，要求转变农业发展方式，优化农业生产力布局，农业机械化发展的空间更加广阔。但是，农业机械化发展整体水平依然不高，与在工业化、城镇化深入发展中同步推进农业现代化的重大要求相比还存在诸多差距，与建设社会主义新农村的新任务还不相适应，面临诸多矛盾和问题，如先进适用、技术成熟、节能环保的农机装备和技术有效供给整体依然不足；农机装备结构和布局不尽合理，区域发展不平衡，老旧农机报废更新慢，不能充分满足现代农业发展和节能减排的要求；农机农艺融合不够紧密，工程技术集成欠缺；农机作业服务的组织化程度有待进一步提升，作业质量和效益不高，等等。这些问题都与农业机械化技术选择及技术经济效果有关。因此，非常有必要针对农业机械化发展中出现的有关技术经济问题提供一套理论分析方法。

农业机械化技术经济学是一门横跨农业机械化工程和技术经济学的交叉边缘学科，涉及农业机械化工程、经济学、农学、数学、运筹学等方面知识。作者在大量实地调研和科学研究的基础上，吸纳了公益性行业（农业）科研专项“种养业生产装备与设施工程—农业机械化工程”(200903009 - 2)课题的研究案例，编撰《农业机械化技术经济学》。全书分上、下两篇共10章内容，上篇为理论与方法篇，下篇为应用分析篇。力求综合运用技术经济学的有关方法，理论与实际相结合，定性研究与定量研究相结合，提出农业机械化技术经济效果与评价指标体系和农业机械化技术经济分析方法，科学、客观地分析农业机械化发展的有关技术经济问题，特别是对农业机械化技术进步的宏观经济效果、农业机械运用管理与更新、农机社会化服务、农业机械商品流通、节能降耗与农业机械化等方面进行技术经济分析，介绍了农业机械化技术创新与价值工程的基本概念与内涵。本书具有以下三个特点：一是系统性，教材编写尽量做到内容体系完善，简繁得当。书中附有大量实际案例与习题，便于学生深入理解和掌握教学内容，全面、系统掌握农业机械化技术经济学的相关理论知识和主要分析方法。二是科学性，将技术经济学有关理论与方法引入农业机械化发展有关问题的研究，理论研究与实际情况相结合，定性研究与定量研究相结合，分析问题科学、客观。三是实用性，针对农业机械化工程专业学生经济学基础不强的实际情况，在知识结构的安排上由浅入深、循序渐进，简明扼要地阐述了农业机械化技术经济学的基本理论、主要方法及其应用案例，以达到学以致用的目的，符合教学规律。教材可供高等院校农业机械化工程专业高年级本科生和硕士研究生使用，亦可供农业机械化管理、科研、推广等相关人员参考。

本书由中国农业大学中国农业机械化发展研究中心常务副主任杨敏丽教授担任主编，参与编撰工作的人员有师丽娟、黄凰、李世武、游凌、仵建涛、张文博、恽竹恬等。全书由杨敏丽统筹，黄凰协助组织，申天兵、高巍、贾敏参与部分章节的校对工作。

作者长期从事的研究工作和本书的撰写均得到农业机械化领域诸多专家的关心支持，特别是中国工程院罗锡文院士、汪懋华院士，中国农业大学白人朴教授，中国农业机械学会陈志名誉理事长，中国农业工程学会朱明理事长，华南农业大学区颖刚教授，吉林大学杨印生教授，东北农业大学王金武教授，山西农业大学郭玉明教授，南京农业大学丁为民教授、何瑞银教授，浙江大学何勇教授，山东农业大学张晓辉教授，湖南农业大学孙松林教授等，以及农业部农业机械化管理司、各省（市、区）农机管理部门的领导，在此一并表示诚挚的感谢！

付梓之际，心中未免忐忑，由于时间和水平所限，不足之处在所难免，敬请读者批评指正。

2011年6月

# Preface

Agricultural mechanization has made considerable progress during over 60 years since the People's Republic of China was founded. The core of agricultural mechanization is technical economy. With the environment significantly optimizing, policies and regulations continuously improving, development speed obviously accelerating, status and function continually increasing, the agricultural mechanization development road has been formed with Chinese characteristics of "peasant-independence, government-support, market-driven, social-service, common-utilization, benefit-improving". The historic leap of transforming farming methods from labor and draft animal operation to mechanical operation has been successfully achieved.

The national total power of agricultural machinery reached 928 million kW and the fleet was continuously optimized in 2010. Support for key technology and equipment R&D continuously increased. Problems of "bottleneck" technology and technical integration were gradually solved. The national comprehensive agricultural mechanization level of tillage, planting and harvesting reached 52.3% and the production mechanization of main grain crops developed rapidly. Mechanical planting and harvesting level of paddy rice reached 20.9% and 64.5% respectively. Mechanical level of corn harvesting reached 25.8%, heading into an accelerating stage of development. The mechanization of potato and cash corps such as rape, cotton, peanut and tea production has made breakthrough. Mechanization of animal husbandry and aquaculture, forestry and fruit production, facility agriculture and agricultural products primary processing are developing in an all-round way. Agricultural machinery socialized service has the characteristics as organization form diversification, service way marketization, service content specialization, investment subjects diversification, and service ability and efficiency have improved significantly. The rapid development of agricultural mechanization has eased the adverse effects caused by the young labor shortage on grain production greatly, improved the land output, resource utilization and labor productivity effectively, and enhanced comprehensive agricultural production capacity, anti-risk ability and market competitiveness persistently. It also provides strong support for the seventh continuous growth of grain production and the good momentum of agriculture and rural economy.

With the industrialization and urbanization accelerating, peasants are more eager to have dignity life and decent work, the shortage of young farming labor is getting worse and the requirement of agricultural mechanization development becomes more urgent. In order to promote agriculture modernization, agriculture development mode need to be transformed, and agricultural productivity layout need to be optimized. Even though the potential of development is great, the overall level of agricultural mechanization is still low. Compared with major requirements to promote agricultural modernization and construct new socialism countryside, there is still a long way to go. Some problems those can not meet the requirements of modern agriculture development, energy saving and emission reduction should be solved urgently. Such as the supply shortage of agricultural machinery and technology, which are advanced and applicable, technical mature, energy saving and environmental friendly, irrational fleet and layout of agricultural machinery, unbalanced regional development, slow replacement and upgrade of old agricultural machinery. In addition, the combination of agronomy and agricultural machinery is not tight enough, organization degree of agricultural machinery operation service needs to be further promoted, operating quality and efficiency are not high. All of these are related to technical choice and economic efficiency of agricultural mechanization. Therefore, it is necessary to provide a theoretical method for the analysis of technical economic issues appeared on the progress of agricultural mechanization development.

Technical Economics of Agricultural Mechanization is a cross subject of Agricultural Mechanization Engineering and Technical Economics, involving agricultural mechanization engineering, economics, agriculture, mathematics and operational research, etc. Based on lots of investigations and scientific research, and cases of the Special Fund for Agro-scientific Research in the Public Interest (200903009-2)-Study on Agricultural Mechanization Engineering Integration Technology and Patterns, the authors compiled the Technical Economics of Agricultural Mechanization. The book consists of two parts, ten chapters. Part Ⅰ is Theory and Method, Part Ⅱ is Application and Analysis. By using technical economic methods comprehensively, combining theory and practical, qualitative and quantitive analysis, the book introduced the agricultural mechanization technical economic effect and evaluation index system, and the methods of technical economic analysis, to research the issues of agricultural mechanization development, especially macroeconomic effect of agricultural mechanization technical progress, agricultural machinery management and upgrade, agricultural machinery socialized service, agricultural machinery distribution, energy saving and consumption reducing of agricultural mechanization etc., and agricultural mechanization technology innovation and value engineering concept and contents are analyzed scientifically and objectively in the book.

This book has the following three characteristics: the first one is systematic, it tried to be integral and brief as well. The rich cases and exercises enable students to understand deeply and master related theories and methods of analysis. The second one is scientific, theories and practical methods as well as qualitative and quantitative analysis are combined in the research. The third one is practical. The knowledge structure of this book is from simple to complex and from easiness to difficulty step by step to suit the situation for agricultural mechanization engineering students who have weak background in economics. The basic theories, main methods and application cases are briefly illustrated in the book to achieve the purpose of application, which is in accordance with the teaching and learning regulation. The book can be used as textbook for undergraduate and graduate programs and be the reference for manager, researcher, and extension specialists of agricultural mechanization.

The editor-in-chief of this book is Minli Yang, who is a professor of China Agricultural University and the executive deputy director of China Research Center for Agricultural Mechanization Development. Other editors are Lijuan Shi, Huang Huang, Shiwu Li, Ling You, Jiantao Wu, Wenbo Zhang and Zhutian Yun. Minli Yang made overall arrangements, Huang Huang provided assistance. Tianbing Shen, Wei Gao and Min Jia proofread some chapters. The long term research work and book writing obtained concern and support from many experts in the field of agricultural mechanization, especially Xiwen Luo and Maohua Wang who are academicians of Chinese Academy of Engineering, Renpu Bai who is a professor of China Agricultural University, Zhi Chen who is the honorary chairman of Chinese Society for Agricultural Machinery, Ming Zhu who is the chairman of Chinese Society of Agricultural Engineering, Yinggang Ou who is a professor of South China Agricultural University, Yinsheng Yang who is a professor of Jilin University, Jinwu Wang who is a professor of Northeast Agricultural University, Yuming Guo who is a professor of Shanxi Agricultural University, Weimin Ding and Ruiyin He who are both professors of Nanjing Agricultural University, Yong He who is a professor of Zhejiang University, Xiaohui Zhang who is a professor of Shandong Agricultural University, Songlin Sun who is a professor of Hunan Agricultural University etc. , and the directors of Department of Agriculture Mechanization Administration of Ministry of Agriculture and different provinces. The authors wish to express the sincere appreciation to them.

Comments or corrections are welcome if there are some deficiencies.

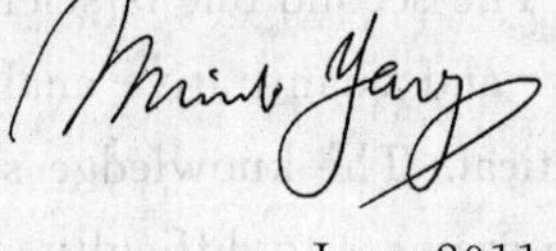

June 2011

# 目录

## 上篇　理论与方法

# 下篇　应用分析

# Catalogue

## Part Ⅰ Theory and Method

# Part Ⅱ Application and Analysis

# 上篇　理论与方法

# 第一章 导论

人类的生存与发展必须依靠物质资料的生产。通过人的劳动来生产具有使用价值的物质资料以满足人类自身需求的能力就是社会生产力。推动生产力发展的动力，首先来源于人类对物质资料生产的需求，但“归根结底总是来源于发挥着作用的劳动的社会性质，来源于社会内部的分工，来源于智力劳动特别是自然科学的发展”[①]。生产力水平的高低成为衡量社会发展水平或者行业发展水平的重要标志，而生产力的发展水平取决于技术进步的程度以及技术的应用水平。

## 第一节 现代农业生产力系统概述

生产力系统是生产力要素或成分，按一定比例和形式结合起来形成的具有一定功能的有机整体。构成生产力的诸要素各有自身的特点与作用，各要素在发生作用时不是各自孤立地存在，而是相互密切联系、相互影响和相互制约的。科学技术是推动现代生产力发展中的重要因素和重要力量。马克思明确指出：机器生产的发展要求自觉地应用自然科学，“生产力中也包括科学”[②]，“劳动生产力是随着科学和技术的不断进步而不断发展的”[③]。马克思的这一论断已经为不断发展的社会实践所证实。生产力的基本要素是生产资料、劳动对象和劳动者。生产资料是与一定的科学技术相结合的，劳动者也同样是掌握了一定科学技术知识的劳动者。现代科学技术的飞速发展并向现实生产力迅速转化，改变了生产力中的劳动者、劳动工具、劳动对象和管理水平。科学技术为劳动者所掌握，极大地提高了人们认识自然、改造自然和保护自然的能力及生产劳动能力。在生产力系统中，科学

---

① 《马克思恩格斯全集》第 25 卷.北京：人民出版社，1974 年版，第 97 页。

② 《马克思恩格斯全集》第 46 卷下册.北京：人民出版社，1979 年版，第 211 页。

③ 《马克思恩格斯全集》第 23 卷.北京：人民出版社，1979 年版，第 664 页。

技术已经成为推动生产力发展的关键性要素和主导性要素。

农业生产力系统是整个生产力系统的子系统，是农业生产力的统一整体，它反映了在农业生产力中各要素按照什么样的关系组合成一个系统。现代农业生产力系统更多地强调科学技术是农业生产力发展和经济增长的第一要素。过去，农业生产力发展和经济增长主要靠劳动力、资本和自然资源的投入，现代农业随着知识经济的发展，科学技术、智力资源日益成为生产力发展和经济增长的决定性要素，农业生产力发展和经济增长主要依靠科学与技术的力量。从发达国家的现代农业发展的实践看更是如此。

现代农业生产力系统不是孤立存在的，它与其他子系统之间有着密不可分的关系，是一个与外界密切关联的开放系统。离开了外部条件，农业生产力系统就不可能存在。与其他生产工具一样，作为生产工具的机械，要形成一种新的生产力，取代旧的生产力，不仅要取决于整个生产力系统内诸要素的协调，还要取决于生产力系统与其外部环境的协调。这种协调称为"系统协调"，也就是说，机械要形成生产力，就必须按照一定的层次顺序与生产力的诸要素及外部环境取得协调发展。实现了这种协调，便能形成新的农业生产力，反之，则不能形成新的农业生产力。这种系统协调主要包括 4 个层次(图 1-1)。

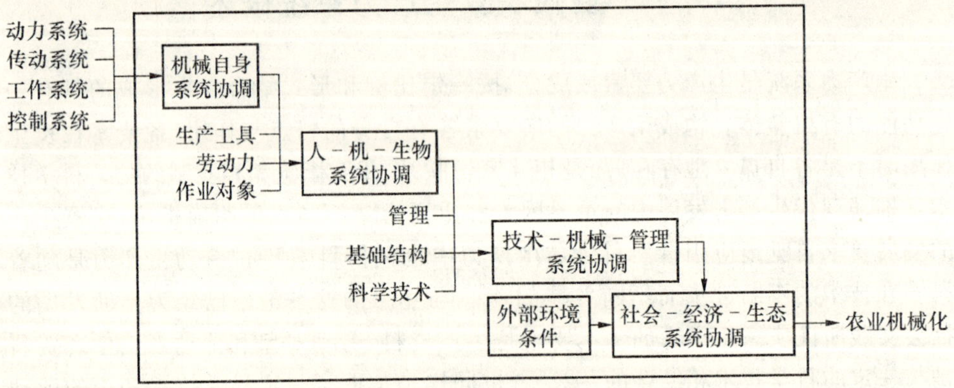


**图 1-1 现代农业生产力系统协调图**

第一层次：机械自身系统协调，即机械系统本身结构的协调，也就是动力系统、传动系统、工作系统与控制系统之间的协调。没有这种协调，机械作为一种生产工具，便不能形成完整系统的功能。例如，拖拉机假若不与曳带的农具配套，它便不能对农业生产发挥应有的作用。

第二层次：人-机-生物系统协调，即生产力实体系统的协调。生产力的核心系统包括生产工具、劳动力和劳动对象。这层协调又包含两个方面:首先,要求机械与相应熟练程度的劳动力实现协调,即人-机协调,也称为基础性协调;其次,要求机械与其服务对象协调,即农机与农艺的协调,也称为适应性协调。显然,如果没有实现其础性协调,机械不仅不能发挥正常效能,而且会对机械与劳动力产生破坏作用;如果不实现适应性协调,就不能满足农艺或工艺的要求,即使机械性能再好,也无法用之于农业生产。

第三层次:技术-机械-管理系统协调,即整个现代农业生产力系统内部的协调。农业生产力系统结构包括实体结构、基础结构,控制管理结构和科学技术结构4个部分。技术-机械-管理系统协调涵盖了3方面含义:首先,要求以机械为代表的生产力实体和能源、交通、信息等服务保障系统取得协调一致,称为运转性协调;其次,要求以机械为代表的生产力实体与管理控制的现代化相协调,称为控制性协调;第三,要求以机械为代表的生产力实体与相应的科学技术水平相协调,称为发展性协调。显然,即使形成了机械生产力实体,如果没有足够的能源供给(如柴油)或供给系统不完善,机械是无法开动的;如果没有必要的信息或信息传递不畅,以机械为代表的生产力实体是不能正常运转的(如农机的跨区作业);如果没有形成科学、合理、灵敏的现代管理控制能力,即使实现了人-机-生物系统的协调,也难以形成现实的生产力;如果没有相应的科学技术水平,以机械为代表的农业生产力实体也难以高效运转和不断提高,更不能成为现代农业生产力系统。

第四层次:社会-经济-生态系统协调,即农业生产力系统与外部环境的协调,包括社会环境、经济环境和生态环境。农业机械化与外界环境条件的协调是一个错综复杂的过程。一方面,在农业机械形成上述"技术-机械-管理系统协调"的过程中,就渗透了外部环境条件的制约性。例如,机械本身、劳动力素质、基础结构、科学技术等农业生产力系统内部的要素,其实都与系统外的社会、经济和生态环境条件有着千丝万缕的联系。另一方面,在农业机械形成了"技术-机械-管理系统协调"以后,还要继续与外界环境取得协调。如,先进机械的销售价格与农民的购买力,劳动力使用成本与机械使用成本,农药化肥施用量多少更合理、更环保,机械如何操作更节能降耗等。

## 第二节 农业机械化的概念及范畴

### 一、农业机械化的概念

农业机械化是农业现代化的重要内容,是现代农业的重要标志,是技术进步的重要体现。它不仅可以提高劳动生产率，而且是解放农业劳动力、减轻劳动者劳动强度、提高土地产出率和保证农产品质量的重要手段，是先进的农艺技术和生物技术实施的载体。农业机械化有着广泛、复杂的内容，对农业机械化的定义曾有各种不同提法，如农业机械化是"用机器进行农业生产活动的过程"，农业机械化是"农业机器的设计、制造、鉴定、推广、使用、维修、管理各环节的总称"，以及农业机械化是"包括种植业、养殖业、加工业，贯穿产前、产中、产后服务全过程的机械化"等。按其含义分为狭义农业机械化与广义农业机械化。

狭义的农业机械化通常是指种植业生产过程中某个环节的作业机械化，或某种农作物、某个农业部门的生产过程机械化，即运用各种动力机械和配套的作业机具替代人畜力与传统农具，进行农业生产的各种移动或固定作业。就范围而言，可分为农业、畜牧业、林业、渔业的机械化；就程度而言，可分为初步机械化、基本机械化、全面或全过程机械化，以及农业生产综合机械化，即某企业或某地区各农业生产部门全面实现机械化。

广义的农业机械化通常是指农、林、牧、渔各部门生产实现机械化的过程，它是根据各地区特点与农村经济发展需要，逐步实现机械技术、生物技术与现代管理技术的紧密结合或融合，改变传统生产方式而不断提高农业劳动生产率的动态过程。

虽然不同学者对农业机械化的定义有很多不同的认识，但有两点是大家认同的：①农业机械化是用机械动力来代替人畜力；②农业生产方式发生了变化，即由人畜力手工的生产方式转变为用机械进行生产。

发展现代农业符合当今世界农业发展的一般规律，是促进农民增加收入、提高农业综合生产能力的重要举措。要用现代物质条件装备农业，用现代科学技术改造农业，用现代产业体系提升农业，用现代经营形式推进农业，用现代发展理念引领农业，用培养新型农民发展农业，提高农业水利化、机械化和信息化水平，提高土地产出率、资源利用率和农业劳动生产率，提高农业素质、效益和竞争力。建设现代农业的过程，就是改造传统农业、不断发展农村生产力的过程，就是转变农业增长方式、促进农业又好又快发展的过程。

《中华人民共和国农业机械化促进法》(以下简称为《促进法》)将农业机械化定义为：运用先进适用的农业机械装备农业，改善农业经营条件，不断提高农业的生产技术水平和经济效益、生态效益的过程。从《促进法》对农业机械化的定义可以看出，农业机械化是一个不断提高、不断完善的过程。发展农业机械化是不断加强农业基础地位，增加农民收入，提高农业综合生产能力的必然要求。

《促进法》对农业机械的范围进行了界定，明确农业机械是指用于农业生产及其产品初加工等相关农事活动的机械、设备。《促进法》中对农业机械的定义是按照农业法中“农业”的概念，从大农业的角度对农业机械的范围进行的界定，将用于农业生产及其产品初加工等相关农事活动的机械、设备统称为农业机械。其中，“农业生产”是指从事种植业、林业、畜牧业和渔业等产业的生产，“产品初加工”主要是指产品的产后处理，即对农产品进行诸如清理、分级、分离、混合、保鲜、干燥等不改变产品的物理性状的直接的简单的加工处理过程。

从上述农业机械化和农业机械的定义可以看出，农业机械化具有以下几个特征：①农业机械化发展是一个新陈代谢的过程；②农业机械化发展呈现出阶段性与不平衡性；③农业机械化能显著提高土地产出率、资源利用率和农业劳动生产率；④农业机械化能减轻劳动强度，改善劳动条件和生态环境，扩大生产规模；⑤农业机械化贯穿于农业生产的产前、产中、产后全过程。

## 二、农业机械化的范畴

由上述农业机械化的定义及其特征可以看出，《促进法》中规定的农业机械化是大农业范畴的机械化，不仅包括种植业生产的机械化，而且涵盖了林业、畜牧业、渔业、副业、水利、农田建设等与农事活动相关的机械化，是一个纵贯农业生产产前、产中和产后全过程的机械化。其涉及的领域及主要环节的机械化内容如表1-1所示。

**表1-1 农业机械化涉及的领域及主要环节的机械化内容**

| | | |
|---|---|---|
| 种植业机械化（按其作业过程） | ①播前作业 | 包括土地平整、开挖沟渠、翻耕、深松、耙地、镇压等农田建设与土壤耕作机械化；种子精选、分级、拌药、包衣等种子加工机械化；肥料准备和基肥撒施的机械化 |
| | ②播种及田间管理 | 包括小麦、玉米、豆类等作物的播种机械化；水稻直播、工厂化育秧及插秧机械化；旱地作物秧苗移栽和营养钵制备、带钵移栽机械化；马铃薯和甘蔗等的栽种机械化；施肥机械化；中耕除草和间苗作业机械化；植物保护机械化；排灌作业机械化；棉花打顶、果树和茶树修剪等项作业的机械化等 |
| | ③收获及收获后加工 | 包括切割、挖掘、拔取、摘收等作物收获机械化；各种收获物料的剥皮、脱壳、脱粒、清选、干燥、清洗、分级等项作业机械化；稻谷制米、小麦制粉、油脂提取和精炼机械化；各种物料粉碎、制粒、蒸煮、混合、发酵、膨化等项作业的机械化等 |

续表 1-1

| | | |
|---|---|---|
| 种植业机械化（按其作业过程） | ④运输作业 | 贯穿于种植业生产的产前、产中、产后全过程。包括种子、肥料、农药、水、燃料、塑料薄膜、秧苗、农产品等物料装卸运输及农产品入仓、倒仓、出仓等作业的机械化 |
| | ⑤设施园艺 | 包括温室的加温、通风和温室内的土壤耕作、种植、施肥、灌溉、收获等项作业的机械化；塑料薄膜的铺设或铺膜、播种等联合作业的机械化等 |
| 林业机械化 | ①营林机械化 | 林木种实采集、处理，苗木培育，造林，森林抚育，护林防火等过程的机械化 |
| | ②森林采运机械化 | 森林采伐、木材运输和贮木场作业 3 个主要生产过程的机械化 |
| 畜牧业机械化 | ①饲草机械化 | 包括草籽收获、饲草收获与青贮机械化 |
| | ②饲料加工机械化 | 包括饲料的微粉碎和超微粉碎、高精度微量配料、自动制粒、挤压膨化与制粒等加工的机械化 |
| | ③饲养机械化 | 包括畜禽养殖中的喂料、饮水、灭菌、光照、清粪和拣蛋等的机械化 |
| 渔业机械化 | ①养殖装备及工程 | 包括循环水工厂化养殖和网箱设施养殖所需装备及设施的机械化 |
| | ②水产捕捞装备 | 包括捕捞作业船只的装备和助渔仪器的机械化 |
| | ③水产品加工与流通装备 | 鱼、虾、贝类自动化处理机械和小包装制成品的加工设备等的机械化。自动化处理机械包括清洗、分级、（鱼体）开片、去皮（壳）、冻结等机械化；制成品加工包括各类适合消费者习惯和口味的小包装熟制品、熏制品、炸制品、鱼糜制品、生食制品等的机械化；水产品流通装备的机械化，重点在于快速流通和低温保障的机械化 |
| 农产品加工机械化 | | 包括粮食、薯类、棉花、油料、茶叶、植物蛋白、糖料、蔬菜和水果加工等的机械化 |

作为影响现代农业进程的关键因素，农业机械化是实现农业现代化和形成农业竞争力的核心能力。随着我国农业现代化进程的全面推进，农机工业设计和制造水平的全面提高，农业机械化的功能和服务领域将不断延伸与拓宽，农业机械化的范畴也将发生新的变化。

## 第三节 农业机械化发展的基本条件

### 一、工业化、城镇化发展与农业机械化

从传统农业向现代工业的转变、从乡村文明向现代城市文明的转变构成了一国现代化进程的主要内容。纵观近代世界发展史，工业化的发展导致了技术和生产力水平的不断提高，而生产力水平的提高宏观上还需要充分考虑就业和生产力条件的约束。在劳动力不断从农业向非农业转移的过程中，技术进步和农业劳动生产率的提高是整体性的，这表明资源利用和配置效率的提高。城市化正是由于具备提高资源利用和配置效率、增加就业和扩展市场的功能，才能使其成为工业化以来世界各国经济社会发展的普遍规律。相反，大量农业劳动力长期滞留在狭小的耕地上，不仅会阻滞农业的发展，而且容易导致许多发展中国家的二元结构问题。

20 世纪 80 年代，我国经济社会发展的重要动力是工业化。跨入新世纪以后，我国经济社会发展的重要动力是城市化，小城镇作为具有中国特色的城市化形式，对促进国民经济发展和推进社会主义现代化建设发挥了重要的作用。2009 年，我国人均 GDP 已达3 743.96 美元，农业增加值占 GDP 比重已降到 10.3%，财政收入和财政支农资金分别达到68 477 亿元和7 253.1 亿元，第一产业从业人员占全社会从业人员比重已降到 38.1%，城市化率已达 46.59%，农民人均年纯收入突破 5 000 元大关，综合国力明显增强。我国总体上开始进入工业反哺农业、加快建设现代农业的新阶段。

当一个国家工业化、城镇化发展到一定时期，必须推进农业机械化发展。这是由 3 方面原因决定的，一是当工业化进入中期阶段后，由于大量农业剩余劳动力和农村人口不断进入城镇和非农产业，使得农村人口持续减少，农业领域的劳动力绝对数量不断下降，此时农业发展越来越需要增加现代物质技术投入，以提高农业劳动生产率和土地生产率。二是工业化达到一定水平后，工业具备了相当的生产规模和产能，这些产能也要求寻找有效的消费市场。就是说，经济发展到一定时期，由工业化带来的成果出现了巨大外溢效应，这种外溢效应必然会以多种形式向农业领域覆盖。由此，就形成了以化肥、农膜、农药、农机、农具等工业产品装备农业的现代化过程。三是随着城市化的快速推进，城市人口的不断扩张，社会对农产品的需求规模越来越大，质量越来越高，供给越来越便捷。这就要求农业从生产、加工、储藏到销售，必须实行规模化、标准化、设施化、产业化。显然，在农业规模化、

标准化、设施化、产业化过程中，农业机械化起着举足轻重的作用。因为，用现代物质技术装备农业的过程，几乎每个环节都渗透着机械化，没有机械化的农业现代化是不可想象的。

随着工业化、城镇化快速推进，耕地和水资源紧缺约束越来越突出，传统农业发展方式与资源环境的矛盾，以及传统农业生产组织形式和经营机制存在的问题越来越突出，实践中农民对农业机械作业需求越来越迫切，农业生产对农业机械应用的依赖越来越明显。一个国家或地区机械化、现代化水平常用农业劳动生产率作为衡量的重要标志。农业劳动生产率的高低，与该国的生产条件和生产特点及社会平均劳动生产率有很大关系，而提高农业劳动生产率的最主要措施就是发展农业机械化。因此，农业机械化在加快农业发展方式转变、建设现代农业中的支撑引领作用越来越突出。

## 二、国民经济发展与农业机械化

马克思在《资本论》中指出，“各种经济时代的区别，不在于生产什么，而在于怎样生产，用什么劳动资料生产”[①]。这就是说，生产工具是划分经济时代的重要依据，农业机械作为重要的生产工具，也是区别甚至是决定经济时代的指示器之一。因此，马克思进一步指出：劳动资料是人类劳动力发展的测量器，机械性的劳动资料比只是充当对象的容器的劳动资料更能显示一个社会生产时代的具有决定意义的特征。从原始农业至今，作为经济时代的“测量器”和“指示器”的农业机械，每一次重大变革与突破，都使农业资源得到更广泛、更有效的利用，农产品的产量和产值大为增加，推动了人类社会与农业生产进步和持续发展，推动了经济发展。这一规律虽然在各个历史阶段、各个国家之间有所不同，发展过程亦有波动，但趋势基本是一致的。而且生产力发展程度越高，对经济发展的推进作用越明显。例如，英国、美国和日本，不但自然条件和科学技术发展水平不同，而且农业资源条件各异，但各国的经济发展过程都体现这种规律性的关系。

研究显示，经济发展水平与农业劳动力数量呈反比关系的趋势是完全一致的，这表明农业机械化本质上是一个在农业生产过程中不断提高劳动效率、利用机械劳动取代手工劳动的一个过程。农业机械化提高自然资源利用率，为工业发展提供劳动力和原料，促进了工业的发展，推动了社会进步。在以手工劳动为主、农业生产力水平很低的情况下，农业提供的农产品不能保证社会需要，农业对国民经济发展和支持运行的支撑能力不足，往往采用增人增地的办法来解决。

---

① 《资本论》第一卷. 北京：人民出版社，1975年版，第204页。

这样做，不仅效率低下，而且代价极大。发展农业，加强农业基础，必须实行农业生产方式、经济增长方式的根本转变。不是采用增人增地大量占用和消耗资源的方式，而是用发展现代农业的方式。减少劳力，增加科技投入，实现节地、节水、节肥和节种，提高农产品数量和质量，大幅度提高农业劳动生产率、资源利用转化率和投入产出效益。对国民经济发展的支撑能力大大增强，农民收入显著提高，工农差距、城乡差距缩小。因此，在建设现代农业的关键时期，对农业机械化的需求将会更加迫切，农业机械化在社会经济发展中的地位与作用也会越来越大。

实现国民经济现代化，首先要实现农业现代化，而农业现代化是建立在农业机械化大生产基础之上的。由于工业生产和机器生产创造的价值可以立即被人所感觉到，属于“直接”创造价值，因而受到人们重视；而农业机械化创造的价值有一种间接性，它为工业生产提供所需要的原料、劳动力，这种间接性容易被急功近利的人们所忽视，从而减少农业机械化的投资。不同的投资策略对国民经济的持续健康发展产生不良影响。对于绝大多数国家，工业和农业是国民经济发展的两大支柱，都不可偏废。如果没有实现农业机械化，就不可能实现农业现代化，即使 GDP 暂时能够快速发展，也不可能健康和可持续，国民经济迟早要受到严重影响。按照“木桶原理”，决定木桶容积的不是最长一块木板，而是最短的一块短板，只有协调各木板之间的长度，使长短趋于一致，木桶才能达到最大容积。所以，经济要发展，就要调整产业结构，通过发展现代农业来支持非农产业和城市化大发展。提高农业生产力，使农业从业人员数量和比重大幅度下降，农业劳动生产率提高，农业提供给社会的农产品数量、质量和品种大幅度上升，对国民经济发展的保障能力大大提高，创造的社会财富增多，对非农产业和城市化发展的支持能力增强。同时，非农产业的发展将创造更多的就业机会，整个国民经济日益繁荣，人民收入和生活水平不断提高。“没有农业的现代化，就没有整个国民经济的现代化”，这不仅是符合中国国情的科学论断，也为世界经济发达国家的现代化进程所证实。

## 三、农业劳动力转移与农业机械化

随着工业化、城市化发展，农业劳动力快速转移对农业机械化提出了迫切需要，农业机械化发展为农业劳动力转移提供有力支撑，农业机械化发展与农业劳动力转移互为条件。作者跟踪研究世界上 20 个农业大国的发展表明，世界主要经济强国也是农业强国，其农业从业人员占全社会从业人员的比例都小于 8%，每千名农业劳动者拥有的拖拉机数量在 550～1 840 台之间，人均 GNP 和农业劳动生产率都很高，大都在 2 万美元以上，高的已达 6 万多美元，农业劳动生产率多数比人均GNP值还高，或者相近。农业机械化发展了，农业综合生产能力提高了，农业劳动生产率大幅度提高，农产品产量和产值大大增加，对国民经济的支撑能力和食品安全的保障能力大大增强；农业劳动力大量转移到二、三产业，创造的社会财富不断增多，农民收入和生活水平也随之提高。推进农业机械化，减少农民，发展现代农业，实现整个国民经济现代化，这是世界发展史证明了的经济社会发展的客观规律。我国从20世纪90年代已经进入了减少农民、发展现代农业的新时期，全面建设小康社会赋予了农业机械化新的历史使命。

我国现代农业的生产要素投入，在20世纪90年代开始发生了由增加农业劳动力到减少农业劳动力的重大转变，农业机械化投入日益增多，作用日益增强：①以前加强农业基础地位，都强调增加劳动力，限制农民进城或从事非农产业，甚至还要动员城里人下乡去加强农业。改革开放以后，政策虽然有所改变，但由于农业生产力落后，在农业发展中增加农业劳动力的势头一直延续到1991年。从1949年到1991年，我国农林牧渔业劳动力从16 549万人增加到34 186万人，翻了一番多，1991年达到历史最高峰。1992年开始，出现了农业劳动力由增加转变为减少的历史性转折，加强农业基础主要靠科学技术和农业机械化，由靠增加人转变为要减少人。到2009年，我国农林牧渔业劳动力已减至28 363.6万人。②从社会经济结构分析，我国第一产业从业人员占全社会从业人员的比重，1970年以前都在80%以上，1978年为70.5%，1990年为60.1%，2000年已降至50%，这是一个重要的转折，标志着我国农业从业人员多于非农产业从业人员的时代结束了。到2009年，第一产业从业人员占全社会从业人员的比重已降到38.1%。以上变化，是与农业机械化不断增强对农业生产的支撑能力分不开的。农业机械化的发展，对减少农民，加强和发展农业提供了强有力的工程技术支持。

目前，我国正处于城镇化加速发展和工业化中期阶段，外出务工的农村劳动力由"农闲打工、农忙返乡"转为常年性稳定外出，农业劳动力结构性、季节性、区域性短缺的矛盾逐步显现。根据2008年中国农业大学丘陵山区农业机械化发展情况调查小组的调查结果表明，随着劳动力价格上涨、农民收入的增长和生活质量不断提高，农民劳动观念已经转变，迫切希望降低劳动强度。对于农业生产中劳动强度大、作业条件差的作业环节，农民都希望使用机械代替人力。刘易斯·费·拉尼斯的经济发展和农业剩余理论中指出：发展过程中伴随着劳动力及农业剩余从传统农业部门转移到现代工业部门，工业部门扩张的能力部分取决于农业的生产条件。特别重要的是，如果农业部门没有剩余，工业部门的增长是十分困难的。在此，农业劳动力向工业部门转移的前提是：劳动力的转移不会影响农业生产，为此必须提高农业生产率,而农业机械化是提高农业生产率的重要手段。可见,农业机械化是提高农业生产率,实现劳动力要素合理转移,促进整体经济发展的催化剂。进入"十二五"后,随着我国农村劳动力转移速度明显加快,大量高素质农村劳动力将向非农产业转移,农业生产对实现机械替代人力,加快提高农业劳动生产率的需求更加迫切。实现农业机械化,是我国农业现代化面临的重要任务,是应对劳动力转移,大力发展现代农业的必然选择。

## 四、技术进步与农业机械化

社会经济增长是社会生产和再生产不断扩大的过程。在科学技术条件一定的情况下,经济增长主要靠追加生产资料和劳动力来实现。当科学技术不断进步,技术条件不断改善,必然出现生产资料和劳动力这两个要素的增减变化,成为社会经济增长的决定性因素。资本、劳动和自然资源在农业生产活动中总要按一定比例,以某种具体形式叠加在一起,才能形成现实的生产力。

传统农业的发展是以劳动和土地等资源的不断投入作为主要特征。其技术状态和资源要素水平长期保持在基本稳定的状态,各种生产要素基本达到最佳配合。但由于传统农业内部的物质与能量的低层次循环,其内部发展的潜力有限,原有的生产要素组合对生产的促进作用微乎其微,从而导致土地生产率及劳动生产率降低。与传统农业相比,现代农业的基本特征是高投入、高产出、高效益的开放式系统,是一种集社会化、科学化、资金和技术集约化为一体的农业新模式,它的优势在于可以充分利用现代科技和先进物质装备,大幅度提高土地生产率和劳动生产率,成为现代经济持续增长的动力源泉之一。

1971年由速水佑次郎和拉坦提出的著名的速水佑次郎-拉坦模型①认为,一个社会可以利用多种途径来实现农业的技术变革。"由无弹性的土地供给给农业发展带来的制约可以通过生物技术的进步加以消除,由无弹性的劳动力供给带来的制约则可通过机械技术的进步解决。"一个国家要获得农业生产率和产出迅速增长的能力,取决于对各种要素选择特别是技术选择的能力。如果不能选择一条可以有效消除资源禀赋制约的途径,则会抑制农业发展和经济发展进程。实践与研究表明,农业生产中,如果仅极端地强调生物和化学技术进步的作用而忽视机械技术进步对于农业生产的影响是不合理的,也是不可取的。任何先进技术的采用应该有所侧重,但不能走极端。农业生产实践中,生物和化学技术进步固然重要,但

---

① 速水佑次郎,弗农·拉坦. 农业发展的国际分析[M]. 郭熙保,张进铭等译. 北京:中国社会科学出版社,2000。

同时要肯定机械技术的作用与影响。推动机械技术进步应该是农业科技变革的一个有机组成部分。

保罗·罗默[①]在1986年《收益递增经济增长模型》中提出了自己的内生经济增长模型,他认为知识和技术研发是经济增长的源泉。知识作为一种要素投入,与普通要素投入不同的是,它具有递增的边际生产率,能够提高投资的收益,从而促进资本投资。反过来,资本投资又刺激了新知识的产生,构成了资本投资与知识积累的良性循环。也就是说,农业机械化投资会引致知识的积累,农业机械投入与知识积累形成一种有形投入与内生增长相结合的复合资本品,又将加快技术进步的进程,技术进步又可以提高农业机械化投资的效益,使农业经济系统出现增长的良性循环,从而推进农业现代化进程,促进长期经济增长,提高农业竞争能力。

总体而言,现代农业的发展离不开农业机械化的发展,新型农业机械化发展需要以技术进步和创新为动力,依靠技术进步和农业机械化投入,促进知识积累和劳动者素质提高,不断提高农业劳动生产率和经济效益,从而提高农业的国际竞争力。

### 五、农机服务产业化与农业机械化

农村经济和农业生产的发展迫切需要农业机械化。国内外实践证明,克服家庭经营局限性的有效途径在于大力发展农机社会化服务,使以农户为单位的经营方式与机械化大生产相适应。作为农业现代化的重要组成部分,农业机械化是提高农业劳动生产率和农业竞争力的核心要素。随着农业产业化的深入发展,农机服务产业化已经越来越多地被引入我国农业机械化发展和组织制度创新战略的实践中,这是农业机械化发展理论与改革实践逐渐走向成熟的表现。

农机服务产业化是伴随着农业产业化的发展,从传统农业生产经营体中分离出一个专门从事农业机械化服务的生产技术经营体,并逐步形成比较完善的服务体系和运行机制,是农业增效、农民增收的重要途径,是农业产业化的重要组成部分。其产业经营主体是通过技术、劳务及信息和知识等服务经营手段获取利润,属于非物质生产部门。一方面,农机服务产业化为农业产业化提供技术支撑,为农副产品生产提供产前、产中和产后一系列机械化技术服务。这种专业化分工、产业化经营、社会化服务的产业组织和生产竞争机制的形成,会迅速提高农业生产效率和技术进步速度。另一方面,农机服务产业化发展以农业产业化为前提,通过增加农

① 保罗·罗默(Paul M. Romer,1955—),美国经济学家。

产品附加值和促进农民增收，来提高农民对农机社会化服务的生产需求。同时，农机服务产业化进程中提供的一系列服务不仅能够为农村劳动力提供新的就业渠道，而且能够充分发挥农业机械的功能与效率，进一步节约农业生产资源和生产成本，增加农民收入。另外，农机社会化服务实现了各生产要素的优化组合，因而可大大减少单位作业量中的机械和其他生产资料的损耗，减少机械重复购置以及技术状态不佳和运用不合理所造成的成本增加。专业化、社会化服务突破了农业家庭经营的界限，其对农业生态环境的改善和资源配置的优化是人力和低技术含量机械装备所力不能及的，使农业机械作业规模扩大成为了可能，符合现代农业发展要求。

## 六、节能降耗与农业机械化

近几年来，在国家农业机械购置补贴等一系列强农惠农政策推动下，我国农业装备水平快速提高，农业机械作为农业生产的重要工具，应用领域不断拓宽，在减轻劳动强度、提高生产效率的同时能源消耗也在相应增加。

统计数据表明，我国农机作业柴油消耗量占全国柴油消耗总量的比例一直保持在30%，占全国石油消耗总量比例一直保持在10%左右，占农业生产燃油总消耗的95%以上。与国外的农业机械相比，我国柴油机单位功率的耗油量比国外平均高30%。据统计，2009年农用拖拉机2 101.42万台中，83.32%是小型拖拉机，且多数使用单缸小型发动机，农用运输车1 345.04万辆，其中80.2%是三轮低速载货车。这些车辆体积小，五脏俱全，无用功消耗大，作业效率比大型或高速机组低10%～20%，油耗高10%～20%。目前，大部分地区农业的经营模式以小农户为主，农民从自身利益考虑，重复购置严重，是典型的资源数量型发展模式，造成了资源的极大浪费。

2009年我国农业机械总动力为8.75亿kW，耕种收综合机械化水平为49.13%，全国农业用燃油消耗3 575万t，占当年国内汽油和柴油消耗总量的30%。其中，农业运输和农田作业用燃油占全部农业燃油消耗的比例超过70%；而农产品初加工、农田基本建设、农田排灌、畜牧业生产等燃油的消耗均不足10%。从农田作业环节来看，耕整地作业燃油消耗最多，收获和种植分别列第二、第三位。如果按照目前增长趋势预测，2020年耕种收综合机械化水平达到70%时，农业机械耗油量将达到6 455万t(农田作业耗油量将达到4 037万t，非农田耗油量2 418万t)。若全面实现农业机械化，按照目前的柴油利用率计算，全国农田作业需要近6 000万t柴油，农田作业平均每公顷需要动力9.15 kW，而美国平均每公顷动力仅为1.05 kW、韩国为4.95 kW，这两个国家已经实现全程机械化。

从机械化农业作业工艺上看，我国农业机械化是在传统人畜力耕作基础上演变而来的，其核心是通过精耕细作提高农作物产量，作业工序多，需要机具多，能耗大。例如，河北一年两熟地区三秋收玉米、播小麦阶段，传统作业工序有9道作业：摘运玉米穗、粉碎秸秆、撒肥、重耙切茬、深翻、耙地碎土、平地做畦、播种、运种子肥料，需要收获机械、秸秆粉碎机、化肥撒施机、重耙、铧式犁、轻耙、平地做畦机、播种机、拖车等9种农机具，作业工序的繁多导致农机作业用油居高不下。不仅如此，机械反复进地对土壤进行压实破坏了土壤的自然团粒结构，产生犁底层，降低了土壤水分渗入能力，影响作物对水分和养分的正常吸收，最终导致农田土壤生态恶化，增加机械作业时土壤耕作阻力和作业能耗。

农业机械化生产是高投入、高产出的资源型、集约型生产，在提高劳动生产率和土地产出率，解决人们吃、穿、用，改善农民生活质量的同时，粗放的机械化生产方式消耗大量钢材、石油、橡胶等资源，不仅增加农业生产成本、加重农民负担，影响资源可持续利用，甚至造成生态环境破坏。因此，农业机械化节油降耗问题必须引起高度重视，在加快农业机械化发展的同时，通过机械化生产技术集成、优化装备结构、构建资源节约型、环境友好型机械化生产技术体系，将农业机械化生产引导至以资源高效利用为核心的轨道上来，以促进农业的可持续发展。

根据以上分析，一个国家农业机械化发展的速度、规模与质量，必然受到各种社会经济条件的影响，必须与国家整体工业化、城镇化发展进程，国民经济发展水平、农业劳动力转移速度、农机工业技术发展水平、农机服务产业化，以及高效低耗的农业机械化节能体系等条件有效结合，科学协调发展，才能成为发展现代农业的推进器。

## 第四节 农业机械化技术经济学的产生和发展

### 一、技术经济学的产生与发展

#### (一)技术经济学的产生与发展

技术经济学在国外一般被称为工程经济学，其产生与管理科学的发展有密切关系，源于1887年亚瑟姆·惠灵顿(Arthur M. Wellington)[①]的著作《铁路布局的经济理论》。他首次将成本分析方法应用于铁路的最佳长度或者最优路径选择中，

① 亚瑟姆·惠灵顿(Arthur Mellen Wellington，1847—1895)，美国建筑工程师，著有《铁路布局的经济理论》一书。

开创了工程领域中的经济评价。

19 世纪末 20 世纪初，弗雷德里克·温斯洛·泰勒①所创立的泰勒管理思想为技术与经济的协调发展，以及从对立到统一奠定了基础。20 世纪前半期，西方就有一批学者开始研究工程技术中的经济问题。1930 年美国斯坦福大学土木工程学系的尤金·L·格兰特②发表了《工程经济学原理》一书，这是西方工程经济学的第一本著作，该书指出了古典工程经济的局限性，提出了以复利计算为基础，讨论了判别因子和短期投资评价的重要性及资本长期投资的一般比较，被称为工程经济学之父。20 世纪 30 年代，美国在开发田纳西河流域规划中创立并推行"可行性研究方法"，把技术与项目的经济问题研究提高到了一个新阶段。通过总结完善，逐步形成了一套比较完整的理论、工作程序和评价方法，此后工程技术经济评价在各国得到了很大发展。1947 年劳伦斯·戴罗斯·麦尔斯③创立的"价值工程"方法，进一步丰富了工程经济学的学科体系。由于工程经济学对工程项目建设进行科学的分析评价提供了一套科学可行的思路和方法，因此一直备受工程技术人员和企业家的欢迎。

20 世纪 70 年代以后，西方经济学界也有技术经济学的提法，也有人研究技术经济学问题，研究领域主要有西方的"工程经济学"(engineering economics)、"费用-效益分析"(cost-benefit analysis)、"可行性研究"(feasibility study)、"技术进步经济学"(economics of technology changes)、前苏联的"技术经济论证"和日本的"经济学工程学"。

**(二)技术经济学在中国的产生与发展**

技术经济学是具有中国特色的应用经济学的一个分支。它是在我国经济建设和社会经济发展的实践之中，经不断总结和吸收国外相关学科的理论与方法，逐步发展成的跨技术学科和经济学科的新兴综合性交叉学科。

我国技术经济学形成于 20 世纪 60 年代初，从前苏联引进技术经济分析和项目论证方法，取得了很好的效果。20 世纪 60 年代初正是我国经济建设调整时期，当时已具有第一个五年计划比较注意技术与经济相结合的正面经验，也有了大跃进时期技术与经济截然分离的反面教训，这些就为技术经济学的建立提供了客观的物质条件与思想基础。在总结经验教训的基础上，我国制定了《1963—1972 年

---

① 弗雷德里克·温斯洛·泰勒(Frederick Winslow Taylor，1856—1915)，美国古典管理学家、科学管理的主要倡导人。

② 尤金·L·格兰特(Eugene L. Grant，1897—1996)，美国斯坦福大学的工程经济学教授。

③ 劳伦斯·戴罗斯·麦尔斯(Lawrence D. Miles，1904—1985)，美国通用公司工程师，价值工程之父。

科学技术发展规划纲要》(以下简称《纲要》),将技术经济列为《纲要》中的第一章,提出要特别注意研究技术经济问题,这是第一阶段,即初创阶段。20世纪60年代中期开始技术经济学的研究工作全部停止。党的十一届三中全会以后,技术经济学才得以新生。1978年11月15日我国成立了第一个技术和经济相结合的学术团体——中国技术经济研究会。

随着计划经济向市场经济的转变,技术经济学为适应改革的需要也发生了重大变化,这一时期引进了大量西方工程经济理论与方法及西方经济理论中有关技术的研究成果。具体地说,从20世纪80年代开始,我国技术经济工作者把国外工程经济学等相关学科的理论与方法引入到技术经济学中,至1987年,影子价格、时间价值、可行性研究、价值工程、费用效益分析、技术进步、技术创新、技术选择、技术转移、全要素生产率等理论与方法在很多技术经济学的教科书中已经成为主体内容。到了20世纪80年代末,技术经济学的发展速度明显放慢,重点是加强对引进理论方法消化吸收及技术经济学理论应用的研究,对技术经济学理论本身的研究相对薄弱。

和国外技术经济学研究相比,我国的技术经济学偏重应用性和对实践的具体指导,国外则偏重技术与经济互动规律的揭示和理论解释。但是无论国内国外,都要关注技术要素在当代经济学的重要性。

## 二、农业机械化技术经济学的产生和发展

农业机械化技术经济学是农业技术经济学的一个分支,是根据农业机械化发展和农业现代化的需要而创建的一门学科。新中国成立以来,农业机械化技术经济学的发展与农业机械化的发展紧密相连。

1962年以前,农业机械化技术经济问题的研究尚不系统,理论方法体系的基本雏形还没有形成。1963年发布的《纲要》的第七章——"技术经济"部分对未来10年应当研究的主要技术经济问题做出了规划,在"农业技术改革的技术经济研究"部分谈到"研究各地区实现农业机械化的相对经济效果,为计划部门制订农业技术改革投资和农业机械等物资投放计划提供依据。对改变农业机械的设计以适应农艺的要求和改变农艺以适应机械的要求,进行经济效果的分析比较。研究不同地区拖拉机站的合理规模和布局以及各种农业机械最经济合理的配备方案。研究不同地区机械排灌和电力排灌的相对经济效果。"虽然它作为一个研究纲领还不能真正标志着一门学科的诞生,但它标志着农业机械化技术经济学创建期的开始。在这个《纲要》的指导下,从1963年开始,我国学者开始着手开展农业机械化技术经济研究,致力于创建有中国特色的农业机械化技术经济学。

1966—1976年,"文化大革命"时期,农业机械化技术经济学的创建工作完全停顿,因此,农业机械化技术经济学还没有来得及正式公开创立就进入了一个特殊的"停滞期",经历了这个特殊的时期后,农业机械化技术经济学的创建工作又继续开始了。

1978年,党的十一届三中全会的召开拉开了中国经济体制改革的序幕,农业机械化技术经济学的创建工作加快。为加强我国农业机械化技术经济问题的研究和经验交流,中国农业经济学会农业机械化经济研究会、北京技术经济和管理现代化研究会、中国农业科学院农业机械化研究所于1979年在山东泰安组织召开了第一次全国农业机械化技术经济学术座谈会,讨论了加强技术经济研究的必要性,探讨了技术经济研究的内容、方法和理论问题。之后全国各地的农机科研单位、高等院校及农机管理部门纷纷组织研讨会、讲习班等讨论农业机械的技术经济问题。

此时,农业机械化技术经济学已不仅仅停留在基础理论研究阶段,不少学者和农业机械化工作者开始尝试利用理论来分析现实问题。20世纪80年代早期比较有代表性的研究成果主要包括:针对农机部从美国万国公司和林赛公司引进一套价值75万美元的小麦、玉米成套农业机械,共计15种、54台件,投放在河北省栾城县城郊"万亩方"试点进行经济效果分析的研究;针对吉林省农业科学院从日本引进的水稻机械化栽培技术进行的经济效果的调查,以及基于海城县东耿大队机械化经济效益的调查基础上对该大队机械化粮豆高产栽培技术进行的经济效益分析等。除了各种农业机械化技术的经济效果分析外,有部分学者将研究范围扩大到农机经营、农机流通等各个领域。如针对安徽省农业机械公司年年亏损的现实,分析与揭示其主要原因并针对具体问题提出提高公司经济效果途径的研究。此外,还有研究人员对农户经营农业机械的经济效果从多个方面作了详尽的分析比较,包括农户经营农业机械和其他经营形式的比较、独户与联户经营农业机械的比较、农户经营不同种类农业机械的比较、农户经营不同型号拖拉机的比较、农户经营小型拖拉机进行不同作业的比较。通过比较之后提出了两条提高农户经营农业机械经济效果的途径。这些学者和农机工作者的研究不仅对农业机械化技术经济学学科的发展起到了极大的促进作用,也对农业机械使用、经营、配备、管理实际具有一定指导作用。

同期,《农业机械化技术经济基本知识》[①]和《农业机械化技术经济学》[②]相继出

---

① 刘天福,白人朴.农业机械化技术经济基本知识[M].北京:中国农业机械出版社,1982。
② 夏振坤,刘天福.农业机械化技术经济学[M].北京:中国农业机械出版社,1986。

版，成为我国农业机械化技术经济学研究发展的一个里程碑。

农业机械化技术经济学最初分析的理论依据主要是政治经济学中价值、使用价值等内容，随着我国计划经济体制逐渐向市场经济体制过渡，农业机械化技术经济学也开始尝试引入西方经济学的理论和方法来分析问题。1988 年发表的“联产承包责任制下农业机械投入的若干技术经济问题”一文运用柯布-道格拉斯生产函数模型，计量研究了家庭经营中农业机械投入的若个技术经济问题。1992 年 10 月，党的第十四次全国代表大会明确指出经济体制改革的目标是建立社会主义市场经济体制。这期间农业机械化的研究重点开始转向市场经济与农业机械化的发展、农业机械化对经济增长的贡献、农业机械化效益评价等方面。20 世纪 90 年代末期出现了农业机械化发展水平评价，农业机械化发展的阶段性研究等内容。对于 20 世纪 80 年代已经比较成熟的经济效果理论和可行性研究，它的应用范围大大扩宽。农机推广、监理、试验示范，农机维修，农机节油技术，农机配备与选择等方面的经济论证更加广泛，同时更多的农业机械装备和农业机械化技术开始成为被分析的对象，比如对机械深松、化肥深施、机械灌溉、覆膜机械化、水稻工厂化育秧、机械插秧、精量播种、秸秆还田等技术，联合收割机、不同型号的拖拉机、采棉机等田间作业机械和碾米机等农产品加工机械进行经济效益分析。还有不少学者探讨了农机服务组织、农机作业、跨区作业的经济效益问题。

自 2004 年《促进法》颁布实施之后，各种加快推进农业机械化发展的政策措施陆续出台。农业机械购置补贴政策对农业机械化发展和农机工业拉动效应显著，促进了我国农机装备总量持续快速增长、装备结构不断优化、农机社会化服务深入发展，农机工业产品结构进一步优化，向技术含量高、综合性能强的大型化方向发展，一批具有地域特色的产业集群具备雏形，产业集中度进一步提高。耕种收综合机械化水平不断提高，我国农业机械化进入了历史上最好的发展时期。2007 年我国农业机械化发展由初级阶段跨入了中级阶段，农业生产方式发生重大变革。

伴随着农业机械化的快速发展，农业机械化技术经济学研究的对象、内容，所用的技术经济分析方法，应用范围已大大扩展。知识经济、价值工程、循环经济、可持续发展等字眼开始出现在农业机械化技术经济分析的文献中，这说明学者们的视角开始从纯粹的经济效益分析扩展到农业机械化技术可能带来的生态效益、社会效益，这也体现了农业机械化技术进步和理论发展的一个趋势。同时，保护性耕作技术、秸秆还田技术、节水灌溉技术的经济效益评价也随着这些技术的大规模推广和使用逐渐增多，农机社会化服务、农机购置补贴与经济发展的关系也成为研究热点。与农业机械化技术经济相关的论文数量增长很快，各种出版物逐渐丰富。在教材方面，虽然专门以农业机械化技术经济学命名的教材寥寥无几，但是农业技术经济学、农业机械化管理学等教材中农业机械化技术经济有关问题的内容亦有所涉及。

虽然农业机械化技术经济学相关理论的研究与早期相比逐渐丰富，但是技术经济学一些已经比较成熟的或者得到广泛应用的理论如技术转让与技术转移理论、时间价值理论、技术扩散理论、技术溢出理论、实物期权理论等在农业机械化方面还没有得到大量应用。

## 三、农业机械化技术经济学的概念

农业机械化技术经济学作为农业技术经济学的一个分支（图 1－2），是农业技术经济学的原理、方法在农业机械化方面的具体应用。它是在一定的自然、经济和社会条件下，从社会经济角度研究农业机械化技术应用的经济效果；从自然规律与经济规律相结合的角度，研究农业机械化的产生、发展和演变的经济规律，研究技术效果与经济效果之间，技术措施与可用资源之间，技术措施与使用条件之间，技术进步与经济政策之间的相互关系和运动变化的规律性。最终使技术先进性、经济合理性和生产可行性达到最佳统一，使农业机械化与环境条件达到最优组合的一门学科。

为深入理解农业机械化技术经济学的概念，有必要对技术与经济的辩证关系加以分析和理解。

为了发展经济，必须采用一定的技术，而任何技术的采用都必须消耗一定的人力、物力、财力和自然资源。这就是说，经济离不开技术，技术离不开经济，技术与经济是同时存在，不可分割的统一体。在农业生产中，由于采用农业机械化技术和其他农业技术，带来了农业生产效率的提高和农村经济的发展；而农村经济实力的增长，又必然促进农业机械化技术和其他农业技术的不断进步和创新。

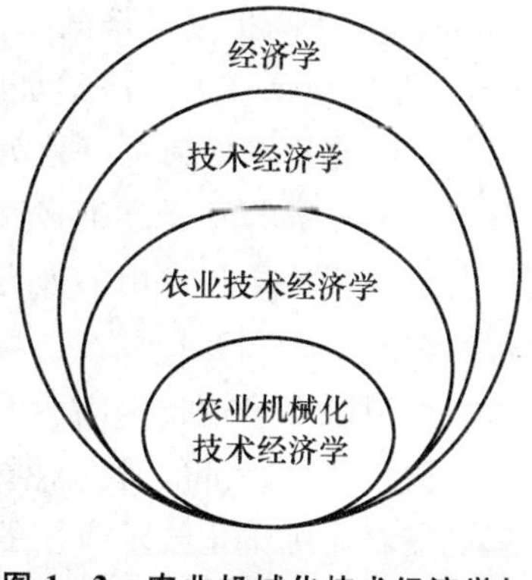

图 1－2　农业机械化技术经济学与其他经济学之间的层级关系

但是，在人们的日常生活中，农业机械化技术和经济之间还存在着一定的相互矛盾和相互限制的关系，主要有以下几种情况：

（1）某种农业机械化技术从它所消耗和

占用的人力、物力、财力和自然资源来看是节省的，但技术本身不可靠，质量不稳定，没有发展前途。

(2)某种农业机械化技术本身是先进可靠的，但对设备要求高，生产使用投资大，经济上不合适。

(3)某种农业机械化技术，从技术本身来说是先进的，劳动消耗也是节省的，但由于受某种条件的限制而得不到推广。

(4)随着事物的发展和条件的变化，原来不经济的技术可以转化为经济的，原来经济的可转化为不经济的。

通过上述分析，农业机械化技术与经济的关系可以归纳为：①农业机械化技术和经济之间存在着辩证关系，既有统一的一面，又有矛盾的一面；②农业机械化技术是提高农业机械化经济效果的基础和前提；而提高经济效果，又是农业机械化技术的归宿和目的。所以，正确认识技术与经济的关系，妥善处理好这种关系，是农业机械化发展过程中必须面对的问题。

## 第五节 农业机械化技术经济学研究的对象、内容与方法

### 一、农业机械化技术经济学研究的对象

农业机械化技术经济研究的对象，目前比较公认的有如下两种说法：

(1)农业机械化技术经济学是研究农业机械化技术和经济之间的矛盾关系的学科。它的具体任务是正确认识和处理技术和经济之间的关系，探索和解决农业机械化过程中技术和经济之间的合理关系及最佳配合，并进而研究这种矛盾关系的运动规律，以不断提高经济效果。

(2)农业机械化技术经济学是研究农业机械化技术的经济问题的学科。它的具体任务是研究技术如何更好地为经济目标服务；论证技术方案、技术措施能给企业和整个国民经济的发展产生多大影响，带来多少价值；研究技术的有用成果和技术的社会实践所消耗和占用的人力、物力，财力和自然资源之间是否合算，最后做出评价和选择。

这两种说法都包括技术应用的经济效果评价和技术实现的经济条件分析，所以农业机械化技术经济的研究对象可表述为：农业机械化技术经济学是从社会经济角度研究农业机械化技术应用的经济效果；从自然规律与经济规律相结合的角度，研究农业机械化的产生、发展和演变的经济规律，研究技术效果与经济效果之间、技术措施与可用资源之间、技术措施与使用条件之间、技术进步与经济政策之

间的相互关系和运动变化的规律性。其最终目的是使技术先进性、经济合理性和生产可行性达到最佳统一;通过具体方案的分析评价和优选,为制定农业机械化发展、经营管理和技术经济政策提供科学依据;以求正确组合和运用先进技术手段和装备,合理利用有限的人、财、物资源,使农业机械化与环境条件达到最优组合,高效低耗地发展农业机械化。

## 二、农业机械化技术经济学研究的内容

由于农业机械化的技术政策、技术方案、技术措施和技术装备的经济效果都不能脱离特定的技术经济条件,以及与特定条件相适应的技术经济结构,那么就必须从条件—结构—效果的统一性来研究农业机械化的经济合理性。所以,农业机械化技术经济学的研究内容,包括3个基本部分:环境条件对农业机械化经济效果的影响,农业机械化的结构与效果的关系,农业机械化经济效果的结构层次与计算方法。

### (一)农业机械化与环境条件的关系

经济效果,总是有一定条件的,任何一种农业机械化模式(结构),如果脱离了它的环境条件,便不可能获得良好的经济效果。因为,环境条件既决定着农业机械化系统的目标,又给予农业机械化系统约束条件。

因此,要提高农业机械化的经济效果,不能只局限于事后的"效果评价",而必须把农业机械化的经济效果看作是整个农业机械化系统结构对其环境条件适应度的综合结果。

这方面的研究内容主要有3项。

1. 环境条件对农业机械化经济效果的综合影响

各种经济的、社会的、自然的条件,并不是分散的、互不相关地影响农业机械化,而是在不同的时间地点,组成为一种集合,综合地给农业机械化以约束。那么,这些条件是如何组合的,各种条件之间是如何联系的,它们的主从和层次又如何,这都是农业机械化技术经济学的研究内容。

2. 各种环境条件的分项影响

在综合影响的"输入集"中,各单项条件具有怎样的性质,它对农业机械化影响的程度如何:它与相邻的条件又存在一种什么样的输入输出关系。这也是农业机械化技术经济学必须研究的。

3. 农业机械化经济效果对环境条件的反作用

农业机械化所获得的经济效果(或负效果),满足(或降低)社会需要,同时也就改善(或恶化)着环境条件;条件的改善或恶化,势必促进或抑制农业机械化的发

展。为了使农业机械化与环境条件之间保持良性循环，避免恶性循环，农业机械化技术经济学就必须研究农业机械化各种层次的效果对环境条件反作用的质、量、度。

**（二）农业机械化的系统结构、功能及其经济效果**

如前所述，农业机械化的经济效果在很大程度上取决于它的系统结构是否符合本国、本地区的环境条件。因此，根据特定的环境条件，研究设计最优的农业机械化结构模式，是保证农业机械化获得最佳经济技术效果的前提。

这方面的研究内容主要有4项。

1. 最佳动力结构的经济效果

农业动力在我国现阶段，包括人力、畜力和机械，在特定的地区或企业，如何结合，各占多大比重，以何为主，以何为辅，才能获得最佳经济效果，须进行技术经济论证和多方案择优。

2. 最佳能源结构的经济效果

农用能源包括石油、电力、沼气、风力、水力以及太阳能等。对于特定的环境条件和农业机械化对象，如何合理选择与组合，才能获得最好的经济效果，也是农业机械化技术经济学所要研究的内容。

3. 最佳功率结构的经济效果

农机功率有大、中、小之分。由于农业生产的地域性和复杂性，有的地区采取以大型为主的功率结构可能经济效果好；有的地区则采取以小型为主的功率结构更有利；在一个地区，甚至一个企业内，大、中、小如何合理组合，才能最有效地完成农业生产任务，获得最佳效果，这都是农业机械化技术经济学的研究课题。

4. 最佳农机与农艺结合体制的经济效果

在种植业中，耕作制度与机械化存在着密不可分的关系，农业机械一般要适应特定的种植制度、土壤耕作方法和施肥灌溉方法；但在可能的条件下，耕作制度也必须尽量适应机械化的要求。因此，在特定的农业资源和经济条件下，如何以最小的农机费用、最大的产量与收入为目标，建立农机与农艺结合的最佳体制，对于提高农业机械化经济效果具有重大意义。

**（三）农业机械化经济效果的结构层次、评价指标体系及计算方法**

如果把机器引入流通作为农业机械化过程的起点，则农业机械化经济效果，可分为机器的经济性效果、对象适应性效果、管理使用效果和综合经济效果等四个部分，每一部分则又包括目的效果、中间效果和直接效果等三个层次。

这种经济效果的一般性结构层次，必须同各种农业机械化的对象与项目的特殊性要求相结合,建立具体的效果结构和指标体系。对于不同的结构与不同的层次,必须研究各种不同的评价方法。

## 三、农业机械化技术经济学的研究方法

由于农业机械化技术经济研究是介乎自然科学与社会科学研究边缘性的科学研究,其研究方法同时具有跨越两类研究方法的综合性质。具体地说,农业机械化技术经济的研究方法,既需要有理论经济学科常用的调查研究法以及论证分析法,又需要有属于自然科学类的农学、数学、机械工程学科所常用的实验或试验研究法以及数量分析法等。而且,对于任何一个农业机械化技术经济实际问题的研究,又都必须是上述两类基本方法的有机结合,即都必须采用调查研究与实验研究相结合的方法,以及数量分析与论证分析相结合的方法。显然,这种综合研究方法的必要性,是由于农业机械化技术经济学研究的本身特点所决定的。

### (一)研究方法的选择

农业机械化技术经济研究的课题,是一个多层次的问题网络。在实际研究过程中,不同的层次,由于构成问题的不同限定条件以及不同的网络关系,即问题具有不同的复杂度,因此,对于各种研究方法存在不同的问题适应性。这就要求研究人员,不仅要熟悉或了解各种研究方法的具体内容,同时还要求能够根据问题需要来选择恰当的研究方法。一般来说,如果问题是属于只讨论同一可比条件下进行的技术经济分析,则可选择所谓一般的分析研究法,如调查或实验研究法、比较分析法、增量分析法等;如果问题是在各种可比条件的综合约束下进行分析,则需要选择系统分析法、综合评审法、现代管理的数学模型分析法等。总之,在选择方法的时候,切忌"削足适履",不可用方法去套问题,而只能依问题的性质或要求来选择适当的方法。出于一般的分析方法在许多技术经济教科书中已有较详尽的介绍,同时为了在农业机械化技术经济领域中进一步探讨和应用定量研究方法,本书仅向读者介绍几种主要的数量分析方法、技术经济预测的常用方法及可行性常用论证法等。

### (二)研究方法的应用原则

农业机械化技术经济研究方法的应用应注意以下几点原则。

1. 整体性原则

农业机械化技术经济效果,涉及多个经济部门和多种生产过程与作业环节。一方面,农业机械化技术经济效果的形成,是设计、制造、规划、管理、使用等各个阶段的经济效果的综合成果;另一方面,在整个过程中,各个环节间又存在着相互制约、相互促进的有机联系。因而,其综合效果又并非是多个环节效果的简单叠加,

这就需要从农业机械化整体的技术经济效果的高度来进行评价，才能反映农业机械化技术经济是一复杂系统问题的客观属性。

所谓从整体的高度来进行评价或分析，主要包含目标和效果的整体性两方面的意义。

(1)目标的整体性。从整体意义上讲，任何一个系统的目标都必须从属于上一级系统的目标，因此，评价或衡量一项技术方案或技术措施经济效果的标准，首先是它们符合上级目标要求的程度。例如农机投入的经济性，首先是在于满足农业生产增产增收的整体效果下才具有评价的意义；对于每一项具体的农机作业项目选择的经济性，也只有发生在该项作业的生产要求具有对农机作业的客观需求目标下，才可能进行评价的。否则离开上一级目标的具体要求，任何农业机械化技术方案或措施都不存在经济效果的可比性。

(2)效果的整体性。任何一个农业机械化技术经济效果的评价问题，都是在同时对其构成的各个部分或环节的效果评价中进行的。即问题的最终效果，并不等于各个部分在孤立状态下所能获得的效果总和，而是在各部分有机协调中获得的。因此，在评价分析时，必须始终注意各个构成部分相互影响及它们的协调作用。这样，才能够从整体的意义上反映农业机械化技术经济的客观效果。

2. 制约性原则

农业机械化不是一个孤立的经济过程，这就意味着它必须受到各种特定环境的制约和影响。因此，农业机械化技术经济问题的研究或分析，必须在明确的环境条件限定下进行才符合客观实际。不同的环境制约条件，即使同一种技术方案或措施，形成的技术经济效果也会有所不同；而且对其评价与分析的可比条件也会发生变化。因此，在进行研究时，应该注意依据环境制约条件的不同内容和性质来选择和应用各种相应的研究方法；同时，也应注意各种评价和分析的结论都是在特定制约条件下获得的，它们的适宜性或科学性都是有某种条件的限定性。

3. 动态性原则

农业机械化技术经济效果总是随着时间、地点、条件的变化而变化。因此，我们不能只停留在静止的状态下研究农业机械化的技术经济问题，必须结合动态分析的观点和方法来研究。由于农业机械化受多种环境因素的影响，因而所谓动态分析不仅是指农业机械化系统内结构与动能的动态研究，而且往往更多的是需要对各种环境变化的动态研究；动态分析不仅是指对农业机械化技术经济效果形成的动态研究，而且还需要对农业机械化发展过程中可能造成的潜在问题进行动态研究。

# 第六节 农业机械化技术经济学的特点及其与其他学科的关系

## 一、农业机械化技术经济学研究的特点

了解农业机械化技术经济研究的特点，对于学习和运用这门学科都是有益的，特别有益于开拓分析问题的思路。下面从3方面进行分析。

**（一）技术经济学科角度**

1. 综合性

农业机械化技术经济学是一门技术和经济相互渗透的边缘学科。具体地说，它是农业机械化学科、农业学科和经济学科三者相互渗透、综合，而又以经济学科为主体内容的边缘学科，还要应用数学、统计学作为定量分析的工具。也可以说，它是以农业机械为工具、以农业为主体、以提高经济效益为目的，将这三者综合起来研究，着重研究农业机械化技术的经济效果。综合性是本学科的重要特点。因此，为了学好这门学科，必须了解机械运动的规律，即要懂得农业机械；必须了解生物运动的规律，即要懂农业；必须了解经济运动的规律，即要懂得经济和管理。前二者是属于自然科学的范畴，后者属于经济学的范畴。在这里，后者是以前者为前提的。

2. 应用性

农业机械化技术经济学是一门与农村经济和国民经济发展直接相关的学科，是一门应用科学，这也是本学科的一个重要特点。它的研究目的和任务都比较具体，要求密切结合每个地区的自然条件、农业生产条件和社会经济条件，对农业机械化技术的选择和应用进行经济效果的计算、分析和论证。要求给农业生产带来实效，要求给农民带来实惠。所以本学科重在务实，不尚空谈。

3. 预见性

农业机械化技术经济学要求对技术方案和措施进行“事先”的计算、比较、分析、评价和选优，即在方案和措施设计阶段就要进行技术经济分析，这又是本学科的一个重要特点。这样，就可以为决策提供依据，从而防止或减少资源的浪费和损失。这是因为方案设计既定之后，产品或劳务的功能和成本基本上也就决定了，由于“事先”设计不周所带来的先天性缺陷，要想在“事后”方案实施过程中进行大幅度地修正和扭转是很困难的，其损失常常是不可弥补的。所以说设计的浪费是最大的浪费，设计的节约是最大的节约。

至于“事后”的实际情况和“事先”的分析是否一致？有一些经过实践的且把握较大的，则体现出“事先”分析比较可靠；反之就可能有较大的差距。但这不妨碍我们着重进行“事先”的分析，把分析工作做得认真些。

4. 精确性

农业机械化技术经济效果的研究必须将定性研究和定量研究结合起来。讲求数量化、精确化是本学科的又一特征。量的分析是质的分析的补充，它与质的分析是统一的。分析数量化、精确化是认识深化的标志，也是解决实际问题的必要步骤。因此，对技术经济效果的研究，除进行定性分析外，都要求进行定量分析，都要有数量的结论。

5. 系统性

技术经济问题都不是孤立存在的，它们都是整个社会技术经济大系统中的一个组成部分。因此，着重系统化及提高整体的经济效果也是本学科的特点。如农业机械制造部门，不仅要考虑农机制造企业本身的技术经济效果，而且要考虑农机使用者的技术经济效果。农业机械化服务部门不仅要考虑本部门的技术经济效果（如降低单位面积的作业成本），同时要考虑被服务农户和农业经营单位的经济效果（如降低农产品的单位面积或单位产量的生产成本）。

**(二)农业机械化自身系统角度**

农业机械化的重要功能之一，就是农业机械与劳动力之间具有相互代替的性质。这种机械与劳动力之间的相互代替，或者说机械与劳动力之间的相互竞争，可称之为“人-机关系”。这是在农业生产中使用机器的一个特点，在研究分析农业机械化技术经济效果时不能不予以重视。

从国内外农业机械化经济效果较好的地区来看，“人-机关系”都表现出下述规律性：

(1)人-机替代。无论是机械化水平高的地区还是机械化水平低的地区，机械的使用都可以替代一部分劳动力，机械化水平越高，替代效果越明显。

(2)人畜力数量与农机具数量成反比。农业中人畜力的转移是农机具的增加的前提，并表现出两降一升(即农业中劳动力、畜力下降，农机具上升)的发展趋势。常常是先出现劳力、畜力的转移，而后才有农机具的增加，或二者同步。

要在中国实现农业机械化，单凭行政推力，主观愿望，或是从国外引进技术、机具都是行不通的。农业机械化不是一个主观的、孤立的经济过程，而是有他本身特有的发展规律的，“人-机关系”就是其中重要的一条。究竟是用农业机械的大量增加去迫使农业劳动力向二、三产业转移？还是多种二、三产业的发展，吸收大量的农业劳动力，引致对农业机械的客观需要？很显然，前者是一个主观的人为过程,后者是一个客观的发展过程。过去我们曾犯过主观地"为化而化"的毛病,农业劳动力、农用大牲畜、农用机电动力三者同时增长,这是不符合"人-机关系"的客观规律。这不仅使得每单位动力的农业产值"增量"不断下降,还出现"机一套,马一套","用一套、养一套、闲一套"的极不正常的现象,这也是长期以来经济效益低的重要原因之一。

正确处理人-机关系,一般地说,农业机械化的发展主要取决于3个因素:①农业生产的发展,在客观上需要用机械代替人、畜力;②农业机械、能源,资金等物质条件方面具有实现农业机械化的可能;③农业机械化能真正给农业生产和农民带来实效和实惠。

所以,农业机械化的发展必须尊重客观规律,重视劳动生产率和劳动力转移在农业机械化发展中的地位,有计划、有步骤、有选择地进行。要弄清哪些地区、哪些季节、哪些环节、哪些作业项目具有用机械代替人、畜力的需要;要弄清在农业多种经营、农村工副业、农村建设、农民生活等各个领域中有哪些用机械代替人、畜力的要求,还要弄清机具、能源、资金的可能,然后根据经济效果的高低进行分析、评价,有选择、有步骤地推广适宜的农业机械化技术。

所以,重视农业机械与人、畜力之间替代经济效果的研究,这也可说是农业机械化技术的一个特点。不仅仅评价它代替劳力的直接的经济效果,还要评价它节省的劳动力在新的经济领域所获得的间接经济效果。

**(三)农业机械化服务对象角度**

农业的再生产过程是与自然的再生产过程交织在一起的。一方面,农业对自然条件、土地和动植物的生物特性依赖很大,这就造成了农业生产的地域性、季节性、分散性、综合性和不平衡性。具体表现为各地自然条件复杂,动植物种类繁多,耕作、饲养、加工多种多样;农业生产周期长,季节性强,作业时间短,作业环节多,作业场所分散等特点。农业机械是为农业服务的,上述特点造成农业机械系统本身的复杂性和多样性,以及农机具配套种类多、机具通用性小、作业时间短、利用率低、作业条件差、机具磨损大等。这样,就使农业机械化事业,成为既费钢铁、又耗能源、又要占用大量资金且回收较慢的部门。在这种条件下,如何提高经济效益,是一个必须认真对待的问题。这是从农业对农机的关系的角度来说的。另一方面,从农机对农业的角度来看:农业机械的运用与推广,必然引起农艺的改革,引起耕作制度的改革,从而引起农业部门结构的变化,劳动力结构、组织和质量也会随之变化,最后还要引起农村经济状况和农民生活状况的变化。此外,对能源供应和机器制造工业生产及整个国民经济也有较大的影响。总之,在农业中采用先进的生产工具,必然牵涉多个方面,且要引起一系列连锁反应,只有认真研究,才能获得良好的效果。

考虑到农业与农机的这些特点，从宏观方面看，必须从各个地区的具体条件出发，以提高经济效果为核心，做好农业机械化区划和有步骤、有选择地发展农业机械化的规划。

从农业机械设计和制造方面的技术经济要求看，要以最小的资源消耗获得最大的功率，实现机具性能稳定、适应性强、生产率高，制造成本低、使用成本低。

从农机系统配备方面的技术经济要求看，应运用效率最高的装备配备结构，在保证作业及时性的前提下，采用最节约的机具配备量和最合理的机具配套比例。

从农机管理方面的技术经济要求看，应在保证农时、提高作业质量的基础上，充分发挥机具效率，节约劳动消耗，减少损失，提高劳动生产率，确定合理的工作量、油耗和更新年限。

## 二、农业机械化技术经济学研究与其他学科的关系

现代生产、科研和社会经济问题，往往不能只靠某一门学科或某一种技术来解决。各学科之间，横向跨越、相互渗透，逐渐形成一股强大的潮流，许多边缘学科应运而生。农业机械化技术经济学就是一门技术与经济相互渗透的边缘学科，它并不是研究技术本身，而是着重研究技术应用的经济效果，研究技术的经济问题。故就其性质而言，它属于经济学科范畴，是经济学科中的一门新的分支，同时农业机械化技术经济学也是农业技术经济学科的一个分支(图 1-3)。

农业机械化技术经济学，首先是一门经济学科，主要研究农业机械化技术过程在经济上是否合理。它必须借助于机械学的研究成果，根据机械学和农机运用学所揭示的原理、原则与方法，研究农业机械化过程的合理组织问题。同时，农业机械是服务于农业的。必须注意农机与农艺的有效结合。因此，农业机械化技术经济学还必须借用农学诸学科的研究成果。

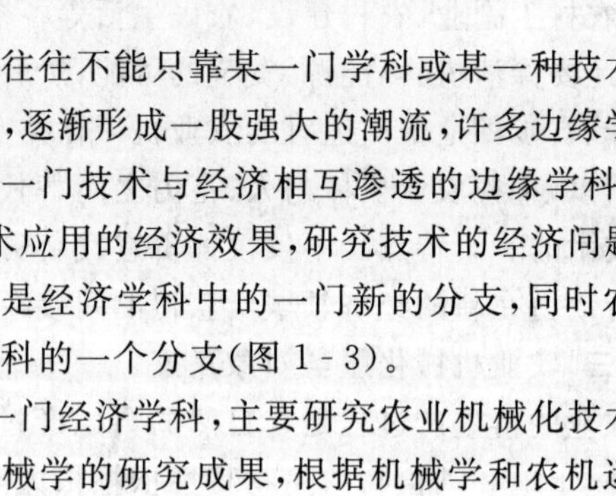

图 1-3 农业机械化技术经济学与其他学科的关系图

农业机械化技术经济学不能仅限于定性的研究，必须在定性的基础上进行定量、定度的研究。因此必须充分运用数学的方法。由此可见，农业机

械化技术经济学，是以经济学为指导，经济学、机械学、农学和数学相互渗透的边缘学科。

## 习 题

1-1 农业机械化技术经济学研究对象、内容是什么？有何特点？

1-2 简述农业机械化技术经济学研究的一般方法。

1-3 农业机械化技术经济研究方法的应用应注意哪些原则？

# 第二章 农业机械化技术经济效果与评价

经济效果是对于各种社会实践活动在经济上合乎目的性程度的评价，讲求经济效果是人类社会进步的客观要求，其实质是要尽可能地节约劳动消耗来取得同量的有用效果，或用同量的劳动消耗来取得尽可能多的有用效果。以更多地增加财富和尽可能地节约劳动，实现人们的经济目的，而不是不惜代价地去追求有用效果。正如马克思所说："真正的财富就在于用尽量少的价值创造出尽量多的使用价值，换句话说，就是在尽量少的劳动时间里创造出尽量丰富的物质财富。"随着农业装备保有量的不断增加，农业机械化水平相应提高，如何经济合理地配备与使用农业机械，提高农业机械化技术经济效果，成为一个重要的研究课题。

## 第一节 基本概念与内涵

### 一、基本概念

农业机械化技术经济效果，是使用农业机械进行农业生产经营过程中取得的有用效果与劳动消耗的比例关系，其中有用效果和劳动消耗的具体内容如图 2 - 1 所示。

社会生产和再生产的过程，都要消耗一定的人力、物力和财力，这些消耗统一称为劳动消耗。而生产最终要为社会需要生产出有用的产品，就出现一个有用效果与取得这一有用效果所花费劳动消耗的关系，或者说经济效果就是消耗与效果的比较，可以有以下几种表示方法。

1. 比值表示法

$$经济效果=\frac{有用效果}{劳动消耗}=\frac{有用效果}{物化劳动消耗+活劳动消耗} \tag{2-1}$$

在有些情况下，也会用倒数形式来说明经济效果。

$$经济效果=\frac{劳动消耗}{有用效果}=\frac{物化劳动消耗+活劳动消耗}{有用效果} \tag{2-2}$$

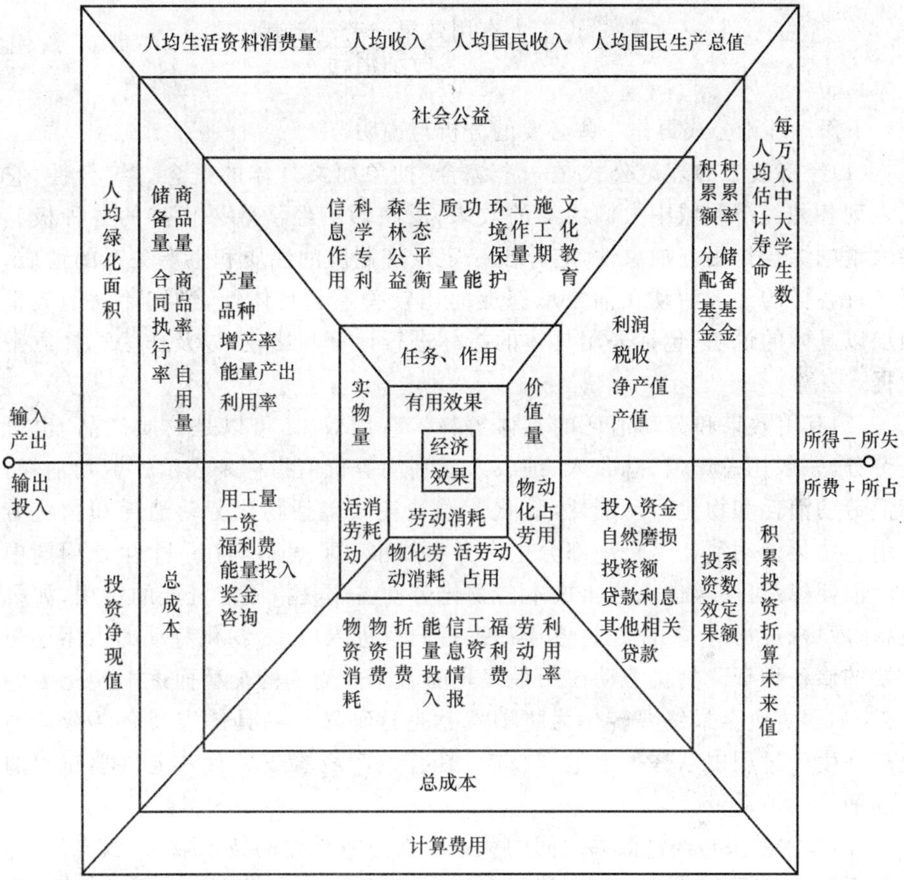


**图 2-1 经济效果的内容**

采用这种方法表示的主要指标有利润率、劳动生产率、土地产出率等。比值表示法的特点是劳动消耗与有用效果的计量单位可以相同也可以不同，当计量单位相同时，其比值大于 1 是技术方案可行的经济界限。

2. 差额表示法

$$经济效果=有用效果-劳动消耗 \tag{2-3}$$

采用这种方法表示的主要指标有利润额、农民收入、农业总产值等。差额表示法的特点是有用效果与劳动消耗的计量单位相同，其差值大于 0 是技术方案可行的经济界限。

3. 差额-比值表示法

$$经济效果=\frac{有用效果-劳动消耗}{劳动消耗} \tag{2-4}$$

下面对理论公式再作一些必要的分析与说明。

(1)经济效果的理论公式是一个综合、抽象而又具体的概念。综合性,它可以表现各种经济领域中人们活动的效果,反映影响经济效果优劣的各种极其复杂因素的综合作用。抽象性,它体现一定经济制度的性质和生产关系的性质,反映各种各样的经济活动在抽象形态上的比较关系。具体性,经济活动的效果必须加以具体的说明,包括采用具体的指标进行计算和比较,以及作为选择方案的依据。

(2)有用效果和劳动消耗的具体解释。有用效果,可以是物质产品,也可以是劳务,一般用总产值、总收入、纯收入或利润等价值指标来表示。劳动消耗,包括活劳动消耗和物化劳动消耗,物化劳动消耗又包括物化劳动消耗和物化劳动占用。物化劳动消耗是指一部分生产资料如水、电、燃料等在一个生产周期中被实际消耗掉,可一次进入当年成本。物化劳动占用是指固定资产的占用,如机械设备、库房、厂房等,只能通过逐年计提折旧费进入成本,物化劳动的占用还包括必要的储备物资。物化劳动占用最终是随着生产周期的交替而逐渐转化为劳动消耗,如固定资金最终要转化为折旧费就是这种转化的具体表现。活劳动消耗是指在生产过程中掌握一定生产技能,具有生产经验或具有一定科学知识的人实际消耗的劳动量。

(3)技术效果与经济效果之间的关系。农业机械化的技术效果,因自然、经济条件不同而有所差别,主要包括提高工效,改善劳动条件,提供适宜的农时和环境,为作物创造良好的土壤、肥料、水分和种子条件,抗御自然灾害,保护作物正常生长,减少农产品损失,完成人、畜力无法实现的科学技术措施,促进多种经营,农产品加工转化,提高农产品质量和利用等。如果某一种农业机械产品在特定条件下使用,实现了上述作用,它就有了技术效果;如果它又能降低生产成本,增加收入,就有了经济效果。农业机械的应用,首先应有一定的技术效果,但取得了技术效果不完全都有经济效果,如田间耕作只求数量不顾质量,就不会增加作物产量;只求作物产量不顾生产成本,就会有增产不增收的问题。因此,技术经济效果,就是技术效果、经济效果与劳动消耗的统一。农业机械化技术经济问题,是农业生产中的一个重要部分,研究这一问题的任务是解决农业机械设备、技术经济效果最优化问题。它涉及自然、经济和社会的各种关系，如自然条件、经济水平、农艺要求和国家经济政策等。在看待农业机械化技术经济问题时，必须综合、整体、全面地进行分析研究，才能准确评价农业机械化的技术经济效果。

## 二、经济效果的内涵

农业机械化技术经济效果，是农业机械化技术具体运用所产生的经济效果。具体来讲，就是农业机械化政策、技术措施和技术方案在农业生产过程中贯彻及使用时，取得的有用效果与劳动消耗的比较。

根据不同的评价内容和评价标准，农业机械化技术经济效果可分为绝对经济效果与相对经济效果。所谓绝对经济效果，是指某项技术措施或某一技术方案有用效果与劳动消耗间的差额或比值；而相对经济效果，是指两种或两种以上可行方案之间，或原方案与新方案之间经济效果的比较，通过这种比较可以选择出最适宜的技术措施和方案。这两种经济效果都有一定的临界值。绝对经济效果是指某项农业机械化技术能给人们带来经济上收益的起码经济临界值。低于这个临界值，表明社会财富没有新增，一般没有采用价值。所以可通过绝对经济效果临界值的分析，用来确定技术措施或技术方案本身有无经济效果。

$$\text{绝对经济效果临界值}=\frac{\text{有用效果}}{\text{劳动消耗}}\geqslant 1 \tag{2-5}$$

或

$$\text{绝对经济效果临界值}=\text{有用效果}-\text{劳动消耗}\geqslant 0 \tag{2-6}$$

相对经济效果临界值，是一项农业机械化技术替代另一项农业机械化技术的起码经济临界值。低于这个临界值，就应该继续采用原技术，这一临界值主要是用来进行多方案的必选。

$$\text{相对经济效果临界值}=\frac{\text{新技术经济效果}}{\text{原技术经济效果}}\geqslant 1 \tag{2-7}$$

或

$$\text{相对经济效果临界值}=\text{新技术经济效果}-\text{原技术经济效果}\geqslant 0 \tag{2-8}$$

最佳新技术，是当几种新技术的相对经济效果均高于临界值时，相对经济效果最大的新技术。

## 第二节 主要内容与特点

### 一、经济效果分析的必要性

农业机械化是一种技术改造过程。正如一切技术都是经济的物质承担者那样，农业机械化这种技术改造过程，其目的是为了使人们获得某种经济利益。农业机械化的目的是通过这一技术的改进，使人们能以更少的劳动消耗获得同等的有用效果，或以同等的劳动消耗获得更多的有用效果，以最大限度地满足社会日益增长的需求。因此，农业机械化，就其社会实质来说，首先是一个经济发展过程，然后才能谈到经济效果。

农业机械化当然必须要有农业机械。机械能否运转自如，适应性如何，能否满足农艺及市场对产品需要的要求，这些属于技术可行性问题，无疑它是农业机械化的物质基础。但是，任何机械的制造、使用和维修，都是要耗费人力、物力、财力的，其结果能否增加农民和社会的经济利益，这是属于经济有效性问题，也是农业机械化成败的关键。大量事实说明，任何农业机械，不论其技术如何先进，如果不能获得经济效果，则是无法推广的。先进的技术如果不能给农民带来现实的经济利益，他们宁可采用落后技术，这种实例有很多。农业机械化发展的经验使我们认识到农业机械化是按经济规律发展的过程。

这种客观经济约束，集中到一点，就是农业机械化必须讲究经济效果。没有经济效果的农业机械化，是不存在的，即使在某一个特定的时间和空间用行政的办法搞起来了，也是不能持久的。只有在技术可行的基础上达到经济有利，农业机械化才能健康发展。

### 二、经济效果的内容

农业机械化技术经济效果，是有用效果与劳动消耗的比例，亦可理解为农业机械化产出与投入的比例，或是实现农业机械化预期目标值与农业机械化的社会劳动消耗的比例关系。示意公式如下：

$$\text{农业机械化技术经济效果}=\frac{\text{实现农业机械化预期目标值}}{\text{农业机械化的社会劳动消耗}}=\frac{\text{产出}}{\text{投入}} \quad (2-9)$$

理解此公式要注意两点：

第一，农业机械化技术经济效果必须是按照农业机械化所预期的目标进行衡量的效果。这是因为,农业机械化总是服务于一定目标的,有的是为了减轻劳动强度,有的是为了减少损失,有的是为了增加收益,有的是为了提高效率,而各种预期目标,其经济效果的标准既有共同的一面,又有其矛盾的一面。那么,经济效果的大小,就必须根据特定的预期目标来衡量,如果脱离特定的预期目标,就会失去判别的标准。例如,在劳动力匮乏的条件下,农业机械化的目标,主要是为了提高效率,在保障国家粮食安全的条件下,农业机械化的目标则主要是为了增加产量。而提高效率与增加产量有其统一的一面,又有其矛盾的一面。有可能其效率提高的效果十分显著,而产量反会降低,在这种情况下,如果不按照预期的目标进行评价,便无法衡量经济效果的优劣。

第二,要提高农业机械化技术经济效果,就必须以相同的劳动消耗获得有用效果的最大值,或者是相同的有用效果而耗费劳动消耗为最小值。

## 三、经济效果的特点

农业机械是在农业中使用的。因此,农业机械化技术经济效果的特点,往往是由农业的特点所决定的。

(1)农业生产的主体是生物生产,生物的生长发育是依赖温、光、水、气、土等自然因素和劳力、肥料、技术、工具、管理等经济因素的综合输入,通过生物内部的有机循环,实现物质与能量的转化。而农业机械是一种生产工具,它不仅能改善上述因素的状况并保证及时农作、抗灾、保产,而且为生物化学措施的实施提供更有效的手段。使用农业机械能产生直接的有用效果,如农作物产量的增加,同时解放农业劳动力;但是解放出来的劳动力能否转移到新的生产领域并产生多大的经济效果,这就超出了农业机械化的功能范围,而属于农业系统的功能范畴,农业机械化只是为其创造了条件,产生的是间接经济效果。所以,在评价农业机械化技术经济效果时,必须注意如下两点:①要恰如其分地评价农业机械化的经济效果,止确区分直接经济效果与间接经济效果、中间经济效果与最终经济效果;②不应满足于直接经济效果,必须使直接经济效果服从农业增产增收效果及经营最终经济效果。

(2)农业生产是经济再生产与自然再生产相交织的过程,具有强烈的季节性和不平衡性。这种条件决定了农业机械的使用必须适应特定的农作制度,离开特定的农作制度,难以评价农业机械化的经济效果;农业机械化系统具有多样性和复杂性的特点,例如一项农业生产任务(如收获)不是一种机械所能完成,往往需要一组机械协同作战;再如不同机械的利用率和使用年限存在差异等。这些特点要求在评价农业机械化技术经济效果时,必须立足于综合经济效果去考察单项经济效果,将农机与农艺、单机与机械系统、机械与人力结合起来进行综合评价。特别要注意农机使用经济效果的系统约束和农机的综合利用效果。

(3)农业经济活动的地域性与相对性。一个机械化项目,在甲地具有经济效果,而在乙地则可能是不合算的。这一特点,要求在评价农业机械化技术经济效果时,特别要注意农业机械化技术经济效果的地域性和相对性,不可将某一地区的经济效果予以绝对化。

(4)农业机械化发展的阶段性和不同层面的经济效果。在农业机械化发展初级阶段,国家要投入大量的人力、物力、财力建立农机销售、服务、科技、教育系统;在农业机械化发展中级阶段,国家、集体和个人要投入大量资金用于农机与辅助设备购置,以及农机的使用(物化劳动与活劳动);在农业机械化发展高级阶段,要调整农业生产结构,解决好剩余劳动力就业问题,发展新的经济领域等。这一情况,要求不仅要注意农业机械化的微观经济效果,而且要通观农业机械化前后的总体利益,考虑其中观和宏观经济效果,尤其要使每一局部的微观经济效果服从于宏观经济效果。

(5)整个农业系统是自然生态系统与农村社会系统的交错系统,对生态系统具有极大的依赖性。人类赖以生存和繁衍的自然资源,能否永续利用,长期保持,实现良性循环,这是关系到人类生存和经济长期发展的根本问题。生态效果,就是经济活动对"环境-生物-人类"系统协调的效果。在农业机械化过程中,必须注意正确处理经济效果与生态效果的关系。例如,土地整理、林木采伐等机械作业方式,都必须特别注意不能破坏环境,要保护生态平衡。不能单纯追求最大经济效果而不考虑生态的限度,向自然过多的索取。否则人类必将受到自然的惩罚,甚至动摇人类生存的基础。因此,经济效果与生态效果的协调统一,是农业机械化技术经济效果评价的另一条基本原则。

## 第三节 结构层次与影响因素

### 一、结构层次及相互关系

农业机械化系统,是一个多层次的网络结构。它包含管理控制和工程技术两个子系统,工程技术过程则又包含人、机、对象等要素。因此,农业机械化技术经济效果,应该是所有这些系统要素的综合输出。在横向上,农业机械化技术经济效果包含综合效果和分析效果;在纵向上,包含直接效果、中间效果和目的效果。具体结构层次如表2-1所示。

任何一个人工系统，在其设计阶段，是按照目标（预期效果）设计功能，再按照功能设计系统的结构。但在系统投入实施阶段以后，则反过来由特定的结构决定着系统的功能，而功能可否达到预期效果，则要看它是否能符合目标的要求并适应环境条件对它的约束。同时，农业机械化也是一个人工系统，农业机械化技术经济效果的好坏，一方面取决于机械自身系统结构的优劣，另一方面还要取决于这种结构对环境条件的适应程度。

**表 2-1　农业机械化技术经济效果的结构层次**

| 层次 | 分析效果 | | | 综合效果 |
|---|---|---|---|---|
| | 机械经济性 | 对象适应效果 | 管理使用效果 | |
| 直接效果 | 时间利用效果<br>作业质量效果 | 农事适时效果<br>作业适应效果 | 农机配备效果 | 作业劳动节约 |
| 中间效果 | 功能效果<br>劳动占用效果<br>机械综合利用效果 | 农机农艺适应效果<br>基础设施匹配效果 | 配套效果<br>出勤效果<br>效率效果<br>安全效果 | 农业机械化节能<br>农业机械化减损<br>农业机械化节支 |
| 目的效果 | 机械节约<br>劳动效果 | 农业增产效果<br>劳力转移效果 | 农机投资效果<br>作业节约效果 | 农业机械化经济<br>增收效果 |

这里，应区分两个不同的概念，即农业机械的作用与农业机械化的作用。前者是由机械自身的功能体现，后者则由机械功能的实施与机械化技术的配合体现出来，二者有密不可分的联系。机械功能只有通过机械化技术的运用与实施，才能变成现实的物质力量。也就是说，具有特定功能的机械被农业所选择，同农业中的某种作业对象相结合，输出其功能，改善着作业对象的状态，便产生农业机械化技术经济效果。对于既定的机械来说，功能是一个常数，如能完成何种作业，具有多大的功率、生产率、作业精确度及压强（单位面积上所施的力）等。而功能输出到农业活动（作业）过程中所产生的农业机械化技术经济效果则是一个变量，这个变量既与机械本身的结构密切相关，也与农业环境等外部因素紧密联系。

如上所述，农业机械化技术经济效果的好坏，不是某个单项因素所能决定的，而是整个农业机械化系统的结构、功能及作业条件综合影响的结果。因此，从整体上来探索农业机械化的结构、功能和作业条件对农业机械化技术经济效果的作用十分必要。

**（一）结构与效果**

结构不能直接产生效果，它必须通过功能的中介、一定作业条件下的实际应用才能产生经济效果。虽然如此，这丝毫也不能降低农业机械化结构状况对其经济效果的重大影响。因为农业机械化系统结构是农业机械化技术经济效果的基础，没有良好的结构，就不会有良好的功能，那么即使在最良好的作业条件下，也无法获得良好的经济效果。

农业机械化系统结构主要包括人的素质结构和机械的素质结构两大部分。其中人的素质结构包括知识结构、智力结构和技术结构等；机械的素质结构包括动力结构、传动结构、工作结构、金属结构及配套结构等。显然，机械的上述素质结构愈好，机械系统的功能消耗、功能效率及综合效率就越优，经济效果也越好。

**(二)功能与效果**

农业机械化系统功能具体表现为提高工作效率、提高作业标准化程度和提升生产力水平等。这些功能与实际作业对象相结合，便可产生提高劳动生产率、缩短工作时间、提高作业质量、抗灾保产及减轻劳动强度等效果。

这种功能与效果的关系，可从图 2-2 所示流程形式看出。

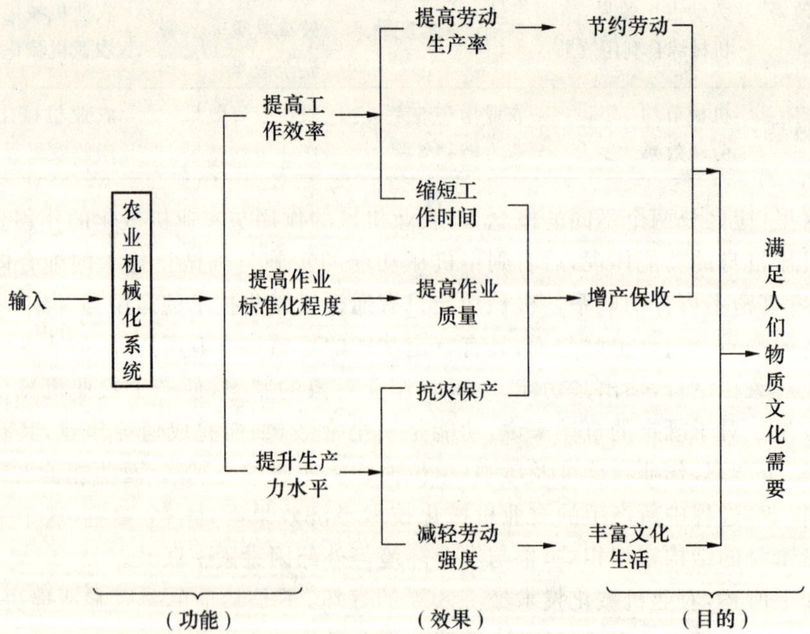


**图 2-2 农业机械化系统功能效果流程图**

农业机械化系统功能有效实施产生的经济效果有以下几个方面。

(1)极大地提高了农业劳动生产率，有力地保障了世界农业发展和粮食安全。同时，使从事农业的人口比重下降，更多的人从事其他重要工作。农业现代化的过程，也是大幅度提高农业劳动生产率的变革过程，世界上已经实现农业现代化的国家，农业劳动生产率都很高，农业劳动者占总人口的比例一般都在5%以下，而他们生产的农产品，却能满足社会的需要。例如，美国农业劳动者不到总人口的2%，平均每个农业劳动者可以养活128人，他们生产的粮食，除满足本国需要外，大量出口，农产品的国际市场占有份额在世界上排名第一。农业劳动生产率大幅度提高，必然剩余出许多劳动力需要向非农产业转移，促进了社会生产大分工，推动了工业和第三产业的发展，促进了世界经济繁荣。这也是20世纪末，美国工程技术界把“农业机械化”评为20世纪对人类社会进步起巨大推动作用的20项工程技术之一，且位列第7的主要原因。

(2)大幅度地缩短农业工作时间，保证适时耕作。农事活动具有强烈的季节性，若人工作业，由于工作效率低，往往因耽误季节而造成减产，特别是播种、收获等作业环节尤为突出。使用机械作业，同样的作业量可以在更短的时间内完成，从而减少了作物的适时性损失，保证了作物产量。

(3)显著减轻劳动强度，为劳动者的全面发展创造条件。如果劳动者不能从繁重的体力劳动中解放出来，则全面发展缺乏物质基础。农业中使用机械，既可以显著减少劳动者单位时间内的能量消耗，又可缩短工作时间，为丰富劳动者的生活提供了前提条件。

(4)有效地抗御自然灾害，减灾保产。农业生产受自然环境的影响很大，单纯的人力很难同水、旱、病、虫、霜、风等自然灾害进行斗争。有了农业机械，人们便可以有效地抗御自然灾害，进行大规模的农田基本建设，改变不利的生产条件，强化对自然的控制能力，减少损失，保证收成。

(5)保证作业质量，提高土地产出率。机械在深耕深松、化肥深施、精量播种、节水灌溉和产后处理等作业上达到的质量是人工所不及，从而为作物的生长提供了更加优越的条件，使单位产量不断提高。随着农业机械化技术的不断进步，更多先进技术投入应用，土地产出率会进一步提高。

(6)节约社会劳动，降低农业生产成本。增加国家和集体的积累，提高农民的经济收益。农业机械化发展初级阶段，一般是物化劳动增加而活劳动减少，后者的减少量大于前者的增加量，这一阶段的机械化，主要是依靠机械数量的增加。若进入农业机械化发展的高级阶段，则物化劳动与活劳动平行减少，社会生产效率大大提高。在这个阶段，机械化主要是依靠机械产品质量与作业质量的提高。同时，由于采用精量播种机、节水灌溉机械、化肥深施机等先进的农业机械，种子、水、肥料等费用都会有所降低。

## 二、影响因素及其相互关系

农业机械化技术经济效果，作为一个系统的综合输出，主要取决于人、机、作业对象之间的协调性及内部结构的经济合理性。其主要影响因素有劳动者素质、机械经济性、作业对象、种植制度和地理条件等。

### (一)劳动者素质

劳动者素质是农业机械化的控制要素。人的管理水平和操作技能对农业机械化技术经济效果会产生重大影响。例如，同样的机械(或机械组合)由于配备结构和调度水平不同，或者驾驶者操作熟练程度不同，其经济效果便有很大的差异。劳动者素质主要包括组织管理水平和技术运用水平两个二级因素(表 2-2)。

表 2-2 劳动者素质

| 一级因素 | 二级因素 | 三级因素 |
| --- | --- | --- |
| 劳动者素质 | 组织管理水平 | 农机配备的合理程度<br>运筹调度水平<br>服务保障水平<br>安全生产水平<br>…… |
| | 技术运用水平 | 编制机组<br>作业速度<br>工作幅宽<br>保养维修<br>操作技术<br>…… |

农业机械化组织管理水平受多种因素影响，如农机配备的合理程度、运筹调度水平、服务保障水平、安全生产水平等。农业机械化技术运用水平受到编制机组、作业速度、工作幅宽、保养维修、操作技术等因素的影响。

1. 组织管理水平与经济效果

现代农业机械化技术在农业生产中应用，组织管理水平的高低日益成为影响农业机械化技术经济效果的重要因素。组织管理水平对农业机械化技术经济效果的影响主要有下列几方面。

(1)农机配备的合理程度与经济效果的关系。农机配备包括不同动力机具的配备、动力机具与配套机具的配备、不同类型作业机具的配备等。若配备不合理，会造成农业机械重复投资，年作业量不足，机械利用率低，折旧费和资金占用费高等问题，最终会导致作业成本增加，降低经济效果。所以正确确定农机配备结构对取得预期经济效果至关重要。

(2)运筹调度水平与经济效果的关系。运筹调度主要包括安排作业时对现有机械的选用调配、合理安排作业顺序等。同一作业使用不同机型有不同的效率和费用，如果在调度时能根据作业量、作业时间和农艺对作业质量的要求合理的选用机型，通过安排作业顺序，选择合理的行走路线，减少空行造成的时间和油料的浪费，就有利于发挥机械的动力性能和经济性能，达到更好的经济效果。

(3)服务保障水平与经济效果的关系。服务保障包括燃油、物料、零配件的及时供应，机器故障后的及时维修，天气状况、道路状况、作业需求等信息的及时提供等。若服务跟不上，机械的正常作业将受到影响。例如，燃油紧缺，机器加不到油就会闲置不能作业，造成了浪费和损失。所以，提高服务保障水平有利于防止供应过程中各环节的损失和浪费，从而提高经济效果。

(4)安全生产水平与经济效果的关系。安全生产是提高经济效果的前提条件，也是农机管理工作的主要内容。它包括安全教育，安全监理制度、安全技术措施等。不安全的生产会造成不可弥补的损失，将严重影响经济效果。所以需采取有效措施，保证安全生产。

2. 技术运用水平与经济效果

技术运用水平包括编制机组、作业速度、工作幅宽、保养维修与操作技术。

(1)编制机组与经济效果的关系。在满足农业技术要求的前提下，根据拖拉机各挡的牵引力和农机具的阻力进行编组。合理编组是提高生产率的关键，编组时，拖拉机的牵引功率被利用的越多，生产率越高，但必须防止超负荷。拖拉机牵引功率利用系数(用于工作的牵引功率同能够提供的最大牵引功率的比值)，耕地一般为0.76～0.94，播种为0.84～0.96，收割为0.80～0.95，在此范围内拖拉机牵引功率利用系数越高，机组的经济效果越好，但还要根据具体情况，具体分析。不同的作业规模、不同的地形地貌、不同的机具配备，拖拉机牵引功率利用系数也存在很大差异，所以要根据实际情况进行调整。

(2)作业速度与经济效果的关系。作业速度与作业效率成正比。应在保证作业质量、符合农业技术要求、保证安全的原则下，尽可能地提高作业速度，从而保证按时完成作业，减少作物适时性损失，同时要正确处理好速度与幅宽的关系，以提高农业机械使用的经济效果。

(3)工作幅宽与经济效果的关系。工作幅宽直接关系到作业效率，平均工作幅宽越大，效率越高。要根据不同的作业规模选择合适的工作幅宽，在既定的作业规模下，要尽力减少幅宽损失，用最大的幅宽来提高效率。农业机械作业时，不但要有适宜的作业速度，还要有适宜的工作幅宽，以得到良好的经济效果。

(4)保养维修与经济效果的关系。建立严密的保养和维修制度，定期进行技术保养和修理，保证农业机械始终处于良好的技术状态，这对保证农机使用的可靠性、提高效率、保证作业质量、延长机具使用寿命都是必不可少的技术措施。农机在复杂的条件下工作，若不注意及时的保养维修，容易造成故障而带来损失，所以保养维修与提高使用的经济效果有十分密切的关系。

(5)操作技术与经济效果的关系。操作技术的熟练程度直接影响作业时间、生产效率、作业质量、消耗大小、损坏程度及安全性能等各个方面。熟练的机手与初学机手经济效果的差别是非常明显的。保证作业质量的关键，主要依靠机手的操作技术。作业质量不好，农业生产有用效果不高，效率高也是枉然，减少消耗也就失去了意义。所以，必须提高劳动者的操作技术水平，才能提高经济效果。

**(二)机械经济性**

机械经济性如何将决定它的年作业总量和作业成本，而机械年作业总量与作业成本对农业机械化技术经济效果具有决定性影响。具体来说，机械经济性受到机械消耗水平、机械生产率和机械综合利用性能3个因素的影响(表2-3)。

**表2-3 机械经济性**

| 一级因素 | 二级因素 | 三级因素 |
|---|---|---|
| 机械经济性 | 机械消耗水平 | 机械价格<br>油耗水平<br>活劳动消耗水平<br>…… |
| | 机械生产率 | 功率<br>工作速度<br>幅宽<br>…… |
| | 机械综合利用性能 | 机具配套比<br>底盘结构<br>…… |

1. 机械消耗水平

机械的实际消耗水平与作业对象的状况和管理操作水平有密切关系，但归根结底，还是决定于机械本身设计的消耗水平。运用过程中的管理操作对消耗水平的影响，只能以这个既定的参数为基轴上下浮动。机械消耗水平又受机械价格、油耗水平和活劳动消耗水平(包括劳动消耗与劳动占用)等因素的影响。

2. 机械生产率

与机械消耗水平类似，其设计生产率是它的实际生产率的基础，劳动者素质与工作对象的适应性对实际生产率虽有明显影响，但仅能在设计生产率的基轴上浮动。机械生产率又取决于它的功率、工作速度、幅宽等因素。

3. 机械综合利用性能

由于农业生产的特点，农业机械的利用率较低，只有那些综合利用性能高的机械才能降低机械的固定费用分摊额，取得更好的经济效果。机械的综合利用性能又受到机具配套比、底盘结构等因素的影响。

**(三)作业对象**

机械经济性仅是一种自身具备的潜在经济效果。如果机械未与特定的作业对象相结合，它的经济性仅为自身具备的一种功能而已。其功能只有通过劳动者的操作运转，作用于特定的对象，并有目的地改变对象的原有状况，才能体现其功能的效果，即产生经济效果。因此，机械的作业对象(包括土地和农作物)对机械经济性发挥和所产生的技术经济效果具有重要影响(表 2-4)。

**表 2-4　作业对象的影响因素**

| 一级因素 | 二级因素 | 三级因素 |
|---|---|---|
| 作业对象 | 土地 | 土地经营规模<br>田地坡度<br>地面状态<br>土壤物理性状<br>…… |
| | 农作物 | 生长期<br>接穗高度<br>茎秆粗细<br>植株高矮<br>籽粒含水率<br>果穗大小、形状<br>…… |

1. 土地

农业机械的大田作业与土地状态关系密切，不同作业和不同机械对土地条件的要求各不相同。从影响田间作业效率的土地条件看，大致有土地经营规模、田地坡度、地面状态、土壤物理性状等。

(1)土地经营规模。1978 年我国农村经济体制改革之后，普遍实行了家庭联产承包责任制。就农业土地经营规模而言，由于人多地少的国情和土地承包中的平均化倾向，形成了一种以农户为经营实体的普遍的超小规模状况。承包后我国农户的平均土地经营规模远小于美国、西欧各国的家庭农场，而且土地零碎。当今发达国家的农业规模经营大致可分为两种类型：一是以美国、英国、加拿大、澳大利亚等国为代表的企业性或商业性大中型家庭农场占优势的规模经营；二是以日本、西欧国家（英国除外）等为代表的中小型家庭农场占优势的规模经营。过小的规模会限制机械发挥作用，甚至无法使用机械作业。众所周知，日本农业的小规模经营虽然注重运用技术，使用的小型机械居多，提高了农业产量，但农产品价格数倍于世界市场价格，从而在国际农产品市场中处于劣势。美国对传统农业改造的一个明显特征是伴随着科技的进步农场土地经营规模不断扩大，大型农业机械大量投入使用，提高了农业劳动生产率，显著降低了农产品成本。有研究表明，扩大土地经营规模，将提高农业劳动生产率。但土地产出率在经济发展程度不同的国家，会表现出不同的规律性，两者之间的关系具有不确定性。我国要根据经济建设的目标和各自自然环境的约束条件，确定适度的土地经营规模，最大限度地提高机械生产效率，降低农产品成本，提高经济效果。

(2)田地坡度。田地坡度越大，上坡的阻力就越大，上坡消耗的功率就越大，就必然降低作业效率，增加油料消耗，降低经济效果。

(3)地面状态。地面状态是指留茬、杂草及田间障碍物等，也影响作业效率。由于地面状态标准不统一，只有通过测定来确定影响程度。

(4)土壤物理性状。土壤物理性状直接影响作业效率。不同土壤其比阻有很大不同，且受土壤湿度的影响。土壤湿度对作业质量、工作阻力都有明显影响。可以通过测定不同土壤不同作业的土壤比阻和土壤湿度，并测算其影响程度，选择合适的机械和合适的时间（考虑土壤湿度问题）进行作业，这是合理编制机组的重要依据，也是分析机械使用经济效果的必要资料。

2. *农作物*

农业机械的作业对象是农作物，农作物本身是具有生命的，机械的设计制造与应用需要考虑农作物的生长特性与生理性状，也就是农业机械如何适应不同作物品种与生长状况。我国地域广阔，各地自然条件经济状况各异，所选的品种千差万别。各作物生产机械化水平差异很大，如2010年，我国小麦、玉米、水稻三大粮食作物的耕种收综合机械化水平分别为91.26％、65.94％、60.51％，相差较大。种植环节中水稻种植机械化水平最低，仅为20.86％；收获环节中玉米收获机械化水平最低，仅为25.80％；马铃薯、油菜、棉花、甘蔗等作物收获机械化亟待加快发展。

造成不同作物不同种植环节机械化水平存在差异的重要原因之一就是品种选

择问题。同一作物不同品种其生长周期及生长状况不一致，或者同一品种上、下层角果成熟期不一致，导致农机与农艺脱节。我国传统的育种目标和栽培技术较多注重高产量，较少关注主要作业环节中的机械适应性，加之农业生产缺乏标准化的种植模式和农艺要求，机具开发“无所适从”；农业机械研发对作物品种形态、物性关注不多，随农业品种、栽培模式创新所做的研究、改进工作滞后。如制约油菜、玉米、棉花、甘蔗机械化收获，以及部分园艺作物机械化生产问题，主要是品种、种植制度和机械化技术相互结合不紧密、不配套。如我国玉米品种多而杂，生长期、结穗高度、适宜种植密度等各有不同。而果穗的大小、形状，脱粒难易程度及茎秆的粗细、高矮等都影响机械作业。农户在没有统一的指导下自行选择，导致同一地区种植品种、种植时间不统一，作物成熟期不一致，机械难以适应，作业效率低，收获质量差，损失大。还有一些品种特性不适宜机械收获作业，如植株高大、晚熟，收获时籽粒含水量高，苞叶厚而紧，导致机收剥叶不净，影响了农业机械的作业效率和作业质量。另外，如我国油菜品种成熟不一致、种植以移栽为主，农机和农艺技术很难适应。目前，我国长江流域推广的油菜品种多为偏晚熟品种，生长期较长，由于前茬多为水稻，在水稻收获后，采用机械直播，油菜冬前正常生长所需时间难以保证，影响油菜产量；采用移栽方法，油菜的茎秆粗壮，分枝多，上、下层角果的成熟期不一致，不利于机械联合收获。同时，由于不同地区油菜品种类型、栽培特性和播种密度等相差较大，没有形成适合机械化生产的完整、配套的农艺栽培技术体系。油菜生产机械化的标准体系还不完善，不利于有目的地研发机具，制约了油菜生产机械化的发展。

因此，统一和改良作物品种，是提高机械作业效率、作业质量和经济效果的关键。因此，必须积极创造条件促进农艺和农机互相适应、互相配合，实行区域化种植，统一作业工序，便于农业机械连片作业，提高效率，保证作业质量，达到提高农业机械化技术经济效果的目的。

**（四）种植制度**

种植制度是指一个地区或生产单位在一年或几年内所采用的作物种植结构、配置、熟制和种植方式的综合体系。作物的种植结构、配置和熟制又泛称为作物布局，是种植制度的基础。种植方式包括单作、间作、混作、套作、连作、轮作等。合理的种植制度应有利于土地、劳力、能源等资源的最有效利用和取得当时条件下作物生产的最佳社会、经济、环境效益，促进一、二、三产业的全面发展。根据土壤、水分条件及其相应的栽培措施不同，可分为半干旱地区的旱作种植制度、半湿润或湿润地区的旱作种植制度、灌溉旱地种植制度和水田种植制度等。一般常以熟制或轮作而命名，以熟制命名的如小麦一熟制、玉米一熟制、稻麦二熟制、小麦—夏大豆—

春玉米两年三熟制、稻稻油一年三熟制等；以轮作命名的如水旱轮作制、粮食作物和饲料作物轮作制、禾本科作物和豆科作物轮作制。

我国不同区域、不同作物种植制度复杂，多样化的种植模式严重影响农业机械作业效率，一定程度上导致农业机械化技术经济效果不甚理想。这样的问题在水稻、玉米、油菜、马铃薯、甘蔗等作物的生产中非常突出。

1. 种植方式

种植方式不合理给机械作业效率的提高带来一定的影响，如我国玉米种植机械化水平相对较高，但种植标准化程度很低，全国各地区种植模式多样化，如黄淮海区域的平作/套种、东北地区的垄作及各地均有的大小行种植等，且不同地区的行距不同（30～75 cm），有时同一地区的行距就有多种，给机械作业带来极大不便。特别是行距的不统一对玉米机械收获而言，不仅增大了作业难度，而且加大了收获时的损失率（当行距差超过 10 cm 时，机械化收获损失率可达 3%～5%）。目前玉米种植不规范，即使是对行距适应能力较强的机型，其作业速度和生产时间也会受到影响，从而影响其机械应用的经济效果。

2. 熟制

我国大部分地区采用多熟制的种植制度，如多熟制地区的三夏三秋作业，如果农机具配备合理，将极大程度上提高机械的利用效率，提高其经济性。像华北广大地区以种植冬小麦和玉米为主，一般是两种两收，夏季收获小麦后，随即要在 6 月中旬抢时间种上夏玉米或谷子。到 9 月下旬，必须将玉米收完，抓紧施基肥耕翻地，争取秋分种上小麦。因此三夏三秋，收、耕、种作业十分繁忙。迫切需要利用农业机械的有效配备，实现机械化作业，在抢种抢收上争取时间。如选用小麦联合收获机收获小麦、农用柴油汽车或拖拉机带挂斗（第一机组）接运粮食到场上清选入仓；再安排第二机组收集麦秸，抓吊到拖拉机挂斗或汽车上运出田区；第三联合机组随后浅耕灭茬，播种玉米兼施种肥。同样，秋季用第一机组玉米联合收获机收割玉米茎秆、机械摘穗、脱粒、玉米茎秆抓吊装车；第二机组运撒基肥；第三机组联合耕翻整地；第四机组做畦埂、播种小麦。以上例子则说明农业机械的设计与选择使用必须根据耕作栽培制度和作物的生产作业工序而定。同时必须做好经营规划，采用定量方法优化动力机械与农机具的配备，使机械作业效率和机械利用率都达到较高水平。

由此可见，种植制度以各种方式影响着农业机械使用的经济效果，合理的种植制度有助于提高经济效益。

**(五)地理条件**

地理条件涉及一定地点或地区的山川土地形势、位置、气候等，下面对与农业机械化发展有较大影响的地形地貌和天气因素进行分析。

1. 地形地貌

在我国国土资源总土地面积中，山地占33.3%，丘陵接近10%，平原约占12%，盆地接近19%，高原约占26%。目前我国农业机械化的发展状况是：平原地区处于领先地位，水平较高，发展较快，多数已经进入了中级阶段并在加快发展，有的已进入高级阶段向更高水平发展；而丘陵山区农业机械化发展明显落后，水平较低，发展较慢，多数仍处于初级阶段，与平原地区差距较大，区域发展不平衡问题比较突出。

地形条件对农业机械的经济性产生了一定的影响，特别是丘陵山区。一是丘陵山区土地面积大，但耕地较少，地块小而分散，地面高差大，机具田间作业及转移都比平原困难；二是山间道路窄小且崎岖不平，交通运输比平原困难；三是水土流失严重，急需进行综合治理，处理好经济增长与资源环境的关系，加强基础设施建设，但经济条件较差，建设资金投入非常困难；四是适宜于特色经济作物（木本粮油、干鲜果品、茶叶、药材、山珍特产及宜牧草场等）的先进适用农业机械产品短缺，有效供给不足；五是经济发展水平和农民收入都比平原地区低。上述特点对丘陵山区农业机械化投资、农机具配备与更新维修、机械作业效率与作业成本等都产生了影响。

2. 天气

天气状况对机械的使用也有很大影响，如降雨之后土壤太湿，机械不能下地作业或者作业质量太差；风太大不能进行喷药作业；如果是水稻机械抛秧作业，遇到刮风天气时，应顺风行走以降低抛秧的不均匀度，且风力过大不仅影响抛秧的均匀度，而且立秧率下降，因此如遇4级以上大风应暂停抛秧；降温导致土地冰冻不能耕作等。

## 第四节 评价理论依据

农业机械化技术经济效果评价主要依据劳动节约原理、社会生产力合理组织及资源替代原理、可比性原理和技术方案择优原理。以下对这4个原理进行详细论述。

### 一、劳动节约原理

#### （一）劳动节约原理的理论基础——时间节约规律

时间节约规律是一个极其重要的经济规律。马克思指出：“在一切社会状态下，人们对生产生活资料所耗费的劳动时间必然是关心的，虽然在不同的发展阶段上关心的程度是不同的。”[①]他还说：“正像单个人的情况一样，社会发展，社会享用

① 《资本论》第一卷. 北京：人民出版社，1978年版，第88页。

和社会活动的全面性，都取决于时间的节约。一切节约归根结底都是时间的节约。”[①]马克思作出的论断是：“社会必须合理地分配自己的时间，才能实现符合社会全部需要的生产。因此，时间的节约，以及劳动时间在不同的生产部门之间有计划的分配，在共同生产的基础上仍然是首要的经济规律。这甚至在更加高得多的程度上成为规律。”[①]

讲究时间节约和合理有效利用，是建立在合理分配和科学运用农业生产资源，特别是与农业机械化有关的动力资源或生产力诸要素的基础之上的。实际上讲究时间节约规律就是讲究速度和效果的统一，在农业机械化技术经济中，也就是讲求农业机械化的速度和实际增加农业产出量的统一。

运用时间节约规律来提高农业机械化技术经济效果，着眼点应放在合理利用活劳动和农业机械上，从而最有效地发挥农业机械的作用，而不是延长工作时间和增加劳动强度。使单位时间的生产效率和经济效果同农业机械设备条件和劳动者的技术水平相适应，也就是同农业机械化的各种定额与农艺措施的各种定额及工作岗位相适应，建立和完善各种形式的经济责任制，以节约社会劳动。

运用时间节约规律，提高农业机械化技术经济效果，需要考虑的因素很多：①应积极应用先进的科学技术，大幅度提高单位时间的工作效率和经济效果；②对资源（包括机械资源和劳动资源）的合理利用，并使综合利用深化；③按照专业化协作原则组织生产，减少管理的环节和层次；④改革管理体制，完善各种形式的责任制，提高工作效率，节约一切可以节约的社会财富。

**（二）劳动节约原理的具体体现——最小费用与最大收入**

追求农业机械化技术经济效果，就是选择科学的农业机械化技术方案，以最小的投入或最小的费用获取最大的收入。要投入最少或费用最小，就要在农业机械产品设计制造、农业机械配备与使用，以及农业机械经营形式和其他农业生产力诸因素的分配和利用中，在满足农艺要求的情况下，力求做到节约利用这些生产要素。既不能无限制地盲目增加农机具，造成多余和浪费，又不能单纯为了“节约”，生产上需要而又不增加机具设备，以致影响生产的正常进行，从而影响国民财富的创造和收入的增加。

农业机械化要获得最大收入，除了在投入或生产费用方面遵守合理的节约原则外，还要多产出。为此，就要在生产资源包括劳动力资源方面，合理地组织与运用，使定量耗费产出最大的有用成果，或产出定量的有用成果，而耗费最小。

农业机械化要达到费用最小，除了从投入的角度或耗费的角度考虑以最小的

---

① 《马克思恩格斯全集》第46卷上册．北京：人民出版社，1979年版，第120页。

费用支出，获得最大收入为目的的经济效果外，还要从占用的角度考虑最小费用支出。占用较多的农机具和设备，不能很好地发挥作用，或者根本用不上，对社会来说，人民创造的财富不能发挥作用，形成积压浪费；对农业生产单位或农户来说，不仅财产积压，更重要的是，增加了农业生产费用，加大成本，收入降低，不符合费用最小与收入最大的劳动节约原则。

**（三）劳动节约原理的具体运用**

评价农业机械化技术方案或技术措施，实现投入费用最小与收入最大，从劳动节约原理的观点出发，就是要把农业机械及其他生产诸要素组织利用好，包括农机作业班次组织利用好，以充分发挥每个要素的生产作用。例如，从分析拖拉机田间作业工作班次的时间构成因素，就可以看出节约时间，从而节约社会劳动的重要意义。

一般拖拉机田间作业班次时间主要由纯工作时间、空运转时间、调整保养时间、工艺服务时间及排除故障时间等构成。

纯工作时间：即机具处于正常作业状态下的时间。

空运转时间：包括地头回转和1 km内的作业区调转时间。

调整保养时间：在作业前、作业中及作业后的调整保养时间。

工艺服务时间：这是由机具结构本身所特定的，如插秧机的装秧，播种机的加种，施肥机的装肥料等所消耗的时间。

排除故障时间：包括机具零件损坏变形的修理和故障的排除，以及消除杂物，排除堵塞的时间等。

上述工作班次时间，从劳动节约原理出发应当尽量增加纯工作时间，减少空运转，调整、保养、工艺服务和排除故障时间。纯工作时间越多，完成的班次工作量越大，单位工作量油耗越少，费用越低，活劳动消耗越少，体现了以农业机械化投入费用最小和收入最大的经济效果为目的。从生产率或工作效率分析来看，纯工作时间越多，纯工作小时生产率也越高，这就可以不误农时，减少损失，相应地增加了产量和收入。

以上仅从物化劳动的节约来看农业机械化技术经济所要求达到的投入费用最小与收入最大的经济效果。而节约活劳动，特别是计算节约的活劳动在再生产中创造的价值，则是当前农业机械化技术经济研究中值得探讨的重要课题。马克思指出："劳动生产率的提高正是在于：活劳动的份额减少，过去劳动份额增加，但结果是商品中包含的劳动总量减少；因而，所减少的活劳动要大于所增加的过去劳动。"[①]纯工作时间越多，完成的年度工作量越多，年度生产率也越高，节约的活劳动越多，从而这些活劳动在再生产过程中创造的财富也越多。这就是劳动节约原

① 《马克思恩格斯全集》第25卷.北京：人民出版社，1979年版，第290页。

理在农业机械化技术经济中的体现和运用。

## 二、社会生产力合理组织及资源替代原理

### (一)社会生产力合理组织的含义与要求

农业机械化技术经济学对社会生产力的合理组织的研究，着重在于研究农机工业生产力、农业生产力及其诸要素的合理组织及其开发利用问题，是从经济方面而不是从技术方面研究农机工业生产力、农业生产力的合理组织，以期获得最大的技术经济效果。农机工业合理组织包括农机工业合理布局、农机工业资源开发与利用、农机系统主机与配套农机具的合理比例、田间作业机具、运输机具、农产品加工机械等的结构与比例。农业生产力的合理组织，包括农林牧渔业合理布局、农林牧渔业内部结构比例、农业中动力资源的合理结构与比例、农业机械的合理结构与比例等，以及农业现代化发展中技术制度、技术措施方案的合理选择及其经济效果评价。

按照社会主义政治经济学原理，生产力决定生产关系和上层建筑；而生产关系、上层建筑又对生产力的发展起反作用。在我国以家庭联产承包责任制为主的农业经济形式和大力发展市场经济的情况下，农业机械化如何适应这种经济形势发展，为农村的商品化、专业化、社会化提供服务，使农村经济获得更大的技术经济效果，这是社会生产力合理组织的主要任务和目的。

农业社会生产力具有明显的整体性。农业生产过程是农业劳动者、生产工具、其他生产资料及生产条件彼此联系和互相制约的有机整体。各自孤立的劳动者、农具、役畜、机械、肥料、种子等，仅仅是构成生产力的可能元素。只有把诸生产力元素按功能结构原则和适当比例相结合，才是现实的生产力。构成生产力的任何元素，只有在整体之中，才能发挥应有的作用。坚持生产力整体性原则，可以防止人们孤立地、片面地夸大单项因素的作用，使生产力的组织和经济效果建立在可靠的基础上。

### (二)资源替代原理

1. 资源替代原理的含义

在农业生产中有些生产资源(要素)，由于用途固定不变，是不可替代的，如光、热、水、土地等。有些资源是可以互相替代的，如劳力、畜力可以被农业机械所替代，高价生产资源可以被低价生产资源所替代等。对于农业生产资源替代问题的研究，不仅研究那些可以互相替代的资源所更新的经济效果问题，而且还研究更为广泛的内容，如对不可替代的生产资源的充分合理利用，或进行必要的改造，也是提高经济效果的途径。这里反映了生产资源本身新的利用形式的经济效果。例如

光、热、宇宙资源，一般认为是不可替代的，但人们对光、热、资源如何充分利用却有不同的办法。有的用粗放农业经营办法，使光、热得不到充分有效的利用，经济效果降低。相反，有的采用集约经营办法，提高复种指数，发展多熟制，使资源利用充分合理，经济效果好。水也是不可替代的资源，但人们可以通过合理用水替代不合理用水来提高经济效果。土地资源也是如此。这表明不可替代的生产资源在其不同的使用途径和使用方式、方法间也存在着相互替代以取得更大的资源利用效果问题。当然，从农业机械化技术经济效果看，资源替代理论，更着重于研究农业机械替代劳、畜力等资源的经济效果问题。

2. 资源替代原理的原则

资源替代从经济效果看，有如下原则：

原则一：单项资源或资源组合替代，都必须使其新增经济效果比原来的单项资源或组合资源的经济效果更高。

原则二：被替代的资源，其相对经济效果不应低于原来水平。如农业机械替代劳力，不能使被替代的劳力闲置不用，而且还要发挥更大的作用，取得更大的经济效果。

原则三：实现资源替代经济效果，应以保持生态平衡为前提。任何破坏生态平衡的经济效果都不是好的经济效果，更不是资源替代的好的经济效果。

3. 资源替代的基本途径

资源替代的基本途径，一是以一定产量为目标，谋求以最少的劳动消耗来提高经济效果，这就需要研究低价生产资源代替高价资源，或在资源价格相等的条件下，以高效用生产资源代替低效用生产资源。或在若干生产资源组合方案中找出最低费用组合，如农业机械替代劳力、畜力，使其费用最低。二是利用固定资源生产最大产品量，例如一个农户，在土地、劳力、机械或其他资源固定情况下，利用有限的生产资源生产最多的农畜产品，就可设计不同技术措施或方案，从中找出最大产量或产值的方案。

## 三、可比性原理

### (一)可比性原理的基本含义

在任何农业机械化技术方案的经济效果比较中，为了全面和正确地反映被比较方案的相对经济性和技术方案经济标准的要求，必须使各方案具有技术经济比较的基础，也就是说，必须使它们具有一定的可比性。

可比性原理是农业机械化技术经济效果评价的基本原理之一，即对农业机械化技术经济效果评价时进行对比分析方法所必须遵循的原理之一。研究农业机械化技术经济效果，是将通过调查或科学实验收集的有关技术和经济方面的数据和资料，加以整理分组、计算，将其结果进行对比分析。如拖拉机深耕不同深度与油耗，同作物产量高低等进行相对经济效果的对比分析。根据具体评价对象和具体目的不同，可以进行多方面的比较。例如，不同方式的播种技术措施经济效果的平行比较，如水稻机插秧与机直播产量的比较；农忙季节不同收割方式产量高低的比较；某项技术措施，如机械深耕、深松、免耕等技术措施对不同作物、不同地区、不同手段所取得的经济效果比较；不同技术方案或技术制度，如劳、机、畜结合比例的经济效果比较；一定范围内技术经济实践活动（如深松法）的经济效果的多年动态比较；一般技术水平与先进水平在相同自然条件下达到最优经济效果的比较，如水稻人工收获与机械收获的经济效果比较；多目标多方案综合经济效果比较，如一机多用与一机专用的综合技术经济效果比较等。

**（二）执行可比性原理的必要条件**

在进行农业机械化技术经济效果比较时，必须具备有可比原则或可比条件。

1. 可比的条件

在运用可比性原理时，必须具备可比条件，不能用不可比条件进行对比。例如，上述不同深耕与油耗同作物产量的技术经济效果比较，它的可比条件应是动力、土壤质地、机务操作技术、机械技术状态、作物品种及技术水平等基本相同，这是最基本的可比条件。不同动力、土壤质地、作物品种及技术水平等，就不具备可比条件，因而就没有可比性。

2. 满足需要的可比

对于农业机械化技术方案来说，一般以农业机械的工作量、质量等来满足农业生产或农艺要求的需要，所以不同技术方案要符合满足需要的可比条件。例如，人工插秧、人工抛秧、人工撒播和机械插秧、机械移栽和机械直播技术方案的比较；从满足需要的可比条件来说，均要在符合工作数量、质量，满足农业生产和农艺要求的前提下，对比它们的技术经济效果。不论哪种技术方案的对比，都必须以工作量、作业质量是否满足农艺、农业生产要求为标准，否则从满足需要方面来说是不可比的。

3. 措施功能的可比

农业机械化技术措施满足经济目标的需要，功能相同才可以互相比较，功能不同的技术措施不能相比。例如，利用联合收割机收割小麦与利用马拉收割机收割小麦，其工作效率对产量的影响（损失情况）都不同，亦即功能措施不同，不能简单相比。不同功能的异质产品及其耗费和效果，一般也不能简单相比。

4. 耗费的可比

农业机械化的每个技术方案的具体实现都要消耗一定的社会劳动或费用。由于每个技术方案的技术特性和经济特性不同，它们在各方面所消耗的劳动或费用也不相同。为了使各个技术方案能够正确地进行经济效果的比较，各个技术方案的消耗费用必须从国民经济全局观点出发，从总的全部消耗即综合的或系统的观点出发考虑，也就是必须考虑技术方案的社会全部消耗费用，而不只是从个别国民经济部门的立场出发或从个别环节、个别部分的消耗费用出发考虑。例如，农机作业耗油或消耗费用(包括活劳动)，同工作量的比较，即单位工作量成本比较，有可能小型农业机械的费用小于中型农业机械的劳动耗费，这是仅仅从个别部门、个别环节上作比较。如果从综合技术观点或系统观点考虑，如金属消耗、工作量费用、人工消耗、油料消耗等比较，中型农业机械可能优于小型农业机械。

由于我国目前对农业机械化技术经济效果的研究还未广泛深入地开展，所以对于农业机械化技术方案的耗费比较仅仅限于个别部门和个别环节上。在进行耗费的比较时，不同措施或方案的各种耗费必须采用统一的原则、方法和计量单位，不能甲方案采用一种原则、方法和计量单位，乙方案又采用另一种原则、方法和计量单位，这就是农业机械化技术经济效果评价耗费的可比性原则。

5. 价格的可比

农业机械化技术方案的实施，一方面要消耗各种费用，另一方面又为国家创造财富，增加产值。按理无论消耗的费用或增加的产值，都应按照产品的价值进行计算。但是目前由于社会产品的价值量还很难准确计算，所以对技术方案的消耗费用或创造的产值均按统一的货币价格或不变价格计算，使价格具有稳定的可比性。

6. 时间的可比

时间的可比对于不同农业机械化技术方案的经济比较有很重要的意义。由于各种技术方案受技术、经济、自然和社会等各方面条件限制，在投入人力、物力、财力和发挥效果的时间方面常常有所差别。例如，有的技术方案发挥效果的时间短，有的发挥效果的时间长，所以不同技术方案的经济效果比较应该采用相等的计算期作为比较的基础。因此，技术方案的时间可比性，即采用统一时间单位，并考虑到资源投入时间迟早和取得效果时间长短影响。对任何两个不可比的时间项目进行比较，将会导致错误的结论。

## 四、技术方案择优原理

### (一)技术方案择优原理

技术方案择优，就是按照人们确定的目标，对农业系统内多种可行的技术方案进行比较，并从中选择出符合目标的最优方案。农业机械作为一种技术措施用于农业生产中，其确定目标一般来说，就是在生产可行的前提下，达到技术先进、经济可行、生态平衡的整体目标。所以，农业机械化方案的择优，实际上反映了农业机械化系统目标——技术经济效果的整体优化特性。因此，它是农业机械化方案技术经济效果评价的核心，其原理即成为技术经济效果评价原理中一个极其重要的方面。

农业机械化方案的择优原理，与其他技术方案的择优原理一样，都是建立在事物的矛盾演变与发展这条基本规律(即事物内部都充满着矛盾，同时又可以朝不同方向发展的辩证规律)之上。在客观生产实践中，不同内容的技术方案存在着不同的经济效果，即同一内容、不同组合方式的技术方案存在不同的效果，亦可以认为，要取得某一特定的效果，客观上必然存在不同的技术方案。在农业机械化生产实践中，不仅要满足农业生产需要的技术要求，同时又必须节约所消耗的人力、物力和财力，因而在客观上就存在生产上可行、而在技术先进性和经济合理性上互相竞争的多种农业机械化方案。人们在这些具有不同效果的农业机械化方案中，又总是希望能按照使农业既增产又增收的要求，选择一个技术经济效果最佳的方案。所以，农业机械化方案的择优原理，即是技术方案择优的一般原理在农业机械化生产活动中的具体反映。

**(二)技术方案择优的判别标准**

农业机械化技术方案择优的判别标准，一般包括生产可行性、经济合理性及技术先进性等内容。

1. 生产可行性

生产可行性是农业机械化技术方案择优的前提条件。所谓生产可行性最优，就是指在各种农业机械化方案中，实施程序最简单，实施条件最易行，在现实条件下最容易达到预定目标的技术方案。

农业生产在很大程度上依赖于自然条件。无论是全国或者一个地区，自然条件都制约着农业，也制约着农业机械化技术方案的实施和农业机械投放的重点，并且影响着农业机械化的内容和先后缓急。因而，农业机械化技术方案适应自然条件，有效地解决自然条件和农业生产之间的矛盾，这是农业机械化技术方案可行性最优的重要标志之一。例如，我国很多地方都把排灌机械置于各项农业机械化方案之先，从而调节了自然条件与农业生产的矛盾，取得了极为显著的成绩。

当时当地的物质技术条件对农业机械化技术方案的适应程度，是评价生产可行性的又一主要标志。物质技术条件是实现农业机械化的物质基础，脱离了物质技术条件，不可能实现农业机械化。

2. 经济合理性

经济合理性是农业机械化技术方案择优的中心内容。所谓经济合理性最大的方案，就是在各农业机械化技术方案中，最符合预期主要经济目标和要求的方案，才是生产实践需要的技术方案。例如，山区解决林、牧机械化和运输机械化，这是主要矛盾。如果农业机械化方案不解决林、牧机械化和运输机械化，也就不能解决山区生产中的主要矛盾，在经济上也就是不合理的。

经济效果最佳是农业机械化技术方案的基本目的，也是衡量农业机械化技术方案的主要标准。在目前的条件下，农业机械化的技术方案就是要达到降低消耗、节约劳力、促进农业增产、增收和增效的要求，满足整个社会对农副产品不断增长的需要。这就是农业机械化技术方案择优的最佳经济目标。符合这个目标，方案是最佳的；不符合这个目标的要求，农业机械化的技术方案就不能说是最佳的。

3. 技术先进性

各种机械的适用性、可靠性、通用性等方面的技术指标不一样，这样就有一个择优的问题，而技术上的先进性和适用性又是选择农业机械化技术方案的重要标准之一。这里必须特别说明的是，最优的先进技术是有条件的，是指在一定时间、一定自然与社会经济条件下的最优。离开了条件片面地追求技术上最先进的机械是没有意义的。所以，最优的先进技术是指某时某地经过多点试验成功的或适用的先进技术。

因地制宜地选择最优的、先进适用的农业机械化技术方案，是扬长避短、充分利用各地资源的重要措施，也是选择性机械化的一项基本目标。

以上所述的生产可行性、经济合理性和技术先进性是统一的，不可片面强调某一方面的作用。只有在技术上先进、生产上可行和经济上合理三方面的统一，才能取得最佳的经济效果。

技术方案择优的程序一般是，首先确定阶段性目标，根据目标列出约束条件，制定有限数量方案；然后确定判别标准，进行分析比较。

## 第五节　评价指标体系的设置与构成

### 一、指标体系的作用

农业机械化技术经济的数量分析，其本质为用一定的数值形式来表达或评价技术经济效果的大小。因而被评价问题的目标和具体内容，也必然要求能够用数值形式来反映。这种用数值反映其评价问题的目标或尺度的具体形式,就是通常所说的评价指标。

农业机械化是一个极其复杂的系统,首先要认识到它是一个具有多层次、多目标的复杂经济过程,因此它的目标含义实质是一个多层次的"目标集"。同理,这一过程所形成的技术经济效果,也是一个多层次的"效果集"。这样,就要求我们在研究或评价不同问题的技术经济效果时,有与"效果集"相适应的"指标集",这就是通常所说的评价指标体系。合理运用评价指标体系具有重要作用。

**(一)有助于全面系统地评价农业机械化技术经济效果**

农业生产环境条件复杂,影响的因素又较多,农业机械化对农业生产和农村经济发展的促进作用是多方面的,这种作用主要表现为提高作业效率和作业质量,抗灾保产、适时作业,改善农业生产环境和劳动条件,解放农业劳动力等方面。显然,这些作用产生的经济效果也是多方面的,因此,只有采用农业机械化技术经济效果指标体系,才能较为全面系统地反映其技术经济效果的大小。

**(二)有助于辩证地评价农业机械化多层次的技术经济效果**

农业机械化技术经济效果不仅有直接的,也有间接的;不仅有局部的,也有整体的;不仅有短期的,也有长远的;不仅有单项的,也有综合的。在评价的过程中,片面强调一个方面,而忽视其他方面,都是不科学的。为此,指标体系的研究和应用,有助于把握农业机械化技术经济效果多层次整体性的客观规律性。

**(三)有助于揭示农业机械化过程中投入与产出的数量变化规律**

农业机械化生产过程中各种投入要素(机械、劳动力、金属材料、物资、能源、资金等)的投入量是千差万别的,各种投入要素的利用效果也将随着环境条件的变化而改变,由此所引起的农业机械化技术经济效果的变化将更为复杂。这种投入与产出在数量上的复杂关系常常是完成农业机械化技术经济研究的基础。要弄清这种关系又必须借助衡量投入、产出及反映它们变化尺度的指标体系。农业机械化技术经济效果的评价指标通过反映这种投入的资源与产出产品之间、投入的生产资源相互之间及产出产品之间的相互关系及其量的规定性,不仅可以衡量经济效果的大小,而且还能提示出取得这一经济效果的技术条件和经济条件,为选择最佳的技术措施或技术方案提供依据。

**(四)有助于针对不同研究问题来选择不同的评价和分析指标**

在评价农业机械化技术经济效果时,只选用一两个指标是不够的。因为经济效果所指的是有用成果数量同消耗或占用的劳动量的对比关系,而消耗或占用的劳动量包括已经消耗的活劳动和所消耗或占用的物化劳动。活劳动的消耗量是按时间计算的,而物化劳动的消耗量在目前还不能准确地还原为劳动时间,因而将物化劳动消耗按活劳动消耗统一的计算标准进行计算,这就使技术经济效果不能够直接计算。同时,农业生产的特点和社会对农产品需要的复杂性,也决定了农业机械化技术经济效果的表现形式是多种多样的。因此,采用单一的指标是不够的,这就需要设置和运用一系列指标,以便从各个不同方面、不同范围来计算和分析经济效果的大小,但也不是每个项目都要求动用很多指标,究竟如何选用指标,这就需要我们首先弄清研究问题的性质和要求。此外,还要了解各个指标的性质及指标之间的有机联系;了解评价或分析指标与问题研究的必然联系,对不同评价对象和目的分析,按照各类指标的内容和相互关系,正确地选用指标,做好评价工作。

## 二、指标体系的设置原则

农业机械化技术经济效果评价指标体系的设置,应以经济效果理论为基础,结合农业生产本身的特点,从实际需要出发,以适应农机社会化服务的多种形式和管理水平,并适当考虑当前农业经济各学科和计算技术的发展水平。总的来说,要遵循"科学全面、简便易行"的原则。指标体系设置应注意以下几个方面。

### (一)体现投入与产出之间的关系

如果某项指标只是反映投入或产出两个方面中的一个方面,那它只是一般的经济指标。例如,只对农业生产过程中各种生产资源的投入进行指标评价,能得出的只是投入量多少的情况。但对于一个生产者或决策者,最让其关心的不是单一的投入量情况,而是一种投入与产出的比例关系。通过这种关系,生产者或决策者较易看出项目的效益情况,并做出决策调整。投入与产出之间的这种关系,正是经济效果指标最本质的特征。农业机械化过程中的投入包括机械、劳动力、物资、能源、资金等方面,产出包括农产品产量、产值、收入、利润等项目。

### (二)反映经济效果的复杂性和技术与经济的相互关系

农业机械化技术经济效果评价指标体系应该反映出单项效果与综合效果、阶段效果与最终效果、直接效果与间接效果、企业效果与社会效果等方面的内容,才能客观地反映出农业机械化技术经济效果的全部内容。例如,不仅要度量单位面积农机作业劳动、物资、资金的消耗指标,也要设置最终的单位农产品劳动、物资和资金的消耗指标,不仅要计算个别产品、个别部门的劳动生产率指标,也要计算整个组织及整个地区的劳动生产率指标。不仅要设置按作物面积和耕地面积计算的土地生产率指标,也要设置按农业用地计算的土地生产率指标,等等。

**(三)考虑设置实物指标和价值指标**

农业生产过程既是劳动过程,又是价值形成过程,商品生产过程必定是劳动过程和价值形成过程的统一。因此,农业机械化技术经济效果指标体系的建立必须符合农业生产过程的这一基本特征。这就要求在进行劳动消耗量(包括劳动占用量)同劳动成果比较时,价值形式和实物形式并重。因此,在指标体系中既要设置实物指标,也要设置价值指标。虽然劳动成果的内容千差万别,但也能将类似的劳动成果折算成统一计量单位来进行比较。例如,将粮食产品折成能量单位,或者将全部劳动的消耗折算成投入能量,将全部产品折成产出能量。关于价值指标,要注意价格的可比性,在不同地区之间进行对比时,要用国家统一价格;不同年度之间对比时,要采用不变价格。

**(四)注意指标体系中各项指标概念明确和计算方便**

所谓指标概念明确,就是指在指标体系中的各项指标都要有清晰的概念,并能确切地反映内容,而且可以看出同其他指标间的内在联系。指标体系中的各项指标的含义如不明确,反映的内容就不一致了,这样分析和评价其技术经济效果就失去了意义,其结果不仅难以作定量分析,还会使定性分析成为一句空话。考虑到我国农业机械化现行经营管理水平,计算方法要简便易行。只有在指标体系中的各个指标概念清晰确切,计算方法简便,才能在实践中得到广泛应用,并不断发展和完善。

## 三、指标的分类

为了提高指标体系的适用性和科学性,更好地发挥它在经济效果评价中的作用,农业机械化技术经济效果评价指标体系的分类,必须以基本经济规律和经济效果评价原理为依据,明确各类指标的性质和具体内容,以及各类指标的内在联系及它们在整个指标体系中的作用和地位。农业机械化技术经济评价指标和分析指标,尽管多种多样,但在某些方面具有共同的属性。为研究和应用上的需要,人们从不同的角度对指标进行了分类。以下详细介绍一种分类方法,即按照各类指标的实质和内容,分为主体指标、分析指标和目的指标(图 2-3)。

**(一)主体指标**

主体指标是通过具体的数值直接反映有用效果与劳动消耗量之间的比例关系,它反映不同的农业机械化技术方案、技术措施应用于农业生产实践后所取得的经济效果,在指标体系中处于主体地位。常用的指标有土地产出率、劳动生产率、成本利润等指标。

**(二)分析指标**

这类指标是用于分析技术经济效果同有关因素的关系,主要用来反映诸因素(包括管理因素、经济因素、技术因素等)对经济效果所起的不同作用和影响程度。在经济效果评价中,分析指标与主体指标相比较一般处于辅助地位,故又称为辅助指标。分析指标面广量大,比较具体正确运用这类指标,有助于总结经验,进一步研究探讨提高农业机械化技术经济效果的途径。这类指标又包括经济效果分析指标、技术效果分析指标和生态效果分析指标。

- 农业机械化技术经济效果评价指标体系
  - 主体指标
    - 比值指标
      - 土地产出率指标
      - 劳动生产率指标
      - 资源利用率
      - 投入产出率指标
      - 成本利润率指标
      - 投资效益率指标
    - 差额指标
      - 纯收入指标
      - 利润指标
  - 分析指标
    - 经济效果分析指标
      - 产出成果水平及其结构指标
      - 劳动消耗水平及其结构指标
      - 资金占用水平及其结构指标
      - 资源利用水平及其结构指标
    - 技术效果分析指标
      - 各类技术方案、措施中间效果指标
      - 各类技术方案、措施最终效果指标
    - 生态效果分析指标
      - 生态环境保护及其动态指标
      - 自然灾害发生及其动态指标
      - 水土流失及其防治动态指标
      - 森林覆盖率及其动态指标
      - 土壤肥力水平及其动态指标
      - 生态平衡及其动态指标
  - 目的指标
    - 按产品计算
      - 农产品产量、产值、利润指标
      - 农产品商品率指标
      - 商品农产品创汇率指标
    - 按人均计算
      - 人均占有农产品指标
      - 人均消费农产品指标
      - 农村人均纯收入指标

图 2-3　农业机械化技术经济效果评价指标体系

1. 经济效果分析指标

经济效果分析指标是通过具体数值来反映农业机械化生产活动的经济状况，这类指标不能同时反映农业机械化生产活动过程中的劳动消耗与有用效果这两个方面的情况，它只能从某一侧面来反映农业机械化生产过程中劳动消耗和劳动成果某一方面的情况。具体包括水平分析指标和结构分析指标。

(1)水平分析指标。用以计算和分析各种投入和产出的经济水平，包括劳动成果指标和资源投入指标。劳动成果指标，如农机作业量、农产品产量、产值、产品质量、收入等；资源投入指标，包括劳动、物资和资金的消耗和占用，劳动消耗指标如农机成本总额、维修费、油料费、工时消耗、肥料施用量、用种量、生产成本等；资金占用与资源利用状况，如土地、劳动力的利用率、劳动效率、农机具的拥有量与利用率，以及各种生产资金的占用量等。在评价中，水平分析指标不仅可以用来分析经济效果的大小，而且是正确计算经济效果的基础数据。

(2)结构分析指标。结构分析指标是通过投入产出和资源与劳动占用的构成比例分析，反映经济效果的实现程度和经济活动合理性的数值指标。农业机械化技术经济效果是一个多分支、多层次的复合结构体，经济效果作为各个生产要素相互结合共同作用的结果，同生产要素的合理组织与合理分配及其有效地使用有着密切关系。各个生产要素只有在一定的生产技术条件下，互相适应又在数量上互成比例，才能促使经济增长并使现实的生产力发挥作用。因此，研究和分析各种产出因素和资源的构成比例，并衡量其合理性和有效性，是分析经济效果的一项重要内容。结构分析指标一般包括产品与产值结构、利润结构、成本结构、投资结构以及土地利用结构和劳动力结构等一系列具体分析指标。

2. 技术效果分析指标

技术效果分析指标是通过具体数值反映农业机械化技术应用的技术状况。如农机具的作业质量、安全性、可靠性、耗油率等，都属于这类指标。由于技术效果分析指标总是反映农业机械化措施的技术特征，所以它往往因机具和措施的不同而有所不同。技术效果分析指标既是分析技术可行性的重要依据，又是影响农业机械化投入和产出的重要因素。因此，技术效果分析指标是指标体系中不可缺少的组成部分。

3. 生态效果分析指标

生态效果分析指标是用来分析反映农业机械化技术措施、技术方案应用对生态环境、生态平衡影响程度的数值指标，主要包括反映资源利用合理性的土地肥力指标、水土流失指标、森林覆盖率、物质能量良性循环指标和生态环境保护等。针对农机作业的生态效果分析，还有如机械进地作业次数与土壤容量(反映机械对土壤的压实程度)的变动指标,机械垦荒、植树、造林面积及增长率指标等。提高经济效益要求在保证良好的生态环境前提下进行,故分析评价经济效果时,必须结合生态效益的评价。

**(三)目的指标**

它是用来反映农业机械化满足社会需要的程度,反映经济效果的增长同积累与消费的关系,反映农业机械化生产的目的。这类指标如农业机械化的人均农产品占用量、人均纯收入、农产品商品率、每个劳动力供养人数等。

应当指出,上述指标体系的分类是相对的,有些指标具有交叉性。如土地产出率,既是采用机械所获得的最终技术效果指标,又是生产过程中投入劳动所取得的经济效果指标。所以以上三类指标,既相互区别,又密切联系,是一个有机的整体。在评价中,必须互相结合、互相补充,才能保证农业技术经济效果评价的准确性和科学性。

另外,农业机械化技术经济评价指标还可以从其他角度加以划分。

按性质来分,可分为:①经济效果指标和技术效果指标;②价值指标和实物指标;③数量指标和质量指标。

按结构来分,可分为:①综合效果指标和局部效果指标;②目的指标、中间指标和直接指标。

按用途来分,可分为:①主体指标与分析指标;②绝对数量指标与相对数量指标;③总数量指标和单位数量指标。

在进行指标分类的同时,还应该认识到各种不同的技术经济指标有不同的用途。任何一个技术经济指标一般都不能被其他一个指标替代,但这并不是说每个指标对于任何问题都是孤立地处于平等地位,它们之间都有着一定的联系,在评价分析不同技术经济问题时,还有其主次之分。

通过以上分类,我们知道了指标分类时的一般分类方法。然而对于任何一个指标来说,其本身往往还具有多方面的属性,上述指标的分类只是反映了指标某一方面的属性,在实际生产应用中,我们还可以将上述分析指标根据应用的方便,再进行应用的需要分组。如劳动生产率这一指标,因为农业机械化的直接经济效果就是提高劳动生产率,所以它具有主体指标的属性,而按用途来分,它又具有效率指标的属性,这样它就同时具有经济性质和技术性质的意义。因此,我们在指标分类时,可将其列于综合性效果指标一栏。表 2 - 5 是其中一种分组形式。

**表 2-5 农业机械化技术经济效果指标分组**

<table>
<tr><th rowspan="2">组别</th><th colspan="4">结构分类</th></tr>
<tr><th>综合效果指标</th><th>直接效果指标</th><th colspan="2">中间效果指标</th></tr>
<tr><td>劳动生产率组</td><td>1. 农业劳动生产率<br>2. 劳动净产值<br>3. 机组年作业量<br>4. 班内平均小时生产率</td><td>1. 单位动力平均年作业量<br>2. 单位作业耗用人工<br>3. 单位动力小时生产率</td><td rowspan="3">技术效果</td><td rowspan="3">1. 机械化程度<br>2. 班次时间利用率<br>3. 纯工作小时生产率<br>4. 机具配套比<br>5. 农机安全率<br>6. 作业质量合格率<br>7. 适时作业率<br>8. 机械工作可靠性系数</td></tr>
<tr><td>物资耗费组</td><td>1. 单位作业耗油(电)</td><td>1. 单位作业物资消耗<br>2. 单位动力小时耗油(电)</td></tr>
<tr><td>成本利润组</td><td>1. 农产品成本<br>2. 成本利润率</td><td>1. 单位作业成本</td></tr>
<tr><td>投资效果组</td><td>1. 百元农机投资净产率<br>2. 投资回收期</td><td>1. 百亩平均农机投资额</td><td rowspan="2">经济分析</td><td rowspan="2">1. 劳均负担面积<br>2. 农机化增产减损率<br>3. 单位农产品机务费用<br>4. 机械购置价格</td></tr>
<tr><td>节约效果组</td><td>1. 农机化社会劳动节约率</td><td>1. 农机作业活劳动节约率</td></tr>
</table>

## 四、指标的构成

### (一)指标体系的构成

由于农业机械化技术经济效果是一个多层次的网络结构,所以农业机械化技术经济效果的评价具有复杂性和多样性。根据经济活动的多维性,运用系统观点分析,经济效果指标体系也应该是一个多层次的网络结构。具体地说,它包括相互联系、相互渗透的3个纵向层次和4个横向综合层次。所谓3个纵向层次是指直接效果指标、中间效果指标和综合效果指标。4个横向层次指机械经济性、对象适应性、使用管理水平及反映它们合理组合的效果集。农业机械化技术经济总体效果指标体系的结构示意形式详见表2-6。

这种指标体系网络结构,是农业机械化过程一般性的概括。对于农业机械化的各生产环节、经济部门和各生产组成要素的技术经济分析,都可以依据这个原则,在其相应的指标体系中选择不同的指标,从而也就可以构成不同结构层次上的指标体系。

### (二)指标体系的结构层次

1. 直接效果指标

它是反映农业机械化系统(或农业机械化系统中的子系统)向农业系统(或农业机械化系统)输出直接功能而产生经济效果的指标。

表 2-6　农业机械化技术经济总体效果指标体系结构

| 纵向要素结构 | 横向要素结构 | | | 效果综合 |
|---|---|---|---|---|
| | 机械经济性 | 对象适应性 | 使用管理水平 | |
| 直接效果指标 | 1. 单位动力小时生产率<br>2. 单位动力小时耗油(电) | 1. 单位作业耗用人工<br>2. 单位作业物资消耗<br>3. 单位作业成本 | 1. 单位动力平均负担面积<br>2. 百亩平均农机投资额 | 1. 单位动力平均年作业量<br>2. 农机作业活劳动节约率 |
| 中间效果指标 | 1. 纯工作小时生产率<br>2. 机械工作可靠性系数<br>3. 机械置购价格 | 1. 作业质量合格率<br>2. 适时作业率<br>3. 单项作业机械化程度 | 1. 班次时间利用率<br>2. 机具配套比<br>3. 农机安全率 | 1. 综合机械化程度<br>2. 劳均负担面积<br>3. 农机化增产减损率<br>4. 单位农产品机务费用 |
| 综合效果指标 | 1. 班内平均小时生产率<br>2. 单位作业耗油(电) | 1. 农产品成本 | 1. 机组年作业量<br>2. 成本利润率<br>3. 农机投资回收期 | 1. 农业劳动生产率<br>2. 劳动净产值<br>3. 农机化社会劳动节约率<br>4. 百元农机投资净产率 |

2. 中间效果指标

它是反映农业机械化技术经济效果与各影响因素依存关系的指标。通过中间效果指标的分析和计算,可以较为客观地反映出农业机械化过程中技术效果和经济效果的依存关系。一方面技术上的先进性是评价经济效果的基础;另一方面技术上的先进性又是相对的,它必须在生产上适用、可行。所以中间效果指标为分析、评价农业机械化技术经济效果创造了必要的条件。

中间效果指标在很多情况下只反映投入或产出这两个方面中的一个方面,因此中间效果指标可以只是反映技术效果或经济状况变化的情况,不一定全是经济效果指标。

3. 综合效果指标

综合效果指标是反映农业机械化系统的指标。农业机械化是农业生产中生产工具的技术改造,从而以更少的社会劳动消耗获得同等的农产品,或以同等的劳动消耗获得更多的农产品,以最大限度地满足社会日益增长的需要。综合效果指标的设置,就是用来反映满足社会需要程度的。

由于综合效果在很多情况下不是农业机械化系统的直接功能所获得的，因此它可以是农业机械化的直接效果，也可以是农业机械化的间接效果。例如，采用某项农业机械化方案和措施后，节约劳动力的利用效果很显著，但这已超出农业机械化的功能范围，而应属于农业系统的功能，农业机械化只是提供了节约劳动力等方面的条件，其利用效果属于农业机械化的间接效果。因此，农业机械化进程中反映劳动力的经济利用效果指标，也属于综合效果指标。

## 五、指标的选择

### (一)选择原则

1. 目标分解原则

农业机械化作为一个整体来说，它的目标是一个系统，或者说是一个目标集。目标集可以分解为若干等级的子目标。上级目标包含下级目标，下级目标服从上级目标。在进行单项或局部农业机械化评价时，首先进行目标分解，确定该农业机械化项目在整个总目标中的级别与要求。然后根据这种目标来选定指标。农业机械化的目标集如图 2-4 所示。

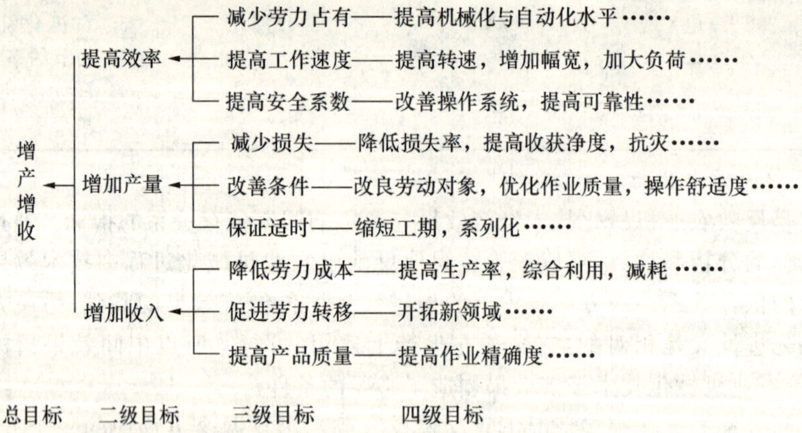


**图 2-4 农业机械化目标集**

2. 功能结团原则

把某一农业机械化项目作为整个农业机械化系统中的一个子系统，为了实现这个系统的目标，需要这个子系统的结构具有某些特定的功能；而任何一个系统功能则都是由多种元素的分功能有序地结成功能团而存在的。因此，评价某一特定农业机械化项目的经济效果，就应根据这种功能团的原则选定一组指标。

从前面列出的农业机械化目标集可以看到，每一种目标都需要相应的功能才能得以实现；而每一级的功能则又是由下一级系统（元素）的分功能的结团而构成的。例如，提高效率功能是由减少劳力占用、提高工作速度和提高安全系数等分功能结团所构成；增加产量的功能是由减少损失、改善条件和保证适时等分功能结团所构成；增加收入的功能又是由降低成本、劳力转移和提高产品质量等分功能结团所构成。如果进行的农业机械化项目是为了实现降低作业成本这一功能，那么就应以此为中心，选定有关提高生产率、减少物化劳动与活劳动消耗和机械的综合利用等功能团的一组指标。

**（二）应用原则**

农业机械化技术经济效果指标是评价经济效果的主体指标。此类指标运用正确与否，直接关系到评价的质量，在具体应用时必须注意以下原则。

1. 各项经济效果指标相结合

农业机械化技术经济效果指标组是一个有机的整体。组中各项指标，各自从一个方面反映农业机械化技术经济效果，能够较好地满足不同的评价需要，都是不可缺少的，在评价时必须将各项指标结合运用。例如，土地产出率、劳动生产率和资源利用率三类指标。从重要性看，劳动生产率指标是主要的。但是，劳动生产率的提高可以采用集约经营、高产稳产、增产增收的经营形式达到，也可以采用粗放经营、广种薄收的经营形式达到。而劳动生产率的提高，只有在提高土地产出率和资源利用率的基础上才具有良好的经济效果。在评价中，如果只采用单一指标，而忽视其他两类指标的运用，就不能正确反映农业机械化技术的经济效果。

2. 根据农业不同生产部门的特点具体应用

具体应用经济效果指标，要根据农业不同生产部门的特点，适当地增用一些符合各自特点和需要的具体专用指标，以适应具体进行农业机械化技术经济效果评价的不同要求。例如，为了考察土地利用效果，就要选用土地产出率指标，而这一指标具体应用时，在种植业部门就要采用单位耕地面积或单位播种面积的产量或产值等专用指标；在畜牧业部门就应采用单位草场面积的载畜量或畜产品量等专用指标；在渔业部门则要采用单位水面的鱼产品产量或产值或单位水面纯收入等专用指标。

3. 与必要的辅助指标相结合

经济效果指标是经济效果的衡量指标，此外还有反映经济效果满足社会需要程度，反映技术的先进性、资源利用的合理性及是否符合农业生态平衡要求的各种辅助指标和目的指标。如产量、产值、产品质量指标、资源利用程度指标、土壤肥力指标、水土保持指标等。这些指标用来配合主体指标反映评价对象的目标效果、技术效果和资源利用生态效果，能够更全面地反映技术经济效果的各个方面，可以为选择最佳方案提供更多的依据，评价中要正确运用。

4. 实物形式和价值形式分别表示

经济效果指标的实物形式表现为各种资源和产品实物量之间的关系。通常采用的实物指标，如产量、产品质量、施肥量、用种量、耗油量等。经济效果指标的价值形式表现为各种资源和产品价值量之间的关系。通常采用的价值指标，如产值、净产值、利润、纯收入、盈利和成本等。实物指标可以排除价格因素的影响，直接反映劳动消耗与有用效果的关系，但是不便于在不同作物和不同生产部门之间进行比较，而价值指标则相反。因此，一般在评价某种农作物或某项生产技术措施的经济效果时，以实物指标为主，价值指标为辅；在评价某个农业企业或农业生产部门的技术经济效果时，则以价值指标为主，实物指标为辅。计算经济效果采用实物指标和价值指标，从价值和使用价值两个方面对经济效果进行全面考察，有助于提高评价的准确性。

**(三)应用步骤**

1. 确定问题

指对特定地区某农业机械化项目的要求与环境进行调查，收集数据，明确主攻方向，为下一步选定目标提供确切的资料。例如，某地粮食收获期常年多雨，造成粮食霉烂。这就要明确造成粮食霉烂主要是在收割环节、脱粒环节还是翻晒环节上出问题。经过调查，如果是在翻晒环节上，晴天太少而造成霉烂，则明确烘干机械化应作为主攻方向，也就是说，若不解决烘干问题该地区的粮食保收问题就难以解决。另外，还应进一步了解霉烂损失量有多大，机械负荷是否饱满，农民能否买得起，技术力量够不够等。

2. 选定目标

指根据农业机械化增产增收的总目标，选定该机械化项目的目标，并根据目标选定主体指标。以上述烘干机械化项目为例，它的目标就是最大限度地减少粮食霉烂损失，并使减少损失的价值大于烘干机械设备的投入(包括费用和资金占用)。可据此确定："每百元烘干机械投入的减损率"作为主体指标。

3. 功能分析

指按某特定机械化项目的主体评价指标的要求，进一步明确该项目中各子系统(或要素)的相应功能。仍以上述烘干机械化项目为例，为了使每百元烘干机械设备的投入所获得的粮食减少损失的价值量达到最大，烘干机械设备就必须具有如下分功能：初置费较低，活劳动占用较少，能耗低，利用率高，无污染等。

4. 选定指标体系

根据以上3个步骤的结果，便可选定一组以主体指标为首的若干指标，构成一个相互联系的体系。以上述烘干机械化项目为例，便可选定以百元投入减损率为首的包括每百亩烘干设备投资额、每万吨烘干量活劳动消耗、每万吨烘干量油耗、每万吨烘干量成本、烘干设备利用率、粮食污染率等指标在内的一组指标体系。

## 六、常用的经济效果评价指标

### (一)土地产出率指标组

土地产出率是一项极其重要的技术经济效果指标，这是由我国社会经济条件决定的。我国人多地少，耕地面积有限，土地的稀缺性特征表现得极为明显，所以必须进行土地、劳力、资金、技术等生产要素的合理配置，形成最佳组合的新型集约农业，大力提高土地产出率，是现阶段农业发展的主要目标和任务。

在农业生产中，土地是一种重要投入。土地是农业中的基本生产资料，农业生产离不开土地。土地之所以具有生产能力，在于它拥有肥力和保证作物生长的各种养分。这种肥力和养分除了自然拥有的外，大部分是通过投入到土地上的劳动、资金和技术等因素形成的人工肥力和养分。从这个意义上说，土地利用效果，实际上反映了劳动消耗效果。但是，因为我国土地属于国家和集体所有，不能自由买卖，所以它一般不用价值形式表示，而以土地占用的形式考察它的利用效果。所以，在农业机械化生产资源的投入要素中，土地占有重要地位。

1. 土地产出率

土地产出率是将土地投入作为劳动消耗和劳动占用的特殊形式来考察的，这种特殊投入同产出之间的比较，就称作土地产出率。所以，土地产出率指标通常用单位土地面积上的产品产量或产值来表示，计算公式如下：

$$土地产出率=\frac{某类作物总产量或总产值}{土地面积} \tag{2-10}$$

按耕地面积计算的土地产出率目前应用最为广泛。这一指标可以综合反映耕地利用水平和生产水平，对于评价农业机械化技术措施是否充分提高土地产出率具有积极意义。

公式中的分子可以用产量(如t或kg)计算，也可以用产值(如元)计算。在利用产值指标时，要注意单位产品价格的可比性。在不同地区之间对比时，要用国家统一价格；在不同年度之间对比时，要采用不变价格。分母可以按农、林、牧、渔各业面积分别计算。例如,畜牧业的单位面积产出率可以是单位草场面积的畜产品产量或产值(按肉、奶、毛、皮等分别计算);林业的单位面积产出率可以是单位林地面积的林产品产量或产值;渔业的单位面积产出率可以是单位水面的鱼产品产量或产值;种植业的单位面积产出率则是按单位耕地面积或播种面积计算的产量或产值。在既定的劳动消耗条件下,单位土地面积产量越高或产值越大,表示经济效果越好。

2. 单位土地面积净产值指标

其公式为:

$$单位土地面积净产值=\frac{农产品产值-消耗的生产资料价值}{土地面积} \tag{2-11}$$

式(2-11)中的分子即净产值是指补偿消耗掉的生产资料价值以后新创造的价值。采用这项指标能够反映在单位土地面积上新创造的价值水平,能更确切反映劳动成果,这个指标数值越大,表示经济效果越好,是评价土地利用效果的一项重要指标。

3. 单位土地面积纯收入指标

其公式为:

$$单位土地面积纯收入=\frac{农产品产值-生产成本}{土地面积} \tag{2-12}$$

这项指标排除了物化劳动转移部分和补偿必要劳动的劳动报酬部分的影响,能够综合地反映土地资源利用的最终成果。纯收入是扩大再生产的源泉。因此,单位面积土地纯收入越多,则经济效果越好。这项指标是反映土地利用效果的一项较好的综合指标。

此外,在农业机械化技术经济效果评价中还有衡量土地增产效果的土地增产率指标。计算公式如下:

$$农业机械化增产率=\frac{农业机械化后亩增产量}{农业机械化前亩产量}\times 100\% \tag{2-13}$$

由于土地的投入并不直接反映生产费用,在过分追求以农业总产量为目标来进行土地产出率考察时,容易导致生产费用的大量增加而降低经济效益。所以土地产出率指标应与成本指标、资金占用指标同时考察,以加强经济核算,达到增收的目的。

**(二)劳动生产率指标组**

农业劳动生产率是指农业劳动者的生产效率或能力。它是用农业劳动者所花费的劳动同生产的成果对比来表示的。所以,农业劳动生产率实际反映了农产品产量与农业劳动消耗的比例关系。不断提高农业劳动生产率对于提高农业机械化技术经济效果,具有十分重要的意义。

农业劳动生产率的高低取决于劳动者在单位时间内所生产的产品量,或者是生产单位产品所消耗的劳动量。由于生产产品既有活劳动消耗又有物化劳动消耗,因此,农业劳动生产率中的劳动时间,应包括活劳动时间和物化劳动时间两部分。其公式应当是:

$$农业劳动生产率=\frac{农产品产量(或产值)}{活劳动时间+物化劳动时间} \tag{2-14}$$

但是在实际工作中,由于物化劳动目前还无法还原为劳动时间,物化劳动消耗量就难以用统一的单位进行计算。因此,通常所说的农业劳动生产率,实际上是活劳动生产率。按照活劳动消耗计算的农业劳动生产率,在物质消耗变动不大的情况下,基本上能够反映农业劳动生产率的状况和变动趋势。所以,它仍具有重要的经济意义。

农业机械化的劳动生产率指标组中的指标是指一定时间内由于消耗一定的劳动而提高农产品产量或产值的效果,实际上就是指农业劳动者的劳动效率或机械工作效果的好坏。提高农业劳动生产率的途径是:增加农产品产量或是减少单位产品耗费的时间及提高机械的作业效率。

1. 农业劳动生产率

由于机械代替人畜力,节约了活劳动消耗量,所以农业劳动生产率的提高是农业机械化发展后的直接效果,在很多情况下也被选为目的效果指标,其计算公式为:

$$农业劳动生产率=\frac{农产品产量(或产值)}{活劳动消耗量} \tag{2-15}$$

当前计算农业劳动生产率一般用每个农业劳动力每年生产农产品的产量或产值来表示。

为比较农业机械化技术措施实施前后生产单位农产品劳动时间消耗量的多少,国内外也经常采用以上公式的倒数形式即劳动比耗表示,劳动比耗是单位农产品活劳动消耗量的指标,其计算公式为:

$$劳动比耗=\frac{活劳动消耗量}{农产品产量(或产值)} \tag{2-16}$$

这两个指标互为倒数，前一个指标也称为农业劳动生产率的正指标，后一个指标称农业劳动生产率的逆指标。

公式中的活劳动消耗量的计算，一般采用“人年”、“人工日”、“人工时”作为单位。用“人年”、“人工日”、“人工时”计算的农业劳动生产率，反映了一个农业劳动者劳动一年或一个工作日或一个工作小时所生产的农产品数量或产值。

采用“人年”作为时间单位计算的农业劳动生产率指标，取决于两个因素，即平均每个农业劳动力全年内参加劳动的工作天数和平均每个工作日所能生产的农产品产量或产值。采用这一指标，既能反映农业劳动生产率的水平，又能反映农业劳动力的利用程度，有利于促进农业生产部门既注意劳动生产率的提高，又注意劳动力利用率的提高，也有利于农业生产部门的经营管理水平和生产技术水平的提高。

采用“农产品产量”表示的农业劳动生产率，反映了单位活劳动时间内所创造的使用价值量。它的计算方法比较简单。但是，它仅限于同类产品的比较。不同产品之间因使用价值不同，无法比较，只能用产值来表示。用“农产品产值”表示的农业劳动生产率，反映了单位活劳动时间内所创造的价值。由于市场价格的变动，计算产值时，应采用不变价格。

目前，国内外广泛采用平均每一个农业劳动力一年内生产的农产品产量，作为衡量农业劳动生产率水平的指标；也有的以每一特定单位农产品所消耗的劳动量(工时)来反映农业劳动生产率水平。但是，以活劳动时间来计算的农业劳动生产率，没有包括物质消耗对农业劳动生产率的影响。这样，有的农业生产部门为了片面地追求提高劳动生产率，只重视活劳动消耗的节约，而忽视物化劳动消耗的节约。在具体运用时，必须注意它的局限性。

2. 劳动净产值

为了更确切地反映活劳动所创造的全部价值，采用劳动净产值这个指标，能够确切地反映活劳动所创造的价值，在评价中，具有重要经济意义。其计算公式为：

$$劳动净产值=\frac{产品产值-消耗的生产资料价值}{活劳动消耗量} \tag{2-17}$$

计算单位可以为每个劳动力一年的净产值，也可以为一个工日或每个工时的净产值。这个指标的应用，可以排除由物化劳动转入产品产值这部分的影响，对于合理使用物化劳动和活劳动，特别是提高活劳动生产率，是十分重要的。因此这一指标也是评价农业机械化系统的技术经济效果的综合指标之一。

3. 单位作业耗用人工

为比较不同型号机具在进行相同作业时耗用人工的多少，并便于同人畜力作业时耗用人工量进行比较，采用单位作业耗用人工这项指标，其计算公式为：

$$单位作业耗用人工=\frac{作业耗用人工总量}{作业总量} \tag{2-18}$$

4. 机组年作业量

机组的年作业量既受机械作业效率的影响，又受作业对象适应性和管理使用水平影响，如果它们各自的性能和水平都较理想，彼此配合协调，机组的年作业量就较多。这一指标既可作为经济评价指标，也可作为技术效果指标。机组年作业量的计算方法为：

$$机组年作业量=\frac{机组年总工作量}{机组台数(或功率数)} \tag{2-19}$$

此外，为了经常了解农业劳动生产率的变动情况，还需要计算农业劳动生产率的间接指标，即农业劳动力资源利用率和劳动效率。农业劳动力资源利用率是指经常参加农业生产劳动的劳动力人数占劳动力资源总数的百分比。它可以反映农业劳动力资源的利用程度。其计算公式为：

$$劳动力资源利用率=\frac{经常参加农业生产的劳动力人数}{劳动力资源总人数}\times 100\% \tag{2-20}$$

劳动效率是指在一定时间、一定质量要求的条件下，完成农业工作量的大小。例如，平均每“人工日”或“人工时”内耕地亩数、收获面积、脱粒重量等。农业劳动力资源利用率和劳动效率指标能为合理安排和使用农业劳动力、提高农业劳动生产率提供必要的依据，是提高农业劳动生产率的一个重要环节。在一般情况下，农业劳动力资源利用率和劳动效率与农业劳动生产率成正比，但是，有时也会出现背离现象，主要原因是这两个指标与农业生产的最终成果没有直接联系起来，只能作为计算农业劳动生产率的间接指标。

**（三）物资消耗组**

节约能源是我国现代化建设的重要战略措施之一。在满足农业生产要求的条件下，降低单位作业或单位收入的能耗量是提高农业机械化技术水平和管理水平的重要标志。应用这一指标对自用型和服务型农机经营单位进行技术经济效益评价，既有利于我国现代化战略目标的实现，也有利于促进农业机械化技术的不断进步。因此，这是一项极其重要的技术经济效益评价指标。

1. 百元收入能耗量

百元收入能耗量是服务型农机经营单位主要采用的收入能耗量指标。计算公式如下：

$$百元收入能耗量=\frac{作业主能耗总量}{作业总收入}\times 100 \tag{2-21}$$

农业机械化技术方案和技术措施的实施，需要消耗一定的原材料和燃料等物资。公式(2-21)中的主能耗总量指作业过程中动力机耗用的主燃油(或电)，不计润滑油。

2. 单位面积(单位时间)能耗量

从另一方面考察作业的节能效益时，由于农机经营单位作业项目的多样性，为便于开展综合技术经济效益的评价，还可对多项作业可用单位面积或单位时间能耗量指标来度量。计算公式如下：

$$单位面积(单位时间)能耗量=\frac{各项农机作业的主能耗总量}{农机作业总面积(作业总时间)} \tag{2-22}$$

**(四)成本利润组**

成本利润率指标组是反映成本与利润对比的一项重要经济效益指标，它表明生产经营过程中支出单位费用所取得的利润，成本利润率越高，经济效益越好。由于利润是补偿全部成本以后为社会创造的净增价值部分，因而它能更确切地表示成本的经济效益，在评价中占有十分重要的地位。

1. 成本利润率

反映农业机械化生产过程中资金消耗量同剩余产品价值的比例关系，可用成本利润率这个指标。其计算公式为：

$$成本利润率=\frac{利润总额}{总成本费用}\times 100\% \tag{2-23}$$

2. 农产品成本

农产品成本是指生产农产品所消耗的生产资料价值和劳动报酬，是反映农业生产过程中单位农产品的消耗。因此，农业机械化劳动效率的高低和物资消耗的多少都直接影响农产品的成本，它对评价农业机械化技术经济效果十分重要，其计算公式为：

$$单位农产品成本=\frac{消耗的生产资料价值+劳动报酬}{农产品产量} \tag{2-24}$$

农产品成本指标不是衡量农业机械化技术经济效果的直接指标，而经常作为中间效果指标，用来分析农业机械化技术措施与农产品消耗量的增减关系。但由于它包括产品的劳动比耗、产品资金比耗和产品物资比耗，所以其本身又是一个综合性指标，反映了最终产品的消耗情况。

3. 农机单位作业成本

农机单位作业成本计算方法为：

$$农机单位作业成本=\frac{农机作业总成本}{农机总作业量} \tag{2-25}$$

机械投入农业生产，最终的效果是农产品的产量和产值的大小，而最终产品的消耗情况则由成本利润组的指标反映出来。

**(五)投资效果组**

农民经营使用机械，如果得不到经济利益，他们就不会把资金用在购买机械方面，因此使用机械必须带来投资的经济效果。这里所说的投资指新投入或准备投入的固定资金，它是一次性费用，与日常油物料的消耗费用不同。

衡量农业机械化投资方面经济效果的主要指标有投资回收期和百元农机投资净产率等两个指标。由于这两个指标都涉及平均年利润增加额(或年成本节约额)，而且一次性投资购买的机械可以使用多年，所以必须计算多年(一般3～5年)的平均指标。

1. 农机投资回收期

农机投资回收期表示购买农业机械和新建的机械设施一次性投资从每年的利润额中回收的年限，其计算公式为：

$$农机投资回收期=\frac{农机一次性投资总额}{平均年利润} \tag{2-26}$$

农机投资回收期要求不超过机械设施的使用年限，否则机械报废了，投入的资金还收不回来，又何谈投资效果呢？只要其他条件相同，投资回收期越短越好。

2. 农机投资净产率

这是农业机械化技术经济效果的一项综合性指标，它反映农业机械化投资总额对农业新创造价值额的效果，在很多情况下作为农业机械化系统的目的指标之一。其计算公式为：

$$农机投资净产率=\frac{农业总产值-农业物资费用}{农业机械化固定资产总额}\times 100\% \qquad (2-27)$$

当用于农业机械化的投资平均年利润等于或大于相同资金投入到农业其他方面所得到的年利润额时，农业生产单位或农民才会有选择购机的积极性。

3. 投资总收益率

这一指标为新增加的固定资产使用年限内收益总额与投资总额之比：

$$投资总收益率=\frac{固定资产使用年限\times 投资年收益额}{投资总额}\times 100\% \qquad (2-28)$$

为了使不同使用年限的固定资产投资具有可比性，应将时间因素考虑进去，其计算公式为：

$$投资总收益率=\frac{\sum_{t=1}^{n}\frac{投资年收益}{(1+i)^t}}{投资总额}\times 100\% \qquad (2-29)$$

式中：$i$ 为银行贷款率；$(1+i)^t$ 为复利率；$n$ 为固定资产使用年限；$t$ 为计算年份。

**(六)节约效果指标组**

农业机械化的直接效果就是节约活劳动，而农业机械化的目的之一是节约社会劳动(即物化劳动与活劳动之和)。因此，这里提出几个农机作业节约效果指标。

1. 百元收入能耗降低率

百元收入能耗降低率，可以度量经营单位节能措施的实际效益。计算公式如下：

$$\begin{array}{c}百元收入\\能耗降低率\end{array}=\frac{\begin{array}{c}节能措施前\\百元收入能耗量\end{array}-\begin{array}{c}节能措施后\\百元收入能耗量\end{array}}{\begin{array}{c}节能措施前\\百元收入能耗量\end{array}}\times 100\% \qquad (2-30)$$

2. 农机作业活劳动节约率

在农业生产中，通过增加农业机械作业，使劳动力数量减少，这部分减少的人数占原劳动力总数量的百比分即为农机作业活劳动节约率。其计算公式为：

$$农机作业活劳动节约率=\frac{农业机械化前劳力数-农业机械化后劳力数}{农业机械化前劳力总数}\times 100\% \qquad (2-31)$$

3. 农业机械化社会劳动节约率

农业机械化社会劳动节约率，即机械作业社会劳动消耗总量占人、畜力作业社会劳动消耗总量的百分比，其计算公式为：

$$农业机械化社会劳动节约率=\frac{机械作业社会劳动消耗总量}{人、畜力作业社会劳动消耗总量}\times 100\% \qquad (2-32)$$

## 七、常用的技术分析指标

### （一）耕种收综合机械化水平

该指标用于衡量我国农业机械化综合水平。根据农业行业标准《农业机械化水平评价第1部分：种植业》及农业部《全国农业机械化统计年报》相关指标计算方法，机耕水平、机播水平、机收水平的权重分别为0.4、0.3、0.3，其公式为：

$$耕种收综合机械化水平=机耕水平\times 0.4+机播水平\times 0.3+机收水平\times 0.3 \qquad (2-33)$$

其中：机耕水平=［机耕面积/（播种面积－免耕面积）］×100％

机播水平=［机播面积/播种面积］×100％

机收水平=［机收面积/收获面积］×100％

### （二）农机安全率

该指标用于表示农业机械在计算期内农机作业安全情况，也可在一定程度上反映农机作业的规范程度。

$$农机安全率=\frac{计算期安全作业台数}{计算期农机在册台数}\times 100\% \qquad (2-34)$$

### （三）作业质量合格率

随着我国越来越多的农民使用农机进行农业生产，作业质量也越来越成为他们关心的事情，作业质量好坏对作物的生长及产量有重要影响，因此也成为经常运用的指标，但该指标在各地规定有差异，目前我国没有统一的标准。

$$作业质量合格率=\frac{符合质量标准的作业量}{农机作业总量}\times 100\% \quad (2-35)$$

**(四)机械工作可靠性系数**

随着越来越多的农机户、农机服务组织的建立，农业机械保有量增长迅速，对于农机用户而言，机械工作的可靠性是他们十分关心的，而生产企业想提高其产品市场竞争力，除了售价合理外，还要有较高的机械可靠性，因此该指标受到关注。

$$机械工作可靠性系数=\frac{机械工作时间}{机械工作时间+故障停歇时间}\times 100\% \quad (2-36)$$

## 习　题

2-1　什么是技术经济效果？它的表达式及含义是什么？

2-2　农业机械化技术经济效果包含哪些内容？有何特点？

2-3　简述农业机械化是如何影响技术经济效果的。

2-4　影响农业机械化技术经济效果的因素有哪些？相互关系如何？

2-5　建立农业机械化技术经济效果评价体系的理论依据有哪些？试简述各原理的基本特点。

2-6　农业机械化技术经济效果评价体系的设置原则有哪些？

2-7　试简述农业机械化技术经济总体效果指标网络结构的内容。

2-8　在评价农业机械化技术经济效果时，常用的技术经济效果评价指标有哪些？具体内容如何？

# 第三章 农业机械化技术经济分析方法

## 第一节 线性规划分析法

### 一、线性规划方法的基本特征

#### （一）线性规划的基本含义

线性规划(linear programming)是20世纪40年代末发展起来的一种寻求最优方案的经济数量分析方法。所谓线性，从数学观念来讲，就是其数学方程式总是一次的，在直角坐标系上一个变量的几何图形总是一条直线。线性关系在经济活动中，通常是指生产要素投入量与产品产出量成比例的变化，即投入产出系数(或技术系数)为常量，它不因生产规模的大小而改变。所谓规划，是指如何最有效或最佳地谋划经济活动。因此，在线性规划数学模型中，目标函数和约束条件的各项变数都是一次的，系数都是常数。这就是说，线性规划是通过若干个条件约束和一个函数目标，把问题变成线性联立方程组的数学形式。凡是约束条件、目标函数不能用一次式表示的函数关系，都不能用线性规划。

作为一种经济数量分析方法，线性规划既有自己特定的数学形式、数学性质以及求解方法，但同时又有它所适于研究的一类问题的特定范畴、结构及其构成条件。因此，学习或研究这一分析方法，全面熟悉这两方面内容，显然是十分必要的。然而，若想有效地运用这一方法来研究某一个现实的经济问题，就需要将上述两个方面有机结合起来。由此可见，线性规划分析方法的基本含义，既不是孤立地指其数学上的意义，也不是片面地指对特定问题的结构和性质的归纳，而是指线性规划模型的数学形式与所要分析研究的问题之间反复结合的过程，或简称为线性规划模型化过程。本章按照这样一种基本认识来展开，对线性规划模型化过程进行重点介绍。

**(二)线性规划的数学结构形式**

线性规划的数学意义，是说明一种特定的数学结构(或代数结构)，即在满足一组线性等式和不等式及一组非负的约束条件下，寻求一项线性目标函数极值的数学函数结构式。

1. 一般形式

假定线性规划问题中含 $n$ 个变量，分别用 $x_j(j=1,\cdots,n)$ 表示，在目标函数中 $x_j$ 的系数为 $c_j$（$c_j$ 通常称为价值系数），$x_j$ 的取值受 $m$ 项资源的限制，用 $b_i(i=1,\cdots,m)$ 表示第 $i$ 种资源的拥有量，用 $a_{ij}$ 表示变量 $x_j$ 取值为 1 个单位时所消耗或含有的第 $i$ 种资源的数量，通常称 $a_{ij}$ 为技术系数或工艺系数。则上述线性规划问题的数学模型可表示为：

$$\max(\text{或}\min)z = c_1x_1 + c_2x_2 + \cdots + c_nx_n \tag{3-1}$$

$$\text{st.}\begin{cases} a_{11}x_1 + a_{12}x_2 + \cdots + a_{1n}x_n \leqslant (\text{或} =, \geqslant) b_1 \\ a_{21}x_1 + a_{22}x_2 + \cdots + a_{2n}x_n \leqslant (\text{或} =, \geqslant) b_2 \\ \vdots \\ a_{m1}x_1 + a_{m2}x_2 + \cdots + a_{mn}x_n \leqslant (\text{或} =, \geqslant) b_m \\ x_1, x_2, \cdots, x_n \geqslant 0 \end{cases} \tag{3-2}$$

上述模型的简写形式为：

$$\max(\text{或}\min)z = \sum_{j=1}^{n} c_jx_j \tag{3-3}$$

$$\text{st.}\begin{cases} \sum\limits_{j=1}^{n} a_{ij}x_j \leqslant (\text{或} =, \geqslant) b_i & (i = 1, \cdots, m) \\ x_j \geqslant 0 & (j = 1, \cdots, n) \end{cases} \tag{3-4}$$

用向量形式表达时，上述模型可写为：

$$\max(\text{或}\min)z = CX \tag{3-5}$$

$$\text{st.}\begin{cases} \sum\limits_{j=1}^{n} P_jx_j \leqslant (\text{或} =, \geqslant) b \\ X \geqslant 0 \end{cases} \tag{3-6}$$

式中：

$$C=(c_1,c_2,\cdots,c_n);X=\begin{bmatrix}x_1\\x_2\\\vdots\\x_n\end{bmatrix};P_j=\begin{bmatrix}a_{1j}\\a_{2j}\\\vdots\\a_{mj}\end{bmatrix};b=\begin{bmatrix}b_1\\b_2\\\vdots\\b_m\end{bmatrix} \tag{3-7}$$

用矩阵和向量形式来表示可写为：

$$\max(\text{或}\ \min)z=CX \tag{3-8}$$

$$\text{st.}\begin{cases}AX\leqslant(\text{或}=,\geqslant)b\\X\geqslant 0\end{cases} \tag{3-9}$$

$$A=\begin{bmatrix}a_{11}&a_{12}&\cdots&a_{1n}\\a_{21}&a_{22}&\cdots&a_{2n}\\\vdots&\vdots&&\vdots\\a_{m1}&a_{m2}&\cdots&a_{mn}\end{bmatrix} \tag{3-10}$$

$A$ 称为约束方程组(约束条件)的系数矩阵。

变量 $x_j$ 的取值一般为非负，即 $x_j\geqslant 0$；从数学意义上可以有 $x_j\leqslant 0$。如果变量 $x_j$ 表示第 $j$ 种产品本期内产量相对于前期产量的增加值，则 $x_j$ 的取值范围为 $(-\infty,+\infty)$，称 $x_j$ 取值不受约束，或 $x_j$ 无约束。

2. 标准形式

由于目标函数和约束条件内容和形式上的差别，线性规划问题可以有多种表达形式。为了便于讨论和制定统一的算法，规定线性规划问题的标准形式如下：

$$\max z=\sum_{j=1}^{n}c_jx_j \tag{3-11}$$

标准形式的线性规划模型中，目标函数为求极大值(或极小值)，约束条件全为等式，约束条件右端常数项 $b_i$ 全为非负值，变量 $x_j$ 的取值全为非负值。对不符合标准形式(或称非标准形式)的线性规划问题，可分别通过下列方法化为标准形式。

(1)目标函数为求极小值，即为

$$\min z=\sum_{j=1}^{n}c_jx_j \tag{3-12}$$

因为求 $\min z$ 等价于求 $\max(-z)$，令 $z'=-z$，即化为：

$$\max z'=-\sum_{j=1}^{n}c_jx_j \tag{3-13}$$

(2)约束条件的右端项 $b_i<0$ 时，只需将等式或不等式两端同乘(−1)，则等式右端项大于零。

(3)约束条件为不等式。当约束条件为“≤”时，如 $4x_1+2x_2\leqslant 12$，可令 $x_3=12-4x_1-2x_2$，得 $4x_1+2x_2+x_3=12$，显然 $x_3\geqslant 0$。当约束条件为“≥”时，如有 $5x_1+3x_2\geqslant 14$，可令 $x_4=5x_1+3x_2-14$，得 $5x_1+3x_2-x_4=14$，$x_4\geqslant 0$。$x_3$ 和 $x_4$ 是新加上去的变量，取值均为非负，加到原约束条件中去的变量其目的是使不等式转化为等式，其中 $x_3$ 成为松弛变量，$x_4$ 一般称为剩余变量，但也有称松弛变量的。松弛变量或剩余变量在实际问题中分别表示未被充分利用的资源和超出的资源数，均为转化为价值和利润，所以引进模型后它们在目标函数中的系数均为零。

(4)取值无约束的变量。如果变量 $x$ 代表某产品当年计划数与上一年计划数之差，显然 $x$ 的取值可能是正也可能为负，这时可令 $x=x'-x''$，其中 $x'\geqslant 0$，$x''\geqslant 0$，将其代入线性规划数学模型即可。

(5)对 $x\leqslant 0$ 的情况，令 $x'=-x$，显然 $x'\geqslant 0$。

由于具体问题的线性规划模型中变量和约束方程的数量较多，为了建模上的方便，常常用“矩阵—表格”形式来描述，如表 3-1 所示。

**表 3-1 线性规划模型的矩阵—表格**

| 约束序号 | 活动限制 | 限制类别 | 约束量（右端项）$B$ | 活动变量 $P_{01}$ | $P_{02}$ | $P_{03}$ | … | $P_{0n}$ |
|---|---|---|---|---|---|---|---|---|
| $R_{01}$ | | E | $b_1$ | $a_{11}$ | $a_{12}$ | $a_{13}$ | … | $a_{1n}$ |
| $R_{02}$ | ⋮ | L | $b_2$ | $a_{21}$ | $a_{22}$ | $a_{23}$ | … | $a_{2n}$ |
| $R_{03}$ | | G | $b_3$ | $a_{31}$ | $a_{32}$ | $a_{33}$ | … | $a_{3n}$ |
| ⋮ | | ⋮ | ⋮ | ⋮ | ⋮ | ⋮ | | $a_{mn}$ |
| $z$ 目标函数 min(max) | | | | $C_1$ | $C_2$ | $C_3$ | … | $C_j$ |

表 3-1 中限制类别栏中，符号 E 表示“=”关系，L 表示“≤”关系，G 表示“≥”关系。

至于各种不同的线性规划形式如何转化为标准形式，请参考有关线性规划专著或教科书，此处不再复述。但无论线性规划问题以何种形式表述，其最基本的内容都是由线性目标函数、线性约束条件、非负变量(或非负活动)3 个部分组成。

**(三)构成线性规划问题分析的基本条件**

线性规划模型是用来解决一类资源或生产要素最优配置问题的分析方法。然而，并非所有的这类问题都可以运用这一方法。这是因为，从数学意义上讲，线性规划模型具有某种特定的数学结构形式及其在数学性质上的某些规定性。因而，只有被研究的问题在结构和性质上也同样与之具有某种程度上的同构和同性，才与运用这一方法的基本前提相吻合。为此，在判定是否运用线性规划模型方法进行问题分析之前，必须首先要明确构成线性规划问题分析的基本条件或必要假设。一般说来，这些基本条件或假设包括问题目标明确、具有实现问题目标的多个可行方案等9方面的内容。

1. 问题目标明确

通常，任何一个技术经济问题，都要求具有多个功能效益。比如，研究某一地区或企业的农业机械合理配备方案，就常常同时要求这一方案既具有较高的生产能力，又要求投资费用少或使用成本低，甚至还要求它消耗能源少，使用简便以及性能可靠等。然而，现实中，这些指标有时却会相互矛盾。因此，必须预先采用其他的方法(如目标规划)，将已有的多项目标进行处理，当明确其中一项作为问题的主要目标(如利润最大或成本最小等)，且又能施以量化处理时，这样才构成该问题吻合于线性规划模型具有单一目标函数这一数学性质的基本条件。

2. 具有实现问题目标的多个可行方案

线性规划方法最基本的特征，即可对多个不同方案在多个约束条件下进行优化选择。因此，被用来研究的问题至少必须具有两个以上可变动的活动方式，这些可变的活动方式以不同比例组合，便可构成多个实现目标的可行方案，从而才有可能从中选择一个或数个优化方案供决策时比较或选用。例如，为完成某一项农机作业，存在两个以上的可完成作业的机械或不同动力的机组。同时，为更加经济更为合理地完成这项作业，它们之间又必然存在不同的组合方案，这样就构成了问题需要实现统筹规划的另一基本条件；同时，这也正是符合线性规划模型的功能意义。

3. 具有比较突出的资源有限特征

备选的各个可行方案，只有在其投入的资源是有限的，或者是对于同一有限资源的投入在各方案间明显地存在着竞争性，这样才存在着为了更经济利用有限资源(或手段)需要对各种方案进行统筹规划或评价优选的实际意义。比如，在评价某一特定地区的人力资源或畜、机作业的经济效果时，如果相对来说，人力资源在一定生产水平下是处于过剩状态，而劳力暂时又无更高收益的出路可调剂，则在人力与机械作业之间，对于特定时期中的特定作业项目来讲，就不存在可比性，显然，也就无须予以统筹规划。或者说，只有各个方案间都存在着一定的机会成本时，才具备了线性规划模型的优化条件。

4. 生产系数相对确定

因为线性规划的数学形式规定变量的系数是唯一确定的常数，这也同时意味着实际的线性规划问题也必须是假定生产系数(或称投入—产出系数)是作为常数的情况下进行的。或者说，作为线性规划问题分析的各种技术经济系数，一般说都应该是经过先验的，具有一定的确定性质。例如，某种被纳入规划问题的农业机械，其单台生产率、单台作业量的消耗系数等都应该是明确的，或是在模型分析时，还可以通过参数规划来对某些主要系数进行一定的模拟变化，然而在选定参数的变化值时，同样需要人为或有实际意义地事先加以确定，否则就无法利用线性规划方法来分析问题。

5. 全部问题都符合线性假设的基本前提

所谓线性假设，即投入与产出之间始终要保持固定比例。这一假设前提，在实现某一经济目标的各个相关因素处于不平衡的情况时，一般是符合规划问题的实际的。只有当问题十分复杂，或要求分析的精度较高时，线性假设与实情的要求相距较大，这时就需要采用非线性规划等其他数学规划方法来完成。

6. 活动对资源的可分性

可分性就是可除性。资源是可以无限细分的，它意味着活动量是资源分配量的连续函数。例如，作业面积 $Y$ 与机具台数 $X$ 的函数关系为：

$$Y=\frac{X}{a} \tag{3-14}$$

式中：$Y$ 为作业面积；$a$ 为单位作业面积资源消耗系数；$X$ 为资源消耗总量。

其比值为任意实数，它可以是整数，也可以是分数或小数。例如，农业机械化技术经济方案中可能出现 0.8 台拖拉机、74.6 套农具等，在综合分析时可根据实际情况具体处理。

7. 活动消耗资源的可加性

可加性是指在农业生产中，消耗同一资源的各种活动必须是互斥的、独立的。而且要求这些活动所消耗的资源的技术系数与相应资源拥有量的单位是一致的，只有这样所消耗的资源数量才能相加。例如，机播小麦 10 $hm^2$ 需要 1 台 80 马力①的拖拉机，机播玉米 6 $hm^2$ 需要 1 台 80 马力的拖拉机，这两种活动所消耗的资源都是机器，单位也相同，因此，它才具有可加性。机播小麦 10 $hm^2$ 和玉米 6 $hm^2$需要 2 台 80 马力的拖拉机。

---

① 1马力＝0.735 kW。因农业机械多以马力为单位表示规格，故本书保留此单位。

8. 活动的非负性

非负性不仅是计算上的要求，同时，也是现实经济活动的客观表现，因为在农业生产过程中任何投入都不可能是负数。从一般意义上来讲，物质生产也不可能是负数，其最大限度不过为零，即不进行生产活动。

9. 期望值的单一性

期望值的单一性是指在线性规划数学模型中，所有的系数，如技术系数、产品、价格等，都必须是确定不变的。

从上述构成线性规划问题分析的几个基本条件中可以看出，由于资源概念的广义性，资源有限意义的普遍性，所以线性规划这一分析方法客观上存在广泛的应用领域，但同时又由于现实经济问题的复杂性，而线性规划方法又存在自身结构及性质的局限性，这一方法又有特定的应用范畴。或者说，一方面，线性规划方法能够更接近实际地用来研究一些考虑多种约束条件下的目标优化问题，这是一般的传统分析方法所难以胜任的；另一方面，若被研究的问题仅仅是同一种约束情况下的优化，则线性规划方法便不能去代替传统的分析方法。所以，选用方法形式与所需解决的问题性质和要求是否相符，这是能否成功运用一种方法的前提和关键。

**(四)线性规划模型的求解方法**

1. 线性规划问题解的概念及经济意义

线性规划从数学形式上讲，它是数个等式或不等式线性函数的联立结构，这一结构反映在数学解上，其特征是问题的解 $x_j$ 不是唯一的。一般来说，一个线性规划问题可能存在多个或无穷多个解，也可能没有解。运用线性规划模型目的是要求从多个解中得到一个最优解。因此，在讨论线性规划问题解法之前，有必要首先介绍线性规划问题解的概念，有利于从本质上了解线性规划问题的求解过程。

由上面线性规划的数学形式可知，一般线性规划的标准型为：

$$\max z = \sum_{j=1}^{n} c_j x_j \tag{3-15}$$

根据线性规划问题求解原则，不仅要求 $x_j$ 值满足约束条件，而且要求 $x_j$ 的数值代入目标函数中，还必须达到极值(最大与最小值)的目标。因此，凡满足约束条件的解，皆可称为线性规划问题的可行解。由于一个线性规划问题常常存在多个或无穷多个可行解，所以便构成了一个可行解域。显然，不能满足约束条件的 $x_j$ 值便称为非可行解。

可行解中的一组变量 $x_j$ 值，若又能满足目标函数式(3-15)，则称这组可行解为最优解。

从技术经济的意义上讲，数学上的一组可行解，即代表现实中一个或一套技术上可行的方案，由于多个活动变量的不同组合，可能形成多个可行方案，亦即构成了问题的可行技术方案集合(数学意义上的可行解域)。技术经济分析的目的是为了求得经济效果最佳的技术可行方案。因此，必然常需要对各种方案逐个进行比较，然后才能从中比较出一个技术上可行、经济效果最佳的方案来，这也就是线性规划模型数学意义的最优解。

2. 线性规划问题的求解过程

当线性规划问题的活动变量较少时，可行解之间的比较是容易进行的，但是如果变量数较多时，可行解数量会相应较大，则可行解之间的比较就很难直接找到。此时，最优解必须按照一定的程序逐步比优才能找到。其基本过程是：

首先给出一个可行解(通常是一个最劣的可行解，如收益为零或成本最大)，称为初始可行解。然后，利用判别方程进行试算，检验这个可行解是否最优，如果是，求解过程结束；如果不是，继续选择另一个可行解进行比较，直到找到最优解为止。每选择(或改善)一次，称为一次迭代，所以，线性规划的求解过程就是按这样一个基本程序反复进行迭代的过程。这一基本程序还可用图 3 - 1 表示。

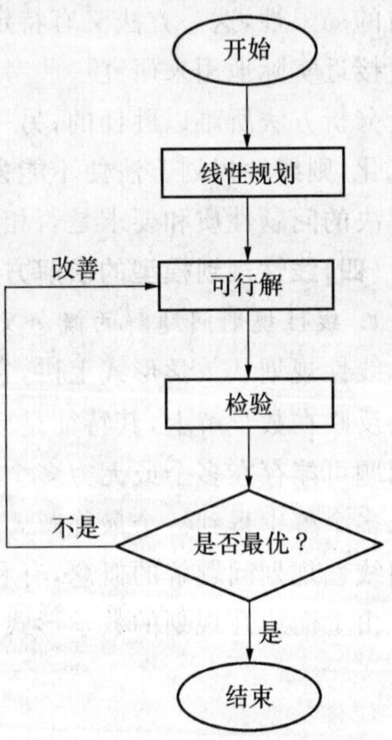


图 3 - 1 线性规划问题的求解过程

3. 关于线性规划问题的求解方法介绍

线性规划问题的求解方法很多，除了通用的图解法、代数法、单纯形法以外，还有一些特定问题的求解法，如运输问题的表上作业法等。一般关于线性规划模型方法的教科书对上述各种求解方法都作了比较全面和详细的介绍，而本章则重点在于应用线性规划的求解过程，从而对农业机械化技术经济的线性规划问题进行有目的的技术经济分析，因此，不再复述各种方法具体的求解过程，有兴趣的读者可参阅有关专著。但这里值得提及的是，在学习这些方法的时候，务必要注意它们各自的特性，因为它们并非在所有场合都可以互相替代。例如，一般介绍的图解法，它只能求解两个变量的线性规划问题，尽管现实经济生活中，这样的典型情况较少，然而通过图解法却能有助于了解线性规划的基本意义及求解的基本过程，这恰是求解多变量的单纯形法所难以直观表达的。反之，面对具有广泛实际意义的多元线性规划问题的求解，由于迭代过程的繁琐，尤其是需要计算机来代替人的运算劳动，此时单纯形算法却又是其他图解法或代数法所无法比拟的。正是出于人们不同的需要，线性规划问题的求解方法也便具有不同的意义。但若从应用线性规划模型的解来完成对一些经济问题的分析这一意义出发，特别是现实经济问题的复杂性使得实际模型的求解很难由人力完成时，加上现在已是计算机普及的年代，所以，在讨论线性规划求解方法上，能够了解或掌握一个软件程序的使用方法，将会更具有实用意义。

## 二、线性规划模型的建立与灵敏度分析

应用线性规划方法完成对一类现实经济问题的分析，事先了解其一般数学结构及其求解过程，是十分必要的，但方法的实质却在于线性规划问题的模型化过程。然而，模型化过程是否有效或成功，其关键又在于模型化接近客观实际的程度大小。或者说，关键在于如何客观有效地把线性规划问题模型化为相应的线性规划数学结构，以及如何进一步充分利用模型解所能给出的最大信息。具体地讲，就是对线性规划模型建立程序的有机理解及在得到一个原始模型最优解之后所进行有效的参数灵敏度分析。

一般来讲，任何线性规划问题的模型化过程，都可分为 5 个基本阶段：

阶段一：建立模型。

阶段二：搜集资料。

阶段三：求得最优解。

阶段四：应用灵敏度分析。

阶段五：解的检验与实施。

显然，这些阶段并不是截然分开的，它们通常是相互重叠和相互作用的。不过，其中决定模型化过程客观性的主要环节，是模型的建立与灵敏度分析。下面分别讨论这两个环节的一些主要特点。

### (一)线性规划模型的建立程序

模型化过程的第一步就是建立模型。根据线性规划模型结构的要求，建立步骤的主要内容是：

1. 问题的线性规划归纳

当给定一个实际问题后，首先要对问题的目标性质及假定条件的性质进行分析和归纳。只有当被研究的问题经分析后可以归纳为这样两类问题：一是一项任务确定后，如何统筹安排，以最少的人、财、物力去完成；二是有一定数量的人、财、物力资源，而如何安排使用，以便使完成的效益达到最大化时，才能应用线性规划

模型来进行讨论。同时,还需将问题按线性规划问题性质的要求归纳和设置必要的线性假定条件。否则,就不能应用这一方法。

2. 时间范围的选择

所谓时间范围的选择,是为了说明问题,分析其中所有的重要因素。应该考虑将来多长的时间,时间的长短反映了未来决策的影响。对于一个重要的投资决策来说,时间可长达包括 10 年到 20 年;而对于总体的生产计划,也可取一年;至于具体到生产进度计划的分析,也可能只要几个月或更短时间。时间范围的差异,将会影响对模型参数的静态与动态,离散或连续等性质的处理。

3. 决策变量和参数的选择

决策变量 $x_j$,是应用模型方法决策者所寻求的行为答案。在许多实际情况下,变量设置时需要对问题的边界认真划分,因为决策变量必须是模型人员或决策人员在现实权力内所能控制的活动因素。例如,在农艺作业措施的最优配置问题中,只有可能配置的作业机器(如市场中可以购买或可以按期租赁),才能设置为变量。否则,即使求得最优的行动答案,也是与实际相违的。

所谓模型参数,是指超出决策者直接控制范围,受外部自然和社会经济环境影响的因素。例如,价格、资源成本及需求等。在线性规划这类属于确定型的模型中,所有参数都必须假定为已知数,即使在模型化过程的灵敏度分析中可以有意识地变化一些参数,但这些变化的参数一旦投入模型,便被看作是已知的了。因此,科学地搜集资料,客观地选定参数,将决定所建立的模型解是否符合实际。

4. 约束条件的确定

约束条件反映了决策变量与参数之间的关系,它是由所研究问题的特点确定的。例如,农艺作业具有严格的时间性,同时也有作业过程中所需用的劳力、资金、能源等资源的有限性等。这些关系都需用定量确切地反映出来。然而约束条件的数量与性质又在很大程度上决定了模型计算的难度。因此,如何正确的选择约束条件常常是模型设计人员的主要职责。

通常,在问题的初始模型中会因为约束条件的设置错误而导致模型解的错误,甚至导致模型无解。不过,这种错误不会绝对地阻碍正确的模型的建立;相反,在正常的模型化过程中,它的解常会提供足够的信息以便发现错误,并迅速改正。这时,必须重新建立模型并开始新的解题循环。

5. 目标函数的判定

一旦决策变量确定之后,就可以确定极小化或极大化的目标函数。在农业机械化技术经济分析的线性规划问题中,可供选择的目标函数一般有:①总作业量最大。②作业时间最短(以一年中农业生物生长所要求的作业时间)。③农机作业总投资最小(以投资金额或能源、金属、材料占用量计算)。④合理配备所能获得的经济收入最大。⑤农机作业费用(或完全作业成本)最低等。

鉴于线性规划模型只能处理一个目标极值的特性,为此,事先要根据问题分析进行多目标的统一处理。尽管这已不是本方法所能解决的,然而大多数情况都需经过这一过程。目标判定失误,将会导致整个模型失去其最基本的实际意义。

**(二)灵敏度分析**

线性规划方法最有用的特点之一,就是它能够对由初始数学模型得到的最优解进行灵敏度分析。尤其是当线性规划模型作为一种经济分析方法时,更是这样。

所谓灵敏度分析,即在初始模型获得一个特定的优化解后,进而对模型包含的各种系数及模型原始结构有意识地变动,从而观察 $c_j$ 值;或变动约束条件的右端项 $b_i$ 值等,继而分析和讨论最优解变化情况所给出的信息。

这种优化后的分析之所以重要,其主要原因可归纳为以下 5 点。

*1. 建模的假定条件需要检验分析*

任何线性规划模型都是在一定的假定条件下进行优化的。然而,实际中模型的全部约束量及所有的投入产出系数的事先假定都不一定与未来规划时的现实情况完全相符。例如,一个农机配备的线性规划模型中,对约束作业期限给予了假定,但在实施期间就存在着因气候因素可能发生变化的情况,或被缩短,或被延长,这也同时意味着可能影响到经济配备量的变化。显然,为了提高模型最优解的可靠度,必须对作业期限可能的变迁进行多种情况模拟,否则模型的优化解是极其不稳定的。这种模拟足以说明模型灵敏度分析的客观意义。

*2. 数据的处理存在不确定性*

由线性规划模型性质而定,模型的全部系数必须都是唯一确定的。但实际建模中,可以说被设定的数据大部分是不确定的。这是因为其中某些数据,如未来的生产能力、作业需求量、机器实际性能及成本、利润等,常常是通过预测或某种特定情况下的测定而推论的,而有些数据也只是统计的推断数值或以平均数形式估算的,显然这与模型要求完全确知的数据间存在一定差异。当然,根据模型解的特点,某些数据的不确定幅度并不一定影响优化解的变化,只是有些数据却会非常灵敏地引起优化解值的变动。那么,如何依据实际模型来判定数据的确定意义呢?这也正是灵敏度分析所要解决的一个重要方面。

*3. 动态上的考虑*

即使数据是完全肯定的已知数,仍有必要对求得的最优解进行灵敏度分析。看一看经过某段时间之后,当问题的假定条件(初始要求)可能发生变化时,将如何修订原来已确定的行动方案?换句话说,就是不仅要了解问题的静态解,而且也有必要对动态的情况有某种程度的认识。

4. 输入条件的错误性探讨

由于决策者对未来情况判定不可能完全确定，因而在不断探索最优解的有效潜力的同时，也有必要认识未来问题可能发生的潜在损失。于是可通过灵敏度分析，在问题的初始模型中有意识地设置一些可能出现的错误，用以观察优化解将带来怎样的影响。

5. 讨论资源的影子价格——边际值

相应于某一资源(或约束条件)的影子价格，是对这一约束条件右端项每增加一个单位而产生的目标函数最优值的变化。此时模型中其他数据将保持不变。因此，影子价格的经济意义实际上就是某特定右端值每增加一单位的边际值。

面对现实的经济问题，总是希望每一种资源的投入都能获得最大的边际效益，或者说，总是在可能条件下首先选用边际效益最大的资源进行投入。然而，每一种资源对此并非机会相等。所以，如何判定各种资源的影子价格，以便选取正确的投入决策，这同样是灵敏度分析的重要意义所在。

一般说来，在灵敏度分析中，通常所要研究的重要变化包括上述模型的各种系数变化，即 $c_j$，$b_i$，$a_{ij}$ 等。不过有时也包括引进新的决策变量或新的约束条件或删除某些变量与约束条件对目标函数的影响。这一类分析也会带来大量的信息。虽然对于线性规划模型的能力来说，不可能同时确定上述的所有变化，但是，一个好的线性规划程序能够以最小的额外计算工作量、提供这些变化产生影响的确切信息。

## 三、例题分析

为更加清晰了解线性规划在农业机械化发展中的应用，现以新疆生产建设兵团农九师一六六团为例，向读者介绍在作物种植面积、耕作制度和机器类型一定的前提下的农业机械配备优化方法。

### (一)农场农业机械配备现状

新疆生产建设兵团农九师一六六团目前小麦的农业机械化已经发展到高级阶段，以小麦的机械化生产过程为主要研究对象。该农场田块大小平均为 13.3 $hm^2$/块，共种植春小麦 3 950 $hm^2$，耕地、播种、植保和收获环节均实现机械化。农场主要动力机械为东方红 1204 拖拉机和欧豹 804 拖拉机，在耕地环节由东方红 1204 配套机引犁、联合整地机从事耕整地作业，在播种环节由欧豹 804 拖拉机配套点播机和条播机从事播种作业，植保环节为欧豹 804 拖拉机配套喷杆式打药机从事田间作业，收获环节为小麦联合收获机从事作业。

将该地区的小麦生产作业流程及各作业环节农业机械配套的方式汇总如图3-2所示。

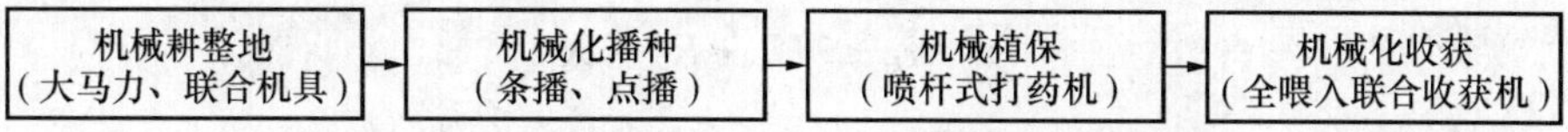


图3-2　新疆某农场小麦生产机械化作业模式

根据该地区农业机械化作业任务要求、小麦种植要求和特点、已有的农业机械装备情况，小麦一年一熟的机械化生产工序如表3-2所示。

表3-2　新疆某农场一年一熟小麦生产机械化工序

| 作业项目 | 开始日期（月-日） | 截止日期（月-日） | 历时/d | 动力机械、配套机具 | 农机下地时间概率 | 作业班次/（班/天） | 作业班组生产率/（$hm^2$/班） | 作业量/$hm^2$ |
|---|---|---|---|---|---|---|---|---|
| 春翻 | 03-25 | 05-01 | 38 | 机引犁 | 0.85 | 2 | 10 | 3 950 |
| 春耙 | 03-25 | 05-01 | 38 | 联合整地机 | 0.85 | 2 | 17 | 3 950 |
| 播种 | 04-01 | 05-03 | 33 | 点播机，条播机 | 0.90 | 1 | 10 | 3 950 |
| 喷药 | 05-01 | 06-01 | 32 | 喷杆式打药机 | 1.00 | 2 | 30 | 3 950 |
| 收获 | 07-01 | 08-03 | 34 | 联合收获机 | 0.95 | 2 | 10 | 3 950 |
| 秋翻 | 07-25 | 11-01 | 100 | 机引犁 | 0.95 | 2 | 10 | 3 950 |
| 秋耙 | 07-25 | 11-01 | 100 | 联合整地机 | 0.95 | 2 | 17 | 3 950 |

资料来源：新疆生产建设兵团农九师一六六团，2009。

该农场小麦生产实现全程机械化，且所用机具多为大马力的复式作业机具和多功能作业机具，代表我国农业机械化高水平。

### （二）农场机具配备结构及数量优化

1. 优化配备的数学模型

用线性规划进行机具优化配备的解题步骤如下：①设变量；②编写约束方程组；③编写日标函数；④调用计算机程序，根据程序中的提问输入相关变量、约束方程和目标函数方程；⑤运算求解；⑥结果分析。

（1）作业量约束方程。按作业项数：

$$\sum W_{ij}X_{ij} \geqslant A_j$$

式中：$j$ 为作业项目；$i$ 为机组型号；$X_{ij}$ 为第 $i$ 型机组进行第 $j$ 作业项目台班数；$W_{ij}$ 为第 $i$ 型机组进行第 $j$ 作业项目班生产率。

（2）拖拉机配备量、配套农机配备量、自带动力机具配备量约束方程。

按作业阶段编写，由于各阶段作业互不交叉，各阶段内每一型号拖拉机配备量约束方程为：

$$\sum X_{kj} \leqslant U_k \cdot R_{ik} \cdot X_i$$

式中：$U_k$ 为第 $k$ 作业阶段第二种机具可下地班次数，等于作业日历班次数乘机具可下地时间概率之和；$R_{ik}$ 为第 $i$ 种机型在第 $k$ 阶段的维修时间系数，它是考虑在较长的持续作业阶段内，拖拉机高号保养要占用作业时间而设的，$R_{ik}$ =（持续作业时间－高号保养时间）/持续作业时间；$\sum X_{kj}$ 为第 $k$ 作业阶段内第 $i$ 型拖拉机需要完成的作业台班数之组合；$X_i$ 为第 $i$ 型拖拉机配备台数。

(3)目标函数。本书以油耗量最小作为目标，建立目标函数。

$$\text{目标函数} = \sum Y_{ij} P_{ij} X_{ij}$$

式中：$Y_{ij}$ 为第 $i$ 型机组进行第 $j$ 作业项目每公顷耗油量；$P_{ij}$ 为第 $i$ 型机组进行第 $j$ 作业项目的班生产率；$X_{ij}$ 为第 $i$ 型机组进行第 $j$ 作业项目台班数。

2. 优化配备过程

(1)设变量。需要求解的变量有农业机械的数量、作业台班数两类变量。

设东方红 1204、欧豹 804 两种拖拉机及所配套的农机配备台数及其含义分别为：

$X_1$ 为东方红 1204 拖拉机台数；

$X_2$ 为欧豹 804 台数；

$X_3$ 为机引犁台数；

$X_4$ 为联合整地机台数；

$X_5$ 为点播机台数；

$X_6$ 为条播机台数；

$X_7$ 为喷杆式打药机台数；

$X_8$ 为联合收获机台数。

设机组台班数变量，其含义分别为：

$X_9$ 为东方红 1204 春耕台班数；

$X_{10}$ 为东方红 1204 春耙台班数；

$X_{11}$ 为欧豹 804 播种台班数；

$X_{12}$ 为欧豹 804 打药台班数；

$X_{13}$ 为全喂入联合收获机台班数；

$X_{14}$ 为东方红 1204 秋耕台班数；

$X_{15}$ 为东方红 1204 秋耙台班数。

(2)建立约束方程。约束方程分为三类,即作业量、拖拉机配备、农具配备。

①作业量约束方程

春翻　$10X_9 \geqslant 3\,950$

春耙　$17X_{10} \geqslant 3\,950$

播种　$10X_{11} \geqslant 3\,950$

喷药　$30X_{12} \geqslant 3\,950$

收获　$10X_{13} \geqslant 3\,950$

秋翻　$10X_{14} \geqslant 3\,950$

秋耙　$17X_{15} \geqslant 3\,950$

②拖拉机配备量的约束方程。维修时间系数值均取为 1。$X_i$ 为第 $i$ 型拖拉机的配备台数。

东方红 1204：

$X_9 + X_{10} \leqslant 64.6X_1$

$X_{14} + X_{15} \leqslant 190X_1$

欧豹 804：

$X_{11} \leqslant 29.7X_2$

$X_{12} \leqslant 64X_2$

$X_{11} + X_{12} \leqslant 91X_2$

③农具配备量约束方程

$X_9 \leqslant 64.6X_3$

$X_{10} \leqslant 64.6X_4$

$X_{11} \leqslant 29.7(X_5 + X_6)$

$X_{12} \leqslant 64X_7$

$X_{13} \leqslant 64.6X_8$

$X_{14} \leqslant 190X_3$

$X_{15} \leqslant 190X_4$

(3)编写目标函数方程及计算。根据燃油费用最低的方法求解目标函数。该农场小麦作业机组燃油费整理如表 3－3 所示。

表 3-3 农场小麦生产作业机组燃油费用 元/$hm^2$

| 作业机组 | 东方红 1204 带机引犁 | 东方红 1204 带联合整地机 | 欧豹 804 带条播机、点播机 | 欧豹 804 带喷杆式打药机 | 全喂入联合收获机 |
|---|---|---|---|---|---|
| 燃油费 | 104.6 | 104.6 | 44.8 | 44.8 | 44.8 |

资料来源:新疆生产建设兵团农九师一六六团,2009。

计算作业机组燃油费用:

$$S_{min} = 104.6\times 10X_9 + 104.6\times 17X_{10} + 44.8\times 10X_{11} + 44.8\times 30X_{12} + 44.8\times 10X_{13} + 104.6\times 10X_{14} + 104.6\times 17X_{15}$$
$$= 1\,046X_9 + 1\,778.2X_{10} + 448X_{11} + 1\,344X_{12} + 448X_{13} + 1\,046X_{14} + 1\,778.2X_{15}$$

应用线性规划计算软件得到优化结果:此线性规划问题有最优解。

目标函数 = 2 183 560

$X_1=9.711$　$X_2=13.300$　$X_3=6.115$　$X_4=3.597$　$X_5=13.300$

$X_6=0.000$　$X_7=2.057$　$X_8=6.115$　$X_9=395.000$　$X_{10}=232.353$

$X_{11}=395.000$　$X_{12}=131.667$　$X_{13}=395.000$　$X_{14}=395.000$　$X_{15}=232.353$

用线性规划模型对其农业机械配备结构和数量进行优化,优化后的农机配备结构能使农场小麦生产燃油费用最小。

3. 优化配置结果及分析

对该农场的农业机械优化配置如表 3-4 所示。

农场种植小麦每年农业机械的燃油费用为 2 183 560 元。农机配置数量圆整后如表 3-5 所示。

表 3-4 农场小麦生产机械化农业机械优化配置结果 台

| 农业机械类型 | 数量 |
|---|---|
| 东方红 1204 拖拉机 | 9.711 |
| 欧豹 804 拖拉机 | 13.300 |
| 机引犁 | 6.115 |
| 联合整地机 | 3.597 |
| 点播机 | 13.300 |
| 条播机 | 0.000 |
| 喷杆式打药机 | 2.057 |
| 联合收获机 | 6.115 |

表 3-5 农场小麦生产机械化农业机械优化配置结果(圆整后) 台

| 农业机械类型 | 数量 |
|---|---|
| 东方红 1204 拖拉机 | 10 |
| 欧豹 804 拖拉机 | 14 |
| 机引犁 | 7 |
| 联合整地机 | 4 |
| 点播机 | 14 |
| 喷杆式打药机 | 3 |
| 联合收获机 | 7 |

优化前后该农场农业机械保有量如表 3 - 6 所示。

**表 3 - 6 农场小麦生产农业机械优化配置前后变化** 台

| 农业机械类型 | 优化后配置台数 | 优化前配置台数 |
|---|---|---|
| 东方红 1204 拖拉机 | 10 | 14 |
| 欧豹 804 拖拉机 | 14 | 17 |
| 机引犁 | 7 | 16 |
| 联合整地机 | 4 | 19 |
| 点播机 | 14 | 23 |
| 喷杆式打药机 | 3 | 21 |
| 联合收获机 | 7 | 3 |

由表 3 - 6 容易看出优化后农业机械配备数量基本上都变小,只有联合收获机的数量有所增加。

将优化前的配置数量作为约束变量代入方程组,得到新的结果为:

$$\text{目标函数 } S_{\min} = 2\ 183\ 560$$

$X_1 = 14.000$ $X_2 = 17.000$ $X_3 = 16.000$ $X_4 = 19.000$ $X_5 = 23.000$

$X_6 = 0.000$ $X_7 = 21.000$ $X_8 = 6.115$ $X_9 = 395.000$ $X_{10} = 232.353$

$X_{11} = 395.000$ $X_{12} = 131.667$ $X_{13} = 395.000$ $X_{14} = 395.000$ $X_{15} = 232.353$

分析以上结果,该农场的联合收获机械配备数量明显不足,其他农业机械配备数量超过完成工作所需的合理数量,配备结构不合理。经调研知该农场小麦生产年固定作业费用如表 3 - 7 所示。

**表 3 - 7 农场小麦生产年固定作业费用**

| 序号 | 农业机械类型 | 农业机械价格/(元/台) | 年固定作业成本/(元/年) |
|---|---|---|---|
| 1 | 东方红 1804 | 412 000 | 23 000 |
| 2 | 欧豹 804 | 90 000 | 25 000 |
| 3 | 机引犁 | 135 000 | 13 500 |
| 4 | 联合整地机 | 60 000 | 6 000 |
| 5 | 条播机 | 16 000 | 3 000 |
| 6 | 点播机 | 12 000 | 1 000 |
| 7 | 喷杆式打药机 | 1 000 | 150 |
| 8 | 联合收获机 | 580 000 | 15 000 |

按表 3 - 7 所示农业机械年固定作业成本情况计算，计算公式如下：

$$C_j = 23\,000X_1 + 25\,000X_2 + 13\,500X_3 + 6\,000X_4 + 3\,000X_5 + 1\,000X_6 + 150X_7 + 15\,000X_8$$

优化前农业机械配置年固定作业成本：$C_1 = 1\,148\,150$ 元；

优化后农业机械配置年固定作业成本：$C_2 = 817\,950$ 元；

优化后节约成本：$C' = C_1 - C_2 = 330\,200$ 元。

通过优化该农场农业机械配置节约下来的年固定作业费用为 330 200 元，并可节约大量的农业机械购置资金。

## 第二节 农业机械化单因子作用分解方法

单因子作用分解法即在定性的基础上对综合作用中的某一因子作用进行量的分析。农业生产过程是经济再生产与自然再生产相交织的过程。作为农产品的商品生产过程，是由各投入要素的投入共同产生作用的结果，其中农业机械化就是一项重要的投入要素，研究其分解方法有着重要的现实意义和学术价值。

### 一、常用的研究方法

#### （一）单项试验法

单项试验法又叫做单项测定法。即在同一条件下，设立若干对照样本和对照参数试验组，对投入的诸多因子（主要是劳动消耗）中变动的某一因子，由于这一因子变动而引起因变量的变化，再与对照样本相比较，则可求出该因子作用的百分数。根据不同要求，可进行多组反复对照试验，以便取得可靠数据。

这种单因子作用试验，由于是从有机组合作用中分解出来，实际上它是包含其他因子的制约和作用的渗透，并不一定是这个因子的真正作用，因此得出的各因子作用的百分数之和往往不等于 100%，其大于（或小于）的部分则分别是其他因子渗透作用的重复计算或其他因子的制约而未充分发挥该因子作用所致。为此，应进行计数处理。建立计算公式如下：

$$K_i = \left(X_i / \sum_{i=1}^{n} X_i\right) \times 100\% \qquad (3-16)$$

式中：$K_i$ 为单因子的实际作用数；$X_i$ 为单因子试验的作用数。

**【例 3-1[①]】** 农业机械化与人、畜作业相比各单项试验测定增产增收的百分数为：耕：$X_1=28.4\%$；耙：$X_2=15\%$；播：$X_3=25.14\%$；收：$X_4=6\%$；脱：$X_5=4\%$；机灌：$X_6=25.53\%$。把以上单因子试验作用数代入上式即可算出各因子的实际作用数。其结果为：耕：$K_1=27.28\%$；耙：$K_2=14.41\%$；播：$K_3=24.15\%$；收：$K_4=5.76\%$；脱：$K_5=3.84\%$；机灌：$K_6=24.52\%$。

此方法通过实际试验测定，故具有一定的科学性和可靠性。计算简便直观，容易掌握。由于各因子相互制约和渗透，尽管经过试验和计算处理，也仅是相关关系，可供实际应用。

### (二)专家调查法

详见本章第四节。

## 二、投入比例分成法

### (一)投入分成法的概念

所谓投入分成法，是在某项经济效果中，分解各个单项投入要素在整个经济效果形成中所占的比重的一种方法。

农业生产过程是多因子的投入过程，各因子的作用合于最终效果之中。为了从最终效果中筛选出农业机械化的单因子作用，必须采用投入分成法。例如，粮食增产总效果中，机械化占多大作用，就要用比例分成法。即按粮食单位成本中各项投入因子的比例分成来进行评价。

从经济学观点看，粮食成本等于物化劳动消耗加上活劳动消耗，按劳动消耗中各单因子的投入比例延伸到产出部分分成计算，即可得各单因子的经济效果。用下式表示：

$$\text{单因子经济效果}=K\times(\text{产出}-\text{投入}) \tag{3-17}$$

### (二)投入分成法的适用条件

1. 经济效果显著

一般来说，应该是在满足式(3-18)要求的基础上考虑需不需要使用机械。

$$\frac{\text{增产的纯收入}+\text{增加的其他纯收入}+\text{节约出的劳动力创造的新价值}}{\text{机械化作业增加的计算费用}}\geqslant 1 \tag{3-18}$$

① 夏振坤，刘天福．农业机械化技术经济学[M]．北京：中国农业机械出版社，1986。

2. 现有种植技术和生产措施基本稳定

农作物的生长是一个极其复杂的生态循环过程，研究某一聚合物中单因子作用都是采取相对固定其他因素和条件的方法来处理。

3. 各单因子投入量基本合理

生产单位或农民总是按需要、可能和合算的程度来分配与使用生产资金。例如，农民使用农业机械，一般来说，是在满足下式要求的情况下予以考虑：

$$C_1 + C_2 - C_3 < L \times (V_1 - V_2) \tag{3-19}$$

式中：$C_1$ 为机器的固定费用；$C_2$ 为机器的可变费用；$C_3$ 为人力作业消耗的物化劳动；$L$ 为人工日值；$V_1$ 为人工作业时活劳动消耗；$V_2$ 为机器作业时的活劳动消耗。

4. 投入的各项单因子互相配合发挥作用

在农作物的生产过程中，种、肥、水、机械等单因子只有互相交融配合才可能发挥作用，只能用比例分成的办法来大体筛选出各单因子的作用。

**(三)投入分成法举例**

**【例 3-2】** 以某县小麦生产为例运用“投入分成法”求机械化增产效果。

$$单因子增产效果 = K \times (产出 - 投入)$$

式中：产出为小麦总产值(或千克产值)；投入为物化劳动消耗＋活劳动消耗；$K$ 为各单因子的投入比例系数(即单因子分成系数)。

下面分别求取各项值。

1. 投入

(1)物化劳动消耗(元/$hm^2$)。

种子费＝450 元/$hm^2$；肥料费＝1 200 元/$hm^2$；农药费＝300 元/$hm^2$；机械作业费＝2 400 元/$hm^2$；其他费用＝300 元/$hm^2$。

(2)活劳动消耗(元/$hm^2$)。

活劳动消耗＝工日值(元)×用工量(人工/$hm^2$)＝3 000(元/$hm^2$)

综上所述：投入＝物化劳动消耗＋活劳动消耗＝4 650＋3 000＝7 650(元/$hm^2$)

2. 产出

小麦实种面积 10.45 $hm^2$，总产 62 680.9 kg，平均每公顷产 5 998.2 kg。收购价格平均每千克 1.72 元，总产值 107 811.15 元。

3. 单因子分成系数($K$ 值)

$$K = \frac{物化劳动单因子费用}{物化劳动总费用}$$

上述各单因子亩费用×作物种植面积＝物化劳动单因子费用

物化劳动亩费用×作物种植面积＝物化劳动总费用

代入上式求得(%)：

$K_1$(机械分成系数)＝51.61；$K_2$(种子分成系数)＝9.68；$K_3$(肥料分成系数)＝25.81；$K_4$(农药分成系数)＝6.45；$K_5$(其他分成系数)＝6.45。

4. 求机械化的增产效果

将求得的上述三值代入下式：

$$机械化的增产效果 = K \times (产出 - 投入)$$

得：产出＝小麦总产值＝107 811.15 元，投入＝(物化劳动消耗＋活劳动消耗)×小麦种植面积＝7 650×10.45＝79 942.5 元，$K_1$＝51.61%，代入上式得 14 383.01元。

由计算可知该县共种植小麦 10.45 $hm^2$，实际支付的物化劳动消耗和活劳动消耗 79 942.5 元，总产小麦 62 680.9 kg，总产值 107 811.15 元。按 $K_1$ 分成，机械的增产效果值＝14 383.01 元，农业机械对增产的贡献率为 13.34%。

$K$ 值反映 5 项主要投入因子的作用大小顺序为 $K_1$，$K_3$，$K_2$，$K_4$，$K_5$。投入分成法不仅可以求出农业机械化的增产效果，同时可以提供给生产的组织者或经营者根据 $K$ 值反映的各单因子作用，权衡利弊调整生产费用的分配，及时控制过量投入或加大薄弱部分的增产措施。

## 三、差值联立方程法

### (一)依据

在对许多生产单元投入产出进行比较时，因为单元之间的因子既存在着相同因素，又有差异，而差异不仅反映出某一单因子的表面现象，也体现了它内因的影响。如排除相同因素，利用保留下来的差异，再经过数学处埋，即可求出各单因子的作用。

### (二)计算

在同一年内选择不同的 $m$ 块地块，将各地块实际调查的单位面积各单因子的数值，与该地块的单位面积综合效果按大小次序排列得出 $m$ 行单元组，再将相邻两个单元组相减，得到各单因子与综合效果之差，这样就可以加进未知数，近似地认为构成了一组方程。再用单位面积乘各个单因子，即可得到单因子每计量单位效果的计算公式：

$$\sum_{i=1}^{m} \Delta X_{ij} B_j = \Delta B_i \quad i = 1,2,\cdots,m \tag{3-20}$$

式中：$\Delta X_{ij}$为两个单元因子之差；$B_j$ 为单因子单位效果；$\Delta B_i$ 为两单元综合效果之差。

各方程的解一般不可能相同。解出这个方程组后即可得出各单因子每计量单位的效果。

**【例 3-3】** 某区域 4 个地区在同一纬度，从东到西人均耕地和粮食单产是递减的(表 3-8)，要分析机电灌溉、农业机械化和施肥几个重要因素的影响。先选用这 3 个单因子进行计算(面积采用播种面积)。

**表 3-8 4 个地区的基础数据**

| 地名 | 单位面积农田作业动力/($kW/hm^2$) | 单位面积施化肥量/($t/hm^2$) | 人均耕地面积/$hm^2$ | 粮食单位面积产量/($kg/hm^2$) |
|---|---|---|---|---|
| A | 7.17 | 1.07 | 0.675 | 7 410 |
| B | 4.67 | 0.82 | 0.575 | 5 970 |
| C | 3.45 | 0.67 | 0.475 | 4 920 |
| D | 2.15 | 0.43 | 0.375 | 3 670 |

设每公顷农田作业动力、施用化肥、人均耕地面积对粮食增产的效果分别为 $B_1$、$B_2$、$B_3$，由 $A$ 减 $B$、$B$ 减 $C$、$C$ 减 $D$ 代入公式(3-20)可得方程组：

$$2.5B_1 + 0.25B_2 + 0.1B_3 = 1\,440$$
$$1.25B_1 + 0.15B_2 + 0.1B_3 = 1\,050$$
$$1.3B_1 + 0.25B_2 + 0.1B_3 = 1\,250$$

解上述方程组可得：

每公顷农田作业动力增产粮食效果 $B_1 = 158.3\ kg/hm^2$

每公顷施用化肥增产粮食效果 $B_2 = 1\,920.8\ kg/hm^2$

人均耕地面积增产粮食效果 $B_3 = 4\,739.6\ kg/hm^2$

**(三)说明**

此方法计算的结果只能反映一个大体趋势，在实际应用时，选用的单因子越多，方程越多，计算结果越接近实际情况。在选择单因子(未知数)时，要选择对综合效果影响最大的进行计算，选择调查单元时，也要选同一单因子数据存在着一定差异的单元。

## 四、指数加权法

### (一)概念

指数加权法是利用自变量与因变量指数的变动关系和分析自变量对因变量影响的程度予以加权的分析计算方法。

用此法计算时，首先确定评价期和对比期两个组合参数，依据各个因子对效果影响的程度进行分类编组，由类、组分层次进行指数运算，并分别予以加权，最后求出单因子的作用。

### (二)计算

如用指数加权法对农产品的产量进行分析，若农产品的总产量与播种面积和单位面积产量成正比，以 $Q$ 表示总产量，$u$ 表示播种面积，$q$ 表示单产，则：

$$Q = uq \tag{3-21}$$

若播种面积不变，单产对总产影响的程度是：

$$u_0 q_1 / u_0 q_0 \tag{3-22}$$

若单产不变，播种面积对总产的影响程度是：

$$u_1 q_0 / u_0 q_0 \tag{3-23}$$

式中：$u_1$ 为评价期播种面积；$q_1$ 为评价期单产；$u_0$ 为对比期播种面积；$q_0$ 为对比期单产。

**【例 3-4】** 某地区 2008 年和 2009 年粮食生产情况如表 3-9 所示。则：

播种面积指数 $= u_1/u_0 = 533.33/333.33 = 1.6$

单产指数 $= q_1/q_0 = 9\ 000/7\ 500 = 1.2$

总产指数 $= Q_1/Q_0 = u_1 q_1/u_0 q_0 = 1.6 \times 1.2 = 1.92$

**表 3-9　某地区 2008 年和 2009 年粮食生产情况**

| 年份 | 总产量/万 kg | 播种面积/hm² | 单产/(kg/hm²) |
|---|---|---|---|
| 2008(对比期) | 250 | 333.33 | 7 500 |
| 2009(评价期) | 480 | 533.33 | 9 000 |

令播种面积对总产的影响程度为 $\psi$，单产对总产的影响程度为 $\varphi$，则有：

$$\psi = \text{播种面积指数}/(\text{播种面积指数} + \text{单产指数})$$
$$= u_1 q_0/(u_1 q_0 + u_0 q_1) = 0.571\ 4$$

$$\varphi = \text{单产指数}/(\text{播种面积指数} + \text{单产指数})$$
$$= u_0 q_1 / (u_1 q_0 + u_0 q_1) = 0.4286$$

故因播种面积增加而增加产量为：

$$\Delta Q_\psi = (Q_1 - Q_0)\psi = 131.42 \text{ 万 kg}$$
$$\Delta Q_\varphi = (Q_1 - Q_0)\varphi = 98.58 \text{ 万 kg}$$

下面再分别计算各因子对播种面积和单产影响的程度。

1. 对播种面积的影响

影响播种面积的主要因子包括耕地面积、作物结构、水资源、适耕期、农机作业能力和人畜力投工数量。在作物结构最优的前提下，影响播种面积的主要因子是水、机械和人畜力投工量（表 3-10）。由于各因子的影响程度不同，因此需要确定各个因子的重要性（权重）。然后将各因子的重要性顺序排列，排在末位的因子其重要性为 1，其余依次加 1。然后将各因子的指数与权重相乘，求出各因子对播种面积的影响程度（表 3-11）。

**表 3-10 影响播种面积的主要因子**

| 因 子 | 年 份 | | 指数 |
|---|---|---|---|
| | 2008 | 2009 | |
| 灌水量/万 $m^3$ | 120 | 248 | 2.07 |
| 农机作业量/$khm^2$ | 2 | 4.26 | 2.13 |
| 人畜投工量/万工日 | 12.5 | 17.6 | 1.41 |

**表 3-11 各个因子对播种面积的影响程度**

| 因子 | 指数 | 权重 | 指数×权重 | 影响程度 |
|---|---|---|---|---|
| 灌水量 | 2.07 | 3 | 6.21 | 0.522 7 |
| 农机作业量 | 2.13 | 2 | 4.26 | 0.358 6 |
| 人畜投工量 | 1.41 | 1 | 1.41 | 0.118 7 |
| 总 计 | — | — | 11.88 | 1.000 0 |

若以 $R_{1i}$ 代表评价年份影响播种面积某因子投入量，$R_{0i}$ 代表对比年份影响播种面积某因子投入量，$m_i$ 代表权重，则各因子对播种面积的影响程度 $a_i$ 可用如下公式计算：

$$a_i = \frac{R_{1i}}{R_{0i}}m_i / \sum_{i=1}^{n}\frac{R_{1i}}{R_{0i}}m_i \tag{3-24}$$

式中：$n$ 为影响因子的个数；$i=1,2,3,\cdots,n$。

2. 对单产的影响

影响单产的因子有自然条件和各种劳动投入等，在无重大自然灾害的情况下，其所处的自然环境可视为常量，则单产的高低主要决定于投入的水、肥、良种、机械、人畜力的数量和质量及土壤改良面积占播种面积的比例。

若以 $S_{1i}$ 代表评价年影响单产各因子投入量，$S_{0i}$ 代表对比年影响单产的各因子投入量，则单位面积投入量分别为 $S_{1i}/u_1$ 和 $S_{0i}/u_0$。于是投入的相对指数 $=(S_{1i}/u_1)\div(S_{0i}/u_0)=S_{1i}u_0/S_{0i}u_1$，若共有 $Y$ 个影响因子，其权重为 $n_i$，则各因子对单产影响的程度 $b_i$ 可用下式计算：

$$b_i = \frac{S_{1i}u_0}{S_{0i}u_1}\cdot n_i \Big/ \sum_{i=1}^{Y}\frac{S_{1i}u_0}{S_{0i}u_1}\cdot n_i \tag{3-25}$$

**【例 3-5】** 某单位 2008 年、2009 年各因子投入量按重要顺序排列如表 3-12 所示。

**表 3-12　各因子投入量重要性表**

| 影响因子 ($v=6$) | 2008 年 | | 2009 年 | | 指数 $S_1u_0/S_0u_1$ | 权重 | $S_1u_0n/S_0u_1$ | 影响程度 $b$ |
|---|---|---|---|---|---|---|---|---|
| | 投入量 $S_0$ | 单位投入量 $S_0/u_0$ | 投入量 $S_1$ | 单位投入量 $S_1/u_1$ | | | | |
| 灌水量/$m^3$ | 1 200 000 | 3 600.0 | 2 480 000 | 4 650.00 | 1.29 | 6 | 7.75 | 0.311 0 |
| 良种/kg | 12 500 | 37.5 | 28 000 | 52.50 | 1.40 | 5 | 7.00 | 0.280 9 |
| 施肥量/kg | 25 000 | 75.0 | 28 000 | 52.50 | 0.70 | 4 | 2.80 | 0.112 34 |
| 机械作业/$hm^2$ | 2 000 | 6.0 | 4 267 | 8.00 | 1.33 | 3 | 3.99 | 0.160 1 |
| 土壤改良/$hm^2$ | 67 | 0.2 | 133 | 0.25 | 1.25 | 2 | 2.50 | 0.100 3 |
| 人畜投工/工日 | 125 000 | 375.0 | 176 000 | 330.00 | 0.88 | 1 | 0.88 | 0.035 3 |
| 合　计 | — | — | — | — | — | — | 26.92 | 1.000 0 |

3. 各因子对总产的综合影响程度

总产量是由播种面积和单产决定的，而又有一系列因子影响播种面积和单产。当已计算出 $\psi$、$\varphi$、$a_i$、$b_i$ 后，即可求出某一因子对总产的影响程度 $\varepsilon_i=\psi a_i+\varphi b_i$，且

有 $\sum\varepsilon_i = \sum(\psi a_i + \varphi b_i) = 1$。

上述某单位各因子对总产影响程度见表 3-13。各因子的增产效果可按下式计算：

$$\text{某因子增产效果} = \Delta Q \cdot \varepsilon_i = (Q_1 - Q_0)(\psi a_i + \varphi b_i)$$

**表 3-13 各因子对总产的综合影响程度**

| 因子 | $\psi$ | $a$ | $\psi \cdot a$ | $\varphi$ | $b$ | $\varphi \cdot b$ | $\varepsilon$ |
|---|---|---|---|---|---|---|---|
| 灌水 | 0.571 4 | 0.522 7 | 0.298 7 | 0.428 6 | 0.322 0 | 0.138 0 | 0.436 7 |
| 良种 | 0.571 4 | 0 | 0 | 0.428 6 | 0.281 7 | 0.120 7 | 0.120 7 |
| 施肥 | 0.571 4 | 0 | 0 | 0.428 6 | 0.112 3 | 0.048 1 | 0.048 1 |
| 机械 | 0.571 4 | 0.358 6 | 0.204 9 | 0.428 6 | 0.148 4 | 0.063 6 | 0.268 5 |
| 土改 | 0.571 4 | 0 | 0 | 0.428 6 | 0.100 3 | 0.043 0 | 0.043 0 |
| 人畜投工 | 0.571 4 | 0.118 7 | 0.067 8 | 0.428 6 | 0.035 3 | 0.015 1 | 0.082 9 |
| $\sum$ | — | 1 | 0.571 4 | — | 1 | 0.428 6 | 1 |

农业机械化增产效果＝(480－250)×(0.204 9＋0.063 6)＝61.76(万 kg)

为对上述分解法有一个总的直观概念，用图 3-3 加以说明。

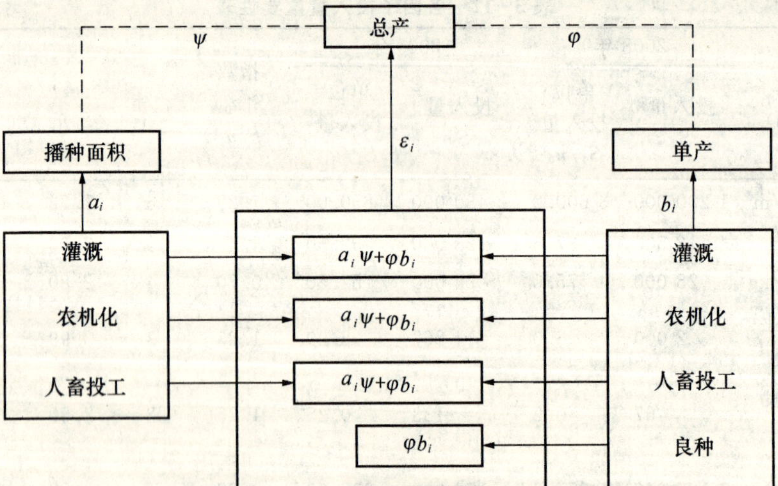


图 3-3 各因子影响程度计算的框图

**(三)说明**

(1)$\psi,\varphi$ 分别为播种面积和单产对总产的影响程度；

(2)$a_i,b_i$ 分别为各因子对播种面积和单产的影响程度；

(3)$\varepsilon_i$ 为单因子对总产的影响程度。

应用范围:可用于同类作物的增产作用分析,不同类作物不能直接相加,而要折成货币或实物当量换算后方能计算。

## 五、回归分析法

### (一)分析单项农业机械作业技术效果

农业生产受水、肥、土、种、密、保、管、工、轮作等综合因素影响。本书仅就工具方面(如用农业机械翻地、播种、中耕等项作业)探讨一下单项农业机械化技术效果。

**【例 3-6】** 以某地粮食产量为例,应用多元回归分析,即用定量数学表达式来揭示一个变量与多个变量之间的相互关系,得出粮食亩产 $Y(t)$ 与各因素 $X_i(i=1,2,3)$ 之间的定量关系。数据如表 3-14 所示。

**表 3-14　各项农业机械作业技术与粮食产量统计表**

| 地区号 | 单位面积产量/($kg/hm^2$)($Y$) | 秋翻地比例($X_1$) | 机播比例($X_2$) | 机中耕比例($X_3$) |
|---|---|---|---|---|
| 1 | 5 857.5 | 0.429 7 | 0.345 6 | 0.019 4 |
| 2 | 7 507.5 | 0.452 4 | 0.372 3 | 0.380 8 |
| 3 | 9 945.0 | 0.778 9 | 0.927 7 | 0.169 1 |
| 4 | 8 302.5 | 0.547 4 | 0.261 3 | 0.152 0 |
| 5 | 7 657.5 | 0.527 0 | 0.412 4 | 0.520 9 |
| 6 | 7 447.5 | 0.621 3 | 0.459 4 | 0.110 3 |
| 7 | 8 040.0 | 0.614 1 | 0.509 9 | 0.115 8 |
| 8 | 7 470.0 | 0.507 1 | 0.326 7 | 0.097 1 |
| 9 | 7 972.5 | 0.615 4 | 0.721 7 | 0.663 0 |
| 10 | 8 340.0 | 0.646 9 | 0.843 8 | 0.843 8 |
| 11 | 5 865.0 | 0.351 7 | 0.246 4 | 0.222 8 |
| 12 | 5 220.0 | 0.291 9 | 0.151 0 | 0.151 0 |
| 13 | 5 610.0 | 0.458 7 | 0.106 0 | 0.106 1 |

续表 3-14

| 地区号 | 单位面积产量/($kg/hm^2$)($Y$) | 秋翻地比例($X_1$) | 机播比例($X_2$) | 机中耕比例($X_3$) |
|---|---|---|---|---|
| 14 | 6 682.5 | 0.515 7 | 0.443 0 | 0.421 9 |
| 15 | 6 367.5 | 0.490 7 | 0.228 4 | 0.046 9 |
| 16 | 7 162.5 | 0.491 5 | 0.239 6 | 0.038 2 |
| 17 | 7 050.0 | 0.406 1 | 0.192 8 | 0.151 5 |
| 18 | 5 437.5 | 0.373 8 | 0.125 1 | 0.075 8 |
| 19 | 6 510.0 | 0.439 2 | 0.343 6 | 0.707 5 |
| 20 | 6 922.5 | 0.416 2 | 0.132 7 | 0.041 1 |
| 21 | 5 895.0 | 0.381 3 | 0.084 7 | 0.084 7 |
| 22 | 5 767.5 | 0.320 4 | 0.269 4 | 0.095 0 |
| 23 | 6 030.0 | 0.580 2 | 0.344 1 | 0.344 0 |
| 24 | 7 912.5 | 0.357 3 | 0.140 6 | 0.313 8 |
| 25 | 6 937.5 | 0.269 5 | 0.009 7 | 0.011 0 |
| 26 | 6 457.5 | 0.567 3 | 0.500 0 | 0.020 6 |
| 27 | 6 765.0 | 0.786 3 | 0.804 3 | 0.382 2 |
| 28 | 7 800.0 | 0.717 1 | 0.684 7 | 0.293 5 |
| 29 | 7 725.0 | 0.783 9 | 0.779 0 | 0.131 7 |
| 30 | 7 267.5 | 0.753 2 | 0.495 0 | 0.035 4 |
| 31 | 6 210.0 | 0.634 9 | 0.509 1 | 0.055 3 |

从表 3-14 中数据看出：单位面积粮食产量与秋翻地比例($X_1$)，机播比例($X_2$)和机中耕比例($X_3$)具有一定的相关关系。可以设想它们有如下的关系：

$$Y = a + b_1X_1 + b_2X_2 + b_3X_3$$

对表中数据进行整理，用三元线性回归数学公式计算，得：

$$Y = 5\,316.3 + 1\,982.9X_1 + 1\,321.2X_2 + 512.2X_3$$

这就求出该地平均每翻 1 $hm^2$ 地多生产粮食 1 982.9 kg，每机播 1 $hm^2$ 地多生产粮食 1 321.2 kg，每机械中耕 1 $hm^2$ 地多生产粮食 512.2 kg。常数项 $a=$ 5 316.3 kg，为其他农业技术措施效果(如使用良种，增施化肥、有机肥等)。

**(二)对回归方程式进行显著性测验**

检验统计量：

$$F=\frac{S_{回}/f_1}{S_{余}/f_2}=5.501$$

查表得：

$$F_{0.01}(3,27)=4.60;F>F_{0.01}。$$

说明在 1%水平上 $Y$ 与 $X_1$、$X_2$、$X_3$ 线性关系是显著的。

**(三)粮食产量预测**

根据方程式 $Y=5\ 316.3+1\ 982.9X_1+1\ 321.2X_2+512.2X_3$ 可以对粮食产量进行预测。

根据当地农业生产条件，如果已知当年秋翻地比例($X_1$)，机播比例($X_2$)，机中耕比例($X_3$)即可估算出当年的单位面积粮食产量。

**(四)案例总结**

1. 回归系数

回归系数 $b_1$、$b_2$、$b_3$ 反映翻地、播种、中耕的农业机械化技术效果。

2. 三项技术措施

三项技术措施哪项占主要地位呢？通过"标准回归系数"比较其绝对值，标准回归系数大的技术占主要地位。

$$b'_1=b_1\sqrt{\frac{L_{11}}{L_{00}}}=1\ 982.9\sqrt{\frac{0.022\ 121}{1\ 097\ 301}}=0.281\ 5$$

$$b'_2=b_2\sqrt{\frac{L_{22}}{L_{00}}}=1\ 321.2\sqrt{\frac{0.059\ 953}{1\ 097\ 301}}=0.308\ 8$$

$$b'_3=b_3\sqrt{\frac{L_{33}}{L_{00}}}=512.2\sqrt{\frac{0.048\ 205}{1\ 097\ 301}}=0.107\ 4$$

结果：$b'_2>b'_1>b'_3$

这就是说，要想使某地粮食大幅度增长，在这项技术措施中，首先应狠抓机播，其次是秋翻地，第三位才是机中耕。

## 六、边际分析法

### (一)资源最适投入量分析

1. 边际平衡原理

边际平衡原理是经济学中一个重要的理论概念,是边际分析法的理论依据。通俗地说,就是在推进农业机械化发展中,当追加投资增加新的农业机械动力和机具时,必然要考虑它的效益。一是购置新的农业机械费用支出是多少,使用成本是多少;二是新农业机械应用新增收入是多少;三是新增收入是否大于新增成本。如果新农业机械增加的收入大于增加的成本,那么在其经济活动中就产生了效益。从扩大生产规模的角度看,只要新增农业机械的生产收入高于购置新增农业机械的投入成本,就可持续追加这种投入,直至追加“投入”的成本(即边际成本)和“产出”的收入(即边际收入)相等时为止。如果新机具的作业成本高于它所带来的收入,那么在生产中就不会得到推广应用;即使能够增加产量,也是增产不增收,所以不会受到人们的欢迎。这个投入与产出的例子,简明地表述了边际平衡原理。

为了更直观深入地理解边际平衡原理,现将小麦施肥实验的数据整理成边际分析表(表 3 - 15)。

**表 3 - 15 施肥水平与粮食产量的边际分析**

| 施肥量 /kg ($X$) | 总产量 /kg ($Y$) | 施肥增量 /kg ($\Delta X$) | 粮食增量 /kg ($\Delta Y$) | 边际成本 /(元/hm²) ($P_X\Delta X$) | 边际收入 /(元/hm²) ($P_Y\Delta Y$) | 其他生产费用/(元/hm²)($F$) | 纯收入 /(元/hm²) ($P_YY-P_XX-F$) |
|---|---|---|---|---|---|---|---|
| 0 | 5 547.8 | | | | | 1 500 | 5 157.3 |
| 37.5 | 5 817.8 | 37.5 | 270.0 | 165 | 324.0 | 1 500 | 5 316.3 |
| 75.0 | 6 066.8 | 37.5 | 249.0 | 165 | 298.8 | 1 500 | 5 450.1 |
| 112.5 | 6 290.3 | 37.5 | 223.5 | 165 | 268.2 | 1 500 | 5 553.3 |
| 150.0 | 6 495.0 | 37.5 | 204.8 | 165 | 245.7 | 1 500 | 5 634.0 |
| 187.5 | 6 670.5 | 37.5 | 175.5 | 165 | 210.6 | 1 500 | 5 679.6 |
| 225.0 | 6 825.0 | 37.5 | 154.5 | 165 | 185.4 | 1 500 | 5 700.0 |
| 262.5 | 6 955.5 | 37.5 | 130.5 | 165 | 156.6 | 1 500 | 5 691.6 |
| 300.0 | 7 057.5 | 37.5 | 97.5 | 165 | 117.0 | 1 500 | 5 649.0 |
| 337.5 | 7 145.3 | 37.5 | 87.8 | 165 | 105.3 | 1 500 | 5 589.3 |

注:生产函数式 $Y=5\,546.8+7.57X-0.008\,4X^2$;$P_X=4.4$ 元,$P_Y=1.2$ 元。

从表 3-15 可以看出：每公顷施肥量在低于 225 kg 以前，边际收入大于边际成本（$P_Y\Delta Y > P_X\Delta X$），每次追加投入均能带来好处，既增产又增收。但大于此量，则随着施肥量的增加而不断地变小。至施肥量 225.0～262.5 kg 这一区段，边际收入与边际成本基本相等（$P_Y\Delta Y \approx P_X\Delta X$），纯收入达最大值。超过这一点再增加施肥量，边际收入小于边际成本（$P_Y\Delta Y < P_X\Delta X$），纯收入下降。

综上分析，可以得出如下结论：一般来说，农业生产中生产资源的最适投入量，是在边际收入等于边际成本时，或者边际收入稍大于边际成本时，这时可取得最大纯收入。这个原理称为边际平衡原理。它的数学表达式为：

$$P_Y\Delta Y = P_X\Delta X \tag{3-26}$$

将上式两边同除以 $\Delta X$，可得到边际平衡原理的第二表达式：

$$P_Y\frac{\Delta Y}{\Delta X} = P_X \text{或} P_Y\frac{\mathrm{d}Y}{\mathrm{d}X} = P_X \tag{3-27}$$

该式的经济含义是：不断追加生产资源的投入量，可以直到边际产量的价值等于投入资源的单价时为止。

如将第二表达式的两边同除以 $P_Y$，便得到边际平衡原理的第三表达式：

$$\frac{\Delta Y}{\Delta X} = \frac{P_X}{P_Y} \text{或} \frac{\mathrm{d}Y}{\mathrm{d}X} = \frac{P_X}{P_Y} \tag{3-28}$$

该式可表达为：不断增加生产资源的投入量，可以直到边际产量等于价格的反比时为止。在分析生产资源投入量的经济效益时，通常第三表达式应用得最为普遍。

2. *确定单项资源最佳投入量的方法*

在市场经济条件下，农业企业的资源投入的最佳经济效益，可用边际平衡原理进行分析。分析的方法，除在上例中已说明的列表法外，精确的分析方法是用微分法。例如，根据表 3-15 中的基础数据拟合得到的生产函数式为：

$$Y = 5\,546.8 + 7.57X - 0.008\,4X^2$$

$$MPP = \frac{\mathrm{d}Y}{\mathrm{d}X} = \frac{\mathrm{d}(5\,546.8 + 7.57X - 0.008\,4X^2)}{\mathrm{d}X} = 7.57 - 0.016\,8X$$

其中：$MPP$ 代表 marginal physical product 边际产量

根据边际平衡原理，当 $MPP = P_X/P_Y$ 时，可获得最大纯收入。将相应数据代入：

$$7.57 - 0.016\,8X = 4.4/1.2$$

解得： $X=232.1(\text{kg}) \quad Y=6\,851.3(\text{kg})$

此时的总收入为：

$$P_Y Y=1.2\times[5\,546.8+7.57\times232.1-0.008\,4\times(232.1)^2]=8\,221.6(\text{元})$$

$$\text{总成本}\ C=P_X X+F=4.4\times232.1+1\,500=2\,521.2(\text{元})$$

$$\text{纯收入}\ R=8\,221.6-2\,521.2=5\,700.4(\text{元})$$

有时为了满足社会的需要，也常以最高产量即最大实物产出量为经济目标。这时，投入和产出之间，便变为受最高产量约束的平衡关系。生产资源的投入量以边际产量等于零，总产量达最大值为最佳。仍用上例求解：

$$Y=5\,546.8+7.57X-0.008\,4X^2$$

$$MPP=\frac{\mathrm{d}Y}{\mathrm{d}X}=7.57-0.016\,8X=0$$

因为 $$\frac{\mathrm{d}^2Y}{\mathrm{d}X^2}=f''(X)=-0.016\,8<0$$

所以 $$Y\ \text{在}\ \frac{\mathrm{d}Y}{\mathrm{d}X}=0\ \text{处有极大值}$$

解得： $$X=450.6(\text{kg})$$

最高产量为：

$$Y=5\,546.8+7.57\times450.6-0.008\,4\times(450.6)^2=7\,252.3(\text{kg})$$

根据以上分析，可以得出如下结论：在本例具体条件下，以最大纯收入为目标，则每公顷施肥量以 232.1 kg 为适宜；以最高产量为目标，则每公顷施肥 450.6 kg 为最优。

**(二)边际替代原理与资源间的最佳配合分析**

生产一定数量的产品需要多种资源配合，其中有些资源可以相互替代。通过替代达到节约劳动耗费，降低成本，从而获得最佳经济效益的目的。

资源间可以具有替代效果，其经济原理是：①同功异价资源，可以低代高。②高效资源可代低效资源，提高资源利用率。如良种更新，农机动力中的大拖拉机代替小拖拉机。③技术的作用，如机器代替人畜力，集约经营可以小面积土地代替粗放经营的大面积土地等，可提高资源的技术经济优势。

用两种或多种资源生产某种产品时，由于它们的配合比例不同，经济效益就不一样。因此，用边际分析方法研究资源间的替代关系，目的在于选择资源间经济合理的配合方式，实现资源之间替代的最小成本配合。

为了研究资源之间相互替代的数量关系，建立了边际替代率(MRS)概念。所谓边际替代率是指资源间相互替代的比率，其表达式为：

$$边际替代率(MRS) = -\Delta X_1(被替代资源)/\Delta X_2(替代资源) \quad (3-29)$$

由于资源的边际替代率大多有递减趋势，所以当两种资源的边际替代率等于或最接近其价格的反比率时，资源的配合成本最小，称为边际替代原理。边际替代原理的数学表达式为：

$$\frac{-\Delta X_1}{\Delta X_2} = \frac{P_{X_2}}{P_{X_1}} \quad (3-30)$$

**【例 3-7】** 设某地区小麦生产在亩产 400 kg 水平条件下，单用人工作业时，每公顷需用 180 人工日，全用机器作业时，每公顷需农业机械作业 120 h，则机器替代劳力的边际分析如表 3-16 所示。

**表 3-16 边际替代原理（最小成本配合）分析表**

| 资源配合方式 | 人工作业/(工日/hm²) | | 机器作业/(h/hm²) | | 边际替代率 MRS | 价格反比率 | 每公顷组合成本/(元/hm²) |
|---|---|---|---|---|---|---|---|
| | $(X_1)$ | $(-\Delta X_1)$ | $(X_2)$ | $(\Delta X_2)$ | $(-\Delta X_1/\Delta X_2)$ | $(P_{X_2}/P_{X_1})$ | $(X_1P_{X_1}+X_2P_{X_2})$ |
| 1 | 180.0 | | 0 | | | | 180×120=21 600 |
| 2 | 90.0 | −90.0 | 15 | 15 | −6.0 | 0.8 | 90×120+15×100=12 300 |
| 3 | 60.0 | −30.0 | 30 | 15 | −2.0 | 0.8 | 60×120+30×100=10 200 |
| 4 | 37.5 | −22.5 | 45 | 15 | −1.5 | 0.8 | 37.5×120+45×100=9 000 |
| 5 | 22.5 | −15.0 | 60 | 15 | −1.0 | 0.8 | 22.5×120+60×100=8 700 |
| 6 | 15.0 | −7.5 | 75 | 15 | −0.5 | 0.8 | 15.0×120+75×100=9 300 |
| ⋮ | ⋮ | ⋮ | ⋮ | ⋮ | ⋮ | ⋮ | ⋮ |
| | | — | | — | — | — | |
| 9 | 1.5 | — | 120 | | | | 1.5×120+120×100=12 180 |

注：$P_{X_1}$ 为 120 元/工日，$P_{X_2}$ 为 100 元/h。

根据表 3-16 中的资料，机器作业与人工作业的价格反比率 $P_{X2}/P_{X1}=0.8$；机器和劳力的配合方式，先从第 2 组和第 1 组比较，机器作业 1 h 可以替代 6 个工日，其边际替代率为 −6/1=−6，每公顷组合成本由 21 600 元降至 12 300 元。依此类推，至第 5 组，机器、劳力的边际替代率为 −1.0，与其价格的反比值相近，故第 5 组为最小成本组合，经济效益最好。

由于两种资源（$X_1$ 和 $X_2$）的增量是一增一减，即一正一负，因此斜率是负值，曲线必然向原点突出。

**（三）边际收入均等原理与产品间最佳组合分析**

农业生产单位有时不止生产一种产品，而是几种产品配合生产；同时，企业投入的资源数量是有限的，这样就产生了经营者如何把有限资源合理分配于不同产品的生产，以便使有限资源取得最大纯收入的问题。应用边际分析法研究这类问题，目的在于探讨运用一定数量的资源生产多种产品时，如何获得最大纯收入的产品最佳组合。

一种生产资源，如生产资金，可以同时用于不同的生产部门，或同时作不同的用途。当这一资源的单位投入，在各个部门或多种用途中，可以取得相等或近似的边际收入时，这时资源利用的纯收入最大，称为边际收入均等原理。

**【例 3-8】** 某种植大户现有 60 万元农业机械化生产资金，分别投入粮食生产、经济作物生产或果木生产的边际收入如表 3-17 所示。

**表 3-17 边际收入均等原理(产品最佳组合)分析表** 万元

| 资金投入水平（$X$） | 资金的边际投入（$\Delta X$） | 粮食生产边际收入（$MR_1$） | 经济作物生产边际收入（$MR_2$） | 果木生产边际收入（$MR_3$） |
|---|---|---|---|---|
| 0 | | | | |
| 10 | 10 | 25 | 18 | 35 |
| 20 | 10 | 18 | 12 | 28 |
| 30 | 10 | 10 | 8 | 14 |
| 40 | 10 | 10 | 8 | 14 |
| 50 | 10 | 8 | 6 | 12 |
| 60 | 10 | 6 | 5 | 10 |
| $\sum$ | 60 | 81 | 59 | 117 |

表 3-17 中资料表明：粮食生产投入资金 20 万元，经济作物投入资金 10 万元，果木生产投入资金 30 万元，可以取得最大的纯收入。即：

$$(25+18)+18+(35+28+18)-60=82(\text{万元})$$

边际收入均等原理的表达式为：

$$MR_1 = MR_2 = \cdots = MR_n \tag{3-31}$$

这表明在边际收入最大的部门和项目中，应多分配资金。一般来说，在生产资源既定的条件下，要获得总体纯收入最大，则资源在各种产品生产中的分配必须以 *MR* 均等为界限。由于边际收入递减规律的作用，如果将有限资源投入到某产品的 *MR* 均等值以下，将引起总纯收入的减少。

根据边际收入均等原理，在农业机械化过程中，可以对有限的人力、物力、财力进行统筹兼顾，合理安排，通过算总账，取得资源利用的最大效益。

# 第三节 农业机械化技术经济数学模型的构建

## 一、农业机械化技术经济数学模型概论

### (一)分类及其特点

农业机械化技术经济数学模型是真实系统技术经济问题的数学抽象，且比实际简单，它是为了进行系统研究而收集的系统信息的实体。它的复杂程度应根据建模目标的需要，精度要求和处理情况来确定。一般要抓住系统的主要因素和这些因素之间的相互关系来建立。

1. 按其所描述问题的范围可分为 2 种

(1)宏观模型。用来描述全国性或地区性的农业机械化技术经济问题。

(2)微观模型。用来描述合作组织或个体农户的农业机械化技术经济问题。

2. 按其表现形式可分为 4 种

(1)用数学公式表达的形式。如本章第一、二节所介绍的各种数学规划、代数、微分、差分方程和状态方程表达的农业机械化技术经济模型。

(2)图的表达形式。如用决策树、多阶段决策过程图，计划协调技术、统筹法、网络评审技术、随机网络分析等图形来表达的农业机械化技术经济模型。

(3)表的表达形式。如用投入产出法编制的农业机械化部门经济模型。

(4)计算机语言的表达形式。如用各种模拟语言编制的农业机械化技术经济问题的模拟模型。

3. 按其功能可分为 6 种

(1)性能模型。用来进行农业机械化技术经济系统的性能分析研究，如拖拉机机组使用性能的数学模型。

(2)结构模型。用来表示系统的结构和过程，如地区性或合作组织的机具配备数学模型。

(3)计划模型。用来进行时间和工作进度的控制，如全国或地区性农业机械化发展规划，农场机械化作业计划等数学模型。

(4)评价模型。用来对系统进行评价,目的是反映决策者对系统决策结果是否满意的主观判断。如农业机械化经济界限,农业机械化投资效果和农机配备效果等数学模型。

(5)预测模型。用来对系统环境和性能进行预测,以估计各种可能结果,通过评价找出最优方案。如各种农机具技术发展方向和市场情况的预测,地区性农业机械化发展速度及其经济效果的预测等。

(6)模拟模型。用来对系统进行数学模拟实验,预测系统的性能或了解采取某种政策或参数时,系统可能发生的情况。如农业机械化政策的模拟模型,拖拉机机组地区适应性的模拟模型等。

4. 按其状态可分为4种

每种又有2种不同状态。

(1)静态与动态模型。按系统模型因子中是否有与时间相关而分为静态与动态模型。

(2)确定性与随机性模型。按系统模型中是否有随机因子而分为确定性模型与随机性模型。

(3)线性模型与非线性模型。按系统的目标函数与模型因子间的关系是否呈线性而分为线性模型与非线性模型。

(4)连续模型与离散模型。按系统模型所表事件是否有连续性而分为连续模型与离散模型。

农业机械化技术经济模型可以是上述4种中2种不同状态的任意组合,如可以是静态、确定性、线性、连续模型;或动态、随机性、非线性、离散模型。但大多为动态和随机非线性的。然而在特定条件下也允许简化,即将动态化为静态递推,非线性化为线性,从而使分析容易,计算简化。

农业机械化技术经济数学模型的特点:农业机械化是农业系统的一个子系统。它的主要任务是为农业的现代化服务。通过机械化使农业增产,农民增收,解放劳动力,使农业生产向深度和广度发展。农业机器系统的工作对象多为土壤及生物或其产品,与环境有密切的关系,农村的科学、文化、技术水平及对机械的管理、使用水平与提高农业机械化的经济效果也有很大的关系,随机因素很多,给模型的建立和验证带来了很多困难。因此建立数学模型时,必须从我国的实际情况出发,以免脱离实际。

建立农业机械化技术经济数学模型是为了进行农业机械化经济分析,着重在于实际应用,不必像数学理论计算那样要求非常精确的答案。只要能够符合实际,适于对发展趋势进行分析判断,模型应尽量进行简化。

### (二)建立农业机械化技术经济数学模型的步骤和方法

农业机械化技术经济数学模型应由农艺、农业机械化、农业经济等方面的专家组成的多学科协作小组来共同研究确立。专家组应能对系统作详细的说明,并确定系统的输入值,其建模步骤如下:

(1)在明确系统应实现的技术经济目标前提下收集和分析有关资料,提出可供选择的基本策略。

(2)把各类专家提供的与系统有关的概念、假设和数据集中起来,形成概念模型。注意主要现象,推测可能存在的函数关系,检查需要补充的理论和数据。分清内部与外部因素,确定各种阶段。

(3)在严格审查上述假设和数据的基础上,建立结构模型和数学模型,即把设想的函数关系化为数学模型,选择适合的形式,自上而下或自下而上的分层建立。同时要分清主次,把可省略的因素略去,最后检查是否需要补充某些方面的理论、概念、假设和数据,使模型进一步得到完善。

(4)形成算法(解数学模型的合理过程),并用设想的计算核对算法。

(5)编写计算机程序,保证无错误,且在逻辑和量纲上无矛盾。

(6)用最有用的真实系统资料来估计系统模型的系数和参数,检查各参数和因素的敏感性(被检查的是那些不确定的和高度变化和需加以控制的自然或社会经济因素)。

(7)收集实际系统运行情况的信息,用预测值和实际值进行对比,来验证模型的效果。改正模型中的缺点或给模型增加某些新的功能,使模型进一步完善。模型正式建成,可付诸应用。

上述仅是建立模型的一般过程,由于模型的繁简和功能不同,故其内容也可有所删减或变更。

在建立模型时,开始也可能会发生错误,发生错误的主要原因有以下 4 种:①漏掉了主要因素或参数;②包括了不必要的干扰因素;③函数关系发生错误;④参数估计有错误。

在查出错误原因后,需对模型加以修改并重复进行上进步骤,直至模型得到验证为止。

在建立农业机械化技术经济数学模型的过程中,最重要、最困难、技术性较强的是第三条,它需要多方面的专业知识和技巧,其具体方法是多种多样的,一般要作多方案的比较。对于复杂的系统往往由许多子系统组成。在这种情况下,建立模型时,需要从建立各个子系统的模型作起,每个子系统的模型都要经过测试,看它是否适用,然后再把这些子系统模型结合起来,成为系统的总体模型,这种综合方法是以系统相似和各子系统能够保持单独运行状态为前提的。这就要求各子系统相互之间及它们与系统总体之间的连接是正确匹配的，这是保证所建模型与实际系统运行过程相似的重要条件。

模型的建立也可从系统的总体模型开始，即首先建立一个粗略的系统整体模型，然后再在各个子系统中去处理细节问题。有时也可能需要从两方面同时交错进行，边建边改，直到所建模型既合乎真实系统的实际运行情况，又简单可行为止。

建立农业机械化技术经济数学模型的具体方法很多，现将几种常用的方法简介如下。

1. 利用数据分析的方法建立数学模型

在已知或按需要可收集到某一现行农业机械化系统的功能数据时，就可以借助数据分析方法来建立该系统的数学模型，如可用回归方程作为研究影响农业机械化发展各因素之间数量关系的模型。

数据可分为时间序列数据和截面数据。根据截面数据建立的模型可用于分析影响因素，根据时间序列数据建立的模型可用于短期预测。

2. 利用已知的理论公式建立数学模型

当研究农业机械产品的发展过程和进行寿命周期预测时可利用S形成长曲线即逻辑函数(logistic function)来表达。

$$Y=\frac{K}{1+b\mathrm{e}^{-at}} \tag{3-32}$$

式中：$Y$ 为产品产量；$K$ 为极限产量；$t$ 为时间；$b$ 和 $a$ 为系数。

还可以利用计算农业机械作业年度费用的亨特方程式及其他类似的经济效果评价公式作为数学模型。

3. 利用运筹学中的各种理论建立数学模型

运筹学是系统工程的理论基础之一，它的各个分支都可用来建立农业机械化技术经济数学模型，其中最常用的是数学规划模型(包括线性、整数、参数、目标、动态和非线性等规划)。其中线性规划主要用于资源的合理利用、分配及运输问题的优化，而非线性规划则多用于农业机械的优化设计。它们都是在许多约束方程的条件下求目标函数的极值问题。

其次较常用的是图式模型(包括统筹法、计划协调技术、关键路线法、最小费用流、网络评审技术和信息流动图等)，如信息流动图可用于农业机械设备的故障修理系统进行状态转移过程的研究，统筹法可用于农业机械化作业的计划安排等。

运筹学中还有决策论、对策论、排队论等理论。可用来建立农业机械化系统中的决策、对策、存储和排队问题的数学模型。

4. 利用逻辑相似方法建立数学模型

(1)利用人畜机体与物理系统的相似，将人体或牲畜机体的动力学关系简化为机械元件的相应动力学问题据以建立数学模型。

(2)农业机械化系统中的机库，或油料仓库等库址的位置选择问题也可简化为如下的求总运输费用最小的数学模型：

$$\text{总运输费用}\ C(X,Y) = \sum_{i=1}^{n} \overline{W}_i \sqrt{(X_i - X)^2 + (Y_i - Y)^2} \tag{3-33}$$

式中：$X,Y$ 为所求库房的最佳位置坐标；$\overline{W}_i$ 为第 $i$ 个地块的大小或油料领用单位的需油量；$(X_i,Y_i)$为第 $i$ 个地块中心或油料领用单位的位置坐标。求解结果需使式(3-33)最小。

5. 投入产出表式模型

这种模型主要用于国民经济各部门间的经济平衡。但也可用于农业机械化系统作为物资的流入流出分析，农机生产中心和供应点的正确分布，各类农机产品和物资需要的合理比例搭配方案问题的研究。

6. 利用各种方法建立农业机械化技术经济预测数学模型

如多元回归、时间序列法、趋势外推法、类比法、交互相关矩阵法、寿命周期分析、经济界限分析等方法。

## 二、农业机械化经济界限数学模型

马克思指出："如果只把机器的使用看作使产品便宜的手段，那么使用机器的界限就在于制造机器的劳动要少于使用机器所代替的劳动"①，"对于资本家来说，只有在机器的价值和它代替的价值之间存在着差额的情况下，才会使用机器"①。具体到农业机械化系统，就是用农业机器代替人畜力(或用新的农业机器系统代替旧的农业机器系统)后，必须有一定的经济效果，其临界状态是经济效果为零，这种状态就称为农业机械化的经济界限。使用农业机械后的经济效果必须大于这个经济界限，否则，由于经济上不合算，就不可能实现，即使强行推广，也只会"推而不广"。

---

① 《资本论》第一卷. 北京：人民出版社，1975 年版，第 430-431 页。

由于农业机械化受各种环境条件的制约，所以农业机械化的经济界限也必然随社会经济条件的变化而变化。同一个农业机械化作业项目，在不同的时间和空间，有不同的经济界限。

农业机械化是从选择机器开始的，而选择机器又是从单项作业开始的，因此单项作业的农业机械化经济界限是最基础的经济界限。它表现为：使用机器后的总经济效果必须大于零。用其中的一种表现形式即成本比较来比较分析，就是在进行同一作业时，机器作业的成本费用，必须小于人畜力作业的成本费用。其数学模型为：

$$S_1 = L(V_1 - V_2) - (C_1 + C_2 + C_3 - C_4) \geqslant 0 \qquad (3-34)$$

式中：$S_1$ 为节约劳动(包括活劳动和物化劳动)的经济效果(元)；$L$ 为计算期内平均劳动日工值(元/工日)；$V_1$ 为该项作业用人畜力完成单位工作量所消耗的活劳动量(工日/hm²)；$V_2$ 为该项作业用农机完成单位工作量所消耗的活劳动量(工日/hm²)；$C_1$ 为该项作业使用农机完成单位工作量应分摊的机器折旧费(元/hm²)；$C_1=\frac{C_1^*}{W}$，$C_1^*$ 为机器年折旧费(元)，$W$ 为机器的年作业量(hm²)；$C_2$ 为该项作业用农机完成单位工作量应分摊的物质使用费(元/hm²)(包括油料费、日常维修费、大修提成和管理费等)；$C_3$ 为该项作业用农机完成单位工作量应分摊的资金占用损失费(元/hm²)；$C_3=\frac{C_3^*}{W}$，$C_3^*$ 为全年总资金占用损失费；$C_4$ 为该项作业用人畜力完成单位工作量应分摊的物质使用费(元/hm²)，包括农具折旧费、畜力费、管理费和维修费等，其中农具折旧费和畜力费应按年作业量摊算。

机器作业能否满足式(3-34)的要求取决于7项因素：机器购置价格、劳动日工值、机器年作业量、机器物质使用费、人工作业的活劳动消耗、机器作业的活劳动消费和占用资金的损失费(主要与年利率有关)。一般地说，机器购置价格、机器物质使用费和活劳动消耗愈小，使用机器所节约的劳动就愈多，因而 $S_1$ 也愈大；劳动日工值愈高，节约活劳动的经济效果愈明显，机器年作业量愈多，分摊到每单位工作量的折旧费和资金占用损失费就愈少，人畜力作业的活劳动消耗愈大，使用机器所节约的劳动就愈多，因而都使 $S_1$ 值增大。机器寿命愈长，虽年折旧费愈小，但资金占用损失费却增加，总的得失利弊则与年利率高低有关，要具体分析才能确定。在这7个因素中，认定其中6项(设为某个定值)，就可由式(3-34)求得余下一项因素的经济界限。若认定其中5项(设为某个定值)，就可得到余下两项因素的经济界限。例如：

(1)机器购置价格的经济临界值公式。

$$\overline{C}_1 \leqslant YW[L(V_1 - V_2) - (C_2 + C_3 - C_4)] \quad (3-35)$$

式中：$\overline{C}_1$ 为机器购置价格临界值（元）；$Y$ 为机器折旧年限（年）；$W$ 为机器年作业量。

（2）机器年作业量的经济临界值公式。

$$\overline{W} \geqslant \frac{C_3^*}{L(V_1 - V_2) - (C_2 + C_3 - C_4)} \quad (3-36)$$

式中：$\overline{W}$ 为机器年作业量临界值。

（3）劳动日工值的经济临界值公式。

$$\overline{L} \geqslant \frac{C_1 + C_2 + C_3 - C_4}{V_1 - V_2} \quad (3-37)$$

$$V_1 \neq V_2$$

式中：$\overline{L}$ 为劳动日工值临界值（元/工日）。

（4）综合考虑劳动日工值和机器年作业量的经济临界值公式。

式（3-34）为零时得临界值，引入机器年作业量 $W$ 后得

$$S = LW(V_1 - V_2) - (C_1^* + C_2W + C_3^* - C_4W) = 0$$

令 $a = V_1 - V_2$，表示使用机器后单位工作量所节约的活劳动（工日/$hm^2$）；

$b = C_4 - C_2$，表示使用机器后单位工作量所节约的物质使用费（元/$hm^2$）；

$C = C_1{}^* + C_3{}^*$，表示机器年折旧费和年资金占用损失费之和（元）。

于是可得：

$$S = aLW + bW - C = 0 \quad (3-38)$$

以机器年作业量为纵坐标，以劳动日工值为横坐标，可按式（3-38）画出一双曲线，它的两条渐近线分别为：

$$L = -\frac{a}{b} \text{ 和 } W = 0$$

农业企业实行农业机械化的最终目的是增加企业的纯收入（或利润），以增加对国家的贡献和提高劳动者的生活水平。此时，除考虑上面所述总经济效果 $S$ 外，还应计入使用机器后减少的支出 $U$（如减少役畜饲料费）和收入减少的部分 $G$（如减少产犊收入），因此，农业机械化总效益为：

$$X = S + U - G \quad (3-39)$$

设$Y$为该企业农业机械化的总投入，其中包括机器购置费、辅助设施投资和各种物质使用费（如油料费、修理费和管理费等）。则企业农业机械化经济界限数学模型可表述为：

$$\frac{\sum_{i=1}^{n} X_i(1+r)^{n-i}}{\sum_{i=1}^{n} Y_i(1+r)^{n-i}} \geqslant 1 \tag{3-40}$$

式中：$n$为机器寿命周期（年）；$r$为年利率；$i$为年序，$i=1,2,\cdots,n$，按计算期确定。

## 三、农业机械配备数学模型

农业机械的配备大致有两种情况。一种是为一个具体经营单位配备机械，如为一个服务组织、一个农机服务站或一个农户配备农业机械。另一种是为特定区域，如一个县、一个村或者一个农场配备农业机械。因此，采用的计算方法和数学模型是不同的。

在第一种情况下，即为一个生产实体配备农业机械，通常采用机组生产率法，或称为工作量法。对于规划较大的生产单位还可以采用能量法、线性规划模型等。

在第二种情况下，通常是在农业机械化区划、规划或拟定农业机械化方案时应用，这时可以用以点推面法、统计分析法或回归分析和趋势外推等方法，不同的方法采用不同的数学模型。

现举一简单的例子说明线性规划在农业机械配备中的应用。

某生产单位需要购置拖拉机进行农业生产。现有$n$种型号的拖拉机$A_1$，$A_2$，$\cdots$，$A_n$可供选择。拖拉机在作业高峰季节所应完成的生产任务有$m$种，其工作量分别为$b_1$，$b_2$，$\cdots$，$b_m$。设$A_j$种拖拉机每台完成$B_i$种作业的季节生产率为$a_{ij}$，$A_j$种拖拉机进行$B_i$种作业的费用分别为$C_i$。问在保证完成该生产单位作业的前提下，购置各种拖拉机各多少台使作业的总费用最少。

设购置$A_j$种拖拉机$X_j$台，则可建立如下的线性规划模型。

满足约束条件：

$$\sum_{j=1}^{n} a_{ij}X_j \geqslant b_i, i=1,2,\cdots,m \tag{3-41}$$

$$X_j \geqslant 0,\ j=1,2,\cdots,n$$

$$X_j \text{ 为整数}$$

使目标函数

$$f = \sum_{j=1}^{n} C_j X_j \text{ 最小} \tag{3-42}$$

因为此例中 $X_j$ 只能取整数，因此称为整数线性规划模型。

对于简单的线性规划问题可用单纯形法求解，对于复杂的问题，建模后利用相应的计算机软件进行求解。

### 四、农业机械投资效果数学模型

马克思指出："农业本身的进步总是表现在不变资本部分对可变资本部分的相对增加上。"①这就是说，农业的发展总是表现在物化劳动消耗的相对增长和活劳动消耗的相对减少。在农业机械化的发展过程中，为了购买农业机械设备，必须投入一定数量的资金。如何合理地运用这些资金，使它们充分发挥效果，这是农业机械化过程中必须注意的一个重要问题。

确定农业机械的投资效果，这是一个比较复杂的问题。首先，因为农业机械的经济效果常常是在与其他农业技术措施共同作用下实现的，不易单独计算。其次，农业机械的作用除了其直接经济效果以外，还有间接的经济效果。有一些作用是不能完全用经济效果来衡量的，例如减轻人的体力劳动等。另外，普通的田间作业机械全年使用时间少，影响投资效果。此外，和其他投资一样，不仅要考虑到目前的效果，还要预测到未来可获得的效果。因此，对未来情况预测的不确定性也将影响计算效果的准确性。

上述情况给确定农业机械投资效果带来一定的困难。为了便于实际应用，在计算时往往要作某些简化，所采用的一些评价指标和计算方法仅供分析决策时参考。详见本书的有关章节。

## 第四节　农业机械化技术经济预测

### 一、技术经济预测的一般原理

#### （一）预测的概念和基本原理

预测是根据决策需要和已知条件，对未来事件的预计和推测。

科学预测不是随意的主观臆测，而是用科学的理论和方法，在探索和认识事物发展变化规律的基础上，根据已知，推测未知，根据过去和现在的演变，预测未来。

---

① 《资本论》第三卷. 北京：人民出版社，1978 年版，第 857 页。

其理论根据是：事物发展是有客观规律的。一是表现为事物发展变化都必须经历一个过程，有内在的“连续性”；二是表现为事物发展变化都必须具备一定条件，受外部环境条件的影响。事物发展变化与影响因素之间有某种相关关系或因果关系，存在着“相关性”。这些客观规律都是可以认识的，并有其统计规律性。当人们认识和掌握了事物发展变化的规律后，根据事物过去和现在发展变化的资料、数据和某些征兆、信息，就可以对事物的未来发展做出预测。

农业机械化技术经济预测，是科学的预测理论和方法在农业机械化技术经济领域中的具体运用。近年来，我国科学技术工作者对农业机械化发展目标及其技术措施、技术方案、技术政策的经济效果进行预测研究，大量地采用了科学的预测方法，取得了较好的效果。

**(二)预测的意义和作用**

在现代经济发展中，预测的作用主要表现在以下两个方面：

(1)预测是决策科学化的重要前提和科学依据，是为决策和调控服务的。

(2)预测是提高领导管理艺术和经营艺术，提高竞争能力和应变能力的重要手段。

**(三)预测的特点和要求**

预测的特点和要求可以归纳为研究未来和随机事件两个方面。

1. 研究未来

未来既非现实，又与现实有联系。因此，要求把现实与未来、把已知与未知联系起来进行研究。科学预测的依据是过去和现在有关的、可靠的、带规律性的资料或信息。

2. 研究随机事件

它研究对当前决策具有重要作用的未来的不确定因素或不确定事件的发展趋势及可能实现的概率。确定性事件不需要进行预测，因此预测不可避免地会出现误差。预测不能要求没有误差，但要求把误差缩小到允许的范围，有可靠度和精度的要求。可靠度指预测事件可能发生的概率，精确度指预测值与实际值的偏差大小。

## 二、技术经济预测的基本内容和方法

**(一)技术经济预测的基本内容**

预测是为决策和控制服务的。在实际工作中，预测的具体内容应由决策问题的需要而定。归纳起来，技术经济预测的基本内容有3个方面：

(1)预测一定时期内的技术、经济发展目标。

(2)预测影响发展目标的技术、经济、政策条件。

(3)预测不同条件(措施)下的可能结果和不同方案的技术经济效果。

以上几方面的预测是相辅相成的。综合性预测与专题性预测要结合起来进行。当然,不同的人员可以有不同的分工,发挥特长,各负其责。但就总体来说,互相是有联系的,从不同角度满足决策的需要,为决策提供依据。

**(二)预测的基本方法**

由于预测有广泛的用途,预测技术也从多方面得到了发展,种类繁多。据不完全统计,各种预测方法多达150种以上。种类虽多,按预测方法的性质基本上可以分为两大类:定性预测技术和定量预测技术。

1. 定性预测技术

主要根据经验判断、逻辑推理和直观资料,对预测对象的未来发展趋势、性质、特点、可能估计到的发展程度和规模,以及实现概率进行研究分析的预测方法与手段,统称为定性预测技术。

定性预测主要是用于研究预测对象的本质性的东西,得出对预测对象发展规律性的认识,从而根据规律去预测未来。定性预测也可以对预测对象的未来做出一些数量方面的估计,如发展程度与规模,可能实现的概率等。但与定量预测比较起来,它是较为粗略的。

定性预测的常用方法有直接调研预测法、专家(行家)调查预测法(又称德尔菲法)等。这些方法提供给那些具有坚实理论基础和丰富实践经验的人判断和洞察未来事件提供了机会和条件,而很强的实践性和正确的经验判断又使预测更具有科学性和现实意义。定性预测技术是把分散的个体经验,汇集加工成集中的群体认识,得出公认的有规律性的见解,最后做出预测结论。由个体到群体,由分散到集中,由经验上升为科学的认识,这是定性分析预测的基本原理和方法。

2. 定量预测技术

运用数学模型分析预测对象及其影响因素相互关系及影响程度,进行定量研究的预测方法与手段,统称为定量预测技术。

定量预测多用于处理因果关系问题和时间序列发展趋势问题。常用方法有回归分析预测法、平滑预测法等。

在实际预测中,定性与定量往往是结合进行的。定性与定量结合,是预测科学化的必要和充分条件。在数据资料比较丰富时,采用定量分析方法对数据进行科学地处理加工,可以运用数学模型把事物的内在联系及数量关系比较精确地表述出来,把单纯用逻辑推理或主观判断的预测方法提高到一个新的高度,预测的客观根据和科学性更充分更确切一些，所以，在定性预测的基础上进行定量预测，是预测工作的深入和发展。

预测的方法种类繁多，据有关资料统计，全世界的预测方法近几百种。结合我国农业机械化技术经济研究的现实情况，本书仅介绍几种常用的方法。

## 三、常用定量预测方法

### (一)专家调查预测法

1. 简介

专家调查预测法是一种用规定的系统程序对专家进行函询或者现场调查的预测方法，是一种有根据的(理论或实践的)主观判断，它能尽量精确地反映出专家们的个人估计能力，又能较好地集中集体的智慧，是定性预测技术中的一种比较科学的方法。专家调查预测法适用于缺乏客观统计数据，影响预测对象的环境因素复杂多变，难以用一般预测方法奏效的预测项目。这种方法在国外叫德尔菲法(Delphi Method)。从 20 世纪 40 年代末以来，经各国应用证实有效，可靠性高，用途较广。60 年代末已成为定性预测技术中应用最广泛的一种方法。

2. 一般程序和要点

专家调查预测法的一般程序如图 3-4 所示。

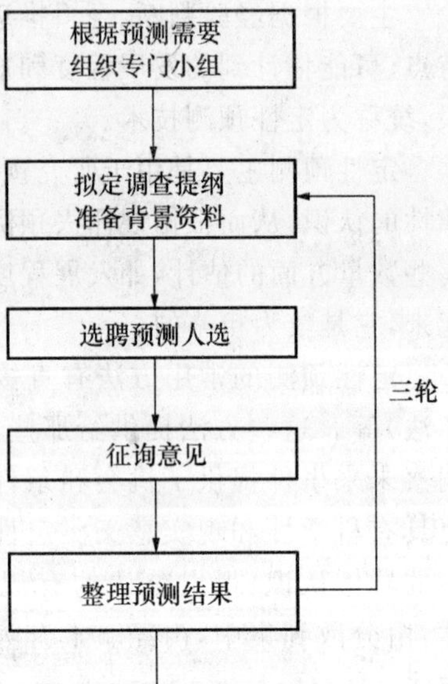


**图 3-4 专家调查预测法的一般程序**

(1)组织专门小组。预测工作者是专家调查的主持人，通常根据需要组织一个专门小组进行这项工作。其任务是：根据预测目的、内容和要求，拟定调查提纲，提供背景材料，指定专人负责与专家联系，收集、分析和整理调查结果，最后提出预测报告。

(2)准备调查提纲和背景材料。专家调查法采用调查表，用通信方式征集专家对预测问题的意见。参加预测者所收到的调查表完全一致。在整个预测调查中，专家之间彼此并不知道，不发生直接联系，只与预测组织者保持联系，这是专家调查预测法的重要特点。调查提纲要明确具体，便于回答。

(3)选聘预测人选。选聘好专家是专家调查预测法成败的关键。一般选择的标准是：具有 5 年以上与预测课题有关的、熟悉业务、有预见分析能力的人。要注意专家的广泛性与代表性。专家一般以10～50人为宜。专家名单的确定一般有几种方法：

——预测组直接提名，并征得专家本人的同意。

——依靠平时注意报刊、杂志及内部资料，发现有才干的专家。

——根据预测提出要求，由有关部门推荐。

(4)轮番征询意见。专家调查预测法是在广泛征询专家意见的基础上，再经过有组织地反复交流，给定条件，提供背景资料，让每位专家都能不断了解其他的见解(但并不知道哪些意见是哪位专家提出)，并做出新的分析判断，这样逐步深入和反复修改，使人们思考的问题更为广泛，在此基础上做出新的分析判断，就更科学、更客观一些。所以又叫"多向反馈"。一般经三轮反复征询，专家反复进行自我修正，逐步得出趋向一致的意见，以每位专家最后一次意见为凭，使预测结果具有"收敛性"。

(5)整理预测结果并提出预测报告。在调查结束后，必须对最后一轮调查意见表中的资料进行整理和评价，目的是找出能够反映事物发展趋势的数据，即未来事件实现的时间及概率或排队的顺序。整理文字说明，把估计数字用中位数法或主观概率法汇成总表，将取得一致意见的事件编成一份公认的"预测报告"(包括未来事件名称、实现时间及概率或排队顺序等)。

3. 预测结果的处理方法

对专家意见的整理和统计，是一件细致而复杂的工作，但必须做好，才能得到比较满意的预测结果。

(1)初步汇总处理。对同一问题，专家的回答可能多种多样，在进行统计计算前必须进行初步处理：无效处理、选择性处理和中位处理。对明显错误的回答作无效处理，剔除无效回答后的调查统计作有效回答数；在一张调查表上对同一项目做出两种回答，而且都有一定道理的，可按实际要求选择其一，称选择性处理；对于有幅度范围的数据回答，应取其中间值，称中位处理。

(2)重要度法。用"重要度"判断技术发展方向。主要用于无对比关系的项目评价。"重要度"内涵在不同领域各不相同，可以理解为重要程度、影响程度、需要程度等。一般分大、中、小三级。回答其项目"重要度"大的比率达到或超过50%时，可评价该项目是有发展方向。

(3)排队法。用"排队"顺序评价需要对比的预测项目之间的发展先后问题。例如，吕国英、陈舜贤等在"2000年中国农业机械化预测"一文中①，用"排队"预

① 吕国英，陈舜贤，华国柱. 2000年中国农业机械化预测[J]. 农业机械学报，1985(4)：1-12。

测了农业各部门之间、地区之间、作物之间发展机械化的先后步骤。约定排序以自然数1、2、3…表示，数字越小越优先。鉴于专家们对同一项目评价意见不尽一致，故用平均值判断顺序先后，用方差反映专家意见的离散程度。

(4)中位数法。用于进行量的预测。例如，某项目实现时间、农机需求量、机械化程度等。中位数指对任何一组按从小到大(或从大到小)顺序排列的数据，排列在当中的数值为 $M_a$。如果按年、月顺序排列的时间序列数据，中位数就是排列在最中间的年份数或月份数。对预测来说，中位数表示预测调查结果有效回答的分布中心，即预测期望值。如果有效回答的总人数 $n$ 为奇数时，中位数值正好为当中序号值；如果总人数 $n$ 为偶数时，则取紧靠中点位置两边的两个预测值的算术平均数作为中位数值。得出中位数值作预测期望值后，还可把总序号数分成四等份，前面的1/4称为下分位数域，分界点数值称下四分位数 $Q_1$，后面的1/4称为上四分位数域，分界点数称为上四分位数 $Q_2$。上、下四分位数之间的范围 $\Delta Q = Q_2 - Q_1$ 可表示专家意见的离散程度，$Q_1 \sim Q_2$ 的区间称为四分位数内域，即占数列一半的中间部分，以此作为预测区间，反映了居中的意见。

**【例3-9】** 将11位专家预测某项农业机械化新技术推广普及的时间，用中位数法整理如表3-18所示。

**表3-18 某项目推广普及时间**

| 预测专家标号 | 1 | 2 | 3 | 4 | 5 | 6 | 7 | 8 | 9 | 10 | 11 |
|---|---|---|---|---|---|---|---|---|---|---|---|
| 预测普及年份 | 2008 | 2008 | 2009 | 2009 | 2010 | 2010 | 2010 | 2011 | 2011 | 2012 | 不能 |
| 预测区间 | | $Q_1$<br>下四分位数 | | | | $M_a$<br>四分位数内域 | | | $Q_2$<br>上四分位数 | | |

预测结果：该项新技术最可能的普及时间是2010年($M_a$)。

预测区间(四分位数内域)：2009—2011年。

普及时间的平均离散程度：$\Delta Q = Q_2 - Q_1 = 3$ 年。

(5)主观概率法。经济预测常采用提供不同时间概率估计值的主观概率法。主观概率是某人对某一事件可能发生程度的一种主观估计量，可以用数字0～1来衡量。但与只有肯定或否定(即只是1或0)不同，而是有个概率层次，如0.1，0.2，…，0.8，0.9等。主观概率法是在调查个人判断能力、信念程度的基础上，用来寻求对未来事件最佳主观估计的一种有效方法。

### (二)回归预测法

1. 基本原理

(1)回归分析与回归预测。回归预测法多用于定量地处理预测目标与影响因素之间的因果关系,当要预测某一未来事件、研究某一预测目标时,会发现影响这一事件(目标)的因素很多,目标与因素之间、因素与因素之间的关系是很复杂的。归纳起来,变量与变量间的关系大致可分为确定性与非确定性两大类。确定性关系一般不需要预测。预测是研究非确定性事件的未来变化的,这类变量间的关系是不确定的,既有关系,又具有某种随机性。数学上称这类至少有一个随机变量的变量间关系为相关关系。相关关系虽然不是确定性的函数关系,不能用确定性的数学函数模型来描述,但通过大量的观察试验,可发现这种关系往往呈现出一定的规律性。对这种规律性,可以借助相应的函数作为观察结果的一种近似的描述(经验公式),以表达它们的统计规律性。这样的函数称为回归函数。这类统计规律性,统称为回归关系,有关处理回归关系的理论和计算方法,通称为回归分析。

(2)回归分析的主要内容。回归分析的主要内容可概括为:

——从一组已知数据出发,确定变量间的定量关系式——回归方程。

——对回归方程的可信程度进行统计检验。

——从影响着某一个量的许多变量中,判断哪些变量影响是显著的,哪些是不显著的。

——利用回归方程进行预测或控制。

研究两个变量间相关关系称为一元回归分析,研究多个变量间相关关系称为多元回归分析。

(3)回归模型。回归模型大体上可分为两大类:线性回归和非线性回归。

线性回归的通式是:

$$Y = a + b_1X_1 + b_2X_2 + \cdots + b_nX_n \tag{3-43}$$

非线性回归的通式是:

$$Y_i = a + b_1X_i + b_2X_i^2 + \cdots + b_nX_i^n \tag{3-44}$$

当变量之间存在非线性关系时,一般应该用回归曲线函数来描述。但确定非线性函数的类型是不容易的,有些问题可根据观察值的散点图,凭专业知识和经验来确定,或者用数学方法估出。确定出非线性函数的类型后,看能否通过变量置换化为线性回归问题来处理。在实际预测中,常常把非线性问题作线性化处理。下面把常用的一些非线性函数及图形列出,如果实测数据的散点图大致围绕下列的某一曲线散布，就可采用与之相应的函数，然后化为线性回归问题处理。

——双曲线$\frac{1}{Y}=a+\frac{b}{x}$型(图 3-5)。

——指数曲线 $Y=ae^{bx}$ 型(图 3-6)。

——指数曲线 $Y=ae^{\frac{b}{x}}$ 型(图 3-7)。

——幂曲线 $Y=ax^b$ 型(图 3-8)。

——对数曲线 $Y=a+b\lg x$ 型(图 3-9)。

——S 曲线 $Y=\frac{1}{a+be^{-x}}$ 型(图 3-10)。

——二次曲线 $Y=a+b_1x+b_2x^2$ 型(图 3-11)。

——三次曲线 $Y=a+b_1x+b_2x^2+b_3x^3$ 型(图 3-12)。

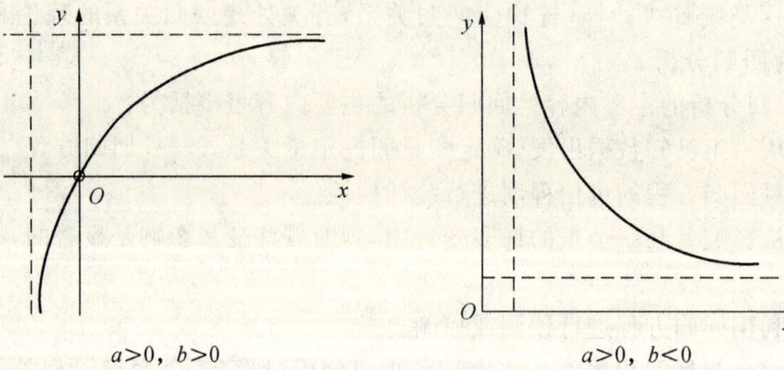


图 3-5 双曲线

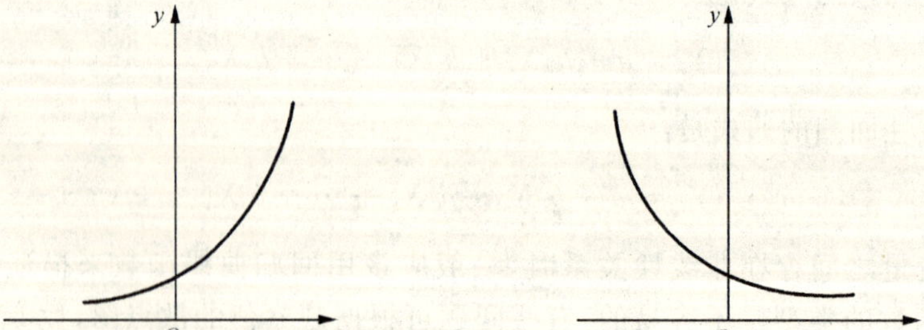


图 3-6 指数曲线(1)

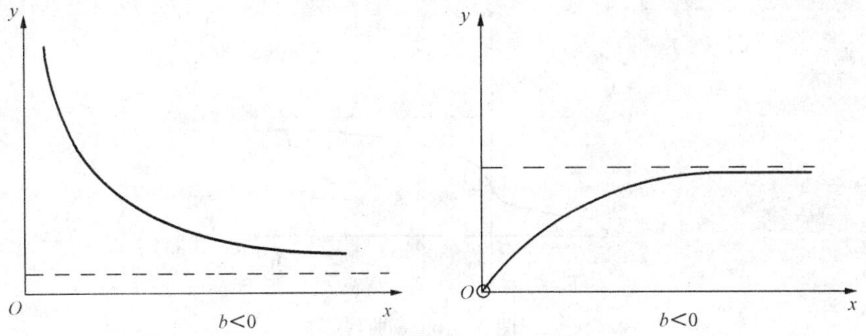


图 3-7　指数曲线(2)

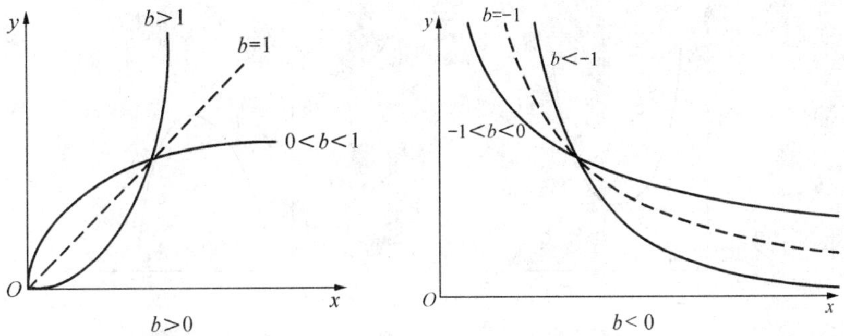


图 3-8　幂曲线

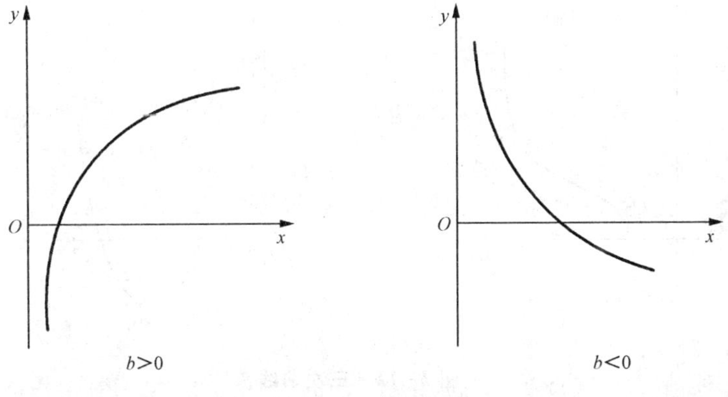


图 3-9　对数曲线

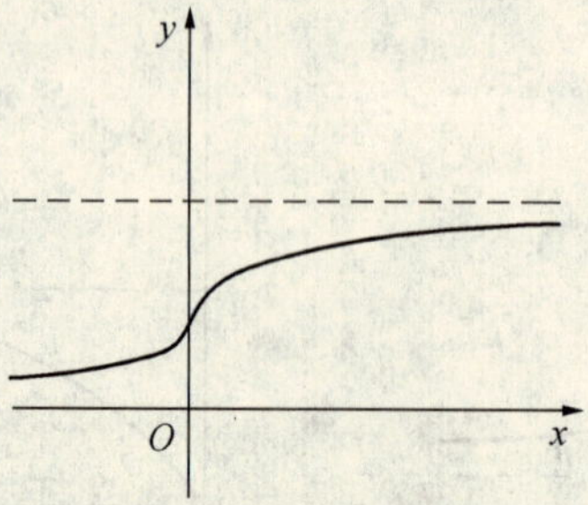


图 3-10 S 曲线

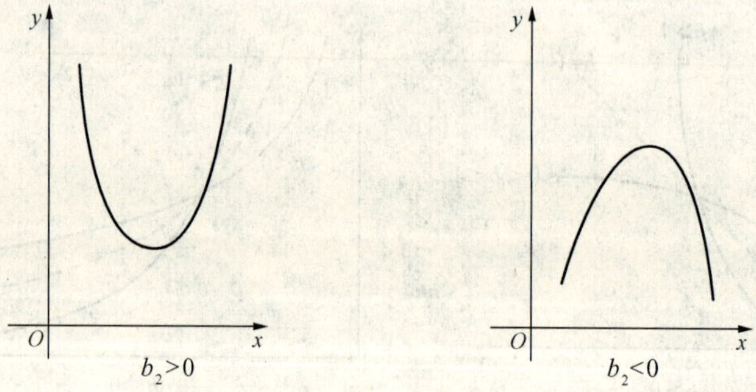


图 3-11 二次曲线

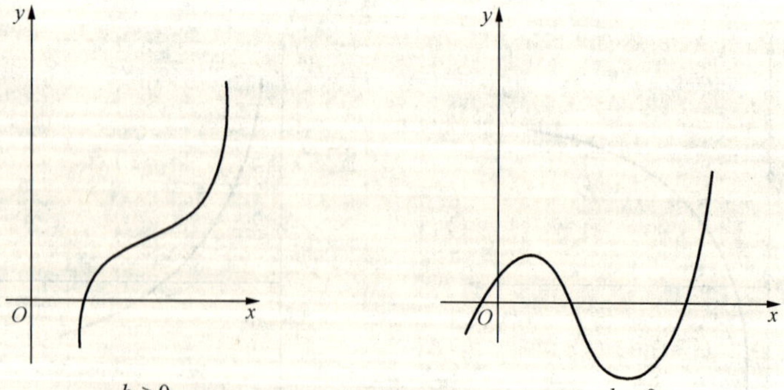


图 3-12 三次曲线

2. 一般程序和要点

用回归分析方法进行预测，整个预测过程如图 3-13 所示。

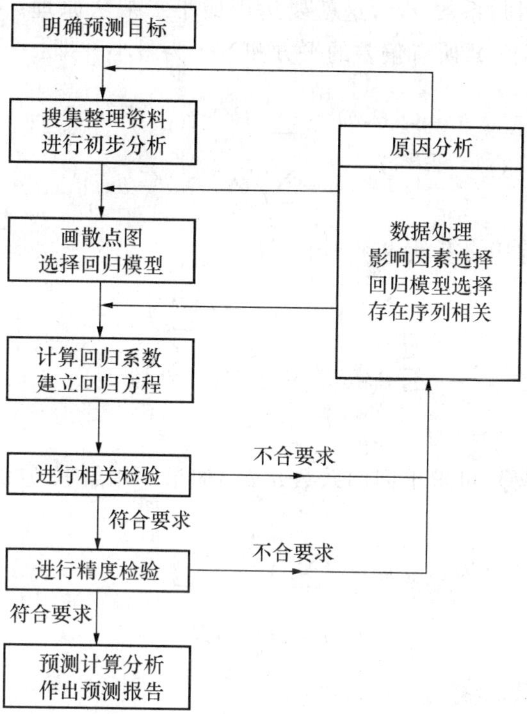


**图 3-13 回归预测的一般程序**

(1)明确预测目标。一般是根据预测的需要提出预测项目和要求，这是进行预测的前提。

(2)搜集整理资料并初步分析。根据预测目标和要求，进行周密细致的调查研究，尽可能取得与预测有关的各种数据资料，及时进行科学处理。这是预测能否取得成功的重要基础工作。

(3)画散点图，选择回归模型。

(4)求回归系数，确定回归方程。对于在散点图上呈直线变化趋势的两个变量，则可用直线回归方程来近似地表达其在数量上的互变规律。此方程通式为：

$$\hat{Y} = a + bx \tag{3-45}$$

式中：$x$ 为自变量；$\hat{Y}$ 为和 $x$ 的量相对应的因变量 $Y$ 的估计值；$\hat{Y}$ 与 $Y$ 有误差 $\pm\varepsilon$；$a$ 为回归截距，即回归直线在 $Y$ 轴上的截距；$b$ 为回归斜率，即 $x$ 每增加一个单位时，平均要增加或减少的单位数。

也常把 $a,b$ 都称作回归系数。由式(3-45)可知，建立回归方程的关键是根据已知变量 $x,Y$，求回归系数 $a,b$，这就要运用最小二乘法原理。根据该原理，必须使计算值 $\hat{Y}$ 与实际值 $Y$ 所有偏差的平方和 $\sum \varepsilon^2$ 为最小。即：

$$\min Q(a,b) = \sum (Y_i - \hat{Y}_i)^2$$
$$= \sum (Y_i - a - bx_i)^2$$

将 $Q(a,b)$ 方程用微分法求极小值，得

$$\sum Y_i = na + b\sum x_i \tag{3-46}$$
$$\sum x_i Y_i = a\sum x_i + b\sum x_i^2 \tag{3-47}$$

式中：$n$ 为数据点数；$i=1,2,\cdots,n$。

解上述联立方程，可求出回归系数 $a,b$。如果不用解联立方程，求 $a,b$ 的方法如下：

将式(3-46)转化为 $na = \sum Y_i - b\sum x_i$

得：

$$a = \overline{Y} - b\overline{X} \tag{3-48}$$

将式(3-48)代入式(3-47)，得：

$$b = \frac{\sum X_i Y_i - \overline{Y}\sum X_i}{\sum X_i^2 - \overline{X}\sum X_i} \tag{3-49}$$

或

$$b = \frac{\sum X_i Y_i - \overline{X}\sum Y_i}{\sum X_i^2 - \overline{X}\sum X_i} \tag{3-50}$$

式中：$\overline{X} = \frac{1}{n}\sum X_i$；$\overline{Y} = \frac{1}{n}\sum Y_i$。

需要注意的是，$a$ 和 $b$ 可能为正，也可能为负。在 $b>0$ 时，表示 $y$ 随 $x$ 的增大而增大，呈正相关；$b<0$ 时，表示 $y$ 随 $x$ 的增大而减少，呈负相关；$b=0$ 或接近于 0 时，表示 $y$ 与 $x$ 无什么相关，没有直线回归关系。

(5)进行线性相关检验。从前述建立回归方程的过程来看，求出回归系数 $a$、$b$ 是很关键的。这就产生了一个问题，对任何一组数据 $(X_i,Y_i)$，不管是否存在线性相关关系，都可从形式上求得 $y$ 对 $x$ 的回归直线关系式，但并不知道其线性相关

程度如何。为了解决这个问题，需要有一个检验方法。下面介绍相关系数检验法。

由概率论及数理统计可知，统计量的样本相关系数为：

$$\hat{\gamma} = \frac{\sum (X_i - \overline{X})(Y_i - \overline{Y})}{[\sum (X_i - \overline{X})^2 \sum (Y_i - \overline{Y})^2]^{1/2}} \tag{3-51}$$

或

$$\hat{\gamma} = \frac{\sum X_i Y_i - n\overline{X}\overline{Y}}{[(\sum X_i^2 - n\overline{X}^2)(\sum Y_i^2 - n\overline{Y})^2]^{1/2}} \tag{3-52}$$

式(3-51)或式(3-52)是总体相关系数 $\gamma$ 的估计量。当 $|\hat{\gamma}|=1$ 时，说明 $Y$ 与 $X$ 的关系很密切，所有点全落在一条直线上。当 $|\hat{\gamma}|=0$ 时，说明 $Y$ 与 $X$ 完全无线性关系，当 $0<|\hat{\gamma}|<1$ 时，说明 $Y$ 与 $X$ 有线性关系，愈接近于 1，线性相关程度越大；愈接近于 0，线性相关程度越小。所以 $\gamma$ 是一个可以用来衡量 $Y$ 与 $X$ 线性相关程度的量。

有些问题不要求做出回归直线，而只需要了解变量间是否线性相关及其线性相关程度，这时，直接对样本相关系数进行一下检验就可以了。

除相关系数检验法外，检验线性关系的显著性还可用方差分析法（$F$ 检验）或标准离差分析法（$t$ 检验），检查是否存在序列相关还要进行 $D \cdot W$ 检验，它们都有相应的计算公式和相应的表可查。这里就不介绍了。

（6）精度检验（误差估计）。回归分析不但要寻找现有数据的统计规律性，建立回归方程，还要对已经规律化了的数学模型——回归方程进行置信范围估计，也就是对其误差大小范围，对其模拟精度进行检验。如果误差太大，置信范围太宽，也就是精度太差，回归方程就失去了实际指导意义，则不能用此法进行预测。计算置信区间（范围）的常用方法是求直线回归的估计标准离差 $S_{y \cdot x}/\overline{Y}$，而用比值 $S_{y \cdot x}$ 的大小来衡量误差程度的大小，一般要求这个比值小于 15%，再小一些更好。计算标准离差的公式是：

$$S_{y \cdot x} = \left[\frac{\sum (Y_i - \hat{Y}_i)^2}{n-2}\right]^{1/2} \cdot \left[1 + \frac{1}{n} + \frac{(X_0 - \hat{X})^2}{\sum (X_i - \overline{X})^2}\right]^{1/2} \tag{3-53}$$

式中：$Y_i$ 为因变量统计值（实测值）；$\hat{Y}_i$ 为回归方程算出的因变量估计值；$n$ 为数据点数；$n-2$ 为统计量的自由度；$X_i$ 为自变量统计值；$X_0$ 为需要研究置信区间的预测点；$\overline{X}$ 为自变量的平均值。

标准离差反映了回归直线周围个体数据点的密集程度。当 $x$ 取值 $X_0$ 时，对应的 $Y$ 值以 0.95 的概率（$\alpha=0.05$）落在区间（$\overline{Y}-1.96S_{y \cdot x}$，$\overline{Y}+1.96S_{y \cdot x}$）之内时，

这个区间就称为$Y$的概率为0.95的置信区间,也即预测区间。一般常以2近似地代替1.96,则同理可算出置信度为99.7%的区间为:

$$Y \pm 3S_{y \cdot x}$$

在一般情况下,写出回归方程,同时列出其标准离差,不仅是良好的习惯,也是科学态度。如$\hat{Y}=a+bx$,其标准离差为$2S_{y \cdot x}$。它的统计意义是:在($\hat{Y}-2S_{y \cdot x}$,$\hat{Y}+2S_{y \cdot x}$)范围内,约有95%的观察点在此区间之内,即置信度为95%。显著水平$\alpha=1-95\%=0.05$。常把$\hat{Y}+2S_{y \cdot x}$称为置信范围上限;把$\hat{Y}-2S_{y \cdot x}$称为下限。

(7)进行预测计算并做出预测报告。当变量间的回归方程确定之后,就可以进行预测。对预测结果要做出正式报告。在实际应用中,对预测精度的要求随问题的性质和需要而有所不同。譬如,对某些未来事件,要求近期预测的准确度为80%~95%,5年以后的预测准确度能达到70%,10年以后能达到50%以上,就是很不易的。因此,近期预测对数量的精度有严格要求,长期预测主要要求预测发展趋势,为确定发展方向和战略目标、重点、步骤提供科学依据,对数据的准确性不如近期预测那样严格。对长期预测一般还应进行分阶段的动态预测,例如每隔5年再预测一次,对以前已经做出的预测进行补充、修正,并及时做出报告。

3. 多元线性回归预测方法

以上以一元线性回归预测为例,介绍了回归预测的一般程序和要点。但是,在实际问题中,一个变量与多个变量同时发生关系,多因素同时发生作用的事情是经常的。这就要用多元回归来分析预测。

(1)基本公式。多元线性回归的基本公式是:

$$\hat{Y}=a+b_1x_1+b_2x_2+\cdots+b_nx_n \tag{3-54}$$

式中:$\hat{Y}$为因变量;$x_i$为自变量,$i=1,2,\cdots,n$;$a,b_i$为回归系数,$i=1,2,\cdots,n$。

(2)系数公式。原理同一元线性回归一样,也是用最小二乘法使估算与实测之间的平方差之和最小,求出多元线性回归系数,达到回归方程与实际数据点拟合为最佳。

① $$a=\overline{Y}-b_1\overline{X}_1-b_2\overline{X}_2-\cdots-b_n\overline{X}_n \tag{3-55}$$

式中:$\overline{Y}=\frac{1}{n}\sum Y_i$;$\overline{X}_1=\frac{1}{n}\sum X_{1i}$,…,$\overline{X}_n=\frac{1}{n}\sum X_{1i}$。

② $$b_1=\frac{S_{1y}S_{22}-S_{12}S_{2y}}{S_{11}S_{22}-S_{12}S_{21}} \tag{3-56}$$

$$b_1 = \frac{S_{11}\,S_{2y} - S_{1y}\,S_{21}}{S_{11}\,S_{22} - S_{12}\,S_{21}} \tag{3-57}$$

式中：$S_{11} = \sum (X_{1i} - \overline{X}_1)^2$；$S_{22} = \sum (X_{2i} - \overline{X}_2)^2$；

$S_{12} = S_{21} = \sum (X_{1i} - \overline{X}_1)(X_{2i} - \overline{X}_2)$；$S_{1y} = \sum (Y_i - \overline{Y})(X_{1i} - \overline{X}_1)$；

$S_{2y} = \sum (Y_i - \overline{Y})(X_{2i} - \overline{X}_2)$。

③求三元线形回归系数 $a$、$b_i$（$i$=1,2,3）。可用下述公式求得：

$$\left.\begin{aligned}
& b_1(\sum X_1^2 - n\overline{X}_1^2) + b_2(\sum X_1\,X_2 - n\overline{X}_1\,\overline{X}_2) + b_3(\sum X_1\,X_3 - n\overline{X}_1\,\overline{X}_3) \\
& = \sum YX_1 - n\overline{Y}\overline{X}_1 \\
& b_1(\sum X_1\,X_2 - n\overline{X}_1\,\overline{X}_2) + b_2(\sum X_2^2 - n\overline{X}_2^2) + b_3(\sum X_2\,X_3 - n\overline{X}_2\,X_3) \\
& = \sum YX_2 - n\overline{Y}\overline{X}_2 \\
& b_1(\sum X_1\,X_3 - n\overline{X}_1\,\overline{X}_3) + b_2(\sum X_2\,X_3 - n\overline{X}_2\,\overline{X}_3) + b_3(\sum X_3^2 - n\overline{X}_3^2) \\
& = \sum YX_3 - n\overline{Y}\overline{X}_3 \\
& a = \overline{Y} - b_1\,\overline{X}_1 - b_2\,\overline{X}_2 - b_3\,\overline{X}_3
\end{aligned}\right\} \tag{3-58}$$

**【例 3-10】** 表 3-19 是我国 1995—2009 年全国耕种收综合机械化水平 $Y$、单位面积动力 $X_1$、劳均动力 $X_2$、土地生产率 $X_3$ 等统计资料，试以 $Y$ 为因变量，$X_1, X_2, X_3$ 为自变量，求出三元线性回归预测方程。

由表 3-19 中已知数据，按式(3-58)进行各项计算后可得：

$b_1$=0.399 05

$b_2$=8.008 9

$b_3$=4.161 31

$\hat{Y} = -0.496\,68 + 0.399\,05X_1 + 8.008\,9X_2 + 4.161\,31X_3$

**表 3-19 全国耕种收综合机械化水平及相关指标**

| 年份 | 耕种收综合机械化水平/%<br>($Y$) | 单位面积动力<br>/(kW/hm²)<br>($X_1$) | 劳均动力<br>/kW<br>($X_2$) | 土地生产率<br>/(t/hm²)<br>($X_3$) |
|---|---|---|---|---|
| 1995 | 25.90 | 3.28 | 1.02 | 4.24 |
| 1996 | 29.43 | 3.42 | 1.11 | 4.48 |
| 1997 | 27.95 | 3.72 | 1.21 | 4.38 |
| 1998 | 30.39 | 3.97 | 1.29 | 4.50 |

续表 3 - 19

| 年份 | 耕种收综合机械化水平/%（$Y$） | 单位面积动力/（$kW/hm^2$）（$X_1$） | 劳均动力/kW（$X_2$） | 土地生产率/（$t/hm^2$）（$X_3$） |
|---|---|---|---|---|
| 1999 | 31.61 | 4.33 | 1.37 | 4.49 |
| 2000 | 32.3 | 4.85 | 1.46 | 4.26 |
| 2001 | 32.18 | 5.20 | 1.51 | 4.27 |
| 2002 | 32.46 | 5.58 | 1.57 | 4.39 |
| 2003 | 32.13 | 6.07 | 1.65 | 4.33 |
| 2004 | 35.17 | 6.31 | 1.75 | 4.62 |
| 2005 | 39.29 | 5.27 | 2.19 | 4.64 |
| 2006 | 35.93 | 5.95 | 2.42 | 4.74 |
| 2007 | 42.47 | 6.31 | 2.56 | 4.75 |
| 2008 | 45.85 | 6.75 | 2.74 | 4.95 |
| 2009 | 49.13 | 7.19 | 3.10 | 4.87 |

(3)消元方法。在预测中，对多因素进行分析时，一定要注意找出主要的影响因素，舍弃掉关系不大的一些因素。因此，在进行预测分析时，常常要采用消元方法。

①经验消元法。根据常识判断，可将影响不大的因素略去。

②相关消元法。有些因素仅靠经验不易判断变量间相关关系的程度，常用相关系数 $\hat{\gamma}$ 来帮助判别。例如，表 3 - 19 中影响因变量 $Y$ 的 3 个自变量 $X_1$，$X_2$，$X_3$，在利用相关系数公式求出各变量之间的相关系数值 $\gamma_{ij}$ 后，可做出相关矩阵表。如表 3 - 20 所示。从矩阵中可以看出，$X_1$，$X_2$，$X_3$ 与 $Y$ 相关程度均很好，故可进一步分析自变量间的相关系数，逐步消去自变量中可被剔除变量，进而建立 $Y$ 回归方程。

**表 3 - 20 [例 3 - 10]相关系数表**

| | $Y$ | $X_1$ | $X_2$ | $X_3$ |
|---|---|---|---|---|
| $Y$ | 1 | | | |
| $X_1$ | 0.848 788 | 1 | | |
| $X_2$ | 0.967 372 | 0.872 089 | 1 | |
| $X_3$ | 0.870 633 | 0.670 226 | 0.871 838 | 1 |

(4)显著性检验。关于回归方程的显著性检验,也可仿照回归直线方程的显著性检验方法。采用统计量 $R$:

$$R=\frac{[\sum(\hat{Y}_i-\overline{Y})^2]^{1/2}}{[\sum(Y_i-\overline{Y})^2]^{1/2}} \tag{3-59}$$

式中:$R$ 称为样本复相关系数,$0\leqslant R\leqslant 1$。

用式(3-59)对例 3-11 回归方程的显著性进行检验:

$$R=0.97$$

样本容量为 15,变量个数为 4,自由度为 $15-4=11$,取 $\alpha=0.05$,得 $R_{0.05}=0.553$,可见 $R>R_{0.05}$,可认为回归方程是显著的。

4. 非线性回归预测示例

非线性问题在实践中是经常遇到的。进行非线性回归预测的关键是恰当地选择预测模型,然后作线性化处理,其他程序和方法基本与线性回归一致。

**【例 3-11】** 表 3-21 是经收集整理的一批东方红-75 型拖拉机的年作业时间与维修费数据,试用多方案回归办法,求最佳回归结果。

**表 3-21　一批东方红-75 型拖拉机的年作业时间与费用数据**

| 年次 | 年累计作业时间/h | 年维修费/元 | 年次 | 年累计作业时间/h | 年维修费/元 |
|---|---|---|---|---|---|
| 1 | 1 065 | 469 | 7 | 12 917 | 3 375 |
| 2 | 3 575 | 2 059 | 8 | 14 601 | 4 239 |
| 3 | 5 565 | 2 375 | 9 | 16 324 | 2 460 |
| 4 | 7 937 | 3 078 | 10 | 17 757 | 3 850 |
| 5 | 9 797 | 2 327 | 11 | 18 975 | 1 967 |
| 6 | 11 501 | 3 510 | 12 | 20 482 | 3 178 |

运用 SPSS 软件计算,结果如表 3-22 所示。其中,$R(1)$为指数函数回归的相关系数;$R(2)$为幂函数回归的相关系数;$R(3)$为双曲线函数回归的相关系数。

三者中 $R(3)$最大,即双曲线函数回归为最佳结果。

双曲函数回归方程:

$$1/Y=0.000\,2+2.014\,1/X$$

设累计作业时间 $X$ 为 10 000 小时,年维修费回归值 $Y=2\,491.21$ 元。在置信度为 99%时,相关检验结果为显著相关。

表 3-22 [例 3-11]多方案回归结果

| 各方案相关系数 | 最佳回归结果 |
|---|---|
| $R(1)=0.5966$ | $A=0.0002$ |
| $R(2)=0.8236$ | $B=2.0141$ |
| $R(3)=0.971$ | $R=0.971$ |
| | $1/Y=0.0002+2.0141(1/X)$ |

**(三)时间序列预测方法**

1. 基本原理

(1)基本原理和常用方法。所谓时间序列是指按时间顺序排列的数据序列。对预测来说,就是指按时间顺序排列的一组统计数据。

在经济预测和市场预测中,经常遇到许多统计资料都是时间序列的情况。例如,按年度排列起来的年产量、年销售额、农机拥有量等。由于时间序列预测技术是利用预测目标本身的时间序列统计资料来研究目标的变化趋势并进行预测,资料易于搜集且计算简便,所以在各方面应用广泛。

时间序列预测技术可分为确定型和随机型两大类。确定型时间序列预测技术是对统计数据进行趋势分析的一种简易方法。这种方法要求既能说明过去,又能预测未来,不考虑预测对象变化的随机性质。常用的预测方法有:比例推算预测法、平滑预测法、简单季节预测法等。随机型时间序列预测技术,是把 $Y_t$ 作为随机过程来研究,在研究 $Y_t$ 随机特征的基础上建立和选择模型,是对统计数据进行随机分析的一种比较精确的近似方法。本书重点介绍确定型时间序列预测技术。

(2)时间序列数据的变化构成分析。预测目标自身的时间演变过程都是由以下几种变动成分的不同组合而成:倾向性变动、周期性变动、不规则变动。倾向性变动指时间序列朝着一定方向作上升、下降或持平变动,它反映了事物变化的主要发展趋势;周期性变动又分为季节性变动和循环变动两种,常用于研究经济活动的起伏;不规则变动指没有一定规律的突然变动和随机变动。

2. 比例推算预测法(趋势外推法)

当事物随着时间按等比或等差变化时,就可以根据现有基数和一定的变化比例,建立数学模型,预测今后的数值。这种按比例进行定时定量预测的方法,叫比例推算预测法。

(1)比例推算法的数学模型(略)。经过时间序列分析,如果预测对象 $Y_i$ 基本上是按等比级数增长，就可利用复利公式进行预测：

$$Y_T = Y_0(1+K)^T \tag{3-60}$$

式中：$Y_0$ 为基期数值；$Y_T$ 为预测值；$K$ 为增长率（$K>0$ 时增长，$K<0$ 时递减）；$T$ 为需要预测的时间周期数。

当 $T$ 无限大时，式(3-60)变为：

$$Y_T = Y_0 e^{KT} \tag{3-61}$$

如果预测对象的指标值虽然逐渐增长，但增长率却在陆续下降，增加量与增长率二者呈相反变化，便可用式(3-61)进行预测：

$$Y_T = Y_0(1+KT) \tag{3-62}$$

(2)$K$ 值的确定。采用比例推算预测法技术的关键是 $K$ 值的合理确定。一般是根据现状和发展分析，参与历史资料加以确定。有两种情况：①取 $K$ 为固定值；②从历史资料分析，$K$ 值是不断变化的，在预测时就应分阶段或逐年改变 $K$ 的数值。

**【例 3-12】** 某农机公司 2004—2009 年销售量如表 3-23 所示。试预测 2010 年、2011 年和 2016 年的销售量。

**表 3-23　某农机公司农机销售量情况**

| 时序 | 年份 | 销售量/台 | 增加数/台 | 增长速度/% |
|---|---|---|---|---|
| 0 | 2004 | 5 540 | — | — |
| 1 | 2005 | 5 840 | 300 | 5.4 |
| 2 | 2006 | 6 160 | 320 | 5.5 |
| 3 | 2007 | 6 530 | 370 | 6.0 |
| 4 | 2008 | 6 880 | 350 | 5.4 |
| 5 | 2009 | 7 240 | 360 | 5.2 |

从表 3-23 分析，2004 年以来该种农机销售增量稳定在 350 台左右，年增长速度从 2007 年后逐渐下降，故用式 $Y_T=Y_0(1+KT)$。$K$ 值为年平均销售增量与基年销售量之比：$K=350\div5\ 540=0.063$。$Y_T=5\ 540(1+0.063T)$。预测值与实际值对照如表 3-24 所示。

表 3-24 某农机公司农机销售量预测 台

| 时序 | 年份 | 实际销售量 | 预测增加数 | 误差 |
|---|---|---|---|---|
| 0 | 2004 | 5 540 | 5 540 | — |
| 1 | 2005 | 5 840 | 5 890 | +5 |
| 2 | 2006 | 6 160 | 6 240 | +8 |
| 3 | 2007 | 6 530 | 6 590 | +6 |
| 4 | 2008 | 6 880 | 6 940 | +6 |
| 5 | 2009 | 7 240 | 7 290 | +5 |
| 6 | 2010 | — | 7 640 | — |
| 7 | 2011 | — | 7 990 | — |
| 12 | 2016 | — | 9 740 | — |

下面用等比级数公式 $Y_T = Y_0(1+KT)$ 进行预测，将其结果与用等差级数公式预测结果做比较。

$$K = \sqrt[5]{0.054 \times 0.055 \times 0.06 \times 0.054 \times 0.052} = 0.055$$

即取表 3-24 中的 5 年销售量增长速度的几何平均数。预测结果如表 3-25 所示。

表 3-25 ［例 3-12］预测结果表 台

| 时序 | 年份 | 销售量 | 等差预测 | 等比预测 |
|---|---|---|---|---|
| 0 | 2004 | 5 540 | 5 540 | 5 540 |
| 1 | 2005 | 5 840 | 5 890 | 5 840 |
| 2 | 2006 | 6 160 | 6 240 | 6 170 |
| 3 | 2007 | 6 530 | 6 590 | 6 510 |
| 4 | 2008 | 6 880 | 6 940 | 6 860 |
| 5 | 2009 | 7 240 | 7 290 | 7 240 |
| 6 | 2010 | — | 7 640 | 7 640 |
| 7 | 2011 | — | 7 990 | 8 060 |
| 12 | 2016 | — | 9 740 | 1 053 |

3. 平滑预测法

(1)概述。平滑预测法是研究预测对象自身随时间过程发生变化的规律及其发展趋势的，它根据过去的演变特征来预测未来，不考虑随机性质。平滑之意，就是对反映历史情况的时间序列统计数据大致加以平滑，消除或部分消除波动起伏，以便分析事件的发展方向与趋势，用以进行预测。

(2)移动平均预测法。移动平均预测法是在分段平均法的基础上，既分段平均，又不把段分死，从时间序列的第一项开始，按一定的项数 $N$，求算数平均数，并且逐项推移，边移动边平均，这样就得到了由移动平均数构成新的时间序列数据。公式如式(3-63)：

$$M_t^{[1]} = \frac{Y_t + Y_{t-1} + \cdots + Y_{t-N+1}}{N} \tag{3-63}$$

式中：$M_t^{[1]}$ 为第 $t$ 周期的一次平均数；$t$ 为周期数；$Y_t$ 为第 $t$ 周期的原始数据；$N$ 为分段数据点数。

从式(3-63)可推得：

$$M_t^{[1]} = M_{t-1}^{[1]} + \frac{Y_t - Y_{t-N}}{N} \tag{3-64}$$

如何选择分段数 $N$，是用好移动平均法的关键。根据经验，$N$ 应为大于 3、小于数据点总数的一个恰当值。其选择范围在 3～200 之间。

在一次移动平均得出一系列数据后，再进行第二次移动平均处理，可以使数据更为平滑一些，演变趋势更为明显，随机干扰的成分更小一些。二次移动平均的计算公式：

$$M_t^{[2]} = \frac{M_t^{[1]} + M_{t-1}^{[1]} + \cdots + M_{t-N+1}^{[1]}}{N} \tag{3-65}$$

对有线性倾向的数据，经过第二次移动平均，时间序列数据每次的增量都是相同的或者相近的。每一次移动平均的平均值，正好等于计算该平均值时所用的 $N$ 个数据点的中间值。也就是说，每一次移动平均的数值比原数据有一个时间滞后偏差，称平滑差。差值大小近似为：

$$Y_t - M_t^{[1]} = M_t^{[1]} - M_t^{[2]} = \frac{N-1}{2} b_t \tag{3-66}$$

所以

$$b_t = \frac{2}{N-1}(M_t^{[1]} - M_t^{[2]}) \tag{3-67}$$

$$Y_t = 2M_t^{[1]} - M_t^{[2]} \tag{3-68}$$

若把目前的周期 $t$ 定位起点，即 $t=0$，则 $Y_t$ 为截距：

$$a_t = Y_t = 2M_t^{[1]} - M_t^{[2]} \tag{3-69}$$

$a_t$,$b_t$ 称为线性平滑预测方程的平滑系数。当原始数据经过二次移动平均,求出平滑系数后,就可建立预测模型:

$$Y_{t+T} = a_t + b_t T \tag{3-70}$$

(3)指数平滑预测法。移动平均法有一定的优点,但它需要的原始数据较大,每经过一次移动平均,数据量就减少 $N-1$ 个,当能搜集到的数据较少时,$N$ 可以选择的范围就很小了。它对每个数据都同样重视,并未差别对待。指数平滑法的进一步改进,它总将前一个数据作为起点,所需要的原始数据可以比移动平均法少,且按数据的新老酌情给以不同权重。所以,指数平滑法既具备移动平均法的优点,又可克服了移动平均法的缺点。

指数平滑法的计算公式:

$$S_t^{[1]} = \alpha Y_t + (1-\alpha) S_{t-1}^{[1]} \tag{3-71}$$

$$S_t^{[2]} = \alpha S_t^{[1]} + (1-\alpha) S_{t-1}^{[2]} \tag{3-72}$$

$$S_t^{[3]} = \alpha S_t^{[2]} + (1-\alpha) S_{t-1}^{[3]} \tag{3-73}$$

式中:$S_t^{[1]}$,$S_t^{[2]}$,$S_t^{[3]}$ 为第 $t$ 周期的一次、二次、三次指数平滑值;$\alpha$ 为加权系数;$Y_t$ 为第 $t$ 周期的对应原始数据。

从式(3-71)至式(3-73)可以看出,$t$ 周期的指数平滑值等于 $t$ 周期的新数据与前一个周期($t-1$)估计值的不同比例之和。

预测模型及求系数公式。处理有线性趋势的数据时,可建立线性预测模型,如式(3-74):

$$Y_{t+T} = a_t + b_t T \tag{3-74}$$

式中:$Y_{t+T}$ 为预测值;$t$ 为预测起点的时间周期数;$T$ 为需要预测的时间周期数。

$a_t$,$b_t$ 统称平滑系数。

$$a_t = 2S_t^{[1]} - S_t^{[2]} \tag{3-75}$$

$$b_t = \frac{\alpha}{1-\alpha}(S_t^{[1]} - S_t^{[2]}) \tag{3-76}$$

对于非线性模型,则:

$$Y_{t+T} = a_t + b_t T + c_t T^2 \tag{3-77}$$

$$a_t = 3S_t^{[1]} - 3S_t^{[2]} + S_t^{[3]} \tag{3-78}$$

$$b_t=\frac{\alpha}{2(1-\alpha)^2}[(6-5\alpha)S_t^{[1]}-2(5-4\alpha)S_t^{[2]}]+(4-3\alpha)S_t^{[3]} \tag{3-79}$$

$$c_t=\frac{\alpha^2}{2(1-\alpha)^2}(S_t^{[1]}-2S_t^{[2]}+S_t^{[3]}) \tag{3-80}$$

初始值估算。指数平滑有个特点，总是以前一个数据作为起点，这就出现第一个数据怎么办的问题，所以要对初始值 $S_0$ 进行估算。当数据个数≥50 时，可用 $Y_1$ 代替，即 $S_0^{[1]}=Y_1$。如果数据点较小，不到 15 个或 20 个时，常用的方法是最初的几个数据 $Y_1,\cdots,Y_n$ 的平均值作为初始值 $S_0^{[1]}$。在取数据时，注意排除干扰大的异常数据。

加权系数 $\alpha$ 选择。加权系数 $\alpha$ 是新旧数据的分配比值，一般在 0.01～0.5 之间选取。$\alpha$ 取值大小，实际上体现了不同时期的因素在预测中所起的不同作用。$\alpha$ 越大，对新数据重视程度越大。当 $\alpha=1$ 时，$S_t^{[1]}$ 等于新数据 $Y_T$，而不考虑以往的影响；当 $\alpha=0$ 时，$S_t^{[1]}=S_{t-1}^{[1]}$，没有考虑当前的影响。在实际应用中，如果数据波动不大，要求预测保险系数大些，则 $\alpha$ 应选小一些，这时预测模型包含了较长的时间序列的信息。反之，则 $\alpha$ 应选大些。

由于指数平滑是以时间定权重，越近的数据，权重越大；反之，权重越小。随着时间的前移，加权系数按指数函数衰减，故统称指数平滑。

指数平滑预测的一般程序及实例。前面已经介绍了指数平滑预测法的要点，现特将指数平滑预测法的一般程序用流程图表示如图 3 - 14 所示。

4. 简单季节预测法

在农业生产和农机销售活动中，都有随季节发生周期性波动起伏的状况。用数学方法研究周期性演变的活动规律，比较复杂。简单季节预测法是将长期趋势变动用线性趋势模型 $Y_t=a+b_t$ 表示，然后乘一个表示季节性周期变动的季节指数(系数)。预测模型是：$Y-f(t)\cdot F$。下面举例来介绍简单季节预测法。

**【例 3 - 13】** 表 3 - 26 反映一组具有季节性的农机产品纯销售额数据，试用简单季节预测法预测未来 6 个季度的农机纯销售额。

**表 3 - 26　农机纯销售额统计数据**

| 年　份 | 2008 | | | | 2009 | | | | 2010 | | | |
|---|---|---|---|---|---|---|---|---|---|---|---|---|
| 季　节 | 一 | 二 | 三 | 四 | 一 | 二 | 三 | 四 | 一 | 二 | 三 | 四 |
| 周期数 $t$ | 1 | 2 | 3 | 4 | 5 | 6 | 7 | 8 | 9 | 10 | 11 | 12 |
| 销售额 $Y_t$ /亿元 | 122 | 156 | 119 | 102 | 142 | 158 | 119 | 99 | 141 | 177 | — | — |

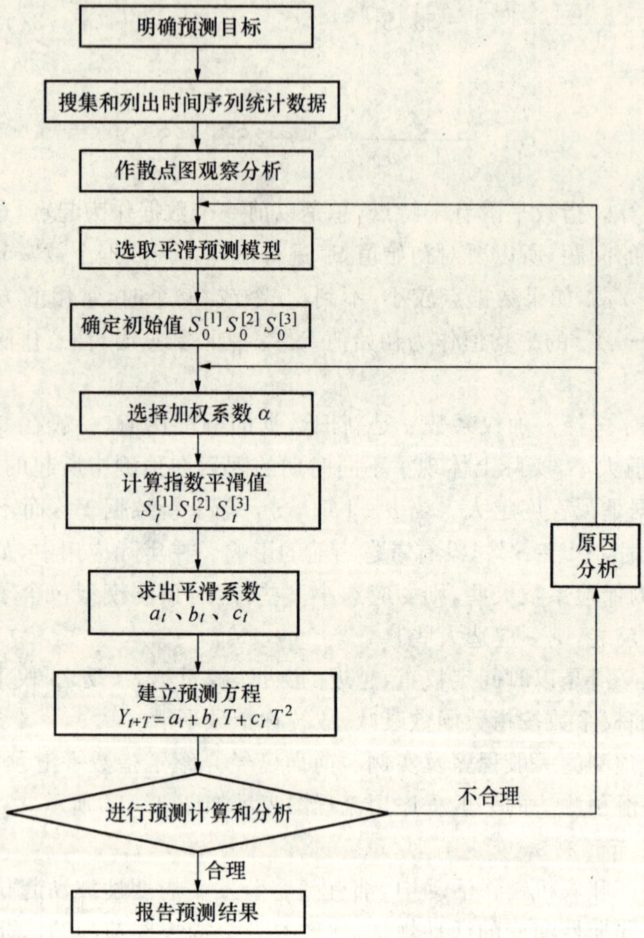


**图 3-14 指数平滑预测法一般程序流程图**

预测过程：

(1)作散点图，见图 3-15。

(2)建立线性方程。

可用回归法、平滑法 2 种方法。

方法一：回归法。用一元线性回归，将原始数据代入求回归系数 $a$,$b$ 的公式，求出：$a=121.6$,$b=2.164$，得线性模型为：

$$\hat{Y}_t = 121.6 + 2.164t$$

方法二：平滑法。用二次移动平均，求出 $a=137$,$b=2.167$，线性模型为：

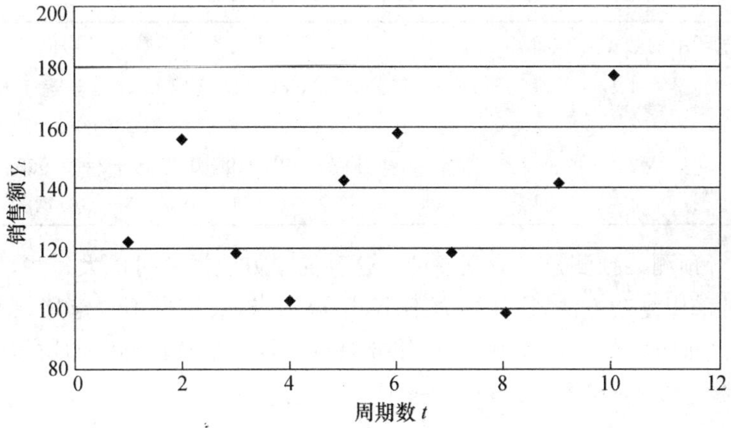


**图 3-15　农机纯销售额统计散点图**

$$\hat{Y}_{t+T} = 137 + 2.167T$$

(3)求线性方程 $\hat{Y}_t$。用 $\hat{Y}_t = 121.6 + 2.164t$,求出估计值填入表 3-27。

**表 3-27　农业机械纯销售额估计值**

| 周期数 $t$ | 1 | 2 | 3 | 4 | 5 | 6 | 7 | 8 | 9 | 10 |
|---|---|---|---|---|---|---|---|---|---|---|
| 纯销售值 $Y_t$(亿元) | 122.0 | 156.0 | 119.0 | 102.0 | 142.0 | 158.0 | 119.0 | 99.0 | 141.0 | 177.0 |
| 线性方程值 $\hat{Y}_t$(亿元) | 123.8 | 125.9 | 128.1 | 130.2 | 132.4 | 134.6 | 136.7 | 138.9 | 141.1 | 143.2 |

(4)求季节系数 $F_t$。所谓季节系数,就是不同时期的 $Y_t$ 值与其相应的线性方程值之比值,即:

$$F_t = \frac{Y_t}{\hat{Y}_t}$$

将计算结果填入表 3-28。如果没有另外的参考数据,就用表 3-27 中两年半的季节系数,按季取其平均值,作为季节系数的改进值,列入表 3-28。

在 $t=10$ 时,季节系数的平均值可以作为估算值进行预测计算,见表 3-29。此时,$F_1 = F_5 = F_9 = 1.019$;$F_2 = F_6 = F_{10} = 1.216$;$F_3 = F_7 = 0.900$;$F_4 = F_8 = 0.748$。

**表 3-28　季节系数 $F_t$**

| 周期数 $t$ | 1 | 2 | 3 | 4 | 5 | 6 | 7 | 8 | 9 | 10 |
|---|---|---|---|---|---|---|---|---|---|---|
| 季节系数 $F_t$ | 0.986 | 1.239 | 0.929 | 0.783 | 1.072 | 1.174 | 0.871 | 0.713 | 0.999 | 1.236 |

表 3 - 29 历史季节系数的平均值

| 循环中的数据点位置 | 历史季节系数的平均值 |
|---|---|
| 1 | (0.986+1.072+0.999)÷3=1.019 |
| 2 | (1.239+1.174+1.236)÷3=1.216 |
| 3 | (0.929+0.871)÷2=0.900 |
| 4 | (0.783+0.713)÷=0.748 |

(5)进行预测。预测总是有误差的。这种简单方法误差可能大一些,但很方便适用。有时采用复杂方法,往往费力不小,用得不当,效果也不一定好。尤其对于短期预测,这种方法加上经验判断,应用效果也很好。季节性预测的数学模型是:

$$Y_{t+T} = (a_t + b_t T)F_{t+T}$$

未来 6 个季度的预测值表示为:$Y_{10+1}$,$Y_{10+2}$,$Y_{10+3}$,$Y_{10+4}$,$Y_{10+5}$,$Y_{10+6}$。

因 $a_{10}=\hat{Y}_{10}=143.2, b_{10}=\frac{143.2-121.6}{10}=2.16$

$F_{11}=F_{15}=F_3=0.900$

$F_{12}=F_{16}=F_4=0.748$

$F_{13}=F_1=1.019$

$F_{14}=F_2=1.216$

故 $Y_{10+1}=(a_{10}+b_{10}\times T)\times F_{11}=(143.2+2.16\times 1)\times 0.900=130.8$

$Y_{10+2}=(a_{10}+b_{10}\times 2)\times F_{12}=110.3$

$Y_{10+3}=(a_{10}+b_{10}\times 3)\times F_{13}=152.5$

$Y_{10+4}=(a_{10}+b_{10}\times 4)\times F_{14}=184.6$

$Y_{10+5}=(a_{10}+b_{10}\times 5)\times F_{15}=138.6$

$Y_{10+6}=(a_{10}+b_{10}\times 6)\times F_{16}=116.8$

将未来 6 个季度的预测值结果整理如表 3 - 30 所示。

表 3 - 30 未来 6 个季度农机纯销售额预测值

| 年份 | 一季度 | 二季度 | 三季度 | 四季度 |
|---|---|---|---|---|
| 2010 | — | — | 130.8 | 110. 3 |
| 2011 | 152.5 | 184.6 | 138.6 | 116.8 |

2010 年全年国内纯销售额预测值为:

$$141+177+130.8+110.3=559.1(\text{亿元})$$

2011 年全年国内纯销售额预测值为：

$$152.5 + 184.6 + 138.6 + 116.8 = 592.5(\text{亿元})$$

(6)结果分析。实际情况是复杂的，往往不是过去情况的简单重复和再现，所以利用历史数据计算出来的预测值，还不一定能作为最后的预测值，还需要结合实际情况加以分析判断，或多方案比较后，最后得出预测结果。如市场因素变化较大，应根据情况变化的需要及时作动态预测。如到 2010 年底检查 2010 年预测实现情况，对 2011 年再进行一次预测，以不断适应变化了的新情况，对已做出的预测进行修正，效果更好。

**(四)灰色预测**

灰色系统理论是由中国学者邓聚龙教授于 20 世纪 80 年代初创立，该理论最早被应用于农业、工业和气象等方面，后被应用于医学领域，尤其是广泛应用于疾病预测。灰色动态系统是灰色系统理论的核心，常用于时间序列的预测。灰色系统的任务是要开拓一条新的途径，克服概率统计的弱点，从杂乱无章的、有限的、离散的数据中找出规律，建立灰色系统模型，然后用它来做相应的分析、预测、决策和规划。

GM(1,1)模型是灰色动态模型中最基本、应用最广泛的预测模型，它是由一个只包含单变量的一阶微分方程构成的模型。

设有变量 $x^{(0)}$ 的原始数据序列为：

$$x^{(0)} = (x^{(0)}(1), x^{(0)}(2), \cdots, x^{(0)}(n))$$

用生成模块 AGO(accumulated generating operation)累加生成一阶累加生成模块 $x^{(1)}$：

$$x^{(1)} = (x^{(1)}(1), x^{(1)}(2), \cdots, x^{(1)}(n))$$

其中

$$x^{(1)}(k) = \sum_{i-1}^{k} x^{(0)}(i)$$

由一阶灰色模块 $x^{(1)}$ 构成的微分方程：

$$\frac{\mathrm{d}x^{(1)}}{\mathrm{d}t} - ax^{(1)}_{(k)} = b \qquad (3-81)$$

在式(3-81)中，$a$ 和 $b$ 可以通过如下最小二乘法拟合得到：

$$\hat{A} = \begin{pmatrix} a \\ b \end{pmatrix} = (B^{\mathrm{T}}B)^{-1}B^{\mathrm{T}}y_N \qquad (3-82)$$

在式(3-82)中，$y_N$ 为列向量；$B$ 为构造数据矩阵：

$$B=\begin{bmatrix}-z^{(1)}(2) & 1\\ -z^{(1)}(3) & 1\\ \vdots & \vdots\\ -z^{(1)}(n) & 1\end{bmatrix},\ y_N=\begin{bmatrix}x^{(0)}(2)\\ x^{(0)}(3)\\ \vdots\\ x^{(0)}(n)\end{bmatrix}$$

式中：$z^{(1)}=(z^{(1)}(1),z^{(1)}(2),\cdots,z^{(1)}(n))$；$z^{(1)}(k)=0.5X^{(1)}(k)+0.5X^{(1)}(k-1)$；$z^{(1)}$ 是 $x^{(1)}$ 求均值的均值序列。

微分方程式(3－81)所对应的时间响应函数为：

$$x^{(1)}(k+1)=\left[x^{(0)}(1)-\frac{b}{a}\right]\mathrm{e}^{-ak}+\frac{b}{a} \tag{3-83}$$

式中：$a=\dfrac{\sum\limits_{k=2}^{n}z^{(1)}(k)\sum\limits_{k=2}^{n}x^{(0)}(k)-(n-1)\sum\limits_{k=2}^{n}z^{(1)}(k)x^{(0)}(k)}{(n-1)\sum\limits_{k=2}^{n}z^{(1)}(k)^2-\left(\sum\limits_{k=2}^{n}z^{(1)}(k)\right)^2}$

$$b=\frac{\sum\limits_{k=2}^{n}z^{(1)}(k)^2\sum\limits_{k=2}^{n}x^{(0)}(k)-\sum\limits_{k=2}^{n}z^{(1)}(k)\sum\limits_{k=2}^{n}z^{(1)}(k)x^{(0)}(k)}{(n-1)\sum\limits_{k=2}^{n}z^{(1)}(k)^2-\left(\sum\limits_{k=2}^{n}z^{(1)}(k)\right)^2}$$

由式(3－83)可以求预测值：$\hat{x}^{(1)}(k)=x^{(1)}(k+1)-x^{(1)}(k)$

后验差检验：预测模型得到的预测值 $P=P\{|\mathrm{e}^{(0)}(K)-\bar{\mathrm{e}}|<0.6744Sx\}$，必须经过统计检验，才能确定其预测精度等级。下面介绍后验差检验准则。

后验差比值 $C$。所谓后验差比值 $C$ 是残差方差 $S_e^2$ 与数据方差 $S_x^2$ 之比。显然，残差方差越小，预测精度越高，但其数值大小与原始数据大小有关，为了取得统一的衡量标准，故取两者之比，即有：

$$C=\frac{Se}{Sx} \tag{3-84}$$

式(3－84)中：

$$S_e^2=\frac{1}{N}\sum_{j=1}^{N}[\mathrm{e}^{(0)}(j)-\bar{\mathrm{e}}]^2,\ S_x{}^2=\frac{1}{N}\sum_{j=1}^{N}[x^{(1)}(j)-\bar{x}^{(1)}]^2$$

小误差概率

$$P=P\{|\mathrm{e}^{(0)}(K)-\bar{\mathrm{e}}|<0.6744Sx\}$$

按上述两个指标把预测等级划分为四等，如表 3－31 所示。

对我国农业机械总动力进行预测，并以此为例说明如何利用灰色预测模型。由《中国统计年鉴 2010》得到 1998—2009 年的农业机械总动力时间序列 $x^{(0)}(k)$，列于表 3 - 32 中。

**表 3 - 31　灰色模型预测精度等级**

| 预测精度等级 | $P$ | $C$ |
|---|---|---|
| 一、好 | 0.95 | 0.35 |
| 二、合格 | 0.80 | 0.45 |
| 三、勉强 | 0.70 | 0.50 |
| 四、不合格 | ≤0.70 | ≥0.65 |

**表 3 - 32　1998—2009 年的农业机械总动力**

| 年份 | 1998 | 1999 | 2000 | 2001 | 2002 | 2003 | 2004 | 2005 | 2006 | 2007 | 2008 | 2009 |
|---|---|---|---|---|---|---|---|---|---|---|---|---|
| 农机总动力/亿 kW | 4.52 | 4.9 | 5.26 | 5.52 | 5.79 | 6.04 | 6.4 | 6.84 | 7.25 | 7.66 | 8.22 | 8.75 |
| $X^{(1)}(k)$ | 4.52 | 9.42 | 14.68 | 20.20 | 25.99 | 32.03 | 38.43 | 45.27 | 52.52 | 60.18 | 68.40 | 77.15 |

数据来源：中国国家统计局．中国统计年鉴 2010。

下面用灰色 GM(1,1)模型建立预测模型。

①用累加生成灰色模块 $x^{(1)}(k)$，结果如表 3 - 32 所示。

$$x^{(1)}(k) = \sum_{i=1}^{k} x^{(0)}(i)$$

②参数估计。

$$\hat{A} = \begin{pmatrix} \hat{a} \\ \hat{b} \end{pmatrix} = (B^T B)^{-1} B^T y_N = \begin{bmatrix} -0.057\,54 \\ 4.468\,759 \end{bmatrix}$$

③ 建立微分方程。

$$\frac{\mathrm{d}x^{(1)}}{\mathrm{d}t} - 0.057\,54 x^{(1)}(k) = 4.468\,759$$

④建立预测模型。

$$x^{(1)}(k+1) = 82.183\,773\mathrm{e}^{0.057\,54k} - 77.663\,773$$

⑤后验差检验。

后验差比值：$C = \frac{Se}{Sx} = \frac{0.069}{23.715} = 0.0029 < 0.35$

小误差频率：$P = P\{|e^{(0)}(K) - \bar{e}| < 0.6744Sx\}$

$= \{|e^{(0)}(k) + 0.0046| < 15.99\} = 1 > 0.95$

预测模型精度综合评定为好。

⑥预测结果分析。模型预测结果见表 3-33。

表 3-33　2010—2015 年我国农业机械总动力预测　　亿 kW

| 年份 | 农业机械总动力预测值 |
|---|---|
| 2010 | 9.166 |
| 2011 | 9.709 |
| 2012 | 10.284 |
| 2012 | 10.893 |
| 2014 | 11.538 |
| 2015 | 12.222 |

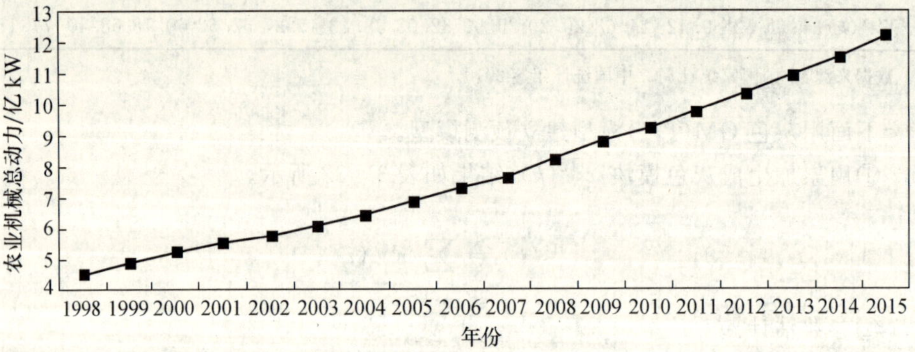


图 3-16　农业机械总动力变化图

本方法预测 2010 年我国农业机械总动力将达到 9.166 亿 kW，而同期实际水平为 9.2 亿 kW，这也从实际说明了预测的准确性。但从预测结果来看，2015 年我国农业机械总动力将达到 12.222 亿 kW，超过《全国农业机械化发展第十二个五年规划》要求在 2015 年农机总动力控制在 10 亿 kW 的目标。即使考虑到旧机具的报废和新式机具动力利用率提高等因素，要想将农机总动力目标控制在 10 亿 kW 左右仍有相当大的难度。我国必须在增长中对机具配备数量和结构进行较大调整，努力提高农业机械利用率，优化装备结构。同时也说明，本方法作定量预测时一定要综合考虑各方面因素，将定量分析与定性分析相结合，才能得出正确的预测分析结果。

# 习　题

3-1　简述建立线性规划模型的基本程序及进行灵敏度分析的主要原因。

3-2　常用农业机械化单因子作用分解方法包括哪些？请分别叙述各方法的基本特征。

3-3　试简述建立农业机械化技术经济数学模型的步骤和方法。

3-4　农业机械化技术经济预测的基本内容是什么？有哪些常用预测方法？

3-5　已知东北某农场有耕地1 000 $hm^2$，可以种植玉米、小麦两种作物，可用拖拉机有铁牛-55和丰收-18两种，见表3-34。试建立线性规划模型，计算在收入最大前提下，应种玉米、小麦各多少？配备铁牛-55、丰收-18拖拉机各多少台？农具费用不计算。

**表3-34　东北某农场作业流程表**

| 序号 | 作业 | 作业期(日期/月份) | 日作业班次 | 机组生产率与可变费用(括号内) | |
|---|---|---|---|---|---|
| | | | | 铁牛-55/$X_2$ | 丰收-18/$X_3$ |
| 1 | 播玉米 | 26/04-05/05 | 10×1 | 12(50)/$X_4$ | 4(60)/$X_7$ |
| 2 | 播春小麦 | 01/05-15/05 | 15×1 | 10(55)/$X_5$ | 3.5(60)/$X_8$ |
| 3 | 运小麦 | 22/08-20/09 | 30×1 | — | 1.5(120)/$X_9$ |
| 4 | 运玉米 | 11/09-30/09 | 20×1 | — | 1(150)/$X_{10}$ |
| 5 | 耕地 | 21/09-20/10 | 30×2 | 7(100)/$X_6$ | — |

注：机组生产率单位为 $hm^2$/班；可变费用单位为元/$hm^2$；

作物利润：春小麦 900 元/$hm^2$；玉米 1 500 元/$hm^2$；

机器年固定费用：铁牛-55为7 500元/年；丰收-18为1 800元/年。

# 第四章 农业机械化项目可行性的技术经济性分析

## 第一节 项目可行性研究概述

农业机械化项目可行性研究是在投资决策之前，对拟建项目进行全面技术经济分析的科学方法，也是投资前期工作的重要内容，是投资建设程序的重要环节。它是一门运用多种学科知识，寻求使投资项目达到最好经济效益的综合研究方法。它的任务是以市场为前提，以技术为手段，以经济效益为最终目标，对拟建的投资项目，在投资前期全面、系统地论证项目的必要性、可能性、有效性和合理性，做出对项目可行或不可行的评价。

可行性研究是20世纪30年代美国开发田纳西流域开始采用的。现在，西方工业发达国家对重要的投资项目普遍要进行可行性研究。1978年，联合国工业发展组织为了推动和帮助发展中国家的经济发展，编写出版了《工业可行性编制手册》一书，系统地说明了工业项目可行性研究的内容和方法。我国从1982年开始将可行性研究列为工业投资的一项重要程序，1983年颁发了《建设项目进行可行性研究的试行管理办法》，1991年又做了修订，该办法对我国可行性研究的编制程度、内容和审批等进行了规定。1993年，国家计委、建设部联合发布了《建设项目经济评价方法与参数》(第2版)，为在社会主义市场经济条件下，正确实行可行性研究，科学决策项目投资，提供了指导原则。目前，项目可行性研究已成为投资决策中一个不可缺少的阶段。

对农业机械化投资项目进行可行性研究的主要目的在于从技术经济方面为投资决策提供科学依据，以提高项目决策的成功率，提高投资效益。在投资项目的管理中，可行性研究具有以下几个方面的作用：①作为项目投资决策的依据；②作为向银行等金融组织和金融机构申请贷款、筹集资金的依据；③作为编制设计及进行建设工作的依据；④作为供环保部门审查的依据和向项目建设所在地政府、规划部门申请建设执照的依据；⑤作为签订有关合同、协议的依据；⑥作为建设工程的基础资料；⑦作为企业组织管理、机构设置、劳动定员和职工培训工作安排的依据。

## 第二节 项目可行性研究的主要内容

各类项目可行性研究的内容及侧重点因行业不同而差异很大，农业机械化技术项目可行性研究一般包括以下内容。

1. 项目建设基本条件的研究

包括项目背景、项目资源、自然和经济条件等。

2. 项目的技术分析

农业机械化项目所采用的技术合理与否，直接关系到这个项目的经济效益。例如，保护性耕作工程建设项目，针对6个主要类型区(东北平原垄作区、东北西部干旱风沙区、西北黄土高原区、西北绿洲农业区、华北长城沿线区、黄淮海两茬平作区)的气候、土壤、种植制度特点及保护性耕作技术需求，提出各类型区主体示范推广的保护性耕作技术模式。

3. 项目的市场研究

农业机械化项目的市场研究包括项目产品的经营销售和项目建设、经营所需投入物的供给安排两个方面。

4. 项目的组织管理

应根据项目性质、规模、资金渠道，从项目地区的实际出发，提出组建开发项目管理机构的方案。

5. 项目的生态环境影响

生态环境影响分析一般指在项目建设、使用和运行过程中，对生态环境的影响。主要包括：排放污水造成水污染，排放有害气体和粉尘造成大气污染，噪声污染，放射性污染，临时性的或永久性的交通阻塞、航道阻塞，自然环境的改变对生态造成的破坏等。

6. 项目的财务评价

财务评价，又称财务分析，是在国家现行财税制度和价格体系的条件下，从项目财务角度分析、计算项目的财务赢利能力及清偿能力，据以判别财务可行性。

财务评价在衡量项目财务赢利能力及筹措资金方面有特殊意义。在社会主义市场经济条件下，企业是一个自主经营、自负盈亏的经济实体。因此，企业经营者对准备投资的项目能否赢利、能否达到期望的最低收益率，投资能否在规定年限内回收,能否按时归还银行贷款等十分关注。同时项目的财务分析报告也是投资信贷部门决定是否发放贷款的依据之一,其中财务分析报告提供的项目实施所需的固定资产投资额、流动资金投资额、资金的可能来源、用款计划及还贷能力等也是信贷部门所关注的问题。此外,财务分析使项目的投资者能根据项目的资金计划及时保证资金到位,使项目按时建设。

(1)财务评价的目的。主要包括:①从企业或项目角度出发,分析投资效果,评价项目竣工投产后的获利能力;②确定进行某项目所需资金来源,制定资金规划;③估算项目的贷款偿还能力;④为协调企业利益和国家利益提供依据。

(2)财务评价的主要内容。

①财务预测。收集进行财务分析所必需的基础数据。基础数据的收集是建立在对投资项目的总体了解和对市场、环境、技术方案、组织管理等充分调查和分析的基础上的(销售量、产量、价格及其变动情况、投资、成本等)。预测数据可用投资估算表、固定资产折旧表及损益表等归纳整理。

②编制资金规划与计划。首先,对所有的资金来源与数量进行调查与估算(可筹集到的银行贷款种类、数量,可能发行的股票、债券,可能用于投资的自有资金数量)。其次,根据财务预测数据,结合项目实施计划,估算逐年投资额,企业未来各年可用于偿还债务的资金,计算逐年债务偿还额。

③计算和分析财务效果。根据前两步,编制财务现金流量表和资产负债表,据此计算财务分析的经济效果指标。财务评价程序如图 4-1 所示。

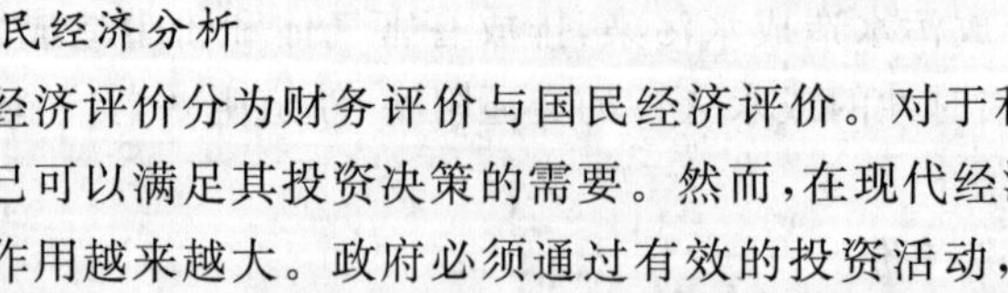


**图 4-1 财务评价程序框架图**

7. 项目的国民经济分析

建设项目的经济评价分为财务评价与国民经济评价。对于私人投资者而言,财务评价的结果已可以满足其投资决策的需要。然而,在现代经济活动中,政府对经济的宏观调控作用越来越大。政府必须通过有效的投资活动,使国家有限的资源在全社会实现合理配置。要实现该目的,只站在企业角度的项目财务评价是不够的,应从国家和全社会的角度进行项目的国民经济评价。所谓国民经济评价是指按照资源合理配置的原则,从国家整体角度考察项目的效益和费用,用货物影子价格、影子工资、影子汇率和社会折现率等经济参数分析、计算项目国民经济的净贡献,评价项目的经济合理性。

(1)国民经济评价基本原理。

①费用—效益分析。费用—效益分析是项目国民经济分析的基本理论。它是从整个国民经济和社会发展的角度出发,通过比较各种备选项目或方案的全部预期效益和费用的现值,来决定项目取舍或选择最后实施方案的一种方法。所以,费用和效益的范围比财务分析中的成本和收益要宽得多。

对于一个建设项目来讲,费用是指因项目建设而使国民经济付出的代价,包括项目自身和国民经济其他部门或其他环节所付出的代价。项目的费用分为直接费用和间接费用。直接费用是指用影子价格计算的项目投入物的经济价值;间接费用指社会为项目付出的代价,项目本身并不需要支付的那部分费用。在国民经济分析中,项目的费用一般要求用机会成本来度量。项目投入物作为一种稀缺资源,它有许多用途,投到该项目上,就失去了用于别的用途获得效益的机会。那么,这种投入物用到该项目使国民经济所付出的代价就是放弃其他使用机会而获得的最大效益。

项目的效益是指一个工程项目对国民经济所做的贡献。项目效益分为直接效益和间接效益。直接效益是指项目产出物用影子价格计算的经济价值;间接效益是指项目为社会做出了贡献,而该项目的投资者本身并未得到的那部分效益。

②外部性。所谓外部性,是外部收益和外部成本的统称。外部收益指落在项目投资经营主体之外的收益,此收益由投资经营主体之外的人免费获取;外部成本系指落在项目投资经营主体之外的社会成本,但此成本却不由该投资经营主体给予等价补偿,而由外部团体和个人无偿地承担。比如一个技术先进项目的投产,能培养一批高水平的技术人员和管理人员,其技术扩散会给社会其他企业和项目带来益处;有些项目的投入可以使上、下游企业原来闲置的资源利用起来,产生一种连锁的外部效果;烟尘和污水的排放损害生态环境进而损害他人等,而这些外部效果在企业财务评价中没有包括。在国民经济分析中,必须充分考虑项目所产生的外部性,这也是国民经济基础评价的一个主要任务。

③影子价格。影子价格的概念是20世纪30年代末、40年代初由荷兰数理经济学、计量经济学创始人之一詹思·丁伯根和前苏联数学家、经济学家、诺贝尔经济学奖获得者康特罗维奇分别提出来的。

国民经济评价中使用的影子价格,是指国家有关部门统一测算后颁布的或项目评价人员具体测定,独立于实际价格以外的、能反映项目投入与真实社会价值的那种价格。它通常以直接或换算系数两种形式给出,即把货物的价格换为影子价格时,可直接选取某一适宜的价格,也可以采用某一适宜的换算系数。

(2)国民经济评价的作用。

①国民经济评价是宏观上合理配置国家有限资源的需要。国家的资源(包括资金、外汇、土地、劳动力及其他自然资源)总是有限的,必须在资源的各种相互竞争的用途中作出选择。而这种选择必须借助于国民经济评价,从国家整体的角度来考虑。

国民经济评价就是评价项目从国民经济中所吸取的投入与向国民经济提供的产出对国民经济这个大系统的经济目标的影响。重点考察项目本身的财务,考察其对经济整体的贡献。只有多数项目的建设符合整个国民经济发展的需要,才能在充分合理利用有限资源的前提下,使国家获得最大的净效益。

②国民经济评价是真实反映项目对国民经济净贡献的需要。许多国家,特别是发展中国家,不少商品的价格不能反映真实的市场价格,也不能反映供求关系。在这种严重"失真"的条件下,按现行价格计算项目的投入和产出,不能确切地反映项目建设给国民经济带来的效益与费用支出。因此,必须运用能反映资源真实价值的影子价格,借以计算建设项目的费用、效益,得出该项目的建设是否对国民经济总目标有利的结论。

财务评价只考虑了直接效益和直接费用,而没有考虑项目的外部性,即该项目产生的间接效益和间接费用。所以,财务分析不能保证全面地反映项目的经济效果。国民经济评价不但考察了项目的直接效益和直接费用,而且考察了项目的外部经济带来的间接效益和间接费用。可见,只有进行国民经济评价,才能比较全面地反映项目的经济效果。

③国民经济评价是投资决策科学化的需要。国民经济评价的作用,主要体现在以下三个方面:一是为有利于引导投资方向。运用影子价格、影子汇率等参数,可以起到鼓励或抑制某些行业或项目发展的作用,促进国家资源的合理分配。二是为有利于控制投资规模。当投资规模膨胀时,可以适当提高社会折现率,控制一些项目的通过。三是为有利于提高计划质量。项目是计划的基础。有了足够数量的、经过充分论证的备选项目,才便于各级计划部门从宏观经济角度对项目进行排队和取舍。

(3)国民经济评价与财务评价的主要区别。国民经济评价与财务评价有很大的不同,主要有以下几个方面:

①评估的角度不同。财务评价是站在企业的角度考察项目的赢利能力及借款偿还能力,而国民经济评价是从国民经济基础和社会需要出发考察项目需要社会付出的代价和对社会的贡献。

②效益与费用的构成及范围不同。在国民经济评价中,凡是对目标贡献的就是收益,凡是为实现目标所付出的代价就是费用。企业的目标是赢利,社会的目标

是通过资源的有效配置和福利的公平分配促进整个经济的可持续增长。因此有些在财务评价中划为支出的，在国民经济评价中则不一定划为支出。另外，在财务评价中只考虑直接收益与直接成本，而国民经济评价中不仅包括直接收益与直接成本，还包括间接收益和间接成本，既包括可计量的货币效果，还包括不可计量的政治、环境、国防等效果。

③采用的参数不同。财务评价采用现行市场价格，国民经济评价采用根据机会成本和供求关系确定的影子价格；财务评价采用基准收益率，而国民经济评价采用社会折现率；财务评价采用国家统一规定的官方汇率，而国民经济评价采用影子汇率。

④评估的方法不同。企业财务评价采用赢利分析法，而国民经济评价采用费用效益分析、多目标综合分析等方法。我国政府十分重视大中型项目国民经济评价结果，明确指出当大中型项目财务评价与国民经济评价结论不一致时，以国民经济评价结论为决策依据。原国家计委制定的《建设项目评价方法与参数》专门规定了国民经济评价方法和一些重要的资源影子价格。

综上所述，国民经济评价属客观效果评价，要比企业财务评价客观和复杂得多。对农业机械化项目的国民经济评价，不但要考虑直接价值形态效果，还要考虑资源利用程度；不但要评价其对劳力的节约，同时还要考虑节约下的劳力是否得到充分合理利用；不但要考虑经营者个人和集体的利益，还要考虑对整个农村经济全面发展的作用和对国家的贡献。

## 第三节　项目可行性研究的工作程序

一般来说，农业机械化项目可行性研究的程序如下：

(1)阐明项目提出的背景和依据。即说明为什么要实施这一项目。根据市场调查和情报分析，估算预测需要该项技术的地域范围和时间，做出需求程度的定性定量分析评价。

(2)规定项目的目标、规模和要求。根据设立该项目所要解决的主要矛盾，确定该项目应达到的目标和应有的规模，并根据约束条件，定出应达到的主要技术经济指标。

(3)分析项目实现的条件。即分析国家政策、规划及当地的生态环境、资源、交通、能源、劳力、所需设备及物料等各方面的条件是否允许。

(4)分析所应用农机技术的成熟度及适应性。主要看技术经济指标是否先进，所需设备性能、质量是否可靠，当地自然条件、农艺技术、使用操作人员的水平是否适应。

(5)分析采用该技术项目所需资金情况及经济效果。要计算该项目所需资金阶段投资额,分析资金来源及偿还能力,计算及评价该项目的技术经济效果指标,分析经营者的盈利情况和对国家经济发展目标的贡献,不但进行静态分析,还要进行考虑时间因素的动态分析。

(6)进行敏感性分析和概率分析。考虑各种不确定因素变化的可能性及其对该项目的影响。

(7)写出可行性研究报告。在报告中提出几个不同的比较方案并做详细分析,作出评价结论。此外,对不可预见的因素也要提出应变措施的建议。流程如图4-2所示。

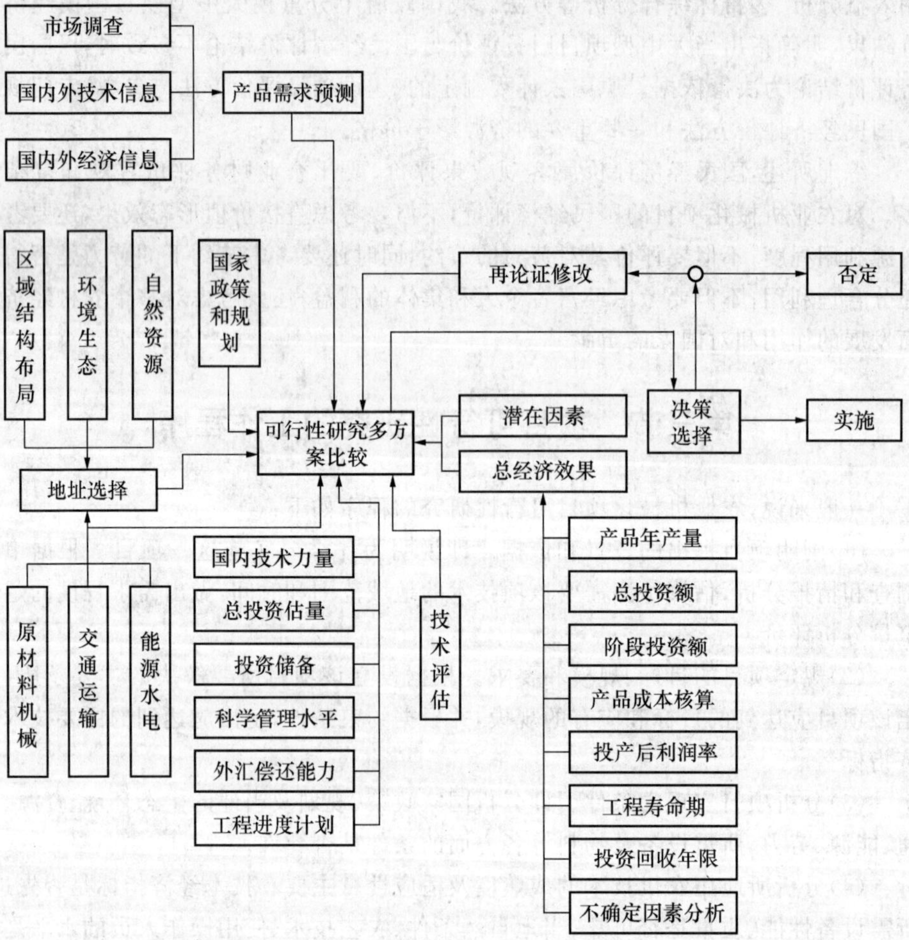


图4-2 可行性研究程序示意简图

## 第四节　项目可行性研究的特点及应注意的问题

农业机械化技术经济项目是否可行，既与农业机械化可能形成的技术效果的可行性有关，又与这些技术效果所能获得的经济合理性有关，而且还与当时当地农业生产的自然条件、社会经济条件及各种农产品的生产要求有关。因此，从事农业机械化技术经济的可行性研究，应根据其特点注意以下几个问题。

### 一、研究程序的编制

技术经济问题，首先是技术上的可行，才可能有经济上合理的可行性研究；而且，只有对各种选择的技术方案在进行单项的经济效果可行性分析的基础上，才可能对各种方案的评价完成综合的可行性研究；再者，也只有首先完成在农业生产的最终经济效益中是否形成农业机械经济性的可行性研究，才可能构成不同农业机械化技术方案间经济评价可行性分析的实际意义等。总之，面对农业机械化技术经济这样一个十分复杂的系统问题，如要对其进行科学的可行性研究，首先必须要注意研究程序本身的科学性。

### 二、农业生产的条件和规律

农业生产的条件除了受自然条件、地理位置、生物生长规律等环境和自身的条件影响外，还受到人的社会活动和经济规律的影响和制约。例如，随着人类的不断求知探索，科学技术水平不断提升，计算机和电控技术的突飞猛进，农业机械也向高度自动化、智能化方向发展。农用传感器、信息技术与微电子技术的应用，为农业的实时监控、数据采集、合理组织作业提供了科学判断依据。农业生产由过去的靠天吃饭向人类自己控制生产转变。对于农业可持续发展的高度重视，推动了秸秆覆盖播种技术的快速发展，农业生产也向注重节约、保护环境方向发展，耕作制度向降低成本和增加产量方向变革。

因此，在研究农业机械化的可行性时，不能就农业机械化而孤立地研究农业机械化，必须考虑社会效益、经济效益、生态效益，将研究所实施的范围与自然环境、社会经济条件及作业对象的生物与理化等特性有机结合起来。

### 三、机械化措施与其他技术措施的结合

农业机械化必须和工程、信息、生物技术等措施相结合，才能在农业生产上发挥更大的作用。因此，农业机械化技术措施是否可行，必须注意农业生产整个技术

体系的协调研究。同时，也应当注重机械化与作物自身特性的技术的配合，即不同作物，应用与其相适应的农艺技术和农业机械化技术。

## 四、效益分析

### （一）经济效益

在评价一个建设项目或者引进项目时，除从项目本身利益出发，根据销售价格和市场占有情况的分析，预测本项目期限内累计可实现的销售收入、净利润、缴税总额、创汇或替代进口情况，研究技术经济结构是否合理外，还要从社会经济总体的角度，从近期利益和长期利益结合上，对其产品和社会的需求情况，以及社会政治、法律、国际关系和输出厂商的信誉等社会政治因素对该项目的影响和风险进行综合性的技术评价，综合平衡多种方案。因此，需要工程技术人员、科技情报研究人员的互相配合，运用各种现代化的决策手段，从中选择最优方案，以使项目顺利实施，稳定生产，达到预期的经济效果。

农业机械投入生产后，不仅可以通过抢农时、抗灾害、提高耕作质量和作业效率，使农业生产获得降低生产成本和增产增收的直接经济效果，同时，使用机械替代出的大批劳力，通过合理安排，可以向农业生产的深度和广度发展，从而获得一定的间接经济效果。因此，在研究中要注意两种效果的有机结合。如保护性耕作工程项目实施后，每个生产周期平均可减少田间作业工序 1～4 次，每年可减少柴油消耗 4 万～5 万 t，节省化肥投入 50 万～70 万 t，节水 3 亿～6 亿 $m^3$，亩均降低生产成本 15～30 元，与传统耕作相比粮食增产 5%以上。经测算，2 000 万亩项目区每年降低各类生产成本 3 亿～6 亿元，增产粮食 2.5 亿 kg 以上，项目区内每年节本增效总收益达 5.5 亿元以上。

### （二）社会效益

论述项目的实施带来的社会效益，分析内容应包括：

(1)项目对社会发展目标所做的贡献。如项目的实施可增加就业岗位，解决部分职工的就业问题，缓解地区的就业压力，提高收入。

(2)安全生产效益。项目所用的先进技术和设备，可减小劳动强度，降低生产成本，减少有害污染物排放，有效地保护了工作人员的人身安全以及职业健康。如实施“以机代牛”工程，以农业机械替代耕牛及劳动力在田间作业，有效缓解了血吸虫病源的传播，最大限度地减轻了农业劳动强度，解放了生产力，实现了农业的安全生产。

(3)项目的社会环境。项目的实施可促进农村劳动力转移，带动地区相关产业发展，为地区经济提供财政收入等。如我国农业机械化发展促进大量农村劳动力从农业生产中转移出来，一方面提高了农业劳动生产率，另一方面为二、三产业提供了丰富的劳动力资源，促进了我国城镇化建设。

**(三)生态效益**

应从环保、节能等方面去分析评价对合理利用自然资源、保护环境和生态平衡可能产生的影响。如秸秆还田技术的推广应用，对于增加土壤有机质、增肥地力、改善土壤环境、改造中低产田、形成有机质覆盖、抗旱保墒、降低病虫害的发生率、优化环境、防治污染等有良好的效果。在保护性耕作工程实施后，可以有效减少项目区及周边地区地表裸露，减轻风蚀强度，平均减少农田扬尘量50%左右，降低空气中浮尘含量，降低沙尘天气发生的强度和频率，减少耕地表土流失量40%～80%，减少有机质和氮、磷、钾等养分的流失，可持续提高土壤蓄水能力，减少二氧化碳排放，改善大气环境。

## 第五节　项目可行性分析方法

### 一、几个常用概念

**(一)静态分析与动态分析**

静态分析是不考虑时间变化引起的资金价值的变化，即不考虑时间因素对投资效果的影响。这种方法简便、直观，在一般分析计算中常用这种方法。

动态分析是考虑时间的变化引起的资金价值的变化，以解决不同时间发生的资金的可比性。评价时间因素影响后的投资效果，要用这种方法。在研究投资效果中，考虑时间因素的动态分析是必要的。

**(二)利息和利率**

货币存入银行可以获得一定的报酬，或者从银行贷款，在规定的期限内，除本金之外需多付给银行的那部分钱，就是通常所说的利息。

一定时期内利息额与本金之比，常用百分数来表示，这就是利息率，简称利率。

$$\text{利率}=\frac{\text{每单位时间增加的利息额}}{\text{原本金额}}\times 100\% \qquad (4-1)$$

利息的计算有单利与复利之分，单利计算是用本金乘以一定的利率再乘以周期数之积。其计算公式为：

$$\text{单利}=\text{本金}\times\text{利率}\times\text{周期数} \qquad (4-2)$$

以单利折算，到若干年后，本利和的计算公式为：

$$F = K(1 + in) \qquad (4-3)$$

复利计算某一周期中的利息是本金加上先前周期利息之和再计算利息，其实质为复报酬率，俗称“利滚利”。也就是货币数额对时间指数的变化关系。一次性支付的复利折算到若干年后，本利和的计算公式为：

$$F = K(1+i)^n \tag{4-4}$$

式中：$K$ 为当年（目前时点）的货币总额或投资现值；$F$ 为到若干年（未来时点）的货币总额，即投资（贷款）的本利和；$i$ 为利率；$n$ 为计算期期数。

**（三）贴现值与贴现率**

若干年后的金额按照一定的利率折算成现在的金额，这种方法叫做贴现。贴现时所用的利率为贴现率。贴现是利息计算的倒数。贴现值，就是把今后某年的投资额（或本利和）用利息计算本利和的公式的倒数折算成相当于现在的数值，即若干年后多少金额才能相当于现在的金额。用单利法计算贴现值的公式为：

$$K = \frac{F}{1+in} \tag{4-5}$$

用复利法计算贴现值的公式为：

$$K = F\frac{1}{(1+i)^n} \tag{4-6}$$

式中：$F$ 为 $n$ 年时的货币金额；$K$ 为相当于现在的货币金额；$i$ 为贴现率，即计算贴现值时所用的利率。

**（四）现金流量**

现金流量就是建设项目自筹建、投产、直至结束，整个周期内的资金支付和资金收入的运转情况。某年的现金流量就是该年的现金流入与现金流出之和。收支相抵后的余缺额称为净现金流量。其计算公式为：

$$\text{净现金流量} = \text{现金流入} - \text{现金流出} \tag{4-7}$$

净现金流量为正值时，表示该年（或周期）的净收入金额；负值时，表示该年（或周期）的净付出金额。

常用的净现金流量计算公式有以下几种：

(1)某一年的净现金流量计算公式为：

$$\begin{aligned}\text{净现金流量} = {} & \text{商品销售和劳务的收入} \times (1-\text{税率}) - \\ & \text{成本} + \text{折旧费提留}\end{aligned} \tag{4-8}$$

(2)整个经济寿命期的净现金流量计算公式为：

净现金流量＝－投资额＋商品销售和劳务的收入×(1－税率)－成本＋折旧费提留＋固定资产残值　(4－9)

用动态分析方法，在整个投资使用年限中，各年的现金流量可以贴现为现值，其计算公式为：

贴现的净现金流量＝－总投资现值＋未来的收入扣除税金和总成本后的现值＋未来折旧的现值＋寿命终了回收残值和流动资金现值　(4－10)

(3)当有追加投资和流动资金时，应在上述公式中减去这两项内容的金额。

(4)当有其他补偿津贴费时，应与折旧费一样在上述公式中加入。

## 二、盈亏平衡分析

为了使建设项目在投产后保持盈利，需认真研究成本、售价、产量和盈亏的相互关系。盈亏平衡分析是在一定市场和经营管理条件下，根据达到设计能力时的成本费用与收入，通过求取盈亏平衡点，研究分析成本费用与收入平衡关系的一种方法。盈亏平衡分析可以分为线性盈亏平衡分析和非线性盈亏平衡分析，投资项目决策分析与评价中一般仅进行线性盈亏平衡分析。

### (一)盈亏平衡点

盈亏平衡点(BEP，break even point)是企业的盈利与亏损交会的转折点。在这一点上，销售收入等于总成本费用，刚好盈亏平衡。盈亏平衡点的表达形式有多种，可以用产量、产品售价、单位可变成本和年总固定成本等绝对量表示，也可以用某些相对值表示。投资项目决策分析与评价中最常用的是以产量和生产能力利用率表示的盈亏平衡点，也有采用产品售价表示的盈亏平衡点。

在某投资项目中，$Q$ 为年产量，$P$ 为单位产品的价格，$C_V$ 为单位产品的可变成本，$F$ 为年固定成本。则年总收入为 $T_R = PQ$，总成本 $T_C = C_V Q + F$，年利润为 $M = T_R - T_C = (P - C_V)Q - F$。盈亏平衡点定义为：$M = 0$，即 $T_R - T_C = 0$ 时的产量 $Q$ 或价格 $P$。由这个定义，可得出以下结论。

(1)产量盈亏点为：

$$Q^* = \frac{F}{P - C_V} \tag{4-11}$$

(2)价格盈亏点为：

$$P^* = \frac{F + C_V Q}{Q} \tag{4-12}$$

(3)成本盈亏点为：

$$C_V^* = \frac{PQ - F}{Q} \tag{4-13}$$

(4)固定成本盈亏点为：

$$F = (P - C_V)Q \tag{4-14}$$

基本量本利图如图 4-3 所示。

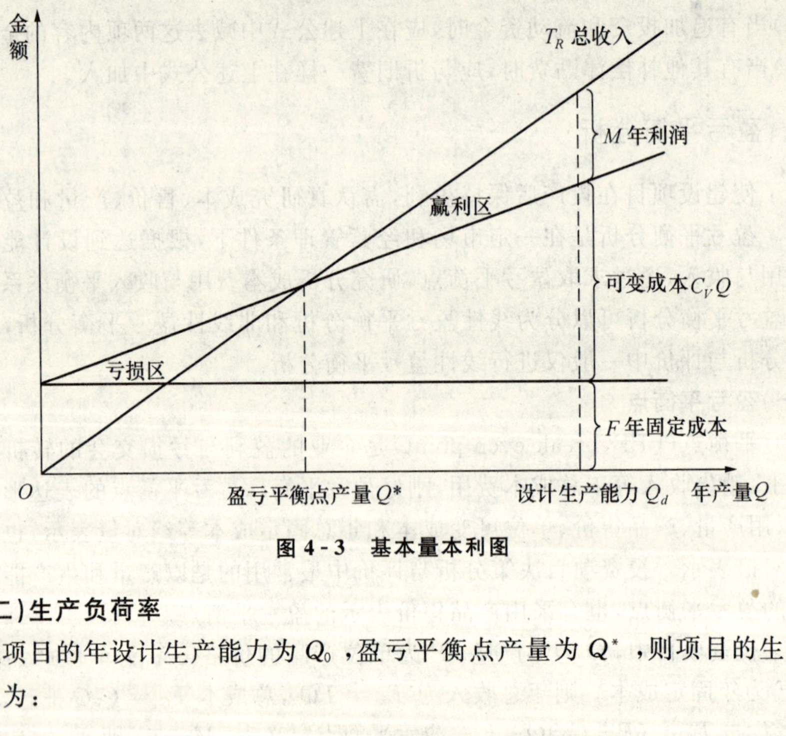


图 4-3 基本量本利图

**(二)生产负荷率**

设项目的年设计生产能力为 $Q_0$，盈亏平衡点产量为 $Q^*$，则项目的生产负荷率定义为：

$$BEP(Q) = \frac{Q^*}{Q_0} \times 100\% \tag{4-15}$$

生产负荷率是度量项目生产负荷状况的重要指标。一般认为，当生产负荷率 $BEP(Q) \leqslant 70\%$ 时，建设项目可以承受较大风险，在方案比较中，生产负荷率越低越好。

同样，可以定义价格负荷率、成本负荷率和固定成本负荷率等。

**【例 4-1】** 某农机企业年设计生产能力为 10 000 件，每件产品售价为 80 元，每年产品变动成本为 20 元，每件产品纳税 10 元，年固定成本核算为 150 000 元。

求:(1)最大利润,产量盈亏平衡点,生产负荷率;(2)当价格下跌至 70 元/件时,生产负荷率为多少?并估计风险性。

**解**:(1)最大利润为: $M = PQ - C_V Q - tQ - F$

$= 80 \times 10\,000 - 20 \times 10\,000 - 10 \times 10\,000 - 150\,000$

$= 350\,000$(元)

盈亏平衡产量为: $Q^* = \dfrac{F}{P - C_V - t} = \dfrac{150\,000}{80 - 20 - 10} = 3\,000$(件)

生产负荷率为: $BEP(Q) = \dfrac{Q^*}{Q_0} \times 100\% = \dfrac{3\,000}{10\,000} \times 100\% = 30\%$

(2)产品价格下跌至 70 元时,盈亏平衡产量为:

$$Q^* = \frac{F}{P - C_V - t} = \frac{150\,000}{70 - 20 - 10} = 3\,750(\text{件})$$

生产负荷率为: $BEP(Q) = \dfrac{3\,750}{10\,000} \times 100\% = 37.5\%$

可见,产品价格下跌,使生产负荷率增大,方案的风险增大。

## 三、敏感性分析

### (一)敏感性分析的作用

农业机械化技术经济分析与决策的特点是预测未来,而未来的事物是千变万化的,要受多种因素错综复杂的影响。计算中所使用的数据许多来自预测和估计,有不确定和不准确的因素,如:基本数据的误差或不足、经济规律与自然规律摸索不够、统计不准确与研究方法不对路、一些限制因素未知、不能用数量表示的因素、不科学的假设、市场需要及科技进步的影响等不确定因素估计不足等。在对某一投资项目进行分析时,各因素的估计值不可避免地总会有一定的误差。或者说,经济分析所使用的各种参数,其数值并不是一个固定的值,而总是在一定范围内(甚至超出)变动,因此有必要进行敏感性分析,避免对分析评价所得的结论做出绝对化的理解,同时事先考虑好较为灵活的应变对策和措施,以利于在工作中争取主动,防止决策上的失误。综上所述,敏感性分析的作用为:①确定影响因素在一定范围内变动时引起项目经济评价指标变动的范围;②找出影响评价指标的最敏感因素;③进行多方案敏感性比较,选取效益好、敏感性小的最佳方案;④分析项目实施后可能出现的情况,采取有效措施,保证预期目标的实现。

### (二)敏感程度的测算

敏感程度的大小用敏感系数给出,敏感系数定义为单位参量 $X_i$ 相对变化 $\Delta X_i$

引起的评价指标的变化 $\Delta V_i$，记作 $S_i$，表达式为：

$$S_i = \frac{\Delta V_i}{\Delta X_i} \tag{4-16}$$

敏感系数 $S_i$ 的符号(正或负)反映评价指标对参量的敏感方向。

**(三)参量盈亏界限的确定**

当评价指标与其评价准则相等时对应的参量值为参量的盈亏界限，即

$$V_i = V_0 \tag{4-17}$$

$V_i$ 对应的参量 $X_i^*$ 称为参量相对变化 $X_i$ 的盈亏界限，其中 $V_0$ 为评价指标 $V$ 的评价准则。评价指标为 $NPV$ 时，则 $V_0 = 0$；评价指标为 $IRR$ 时，则 $V_0$ 取基准收益率 $i_c$ 等。

**(四)敏感性分析的应用**

1. 单因素敏感性分析

现以某投资方案为例，进行方案可行性研究中进行敏感性分析的例子，说明其方法、步骤。

**【例 4-2】** 某县拟建新项目生产某农产品。通过市场调查，拟定项目规模 $Q$ 为年产5 000 t，预计销售价格 $S$ 为 0.06 万元/t，年经营成本 $C$ 为 100 万元，预计回收期限 $n$ 为 10 年，残值 $L$ 为 100 万元，并估算投资额 $I$ 为 1 000 万元，最低期望收益率 $i$ 为 10%。

作为项目建设投资方，首先需要知道项目在经济上的可行性。现以计算项目净现值（$NPV$）为例，来进行项目的经济评价。

$$\begin{aligned} NPV &= -I + (SQ - C)\frac{(1+i)^n - 1}{i(1+i)^n} + \frac{L}{(1+i)^n} \\ &= 267.46 > 0 \end{aligned}$$

由此说明，方案可行。通过分析，选定投资额、年产量、销售价格、年经营成本为不确定性因素，进行敏感性分析。

(1)测定各因素变化的极限范围。测定因素变化的极限范围，就是测定在不影响原决策结论有效性的前提下，预期参数的最大变化范围。令 $NPV=0$，计算所对应的参数值，就是该因素变化的极限值。例如，确定投资额的上限临界值，假定其余因素均保持不变，取值为既定的参数值，而选取投资额 $I$ 为变量，令 $NPV=0$，可计算出投资额 $I$ 的对应参数值为 1 267.46 万元。即在其他因素不变的情况下，投资额最高不能超过 1 267.46 万元，否则方案将变为不可行。同样，可测定其他因

用 $X_1$ , $X_2$ , … , $X_k$ 表示，设 $C_{tj}$ 为第 $t$ 年含有因素 $X_j$ 的现金流量（$1 \leqslant j \leqslant k$），$C_t$ 为第 $t$ 年项目的净现金流量。$C_t = \sum C_{tj}$ 。当 $X_j$ 变化时，$C_{tj}$ 也要发生相应的变化，这将导致净现金流量 $C_t$ 的改变。最终，各评价指标也要发生变化。现以净现值（$NPV$）指标为例分析如下（以下涉及的公式部分在第三节的可行性研究动态分析方法中均有说明）。

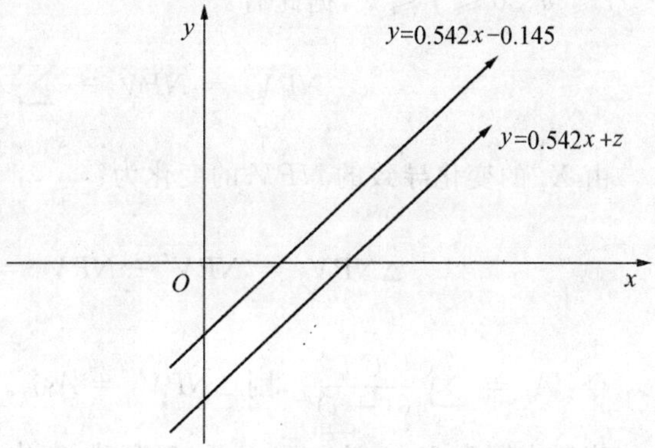


**图 4-5　双因素敏感性分析**

$$NPV = \sum_{t=0}^{n} \frac{C_t}{(1+i)^t} \tag{4-18}$$

式中：$i$ 为折现率；$n$ 为项目的寿命期限。

当某一影响因素发生变化时，$C_t$ 的相应变化量为 $\Delta C_t$ ，在 $|\Delta C_t|$ 不大时，利用多元函数的泰勒展开式，有：

$$\Delta NPV = \frac{NPV}{C_0}\Delta C_0 + \frac{NPV}{C_1}\Delta C_1 + \cdots + \frac{NPV}{C_n}\Delta C_n$$

$$= \sum_{t=0}^{n} \frac{NPV}{C_t}\Delta C_t \tag{4-19}$$

而根据 $NPV = \sum_{t=0}^{n} \frac{C_t}{(1+i)^t}$ ，对于不同 $t$ 值有：

$$\frac{NPV_t}{C_t} = \frac{1}{(1+i)^t} \tag{4-20}$$

所以

$$\Delta NPV = \sum_{t=0}^{n} \frac{\Delta C_t}{(1+i)^t} \tag{4-21}$$

设 $NPV_0$ , $X_{0j}$ , $C_{0tj}$ , $C_{0t}$ 为项目常规评估时的指标和参数，在因素变化时，它们相应地用 $NPV'$ , $X'_j$ , $C'_{tj}$ , $C'_t$ 来表示。当只有因素 $X_j$ 变化，其变化率为 $\delta_j$ 时，即 $X'_j = X_{0j}(1+\delta_j)$ ，则 $C'_{tj} = C_{0tj}(1+\delta_j)$ ，而 $C'_t = C_{0t} + \delta_j C_{0tj}$ ，$\Delta C_t = \delta_j C_{0tj}$ ，

$0 \leqslant t \leqslant n$，$0 \leqslant j \leqslant k$，据此有：

$$NPV' = NPV_0 + \sum_{t=0}^{n} \frac{C_{0tj}\delta_j}{(1+i)^t} \tag{4-22}$$

由 $X_j$ 的变化导致的 $NPV$ 的变化为：

$$\Delta NPV_j = NPV' - NPV_0 = \sum_{t=0}^{n} \frac{C_{0tj}\delta_j}{(1+i)^t} \tag{4-23}$$

令：$A_j = \sum_{t=0}^{n} \frac{C_{0tj}}{(1+i)^t}$，则 $\Delta NPV_j = A_j\delta_j$。

当所有因素 $X_1$，$X_2$，…，$X_k$ 都变动，变化率为 $\delta_1$，$\delta_2$，…，$\delta_k$ 时，有：

$$C'_j = C_{0t} + \sum_{j=1}^{k} \delta_j C_{0tj} \tag{4-24}$$

$$\Delta C_t = \sum_{j=1}^{k} \delta_j C_{0tj} \tag{4-25}$$

将式(4-25)代入式(4-21)得：

$$\begin{aligned} \Delta NPV &= \sum_{t=0}^{n} \left[ \frac{1}{(1+i)^t} \cdot \sum_{j=1}^{k} \delta_j C_{0tj} \right] \\ &= \sum_{j=1}^{k} \left[ \delta_j \sum_{t=0}^{n} \frac{C_{0tj}}{(1+i)^t} \right] = \sum_{j=1}^{k} \delta_j A_j \end{aligned} \tag{4-26}$$

$\Delta NPV$ 为全部因素的共同影响量，$\Delta NPV_j$ 为因素 $X_j$ 的单独影响量。可定义 $\Delta NPV_j$ 与 $\Delta NPV$ 之比($\Delta NPV_j / \Delta NPV$)为因素 $X_j$ 的影响度。其含义就是因素 $X_j$ 的影响量占全部因素影响量的比重，该比重越大，说明 $X_j$ 对 $NPV$ 的影响越大，这时 $X_j$ 为主要影响因素。

**【例 4-3】** [例 4-2]中，当因素发生变化时该表中的数据发生了变动，其中投资增加 10%，经营费用增加 10%，年销售量下降 8%(年产量与销售价格共同作用)，残值不变，即 $\delta_1 = 10\%$，$\delta_2 = 10\%$，$\delta_3 = -8\%$时，求各因素对净现值的影响度。

**解**：①计算 $A_j$。

投资：$A_1 = -1\,000$(万元)

经营费用：$A_2 = (-100) \times \frac{(1+10\%)^{10} - 1}{10\%(1+10\%)} = -614.46$(万元)

销售收入：$A_3 = 5\,000 \times 0.06 \times \dfrac{(1+10\%)^{10}-1}{10\%(1+10\%)} = 1\,843.37$（万元）

②计算影响量 $\Delta NPV$。

$$\Delta NPV_1 = \delta_1 A_1 = 10\% \times (-1\,000) = -100（万元）$$
$$\Delta NPV_2 = \delta_2 A_2 = 10\% \times (-614.46) = -61.45（万元）$$
$$\Delta NPV_3 = \delta_3 A_3 = (-8\%) \times 1\,843.37 = -147.47（万元）$$
$$\Delta NPV = \Delta NPV_1 + \Delta NPV_2 + \Delta NPV_3 = -308.92（万元）$$

③计算各因素的影响度。

$$\frac{\Delta NPV_1}{\Delta NPV} = \frac{-100}{-308.92} \times 100\% = 32.37\%$$
$$\frac{\Delta NPV_2}{\Delta NPV} = \frac{-61.45}{-308.92} \times 100\% = 19.89\%$$
$$\frac{\Delta NPV_3}{\Delta NPV} = \frac{-147.47}{-308.92} \times 100\% = 47.74\%$$

由上述计算可以看出，销售收入的变化对项目的净现值指标的影响度最大为47.74%；其次是投资，为32.37%。它们是影响项目投资效益的关键因素。至于是什么个体原因造成造价的上升和产品销售量的下降，是预测有误，还是项目建设和生产过程中管理不力，就需要深入调查，作进一步的分析研究。

## 四、概率分析

概率分析法是对一些不确定因素可能带来的风险进行定量分析的一种方法。要通过调查研究，取得必要的资料，确定各种可能变化情况（后果）的概率，据此进行分析和决策。其步骤如下：①定出各种可采取的行动方案；②根据调查研究和资料分析确定可能发生情况的概率值；③根据概率值计算各行动方案的期望值；④根据期望值作决策。

### （一）期望值法

期望是表示合乎愿望的程度的数值，可理解为在多次重复的情况下估计一项决策的长期的平均效果。从长远来看，平均效果有趋近于期望值的倾向。因此，用期望值作为衡量合乎愿望的尺度，是能定量地反映不确定性和风险的。

设 $x$ 为特定的变动值（不定因素的变动值），$P(x)$ 为特定值将发生的概率，则期望值 $E(x)$ 可按以下公式计算。

$$E(x) = \sum_{t=1}^{n} x_t P_t(x) \quad (t = 1, 2, \cdots, n) \tag{4-27}$$

要求 $\sum_{t=1}^{n} P_t(x) = 1$，较好的方案就有较高的期望值。

1. 列表法

这是一种通过决策表判断、选择方案的方法。根据决策表所列的各种情况下的概率和效益值，可以算出每个行动方案的效益期望值。

**【例 4-4】** 某农场种植 2 000 亩棉花，不采用地膜覆盖，在正常年景纯收入 30 万元，灾年纯收入 10 万元；若采用机械化地膜覆盖，正常年景纯收入 45 万元，灾年亏损 5 万元。据气象资料得知，每 10 年中有 8 年气候正常，2 年有灾害，比较两方案，如表 4-2 所示。

**表 4-2 气候情况的估测**

| 序号 | 机会条件 | 年纯收入/万元 | | 效益期望值 $E_i(x)$ |
|---|---|---|---|---|
| | | 正常年景(0.8) | 灾害年景(0.2) | |
| 1 | 不用地膜覆盖 | 30 | 10 | 26 |
| 2 | 采用地膜覆盖 | 45 | −5 | 35 |

**解**：第一方案的期望值：$E_1(x) = 30 \times 0.8 + 10 \times 0.2 = 26$(万元)

第二方案的期望值：$E_2(x) = 45 \times 0.8 + (-5) \times 0.2 = 35$(万元)

$E_2(x) > E_1(x)$，说明第二方案比第一方案好，应采用机械地膜覆盖方案。

2. 决策树法

决策树法也是一种在不确定情况下，利用各方案的损益期望值进行决策的方法。由于这种决策方法及其思路如树枝形状，所以叫决策树。在进行多级决策时，决策树法有其明显的优越性。决策树模型见图 4-6。

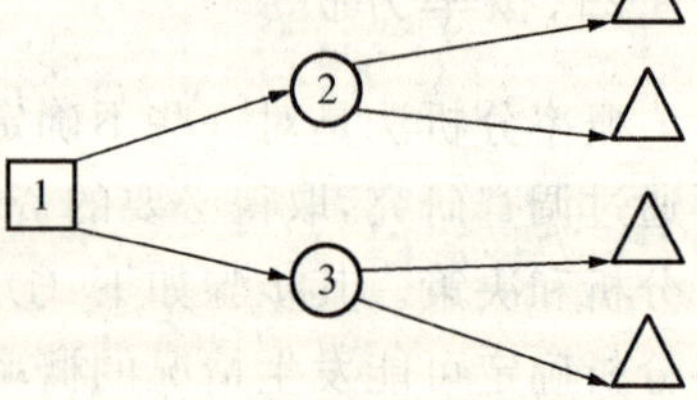


**图 4-6 决策树模型**

图 4-6 中，□为决策结点，由此点画出直线，称方案支线，方案支线表示由结点指出的几种可能方案；○为决策变点，又称状态收益点；△为决策终点。

在决策变点应计算出各段决策终点的平均期望值，在决策结点只是根据各变点的损益期望值取舍方案。在计算每一变点的损益期望值时，一定要注意考虑资金的时间价值。

**【例 4-5】** 某化肥生产企业为了保护环境，拟建一个污水处理厂，现有两个方案，建大厂或建小厂。其中，建大厂需初始投资 360 万元；建小厂又有两个方案，若只建一套装置需初始投资 60 万元，若建两套装置则需投资 96 万元。大、小厂的使用寿命均为10年。由于污水处理技术能力不同,经营费用也不同,估计在使用期间,含有害物质高的可能性为0.7,含有害物质低的可能性为0.3,贴现率 $i=8\%$,两个方案的年经营费用见表4-3。

**表4-3 两个方案的年经营费用**

| 方案 | 不同状态(概率)年经营费方案/万元 | |
|---|---|---|
| | 含有害物质高(0.7) | 含有害物质低(0.3) |
| 建大厂 | 12 | 6 |
| 建小厂 | | |
| 建一套装置 | 24 | 4 |
| 建两套装置 | 16 | 5 |

**解:**(1)画出决策树,见图4-7。

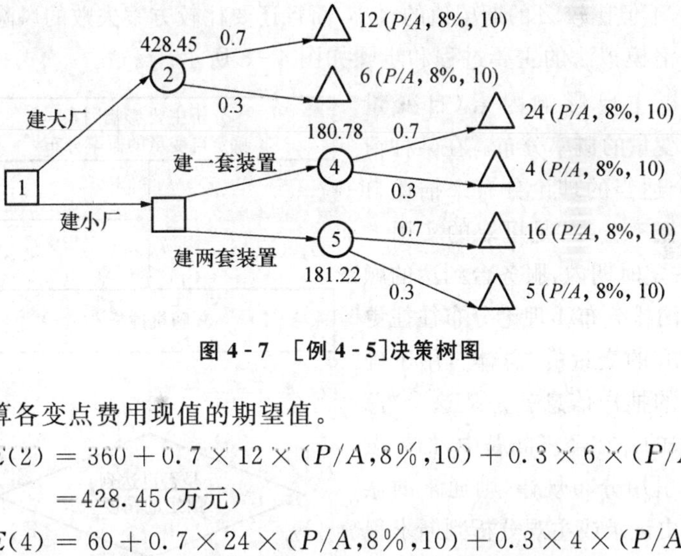


**图4-7 [例4-5]决策树图**

(2)计算各变点费用现值的期望值。

点2:$E(2)=360+0.7\times12\times(P/A,8\%,10)+0.3\times6\times(P/A,8\%,10)$
$=428.45$(万元)

点4:$E(4)=60+0.7\times24\times(P/A,8\%,10)+0.3\times4\times(P/A,8\%,10)$
$=180.78$(万元)

点5:$E(5)=96+0.7\times16\times(P/A,8\%,10)+0.3\times5\times(P/A,8\%,10)$
$=181.22$(万元)

其中 $(P/A,8\%,10)=\dfrac{(1+0.08)^{10}-1}{0.08(1+0.08)^{10}}=6.7101$

(3)作出决策。

根据最小费用原理,在决策树上取舍方案。最后的结论是,采取建小厂建一套装置的方案,可能花费最少。

### (二)蒙特卡洛模拟法

蒙特卡洛模拟法(Monte Carlo simulation),亦称模拟抽样法或统计试验法,是一种以数理统计理论为指导的模拟技术。它的本质是按一定的概率分布产生随机数的方法来模拟可能出现的随机现象。在工程项目中可表示各种获利可能性的方法。模拟方法还有泰勒级数法等。蒙特卡洛模拟法是概率分析中一种实用方法。

在经济评价中,评价指标 $Z$(可表示净现值、投资回收期、内部收益率等)是自变量 $x_i$(可表示产品销售价格、投资额、建设期、产量、成本等)的多元函数。

$$Z = f(x_1, x_2, \cdots, x_m)$$

函数 $f$ 就是计算评价指标的表达式。通常的评价方法是各自变量都被赋予一定值,计算得到的指标 $Z$ 也是一个确定值。概率分析法区别于传统计算法的特点有两个:①自变量 $x_i$ 中全部或至少一部分是随机变量,因而 $Z$ 也是随机变量;②在进行方案比较时,不但比较 $Z$ 的期望值的大小,而且还要比较方案失败的风险程度。

蒙特卡洛模拟法的主要过程和步骤如图 4-8 所示。

(1)分析主要影响因素(自变量 $x_i$),确定自变量的概率分布。在某种情况下,用一个适当的理论分布来描述自变量的经验概率分布,是可取的实用方法。例如,一定时期内,服务台到达的顾客量即服从泊松分布。理论分布往往更能代表所研究的变量的"总体",用于确定经验分布的抽样信息就是从这个"总体"中得出来的。在经济问题中,如果没有可能直接引用分布规律,则通常的做法是根据历史记录或主观分析判断求得研究对象的一个初始概率分布。例如,在需求预测中,可以根据过去的实际需求量分布状况估计预测目标的初始分布,或运用主观概率法、专家调查法给出一个事件出现的概率分布。

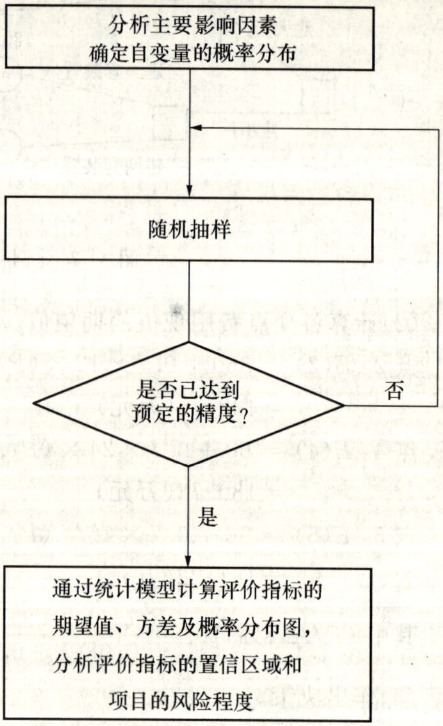


图 4-8 蒙特卡洛模拟步骤

如果自变量的概率分布可以用一种理论分布表示,可直接用这种分布规律表达式表示。例如,用正态分布,当输入

某变量的期望值 $\mu$ 和方差 $\sigma^2$ ，则其分布可表示成 $N(\mu,\sigma^2)$ 。如果用经验概率分布，则一般是用分组预测或判断来确定概率分布。

(2)随机抽样。可按自变量概率分布通过计算机产生随机数为一个样本，用函数关系求该样本的评价指标。对均匀分布、泊松分布等常用概率分布，一般计算机都安装随机数生成程序；也可以用其他任意随机数生成程序或随机数表随机产生一个数。若该数落到某一事件发生概率所对应的区间(累积概率区间)，则认为该事件发生。用此概率所对应的自变量计算评价指标，重复抽样数百次，直至达到满意的模拟结果为止。

(3)通过统计模型计算评价指标的期望值、方差及概率分布图分析评价指标的置信区域和项目的风险程度。

下面通过例子说明蒙特卡洛模拟法进行概率分析的具体过程。

**【例 4-6】** 某农机专业合作社为扩大生产规模，准备投资建设一套新的生产线。基准收益率为 6%，第 1 年投资 $I$，从第 2 年起运营，每年净收益为 $A$，预计使用寿命为 20 年，固定资产余值为 $L$。根据大量统计调查资料，运用科学预测方法，得随机变量 $I$，$A$，$L$ 的分布列于表 4-4。

试用蒙特卡洛模拟法分析建造该生产线的净现值 ($NPV$) 分布。

**表 4-4　[例 4-6]随机变量分布**

| | | | | | | | |
|---|---|---|---|---|---|---|---|
| $A$ | 组标/万元 | 130 | 140 | 150 | 160 | 170 | $\mu_A = 149.1$ |
| | 概率 | 0.16 | 0.20 | 0.35 | 0.15 | 0.14 | $\sigma_A = 12.42$ |
| | 累积概率 | 0.16 | 0.36 | 0.71 | 0.86 | 1.00 | |
| $I$ | 组标/万元 | 1 250 | 1 300 | 1 350 | 1 400 | 1 450 | $\mu_I = 1\,365.5$ |
| | 概率 | 0.10 | 0.12 | 0.35 | 0.23 | 0.20 | $\sigma_I = 62.29$ |
| | 累积概率 | 0.10 | 0.22 | 0.57 | 0.80 | 1.00 | |
| $L$ | 组标/万元 | 80 | 85 | 90 | 95 | 100 | $\mu_L = 89.35$ |
| | 概率 | 0.16 | 0.20 | 0.35 | 0.19 | 0.10 | $\sigma_L = 5.94$ |
| | 累积概率 | 0.16 | 0.36 | 0.71 | 0.90 | 1.00 | |

**解**：表 4-4 中的“组标”是随机变量可能的范围内等距离分级得到分组中值。各随机变量的数学期望与标准差是按分组资料用公式计算求得的。“累积概率”的概念是将各组概率依次叠加，也就是“分布函数”。进行蒙特卡洛模拟时，把随机数与累积落入区间，假定为 $A,I,L$。每次试验取多个随机数，依次跟 $A,I,L$ 的累积概率相比较。

随机数的产生，可以计算生成随机数的程序，也可以用一定的算法在计算机上生成。为了说明问题，以手工计算为例(手算时可查阅随机数表或在 Excel 里单元格中输入"＝int(rand()＊100)"可得到 0～99 的随机数)。现以计算机随机产生的一组随机数为例，取 40 组$(A, I, L)$，例如第一组为(14,20,7)，并将各数乘以$10^{-2}$后，依次同$(A, I, L)$的累积概率进行比较。第 1 个数 0.14 在 $A$ 累积概率中落入0～0.16区间，取 $A_1 = 130$；第 2 个数 0.20 在 $I$ 的累积概率中落入 0.10～0.22 区间，取 $I_1 = 1\,300$；将第 3 个数 0.07 与 $L$ 相比较落入 0～0.16 区间，取 $L_1 = 80$，把$(A_1, I_1, L_1)$这一组数代入净现值的计算公式，得到第一个样本，列于表 4-5 第一行。

据题意，该投资项目的净现值计算公式为：

$$NPV = -I(P/F,6\%,1) + A(P/A,6\%,20)(P/F,6\%,1) + L(P/F,6\%,21)$$

接着依次取随机数组，这样就可得到净现值的一批样本。表 4-5 详细列出 10 组，另 30 组不具体写出，只列出算出后的 $NPV$ 值。

**表 4-5 净现值的随机计算**

| 样本号 | 随机数 1 | $A$ | 随机数 2 | $I$ | 随机数 3 | $L$ | $NPV$ |
|---|---|---|---|---|---|---|---|
| 1 | 0.14 | 130 | 0.20 | 1 300 | 0.07 | 80 | 203.82 |
| 2 | 0.61 | 150 | 0.24 | 1 350 | 0.78 | 95 | 377.48 |
| 3 | 0.31 | 140 | 0.96 | 1 450 | 0.69 | 90 | 173.46 |
| 4 | 0.37 | 150 | 0.91 | 1 450 | 0.46 | 90 | 281.67 |
| 5 | 0.35 | 140 | 0.42 | 1 350 | 0.43 | 90 | 267.80 |
| 6 | 0.99 | 170 | 0.82 | 1 450 | 0.38 | 90 | 498.08 |
| 7 | 0.86 | 160 | 0.15 | 1 300 | 0.81 | 95 | 532.86 |
| 8 | 0.65 | 150 | 0.69 | 1 400 | 0.67 | 90 | 328.84 |
| 9 | 0.03 | 130 | 0.43 | 1 350 | 0.31 | 85 | 158.12 |
| 10 | 0.40 | 150 | 0.78 | 1 400 | 0.53 | 90 | 328.84 |

另外 30 组的 $NPV$ 数据见表 4-6。

**表 4-6 另外 30 组 NPV 数据**

| 样本号 | $NPV$ | 样本号 | $NPV$ | 样本号 | $NPV$ | 样本号 | $NPV$ | 样本号 | $NPV$ | 样本号 | $NPV$ |
|---|---|---|---|---|---|---|---|---|---|---|---|
| 11 | 374.54 | 16 | 498.08 | 21 | 498.08 | 26 | 328.84 | 31 | 109.48 | 36 | 314.97 |
| 12 | 269.27 | 17 | 314.97 | 22 | 331.78 | 27 | 156.65 | 32 | 266.33 | 37 | 639.59 |
| 13 | 482.74 | 18 | 376.01 | 23 | 284.61 | 28 | 328.84 | 33 | 161.06 | 38 | 173.46 |
| 14 | 171.99 | 19 | 421.71 | 24 | 161.06 | 29 | 423.77 | 34 | 156.65 | 39 | 156.65 |
| 15 | 267.80 | 20 | 542.31 | 25 | 159.59 | 30 | 206.76 | 35 | 325.90 | 40 | 222.10 |

将表 4-5 和表 4-6 中 40 个子样的 $NPV$ 由小到大等距离地分为 12 个区段，检查 40 个子样值落入各区段的频率，可以做出 $NPV$ 的概率分布直方图(图4-9)。

图 4-9 各区段 $NPV$ 值出现的频率就是它发生的概率的近似值，表示此项目所有获得的各种 $NPV$ 的可能性的大小。

由图 4-9 分析可知，$NPV<0$ 的概率为 0，即没有负净值的风险；$100<NPV<150$ 万元的概率为 2.5%；$150<NPV<350$ 万元的概率为 67.5%；$350<NPV<650$ 万元的概率为 27.5%；$NPV>600$ 万元的概率为 2.5%。

本例由于样本数较少，所以概率分布图不甚理想。如果样本数达到成百上千，则模拟结果就比较满意，精度较高。

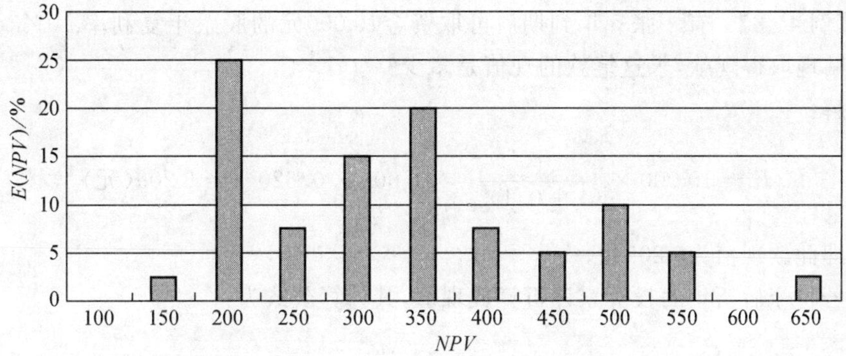


**图 4-9　NPV 的概率分布直方图**

## 五、可行性研究动态分析方法

### (一)动态分析中的常用计算公式

1. 复利未来值的计算

即在年利率 $i$ 的条件下，计算投资额 $K$ 到 $n$ 年末的本利和总额 $F$。投资为一次偿付时，其计算公式如第一节所列为 $F=K(1+i)^n$，$(1+i)^n$ 称为复利终值系数，也可用 $(F/P,i,n)$ 表示。

**【例 4-7】**　某年初购买一台东方红-75 型拖拉机及配套农具从银行贷款 82 000元，年复利率 10%，第 5 年年末一次偿还，求本利和为多少？

**解**：$F=82\,000\times(1+0.1)^5=82\,000\times1.610\,5=132\,062$(元)

即第 5 年末本利和偿还数132 062元。

当投资为分期投入时，其累计投资折算未来值公式为：

$$F=\sum_{t=1}^{n}K_t(1+i)^{n-t} \quad (\text{从第一年末计息}) \tag{4-28}$$

式中：$t$ 为各年年号；$K_t$ 为各年投资额。

2. 贴现值的计算

其一次偿付现值计算公式如第一节所列为：

$$K=F\frac{1}{(1+i)^n} \tag{4-29}$$

式中：$\frac{1}{(1+i)^n}$ 为复利现值系数，也可用 $(P/F,i,n)$ 表示。

**【例 4-8】** 有一张 5 年到期后可取资金10 000元的股票年复利率 10%，要在现在贴现取得现款，求这笔款的现值是多少？

**解：**

$$F=10\,000\times\frac{1}{(1+0.1)^5}=10\,000\times0.620\,9=6\,209(\text{元})$$

即此款现值为6 209元。

若将今后历年的投资累计折算成现值，其计算公式为：

$$K=\sum_{t=1}^{n}\frac{K_{at}}{(1+i)^t} \tag{4-30}$$

式中：$K_{at}$ 为各年投资额。

3. 定额序列复利未来值的计算

即在复利率 $i$ 已知的条件下，连续用等同额 $K_a$ 偿还（存款、投资），计算在 $n$ 年末的未来值的本利和 $F$。公式如下：

$$F=K_a\left[\frac{(1+i)^n-1}{i}\right] \tag{4-31}$$

式中：$\frac{(1+i)^n-1}{i}$ 称为年金终值系数，也可用 $(F/A,i,n)$ 表示。

**【例 4-9】** 向银行贷款投入某机械化林场建设项目，计划年利率 10%（复利），如 10 年内每年末投入 1 万元，试求第 10 年末本利和总金额是多少？

**解：**

$$F=10\,000\times\frac{(1+0.1)^{10}-1}{0.1}=10\,000\times15.937\,4=159\,374(\text{元})$$

即第10年年末本利和总金额为159 374元。

4. 还债基金存储额的计算

用于计算在提复利率已定的条件下，为了在 $n$ 期末能还清全部投资额（本利和）$F$，求每年年末应还的定额本金（或存入银行钱数）$K_a$。计算公式为：

$$K_a = F\left[\frac{i}{(1+i)^n - 1}\right] \tag{4-32}$$

式中：$\frac{i}{(1+i)^n - 1}$ 称为偿债资金系数，也可用 $(A/F, i, n)$ 表示。

**【例4-10】** 贷款购买拖拉机及农机，年利率7.2%（复利），通过每年存入等额资金的办法，在第5年末已知本利和为10万元，试求每年存入的等额资金是多少？

**解：**

$$\begin{aligned} K_a &= 100\,000 \times \left[\frac{0.072}{(1+0.072)^5 - 1}\right] \\ &= 100\,000 \times 0.173\,2 = 17\,320(\text{元}) \end{aligned}$$

即每年存入的资金为17 320元。

5. 定额序列复利现值总额的计算

用于计算年复利率 $i$ 已知的条件下，今后的 $n$ 年内每年年末可用定额提留收益 $K_a$ 偿还贷款，求各期提留收益总额外负担相当于现值的金额数 $K$（即折算现值累计金额）。公式为：

$$K = K_a\left[\frac{(1+i)^n - 1}{i(1+i)^n}\right] \tag{4-33}$$

式中：$\frac{(1+i)^n - 1}{i(1+i)^n}$ 称为年金现值系数，也可用 $(P/A, i, n)$ 表示。

**【例4-11】** 在今后5年内，每年可以从农机作业收入中获得利润4 000元存入银行偿还贷款，年利率7.2%（复利），试求现在可借贷款多少？

**解：**

$$K = 4\,000 \times \frac{(1+0.072)^5 - 1}{0.072 \times (1+0.072)^5} = 16\,314(\text{元})$$

即可借贷款16 314元。

6. 资金回收额的计算

用于计算当年复利率 $i$ 和投资 $K$ 已知条件下，求在 $n$ 年内每年有多少钱存入银行才能偿还投资，又叫年本息推还值。其计算公式为：

$$K_a = K\left[\frac{i(1+i)^n}{(1+i)^n - 1}\right] \tag{4-34}$$

式中：$\frac{i(1+i)^n}{(1+i)^n-1}$ 称为资金回收系数，也可用 $(A/P, i, n)$ 表示。

**【例 4-12】** 某农机专业户当初借款投资 10 万元购置一套农机具，年利率 15%，复利计算，此投资需在 7 年内全部收回，试求每年需回收多少钱才行？

**解：**

$$K_a = 100\,000 \times \frac{0.15 \times (1+0.15)^7}{(1+0.15)^7 - 1} = 24\,036(\text{元})$$

即每年需回收24 040元。

表 4-7 中 6 式是假设固定资产无残值 $(L=0)$ 的计算公式。若是有残值 $(L \neq 0)$ 其公式改为：

$$K_a = (i - L)\left[\frac{i(1+i)^n}{(1+i)^n - 1}\right] + L_i \tag{4-35}$$

**表 4-7 各复利计算公式的关系**

| 序号 | 公式 | 年定额值 $K_a$ | 年利率 $i$ | 年数 $n$ | 未来值 $F$ | 投资或贷款现值 $K$ |
|---|---|---|---|---|---|---|
| 1 | 一次偿付复利未来值 $F = K(1+i)^n$ | | √ | √ | ? | √ |
| 2 | 一次偿付现值 $K = F\frac{1}{(1+i)^n}$ | | √ | √ | √ | ? |
| 3 | 定额序列未来值 $F = K_a\left[\frac{(1+i)^n - 1}{i}\right]$ | √ | √ | √ | ? | |
| 4 | 还债基金储存额 $K_a = F\left[\frac{i}{(1+i)^n - 1}\right]$ | ? | √ | √ | √ | |
| 5 | 定额序列现值计算 $K = K_a\left[\frac{(1+i)^n - 1}{i(1+i)^n}\right]$ | √ | √ | √ | | ? |
| 6 | 资金回收额计算 $K_a = K\left[\frac{i(1+i)^n}{(1+i)^n - 1}\right]$ | ? | √ | √ | | √ |

注：表中"√"表示已知；"?"表示未知。

从表 4-7 中可以看出，公式 1 与公式 2 表示本金与本利和的关系，两式中的系数互为倒数；公式 3 与公式 4 表示各期本金与期末本利和的关系，两式中的系数互为倒数；公式 5 与公式 6 表示各期本金与期初现值的关系，两式中的系数也是互为倒数。

**(二)动态分析中的几种计算方法**

可行性动态分析的计算方法很多，这里仅介绍几种常用的计算方法。如西方国家常用的内部收益率、净现值法、益本比法等和我国常用的复(单)利折算累计利润投资比未来值法。

1. 内部收益率(EIRR)

经济内部收益率是反映项目对国民经济净贡献的相对指标。它是项目在计算期内各年经济净效益流量的现值累计等于零时的折现率。用求出的贴现率与基准收益率(贷款利率或国家规定的动态投资效果系数定额)进行比较，前者大于后者即为可行，其差距越大，投资效果越好。其表达式为：

$$\sum_{t=1}^{n} \frac{R_t - K_t}{(1+EIRR)^t} = 0 \quad (t = 1,2,\cdots,n) \tag{4-36}$$

式中：$n$ 为计算期期数；$R_t$ 为各年的利润(加折旧提成及其他回收，即现金流入)；$K_t$ 为各年的投资(现金流出)；$EIRR$ 为所求的内部收益率。

应用此方法时，是应采用插入法计算公式、几何图形及电子计算机求解法的办法得到所求适当贴现率的。

2. 净现值法

净现值( $NPV$ )法是将方案在整个服务年限内，各年所发生的现金流量按预定的标准投资收益率逐贴现，即将项目整个计算期内各年的现金流量，按某个给定的折现率，折算到计算期期初(零点，也即 1 年初)的现值代数和。视其所得净现值的大小决定方案的可行与否。净现值的计算公式为：

$$NPV = \sum_{t=0}^{n} \frac{C_t}{(1+i)^t} \tag{4-37}$$

式中：$NPV$ 为被评价方案的净现值；$C_t$ 为第 $i$ 年的净现金流量；$n$ 为计算期期数；$i$ 为贴现率。

3. 益本比法

计算受益与成本的比率的方法，西方国家所用的概念随意性很大。具体应用中可采用总收入与总费用(包括投资、生产成本总和)的现值进行比较，也可用平均年净收益(盈利)与平均年投资回收值(本息摊还值)进行比较。

总收入与总费用(包括投资、生产成本总和)的现值比较公式为:

$$\frac{B}{C}=\frac{\sum_{t=1}^{n}\frac{B_t}{(1+i)^t}}{\sum_{t=1}^{n}\frac{C_t}{(1+i)^t}} \tag{4-38}$$

式中:$n$ 为计算期期数;$B_t$ 为各年总收入(包括折旧提留);$C_t$ 为各年总费用(包括投资,成本中包括折旧费);$i$ 为贴现率(基准收益率)。

平均年净收益(盈利)与平均年投资回收值(本息摊还值)比较的公式为:

$$\frac{B}{C}=\frac{B_o}{K_a}=\frac{\text{年总收入}-\text{年生产成本}}{K\left[\frac{i(1+i)^n}{(1+i)^n-1}\right]} \tag{4-39}$$

式中:$B_o$ 为分析期内平均年盈利额;$K_a$ 为平均年本息摊还值(资金回收额);$K$ 为总投资。

$\frac{B}{C}$ 的比率越大,投资效果越好。特殊情况下,最低要求等于1。

4. 折算累计利润投资比未来值法

此法是我国农业技术经济研究工作者研究运用的一种方法。它是用各年利润未来值的总和与各年投资未来值的总和进行比较,是从过去计算到现在或从现在计算到未来,可用于计算各年不等额序列的复利折算累计未来值。计算公式为:

$$\frac{S}{K}=\frac{\sum_{j=l}^{m}S_j(1+i)^{m-l}}{\left[\sum_{t=1}^{n}K_t(1+i)^{n-t}\right](1+i)^{n'}} \tag{4-40}$$

式中:$S_j$ 为各年利润额,$j=l,l+1,l+2,\cdots,m-1,m$;$m$ 为计算期期数;$l$ 为开始有利润的年份;$i$ 为复利率。

$K=\left[\sum_{t=1}^{n}K_t(1+i)^{n-t}\right](1+i)^{n'}$ 为各年投资未来值总和。

式中:$K_t$ 为各年投资额;$n$ 为投资期,即开始投资到投资结束年数;$n'$ 为停止投资后至项目寿命期结束年数。

$\frac{S}{K}$ 比值越大,经济效果越好,要求 $\frac{S}{K}>1$。

5. 用单位计算利润与投资比未来值法

目前我国国内多采用单利计算利息的方法。各年利润和投资都采用单利计算其累计未来值进行比较，以评价建设项目的投资效果。

单利贷款本息和(投资未来值)的计算公式为：

$$K=\left\{\sum_{t=1}^{n}K_t[1+i(n-t)]\right\}(1+in') \tag{4-41}$$

式中：$t$ 为 1,2,…,$n$；$n$ 为投资开始至投资结束的年数；$K_t$ 为各年投资数；$i$ 为利率；$n'$ 为停止投资后至项目寿命期结束偿还完投资的年数。

单利折算累计利润未来值计算公式为：

$$S=\sum_{j=t}^{m}S_j[1+P(m-j)] \tag{4-42}$$

$$\frac{S}{K}=\frac{\sum_{j=l}^{m}S_j[1+i(m-j)]}{\left\{\sum_{t=1}^{n}K_t[1+i(n-t)]\right\}(1+in')} \tag{4-43}$$

其中 $\frac{S}{K}$ 比值越大，经济效果越好，要求 $\frac{S}{K}>1$。

## 习　题

4-1　解释下列名词术语：

①静态分析，动态分析；②利息，利率；③贴现值，贴现率；④现金流量；⑤盈亏平衡点；⑥生产负荷；⑦蒙特卡洛模拟法；⑧内部收益率，净现值法，益本比法

4-2　简述农业机械化技术经济可行性研究的特点及应注意的问题。

4-3　动态分析中的常用计算公式包括哪些？有哪些常用计算方法？

4-4　一台收割机价格为 10 000 元，10 年后残值为 500 元，折现率为 10%时，该设备平均每年至少应获利多少，才能保证投资不至于亏损？

4-5　一个先进的农业机械化技术推广项目投资共 30 万元，5 年后可一次性收回本利和 50 万元，其内部报酬率是多少？若已知基准收益率为 10%，该如何决策？

# 下篇　应用分析

# 第五章 农业机械化技术进步的宏观经济效果分析

农业机械化水平是一个国家现代农业发展程度的重要标志，农业机械化技术的发展与技术水平的提高直接影响着现代农业和整体社会经济的发展。特别是在现代农业发展的关键时期，是影响现代农业和社会经济发展的重要因素。因此，认识和了解农业机械化技术进步在社会经济发展中的作用，并应用相关知识分析其宏观经济效果，是非常重要的。

## 第一节 农业机械化技术进步与经济增长

### 一、农业机械化技术进步将产生内生增长的良性循环效应

农业机械化是对传统农业改造的技术进步过程，农业机械化投入是农业生产方式除旧布新或推陈出新的新陈代谢过程。因此，农业机械化投入与知识积累结合，将使经济系统产生内生增长的良性循环效应。以美国加州大学伯克利分校(Berkeley)的保罗·罗默教授为代表的现代经济增长理论（又称内生经济增长理论）认为，假设总体技术进步来自对实物资本的投资，资本投资将刺激新知识的产生，资本积累将产生出一种经济增长的内在力量，这种力量推动资本投资与知识积累的良性循环，表现出收益递增的特性。因为，如果把资本和劳动看作是生产中的有形投入，则知识积累可看做是一种内生的无形的特殊投入，把实物投资与知识积累的结合看做是一种复合资本品。由于新技术、新知识在生产中的应用，提高了效率，降低了成本，扩大了生产可能性边缘，具有递增的边际收益率，从而可以抵消通常由于增加资本投入所带来的收益递减现象，资本深化和技术进步结合可以提高投资收益，提高资本生产率，从而出现增长的良性循环。现代经济增长理论被称为是把资本深化和技术进步结合起来的理论，已逐渐代替古典经济增长理论（主要强调劳动和资本 2 种要素，强调储蓄和投资在增长中的作用）和新古典经济增长理论

(提出资本和劳动要素可以相互代替,强调技术进步的作用,认为技术进步是长期经济增长的决定因素,但把技术进步看作是外生变量),而成为主流经济学被接受,被认可“必将成为增长理论主流思想的新基石”。根据现代经济增长理论,假设对农业生产系统进行农业机械化投资,农业机械化技术进步将刺激新知识产生,推进农业生产技术进步,则农业机械化投资积累将产生出一种经济增长的内在力量,不仅产生经营主体的微观经济效益,还会产生社会共享的效益,这种力量将推动农业机械化投资与知识积累的良性循环,表现为收益递增,从而提高农业的竞争能力。也就是说,农业机械化投资会引致知识的积累,农业机械投入与知识积累形成一种有形投入与内生增长相结合的符合资本品,又将加快技术进步的进程,技术进步又可以提高农业机械化投资的效益,使农业经济系统出现增长的良性循环,从而推进农业现代化进程,促进长期经济增长,提高竞争能力。

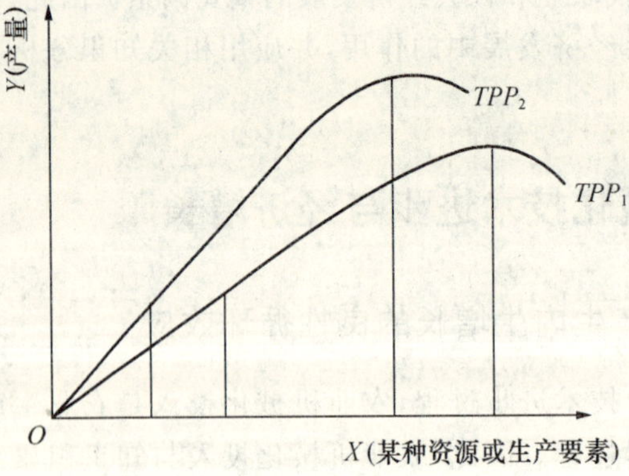


图 5-1 技术变化对生产函数的影响

一般而言,有形投入报酬递减规律是以技术水平不变为前提条件的。例如,在其他条件不变的情形下,技术不变时,只增加劳动投入,就会出现收益递减现象。劳动投入过多,收益递减越严重。农业劳动者很多的中国和印度,农民收入和生活水平很低的原因,就在于这一基本规律在起作用。如果技术发生变化,即会使报酬递减规律受到影响。如图 5-1 所示,在技术进步后,使得总产量曲线($TPP_2$)与原来的总产量曲线($TPP_1$)相比有所变化,单位资源投入所获产出量明显增大,总产出量增加,从而提高了生产经济效益。可见技术进步可以大幅度提高资本产出率,从而减缓报酬递减的速度,甚至出现收益递增。正如保罗·A·萨缪尔森在《经济学》中所说:“在技术进步时,同样的资本和劳动投入能产生出更多的产品,使投入产出比升高。”“在收益递减和技术进步展开的竞赛中,技术进步取得了胜利。迄今为止,历史就是这样前进的。”由于农业机械化投入不是单纯的农业机械资本投入,而是与技术进步紧密结合的,所以能产生内生增长、收益递增的良性循环效应。

## 二、农业机械化与农业和国民经济发展的关系

关于我国农业机械化与国民经济和社会发展的关系，毛泽东有精辟的论述。1955 年，在《关于农业合作化问题》的报告中，他强调说，“我们对于工业和农业、社会主义工业化和社会主义农业改造这样两件事情，决不可以分割起来和相互孤立起来去看，决不可以只强调一面，减弱另一面。”他指出，我国是把社会革命和技术革命这两种革命结合在一起的。又说，“中国只有在社会经济制度方面彻底地完成社会主义改造，又在技术方面，在一切能够使用机器操作的部门和地方，统统使用机器操作，才能使社会经济面貌全部改观。”1959 年，他对农业发展与农业机械化的关系作出了“农业的根本出路在于机械化”的论断。这些重要思想，都说明农业机械化与我国农业和国民经济发展有密切关系，至今仍然有重要指导意义。

本书根据 1995—2009 年我国农业机械化水平（由于目前农业机械化水平主要体现为田间生产机械化水平，本文所提我国农业机械化水平均以耕种收综合机械化水平代替。下同）与人均 GDP、农业总产值和农业增加值的统计数据（表 5-1 和表 5-2），建立回归模型进行定量分析，证实了农业机械化技术进步与农业和国民经济发展有明显的正相关关系。农业机械化发展支撑了农业和国民经济发展，国民经济发展、国家实力增强又为农业和农业机械化发展。

**表 5-1 1995—2009 年我国农业机械化水平与人均 GDP 数据**

| 年份 | 耕种收综合机械化水平/% | 人均 GDP/元 | 年份 | 耕种收综合机械化水平/% | 人均 GDP/元 |
|---|---|---|---|---|---|
| 1995 | 25.90 | 5 045.73 | 2003 | 32.13 | 10 541.97 |
| 1996 | 29.43 | 5 845.89 | 2004 | 35.17 | 12 335.58 |
| 1997 | 27.95 | 6 420.18 | 2005 | 39.29 | 14 185.36 |
| 1998 | 30.39 | 6 796.03 | 2006 | 35.93 | 16 499.70 |
| 1999 | 31.61 | 7 158.50 | 2007 | 42.47 | 20 169.46 |
| 2000 | 32.30 | 7 857.68 | 2008 | 45.85 | 23 707.71 |
| 2001 | 32.18 | 8 621.71 | 2009 | 49.13 | 25 575.48 |
| 2002 | 32.46 | 9 398.05 | | | |

数据来源：1995—2009 年《全国农业机械化统计年报》、1996—2010 年《中国统计年鉴》。

### （一）农业机械化与人均 GDP 的回归模型

$$G=-21\,910+974.39M \qquad R^2=0.948\,8 \qquad (5\text{-}1)$$

$t$ 检验 $t=15.515\,33>t_{0.005}(13)=3.012$

式中：$G$ 为人均 GDP；$M$ 为耕种收综合机械化水平。

表 5-2 1995—2009 年我国农业机械化水平、农业机械原值、农业总产值、农业增加值数据

| 年份 | 耕种收综合机械化水平/% | 耕、种、收机械化水平/% | | | 农业机械原值/万元 | 农业总产值/亿元 | 农业增加值/亿元 |
|---|---|---|---|---|---|---|---|
| | | 耕整地机械化程度 | 播栽机械化程度 | 收获机械化程度 | | | |
| 1995 | 25.90 | 41.35 | 20.04 | 11.15 | 16 556 747 | 20 340.86 | 11 993.4 |
| 1996 | 29.43 | 42.44 | 26.55 | 14.95 | 18 811 267 | 22 353.73 | 13 391.2 |
| 1997 | 27.95 | 44.53 | 24.54 | 9.25 | 21 242 166 | 23 788.36 | 14 148.6 |
| 1998 | 30.39 | 46.18 | 24.67 | 15.07 | 23 701 699 | 24 541.86 | 14 555.7 |
| 1999 | 31.61 | 47.62 | 25.59 | 16.29 | 26 407 498 | 24 519.06 | 14 457.2 |
| 2000 | 32.30 | 47.75 | 25.75 | 18.26 | 28 280 800 | 24 915.77 | 14 628.1 |
| 2001 | 32.18 | 47.41 | 26.06 | 17.99 | 30 066 100 | 26 179.60 | 15 411.9 |
| 2002 | 32.46 | 47.13 | 26.64 | 18.33 | 32 040 700 | 27 390.75 | 15 643.37 |
| 2003 | 32.13 | 46.84 | 26.71 | 19.02 | 33 615 900 | 29 691.80 | 17 657.76 |
| 2004 | 35.17 | 51.54 | 29.00 | 20.00 | 36 472 500 | 36 238.99 | 20 784.90 |
| 2005 | 39.29 | 50.15 | 30.26 | 22.63 | 39 477 000 | 39 450.89 | 23 895.23 |
| 2006 | 35.93 | 55.39 | 32.00 | 25.11 | 42 791 500 | 40 810.83 | 25 425.61 |
| 2007 | 42.47 | 58.89 | 34.43 | 28.62 | 46 345 100 | 48 892.96 | 27 435.65 |
| 2008 | 45.85 | 62.92 | 37.74 | 31.19 | 51 918 600 | 58 002.15 | 33 965.96 |
| 2009 | 49.13 | 65.99 | 41.03 | 34.74 | 58 197 700 | 60 361.01 | 33 540.20 |

数据来源：1995—2009 年《全国农业机械化统计年报》、1996—2010 年《中国统计年鉴》。

结果显示，农业机械化水平与人均 GDP 显著正相关，$t$ 检验回归效果显著，即农业机械化水平的提高能促进人均 GDP 的增长。在此期间，农业机械化水平每提高 1%，人均 GDP 可增加 974 元左右。

**(二)农业机械化水平、农业机械原值与农业总产值的关系模型**

耕种收综合机械化水平与农业总产值回归模型：

$$A_T=-32\,983+1\,919.3M \qquad R^2=0.954\,6 \tag{5-2}$$

$t$ 检验 $\quad t=16.539\,57>t_{0.005}(13)=3.012$

式中：$A_T$ 为农业总产值；$M$ 为耕种收综合机械化水平。

农业机械原值与农业总产值回归模型：

$$A_T=-1\,087.7+10.353Y_M \qquad R^2=0.936\,9 \tag{5-3}$$

$t$ 检验 $\quad t=13.895\,17>t_{0.005}(13)=3.012$

式中：$A_T$ 为农业总产值；$Y_M$ 为农业机械原值。

结果显示，耕种收综合机械化水平、农业机械原值与农业总产值显著正相关（图 5-2 和图 5-3），$t$ 检验回归效果显著，随着农业机械化水平的提高，农业总产值显著增长。在此期间，农业机械化水平每提高 1%，农业总产值可增加 1 919.3 亿元；农业机械原值每增加 1 亿元，相应地农业总产值增加 10.353 亿元。

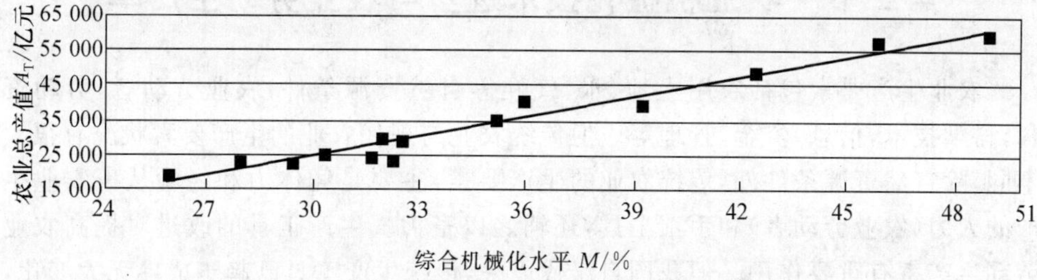


**图 5-2　农业机械化水平与农业总产值关系图**

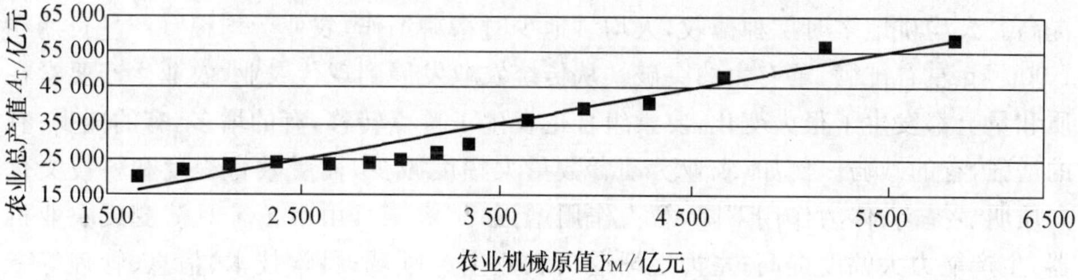


**图 5-3　农业机械原值与农业总产值关系图**

**（三）农业机械化水平、农业机械原值与农业增加值的关系模型**

耕种收综合机械化水平与农业增加值的回归模型：

$$A_Z = \quad 17\,359 + 1\,607.3M \qquad R^2 - 0.932\,6 \qquad (5-4)$$

$t$ 检验　　$t = 13.412\,36 > t_{0.005}(13) = 3.012$

式中：$A_Z$ 为农业增加值；$M$ 为农耕种收综合机械化水平。

农业机械原值与农业增加值的回归模型：

$$A_Z = 206.75 + 5.807\,8Y_M \qquad R^2 = 0.931\,4 \qquad (5-5)$$

$t$ 检验　　$t = 13.288\,56 > t_{0.005}(13) = 3.012$

式中：$A_Z$ 为农业增加值；$Y_M$ 为农业机械原值。

结果显示，耕种收综合机械化水平、农业机械原值与农业增加值显著正相关，$t$检验回归效果显著。随着农业机械化水平的提高，农业增加值显著增长。在此期间，农业机械化水平每提高1%，农业增加值增加1 607.3亿元；农业机械原值每增加1亿元，农业增加值增长5.807 8亿元。

## 第二节 农业机械化技术进步与农业劳动生产率

农业生产要素包括农用土地、水、气候等自然资源条件，农业劳动者，劳动资料，科学技术，信息，资金，管理等。但传统农业与现代农业的生产要素状况有很大不同，除自然资源条件外，传统农业的生产要素，主要是凭体力和经验从事农业生产的人力(农业劳动者)和手工工具，还辅之以畜力。生产工具的改进对提高农业劳动生产率有重要作用。但我国自汉代以来，传统生产工具已趋于成熟无大变化，所以农业劳动者的体力和经验就成为影响农业劳动生产率高低最重要的因素。代代相传经验积累的局限性和人的体力的有限性使传统农业劳动生产率难以大幅度提高。人均耕地多时广种薄收，人均耕地少时精耕细作，农业劳均粮食产量长期在1 000 kg左右徘徊，难有大的突破。从传统农业发展到现代农业，农业生产要素在质和量上都发生了很大变化，要素组合也发生了重点转移，有的增多，有的减少；有的增强，有的减弱。例如，农业劳动者数量大幅度减少，而受教育程度和科技文化素质明显提高；体力作用下降，智力作用增强；生产工具由手工工具演变成农业机器，生产能力大幅度提高；畜力逐渐退出农业生产领域；科学技术、信息、管理等新兴生产要素的作用大增。现代农业的劳动生产率与传统农业的劳动生产率相比，几十倍、上百倍的大幅度提高。所以，农业生产要素状况不同，农业劳动生产率大小和农业机械化技术选择也不同。

农业劳动生产率常作为衡量一个国家或单位机械化、现代化水平的重要标志。一个国家农业劳动生产率的高低，与该国的生产条件和生产特点及社会平均劳动生产力水平有很大关系。马克思曾经说过："超过劳动者个人需要的农业劳动生产率，是一切社会的基础。"[①]农业现代化的过程，也是大幅度提高农业劳动生产率的变革过程，使每个农业劳动者创造出更多的超过个人需要的农产品，使农业为工业和其他各项经济文化事业的发展，提供更多的粮食、原料、劳动力和市场。

农业机械化技术进步可以大幅度提高农业劳动生产率，主要有两方面原因：一

---

① 《资本论》第三卷. 北京：人民出版社，1975年出版，第125页。

是因为使用农业机器生产把巨大的自然力和自然科学并入了农业生产过程；二是因为农业机械化促进了农业劳动者素质的提高。

## 一、农业机械化把巨大的自然力和自然科学并入了农业生产过程，必然大大提高农业劳动生产率

在农业生产中使用机器替代手工工具，用自然力来代替人力，以自觉运用科学技术来代替传统经验生产，克服了人的体力、器官的限制和经验的局限，必然大大提高农业劳动生产率。在改变劳动资料的同时必将改变劳动方法，即改革生产方式，这是提高农业生产力水平的根本途径。正如在工业中使用机器引发了工业革命，使社会生产力大增一样，在农业中使用机器也引发了农业生产方式的革命，使农业生产力大增。在生产实践中，有些作业和功能要求根本不可能通过人来进行和完成，必须配备和使用机器来完成，也从一个方面证明了使用机器能提高生产能力，扩大生产领域，从而提高竞争能力。生产要素的选择和组合不同，反映出怎样生产、用什么劳动资料进行生产的方式不同，也反映出不同国家和不同时代的社会生产力具有不同的水平。在农业生产中选择生产方式不变、增加劳动投入和选择改变生产方式、增加机器投入、减少劳动投入是两种不同的技术路线，其结果是前者生产力提高缓慢，竞争力弱；后者生产力提高快，竞争力强。举证如下。

例证一：1907 年，美国约有 600 台拖拉机在使用，到 1910 年有 1 355 万农业劳动力，也仅拥有 1 000 台拖拉机，平均 13 350 个农业劳动力拥有 1 台拖拉机，农业生产中使用了几千万匹(头)役畜，被认为是农业机械化开始时期。当时的社会平均生产力水平为，生产 1 $hm^2$ 玉米的用工量为 87 h，生产 1 000 kg 玉米的用工量为 53.2 h；到 1954 年，畜力作为农业动力的历史宣告结束时，农业劳动力减少到 864 万人，拥有拖拉机 424.3 万台，几乎每 2 名农业劳动者就拥有 1 台拖拉机。农业劳动者减少、农业机械增加、农业役畜退出农业生产的结果是——农业生产力水平大增。1954 年生产 1 $hm^2$ 玉米的用工量只需要 24.8 h，劳动工时比 1910 年减少 71.5%；生产 1 000 kg 玉米只需要 7.8 h，比 1910 年减少 85.3%，即 1954 年农业劳动的小时生产率为 1910 年的 6.8 倍。可见，农业机械化大大增强了农业生产能力，提高了农业劳动生产率。随着农业机械化水平的进一步提高，如今美国农业劳动力已减至 295.8 万人，平均每 10 $khm^2$ 耕地拥有 258.9 台拖拉机(表5-3)，是世界上最大的农产品出口国，其中农产品出口是美国外汇收入最多的项目之一。农业劳动生产率(每个农业劳动者创造的农业增加值)高达 9 万多美元，是世界上农业竞争力最强的农业大国。

**表 5-3 部分国家农业劳动生产率、农业劳动者、拖拉机拥有量比较**

| 国家 | 农业劳动生产率①(2005—2007)/(美元/人) | 农业劳动力②(2009)/万人 | 第一产业从业人员占全社会从业人员比重③/% | 每 10 $khm^2$ 耕地拖拉机数量(2005—2007)④/台 |
|---|---|---|---|---|
| 法国 | 94 836 | 60.0 | 3.8 | 624.7 |
| 加拿大 | 92 276 | 33.6 | 2.0 | 162.4 |
| 美国 | 90 030 | 295.8 | 0.7 | 258.9 |
| 日本 | 78 736 | 152.4 | 4.0 | 4 417.0 |
| 澳大利亚 | 61 660 | 44.2 | 3.6 | 67.0 |
| 英国 | 56 130 | 47.9 | 1.4 | 744.2 |
| 意大利 | 53 568 | 87.5 | 4.2 | 2 539.4 |
| 德国 | 53 490 | 68.9 | 2.4 | 673.0 |
| 西班牙 | 35 788 | 103.8 | 4.2 | 782.0 |
| 巴基斯坦 | 1 776 | 2 557.3 | 43.0 | 207.8 |
| 印度尼西亚 | 1 314 | 4 796.8 | 42.1 | 2.3 |
| 泰国 | 1 306 | 1 922.8 | 42.4 | 529.6 |
| 印度 | 920 | 26 458.5 | 52.0 | 186.9 |
| 中国⑤ | 918 | 49 813.5 | 39.5 | 124.3 |

资料来源:①数据来源于《2010 World Development Indicators》(简称 WDI),Green Press,2010 年出版。

②数据来源于联合国粮农组织数据库。

③数据来源于 THE WORLD FACTBOOK 2010。其中,美国、日本、澳大利亚、西班牙、印度、中国为 2009 年数据;法国、英国、意大利、德国、泰国为 2008 年数据;加拿大为 2007 年数据;印度尼西亚为 2006 年数据;巴基斯坦为 2005 年数据。

④数据来源于 WDI,为 2005—2007 年数据,其中日本为 2003—2005 年数据。

⑤中国数据仍用 WDI 数据,以保持统一口径(《中国统计年鉴》有关 2009 年数据为:农业劳动生产率 1 735 美元/人,农业劳动力 29 708.0 万人,第一产业从业人员占全社会从业人员比重 38.1%,每 10 $khm^2$ 耕地拖拉机数量1 726.5 台)。

例证二:世界农业大国中,农业劳动生产率高、国际竞争力强的国家,都是农业劳动者投入少、农业机械投入多、已经实现农业机械化的国家;农业劳动生产率低、国际竞争力弱的国家,都是农业劳动者投入多、农业机械投入少、还没有实现农业机械化的国家(表 5-3)。我国的农业劳动者数量世界第一,是美国的

100.43倍，而农业劳动生产率仅为美国的1.02%（2007年数据，2001年为0.78%）。过多的农业劳动者投入，过少的农机装备投入，农业生产方式落后，是农业劳动生产率低、国际竞争力弱的根本原因，也是农民收入低、农村贫穷的根本原因。反之，农业生产方式先进，农业劳动生产率高，也是农民收入高、生活富裕的根本原因。

例证三：我国农业机械化发展与农业劳动生产率提高呈现出明显的正相关关系。20世纪90年代以来，我国农业机械化发展较快，为我国实现主要农产品供给由长期短缺到总量基本平衡、丰年有余的历史性转变做出了重要贡献。根据国内有关统计数据，在此期间，我国农机总动力由1995年的36 118.10万kW、平均每个农业劳动者1.01 kW，发展到2009年的87 496.10万kW、平均每个农业劳动者2.9 kW，每个农业劳动者拥有的农机动力是1995年的近3倍。同期，耕种收综合机械化水平由25.90%提高到49.13%，农业劳动力由35 530万人减到29 708万人，第一产业从业人员占全社会从业人员的比重由52.2%降到38.1%。在此期间，我国农产品总量和品种都有很大增加，谷物、肉类、养羊、禽蛋、棉花、花生、食用油、水果、蔬菜、水产品、烟叶等11类农产品总量都位居世界第一，其中，谷物、肉类、养羊、禽蛋、棉花产量是从第2位上升到第1位，水果产量从第4位上升到第1位。农业劳动生产率由1995年的3 709元提高到2009年的11 857元，增加了2倍。根据我国1995—2009年农业机械化水平和农业劳动生产率（用每个农业劳动者创造的农业增加值表示）的历史数据（表5-4），用回归模型进行定量分析。结果显示，农业机械化水平与农业劳动生产率的提高呈显著正相关关系。

按时序数据建立的农业机械化水平与农业劳动生产率的关系模型：

$$P=-0.7662+0.0391M \qquad R^2=0.9261 \tag{5-6}$$

$t$ 检验　　$t=12.76558>t_{0.005}(13)=3.012$

式中：$P$ 为农业劳动生产率；$M$ 为耕种收综合机械化水平。

结果显示，农业机械化水平与农业劳动生产率显著正相关（图5-4），$t$ 检验回归效果显著。随着农业机械化水平的提高，农业劳动生产率显著提高。在此期间，农业机械化水平每提高1%，每个农业劳动者创造的农业增加值（农业劳动生产率）提高0.039 1万元（即391元）。

农业国际竞争力的本质是农业比较生产率，它反映一个国家农业比较生产力与劳动生产率的水平，因此农业劳动生产率成为影响农业国际竞争力最重要的指标。世界上已经实现农业现代化的国家和农业国际竞争力较强的国家，农业劳动生产率都很高，农业劳动者占全社会从业人员的比重一般大都在8%以下，

表 5-4 1995—2009 年我国农业机械化水平和农业劳动生产率

| 年份 | 耕种收综合机械化水平/% | 耕、种、收机械化水平/% | | | 农业劳动生产率/万元 |
|---|---|---|---|---|---|
| | | 耕整地机械化程度 | 播栽机械化程度 | 收获机械化程度 | |
| 1995 | 25.90 | 41.35 | 20.04 | 11.15 | 0.370 9 |
| 1996 | 29.43 | 42.44 | 26.55 | 14.95 | 0.415 1 |
| 1997 | 27.95 | 44.53 | 24.54 | 9.25 | 0.402 2 |
| 1998 | 30.39 | 46.18 | 24.67 | 15.07 | 0.408 8 |
| 1999 | 31.61 | 47.62 | 25.59 | 16.29 | 0.439 3 |
| 2000 | 32.30 | 47.75 | 25.75 | 18.26 | 0.399 4 |
| 2001 | 32.18 | 47.41 | 26.06 | 17.99 | 0.400 1 |
| 2002 | 32.46 | 47.13 | 26.64 | 18.33 | 0.437 1 |
| 2003 | 32.13 | 46.84 | 26.71 | 19.02 | 0.467 6 |
| 2004 | 35.17 | 51.54 | 29.00 | 20.00 | 0.588 8 |
| 2005 | 39.29 | 50.15 | 30.26 | 22.63 | 0.679 1 |
| 2006 | 35.93 | 55.39 | 32.00 | 25.11 | 0.759 7 |
| 2007 | 42.47 | 58.89 | 34.43 | 28.62 | 0.893 4 |
| 2008 | 45.85 | 62.92 | 37.74 | 31.19 | 1.099 4 |
| 2009 | 49.13 | 65.99 | 41.03 | 34.74 | 1.185 7 |

数据来源：1995—2009 年《全国农业机械化统计年报》、1996—2010 年《中国农业年鉴》。

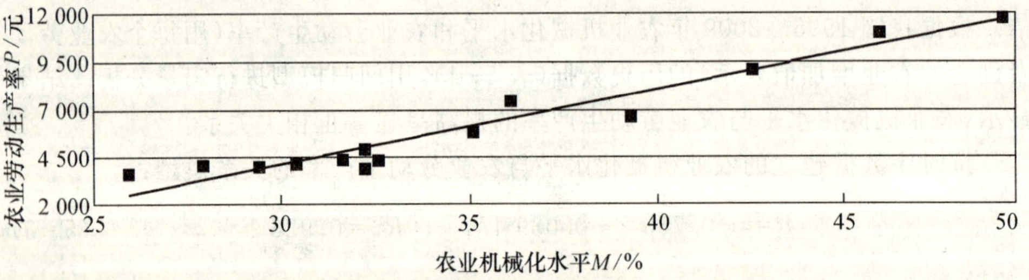


图 5-4 农业机械化水平与农业劳动生产率的关系

有的甚至在 5%以下，而他们生产的农产品，却能满足社会的需要。例如，美国农业人口占总人口的 2.2%，农业劳动者不到总人口的 1%，占全社会从业人员的比例也仅为 0.7%，平均每个农业劳动者负担耕地面积 61.46 $hm^2$，生产的食物可以养活 128 人，他们生产的粮食，除满足本国需要外，还有近 1/3 的粮食可供出口，其农产品的国际市场占有率世界第一，农业劳动生产率(每个农业工人创造的农业增加值)世界第三。法国农业人口占总人口的 3.12%，农业劳动者只占总人口 1.3%，占全社会从业人员的 3.8%，平均每个农业劳动者负担耕地面积20.61 $hm^2$，生产谷物76 397.98 kg，其农产品的国际市场占有率世界第二。其他农业国际竞争力强的国家，如加拿大、澳大利亚、德国、意大利、英国、西班牙等国，都具有很高的农业劳动生产率、较高的农产品质量和较低的生产成本，使其农产品具有较强的市场竞争力，获得较高的国际市场占有份额，从而具有较强的农业国际竞争力。

目前，我国农业人口占总人口53.4%，农业劳动者占总人口22.26%，每个农业劳动者只负担耕地0.41 $hm^2$，生产谷物1 620.99 kg，与已经实现了农业现代化的国家相比差距很大。根据世界发展指标2010年数据，2009年我国农业劳动生产率仅为法国的1/103，加拿大的1/101，美国的1/98，日本的1/86，澳大利亚的1/67，英国的1/61，意大利的1/58，德国的1/58，西班牙的1/39，在20个农业大国中位居最后（表5-3）。由于农业劳动生产率水平低，致使竞争能力弱，严重影响我国农业国际竞争力，成为影响我国农业国际竞争力提高的主要制约因素。

## 二、农业机械化技术进步促进了农业劳动者文化素质的提高

舒尔茨[①]在《改造传统农业》中说："在解释农业生产的增长量和增长率的差别时，土地的差别是最不重要的，物质资本的差别是相当重要的，而农民能力的差别是最重要的。"从人力资本理论角度阐述了农民的能力和素质与农业竞争力的关系。实现农业机械化的过程，要求农民必须具备一定的科技文化素质和修养，才能较好地掌握农业机械的操作、使用、维修及相应的农业机械化技术。2009年，我国乡村已有农机户3 940.337万户，占乡村总户数的15.63%，农机作业服务组织17.53万多个，乡村农机人员5 023.91万人。也就是说，我国农民中已有16.91%以上不是使用手工工具的传统农民，而是使用农业机械生产经营的新型农民。这是农业劳动生产率提高的重要原因。本书根据1995—2009年农业机械化水平和农业劳动力文化素质（用每百个农业劳动力中文化状况表示）的历史数据（表5-5），对农业机械化与农业劳动力文化素质之间的关系进行定量分析，建立了回归模型：

$$C=10.31+0.087M \qquad R^2=0.822\,5 \tag{5-7}$$

$t$检验 $\qquad t=7.761\,8>t_{0.005}(13)=3.012$

式中：$C$为农业劳动力文化素质指数（即期望受教育年限，由不同文化状况分布与权重相乘求得，各种文化状况的权重由各种文化状况的受教育年限与6种文化状况受教育年限总和的比值求得，设不识字或识字很少、小学、初中、高中、中专、大专及大专以上6种文化状况的受教育年限分别为0,5,7,9,11,14年）；$M$为耕种收

① 西奥多·W·舒尔茨（Theodore W. Schultz，1902—1998），美国著名经济学家，人力资本理论之父，农业经济学大师。

综合机械化水平。

表 5-5 1995—2009 年我国农业机械化水平与农业劳动力文化素质情况 %

| 年份 | 耕种收综合机械化水平 | 耕、种、收机械化水平 | | | 农村居民家庭劳动力文化状况（每百个劳动力中所占比重） | | | | | |
|---|---|---|---|---|---|---|---|---|---|---|
| | | 耕整地机械化程度 | 播栽机械化程度 | 收获机械化程度 | 不识字或识字很少 | 小学 | 初中 | 高中 | 中专 | 大专及大专以上 |
| 1995 | 25.90 | 41.35 | 20.04 | 11.15 | 13.47 | 36.62 | 40.10 | 8.61 | 0.96 | 0.24 |
| 1996 | 29.43 | 42.44 | 26.55 | 14.95 | 11.23 | 35.52 | 42.83 | 8.91 | 1.20 | 0.31 |
| 1997 | 27.95 | 44.53 | 24.54 | 9.25 | 10.10 | 35.11 | 44.31 | 8.91 | 1.24 | 0.33 |
| 1998 | 30.39 | 46.18 | 24.67 | 15.07 | 9.56 | 34.48 | 44.98 | 9.15 | 1.46 | 0.37 |
| 1999 | 31.61 | 47.62 | 25.59 | 16.29 | 8.96 | 33.66 | 46.05 | 9.37 | 1.57 | 0.39 |
| 2000 | 32.30 | 47.75 | 25.75 | 18.26 | 8.09 | 32.22 | 48.07 | 9.31 | 1.83 | 0.48 |
| 2001 | 32.18 | 47.41 | 26.06 | 17.99 | 7.69 | 31.14 | 48.88 | 9.65 | 2.02 | 0.61 |
| 2002 | 32.46 | 47.13 | 26.64 | 18.33 | 7.59 | 30.63 | 49.33 | 9.81 | 2.09 | 0.56 |
| 2003 | 32.13 | 46.84 | 26.71 | 19.02 | 7.39 | 29.94 | 50.24 | 9.68 | 2.11 | 0.64 |
| 2004 | 35.17 | 51.54 | 29.00 | 20.00 | 7.46 | 29.20 | 50.38 | 10.05 | 2.13 | 0.77 |
| 2005 | 39.29 | 50.15 | 30.26 | 22.63 | 6.87 | 27.23 | 52.22 | 10.25 | 2.37 | 1.06 |
| 2006 | 35.93 | 55.39 | 32.00 | 25.11 | 6.65 | 26.37 | 52.81 | 10.52 | 2.40 | 1.25 |
| 2007 | 42.47 | 58.89 | 34.43 | 28.62 | 6.34 | 25.76 | 52.91 | 11.01 | 2.54 | 1.45 |
| 2008 | 45.85 | 62.92 | 37.74 | 31.19 | 6.10 | 25.30 | 52.80 | 11.40 | 2.70 | 1.70 |
| 2009 | 49.13 | 65.99 | 41.03 | 34.74 | 5.90 | 24.70 | 52.70 | 11.70 | 2.90 | 2.10 |

数据来源：1995—2009 年《全国农业机械化统计年报》、1996—2010 年《中国农村统计年鉴》。

结果显示，农业机械化水平与农业劳动力文化素质指数显著正相关，$t$ 检验回归效果显著。随着农业机械化水平的提高，对农业劳动力提出更高的要求，则农业劳动力的文化水平随之提高。在此期间，农业机械化水平每提高 1%，农业劳动力文化素质指数提高 0.087。国际经验也能提供很多例证。例如，农业机械化水平很高的美国农民，不但普遍受到 12 年义务教育，受高等教育的也占 50%以上，而且这个比例越来越高，无论是农场主还是一般农民，都会使用农业机械，农业劳动生产率都非常高，这也是农业国际竞争力强的重要原因。

## 第三节　农业机械化技术进步与农业劳动力转移

农业机械化过程，是农业生产要素中农业机械增多、农业劳动力减少的过程，也是农民收入提高，工农差距、城乡差距缩小，贸工农协调发展的过程。因此，农业机械化技术进步与农业劳动力向非农产业转移、农民收入和生活水平提高有密切关系。农业从业人员占全社会从业人员的比重大小、农民收入高低是衡量农业现代化程度、社会进步、产业结构和贫富状况的重要指标。前已述及，已经实现农业机械化、现代化的发达国家，农业从业人员占全社会从业人员的比重都<8%，第一产业占 GDP 的比重只需在 2%～5%之间，现代农业生产不仅能用很少的人力生产出数量和质量保障社会需求的丰富多样的农产品，保障人民生活质量提高和食物安全，还可转移出很多的农业劳动力从事二、三产业的生产，创造出更多的社会财富，使世界经济更加繁荣。此时，农业劳动生产率、农民收入和生活水平都能达到甚至超过社会平均水平。农业和整体经济协调发展，社会需求和消费水平的提高，为提高农业国际竞争力改善了竞争环境。

我国农业机械化的发展，已使农业生产需要的劳动用工量大减，从而使第一产业从业人员比重和绝对量都减少，农业劳动生产率提高，农民收入增多。据有关统计资料，从 1979 年到 2009 年，每公顷的劳动工日投入量，小麦从 398 工日减少到 87.15 工日，减少了 78.1%；水稻从 500 工日减少到 125.25 工日，减少了 74.95%；玉米从 381 工日减少到 112.5 工日，减少了 70.47%；而每公顷产量，小麦从 2 137 kg 提高到 4 739 kg，提高了 121.76%；水稻从 4 244 kg 提高到 6 585.3 kg，提高了 55.17%；玉米从 2 982 kg 提高到 5 258.5 kg，提高了 76.34%。在此期间，每公顷农业机械投入，小麦从 20 元提高到 1 241.55 元，提高了 61 倍；水稻从 16 元提高到 1 315.65 元，提高了 81 倍；玉米从 14 元提高到 709.65 元，提高了 49 倍，三者增幅均很大，也表明我国农业机械化水平有了质的提高(表 5 - 6)。

可见，农业机械化投入最多、增长幅度最大的小麦生产，劳动用工量减少速度最快，增产幅度最高。而农业机械化投入增长量相对较小的水稻、玉米生产，劳动用工量减少的速度和增产幅度也较小。充分显示了农业机械化投入和技术进步对减少劳动投入和增产的作用是明显的。统计资料显示，1995—2009 年，我国农机总动力从 36 118.10 万 kW 增加到 87 496.10 万 kW，同期第一产业从业人员占全社会从业人员的比重由 52.2%下降到 38.1%，农民人均收入从 1 577.74 元提高到5 153.2元。本书采用 1995—2009 年的数据，建立回归模型，分别对农业机械化与第一产业从业人员比重、农民人均纯收入的关系进行定量分析，结果如表 5-6 所示。

表 5-6 1979,2001,2009 年我国三大粮食作物产出[①]与投入结构[②]变化比较

| 作物 | 单位面积产量/($kg/hm^2$) | | | 劳动投入量*/(工日/$hm^2$) | | | 机械投入量*/(元/$hm^2$) | | |
|---|---|---|---|---|---|---|---|---|---|
| | 1979 | 2001 | 2009 | 1979 | 2001 | 2009 | 1979 | 2001 | 2009 |
| 小麦 | 2 137 | 3 806 | 4 739.0 | 398 | 140 | 87.15 | 20 | 148 | 1 241.55 |
| 水稻 | 4 244 | 6 163 | 6 585.3 | 500 | 233 | 125.25 | 16 | 94 | 1 315.65 |
| 玉米 | 2 982 | 4 698 | 5 258.5 | 381 | 177 | 112.50 | 14 | 81 | 709.65 |

资料来源：①《中国农业年鉴》1980 年，2002 年，2010 年，中国农业出版社。

②国家发展计划委员会价格司编《全国农产品成本收益资料汇编》，中国物价出版社。

注(*)：水稻数据系由安徽、福建、广东、广西、湖北、湖南、江苏、江西、贵州、云南、四川、浙江共 12 个省份平均；小麦数据系由安徽、河北、河南、江苏、山东、山西、四川、甘肃、贵州、黑龙江、湖北、内蒙古、陕西、新疆、云南共 15 个省份平均；玉米数据系由安徽、北京、甘肃、广西、贵州、河北、黑龙江、河南、湖北、江苏、吉林、辽宁、内蒙古、陕西、山东、山西、四川、天津、新疆、云南共 20 个省份平均。

1. 农业机械化与第一产业从业人员比重关系的回归模型

数据如表 5-7 所示，建立的关系模型如下：

$$L=69.89-0.6587M \qquad R^2=0.9145 \tag{5-8}$$

$t$ 检验 $\qquad t=11.7907>t_{0.005}(13)=3.012$

式中：$L$ 为第一产业从业人员占全社会从业人员的比重；$M$ 为耕种收综合机械化水平。

表 5-7 1995—2009 年我国耕种收综合机械化水平与第一产业从业人员比重数据 %

| 年份 | 耕种收综合机械化水平 | 第一产业从业人员占全社会从业人员比重 | 年份 | 耕种收综合机械化水平 | 第一产业从业人员占全社会从业人员比重 |
|---|---|---|---|---|---|
| 1995 | 25.90 | 52.2 | 2003 | 32.13 | 49.10 |
| 1996 | 29.43 | 50.5 | 2004 | 35.17 | 46.90 |
| 1997 | 27.95 | 49.9 | 2005 | 39.29 | 44.80 |
| 1998 | 30.39 | 49.8 | 2006 | 35.93 | 42.62 |
| 1999 | 31.61 | 50.1 | 2007 | 42.47 | 40.84 |
| 2000 | 32.30 | 50.0 | 2008 | 45.85 | 39.56 |
| 2001 | 32.18 | 50.0 | 2009 | 49.13 | 38.09 |
| 2002 | 32.46 | 50.0 | | | |

数据来源：1995—2009 年《全国农业机械化统计年报》、1996—2010 年《中国统计年鉴》。

结果显示，农业机械化水平与第一产业从业人员占全社会从业人员的比重显著相关，$t$ 检验回归效果显著。由式(5-8)可知，在此期间，农业机械化水平每提高1%，第一产业从业人员占全社会从业人员的比重下降0.658 7%左右。

2. 农业机械化与农民收入关系的回归模型

数据如表5-8所示，建立的关系模型如下：

$$I=-2\ 589.4+157.72M \qquad R^2=0.960\ 4 \tag{5-9}$$

$t$ 检验　　$t=17.766\ 95>t_{0.005}(13)=3.012$

式中：$I$ 为农业人均年纯收入；$M$ 为耕种收综合机械化水平。

结果显示，农业机械化水平与农民人均年纯收入显著相关(图5-5)，$t$ 检验回归效果显著。在此期间，农业机械化水平每提高1%，农民人均年纯收入提高约157元。

**表5-8　1995—2009年我国农业机械化水平与农民人均纯收入情况**

| 年份 | 耕种收综合机械化水平/% | 耕、种、收机械化水平/% | | | 农民人均纯收入/(元/人) |
|---|---|---|---|---|---|
| | | 耕整地机械化程度 | 播栽机械化程度 | 收获机械化程度 | |
| 1995 | 25.90 | 41.35 | 20.04 | 11.15 | 1 577.74 |
| 1996 | 29.43 | 42.44 | 26.55 | 14.95 | 1 926.07 |
| 1997 | 27.95 | 44.53 | 24.54 | 9.25 | 2 090.13 |
| 1998 | 30.39 | 46.18 | 24.67 | 15.07 | 2 161.98 |
| 1999 | 31.61 | 47.62 | 25.59 | 16.29 | 2 210.34 |
| 2000 | 32.30 | 47.75 | 25.75 | 18.26 | 2 253.42 |
| 2001 | 32.18 | 47.41 | 26.06 | 17.99 | 2 366.40 |
| 2002 | 32.46 | 47.13 | 26.64 | 18.33 | 2 475.60 |
| 2003 | 32.13 | 46.84 | 26.71 | 19.02 | 2 622.20 |
| 2004 | 35.17 | 51.54 | 29.00 | 20.00 | 2 936.40 |
| 2005 | 39.29 | 50.15 | 30.26 | 22.63 | 3 254.90 |
| 2006 | 35.93 | 55.39 | 32.00 | 25.11 | 3 587.00 |
| 2007 | 42.47 | 58.89 | 34.43 | 28.62 | 4 140.40 |
| 2008 | 45.85 | 62.92 | 37.74 | 31.19 | 4 760.60 |
| 2009 | 49.13 | 65.99 | 41.03 | 34.74 | 5 153.20 |

数据来源：1995—2009年《全国农业机械化统计年报》、1996—2010年《中国农业年鉴》。

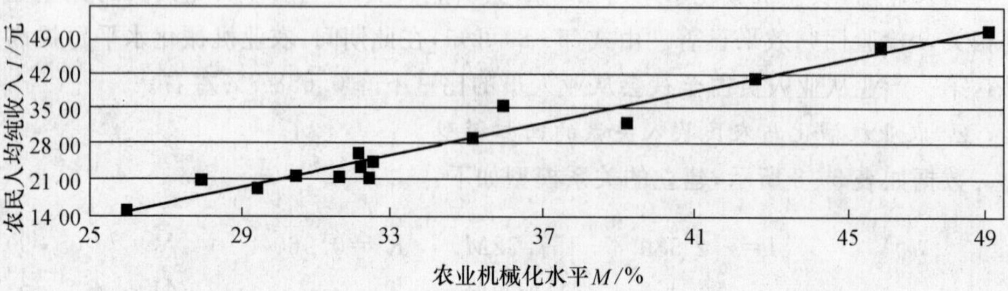


**图 5-5 农业机械化水平与农民人均年纯收入关系图**

## 第四节 农业机械化发展水平与阶段性

既然农业机械化技术进步是制约我国农业劳动生产率提高的主要因素，那么，正确认识我国农业机械化所处的发展阶段和与发达国家的差距，是科学制定和正确执行我国农业机械化规划、路线、方针、政策，提高农业国际竞争力和推进我国农业现代化建设的基础。因此，本书力图对农业机械化的阶段性特征和我国农业机械化所处发展阶段作一分析。

由于农业机械化是对传统农业改造的技术进步过程，农业机械化投入是农业生产方式除旧布新或推陈出新的新陈代谢过程。在农业机械化新陈代谢过程中农业生产的动力结构和生产方式发生显著变化。农业生产中的主要动力是人力、畜力和机械动力。现代农业生产主要特点是用先进适用的农业机械来代替人畜力，整个农业生产由以人畜动力为主逐步转变为以机械动力为主，这是现代农业生产的重要特征，也是技术进步的重要表现。国际上论及各国农业机械化时都要涉及农业的劳动力和畜力逐渐减少的过程和机械增加的过程（如以每千名农业劳动力拥有的拖拉机数量），以及它们在农业生产中所占的比重。正如马克思所说："劳动资料取得机器这种物质存在方式，要求以自然力来代替人力，以自觉应用自然科学来代替从经验中得出的成规。"又说，"现代工业的技术基础是革命的，而所有以往的生产方式的技术基础本质上是保守的。"先进的生产工具使先进的农业生产技术得以实施，使农业劳动生产率和农产品商品率大大提高。随着技术的进步和经济的发展，工业化进程加快，农业生产方式发生转变。在农业生产方式转变的过程中，农业机械化水平是发展变化的，当机械化生产方式变为取得支配地位，传统生产方式变为服从和次要地位时，事物的性质就由传统农业变为机械化农业，进而发展到现代化农业。

由于农业机械化是由技术进步、自然生产和经济发展这 3 个过程交织在一起而构成的复合运动过程，而不是一个单一的过程。农业机械化发展过程的复合性，决定了其发展过程要受到科学技术发展规律、自然规律和社会经济运行规律等多重客观规律的制约，从而也决定了其发展过程具有阶段性特征。

## 一、阶段划分的理论依据

马克思在《资本论》中指出："各种经济时代的区别，不在于生产什么，而在于怎样生产，用什么劳动资料生产。劳动资料不仅是人类劳动力发展的测量器，而且是劳动借以进行的社会关系的指示器。在劳动资料中，机械性的劳动资料（其总和可称为生产的骨骼系统和肌肉系统）比只是充当劳动对象的容器的劳动资料（如管、桶、篮、罐等，其总和一般可称为生产的脉管系统）更能显示一个社会生产时代的具有决定意义的特征。"①马克思把生产工具作为划分时代的标志。据此可将社会发展史分为石器时代、铁器时代和现代机器生产的时代。在按生产力的性质和状况划分的农业发展史上，以机械性劳动资料的改进和发展状况为主要依据，把世界农业发展史划分为原始农业、古代农业、近代农业、现代农业等几个不同发展阶段。

同时，社会经济形态的发展又是一种自然历史过程。"社会史上的各个时代，正如地球上的各个时代一样，是不能划出抽象的严格界限的。"分析经济形势，"既不能用显微镜，也不能用化学试剂，二者都必须用抽象力来代替。"②农业机械化的发展也是一种自然历史过程。农业机械化系统是一个能够变化并且经常处于变化过程中的有机体，其运动形态的任何变化，都有各种综合作用的效果，其发展变化，由一种形式过渡到另一种形式，由一种联系过渡到另一种联系秩序，由一个发展阶段过渡到另一发展阶段。

如前所述，农业机械化的发展是一个以现代先进的农业机器逐渐代替传统的手工工具和畜力农具进行生产的新陈代谢过程。从目前的研究情况看，关于农业机械化发展阶段的划分大多数是定性的描述，并无严格的界限。我国提出 1980 年基本实现农业机械化时，很多专家学者研究了世界各国农业机械化的情况，而各国并无"基本实现机械化"之类的说法，也没有严格的实现农业机械化的时间，当时的一些提法是我国的专家学者根据我国要在 1980 年基本实现农业机械化的目标要求而对国外情况的一种概括和总结。因此，从科学上讲，对于阶段的划分指标上很难有严格的界限。然而，农业机械化是农业现代化的主要内容，其发展状况是世界公认的区分古代农业、近代农业、现代农业的重要标志。为宏观上科学指导我国农

---

① 《马克思恩格斯全集》第 23 卷. 北京：人民出版社，1979 年版，第 204 页。

② 《马克思恩格斯全集》第 23 卷. 北京：人民出版社，1979 年版，第 8 页。

业机械化发展,20 世纪 90 年代以来,农业部组织专家组开展了我国实现农业机械化阶段划分的研究工作。2007 年,农业部公告第 871 号 NY/T 1408.1—2007《农业机械化水平评价 第 1 部分:种植业》把农业机械化的整个发展过程大体分成 3 个发展阶段:农业机械化初级阶段、中级阶段和高级阶段。

## 二、发展阶段的评价标准

任何事物的发展总是由小到大,由量变到质变,量的积累达一定程度就会发生质的飞跃,达到一个新阶段。在机器生产刚进入农业,力量还较小,在农业生产中机械作业的比重还较小,传统生产方式仍处于支配地位时,可称为农业机械化初级阶段;随着过程的发展,在农业生产中农业机械化生产方式的比重由小变大,传统生产方式由大变小,当新旧力量对比发展到相近直到新的力量稳定地超过旧的力量时,即机械化生产方式在农业生产中由次要地位逐渐上升为主要地位,或者说基本上取得了支配地位时,可称为进入农业机械化中级阶段;当农业机械化生产方式在农业生产中牢固地取得了支配地位,发展成占有绝对优势,起主导作用,而传统生产方式变成逐渐趋于灭亡时,可称为进入农业机械化高级阶段。当然,许多发达国家全面实现农业机械化后,又向着机电一体化、自动化方向发展,进入更高级的阶段。

由此可以看出,每一个阶段是反映一段发展过程,而不是一个界点。因此,在定量划分阶段时,应是一个区间范围,而不是用一个点来表示。根据农业行业标准《农业机械化水平评价 第 1 部分:种植业》,参考国际经验,结合我国国情,用 2 个指标作为阶段划分的主要标志(表 5-9):一是耕种收综合机械化水平,二是农业劳动力占全社会从业人员比重。这 2 个指标反映出机械化生产方式与传统生产方式在农业生产中的力量对比变化,显示出不同发展阶段的基本特征。

**表 5-9 发展阶段划分的评判指标及范围** %

| 阶段名称 | 耕种收综合机械化水平 | 农业劳动力占全社会从业人员比重 |
|---|---|---|
| 初级阶段 | <40 | >40 |
| 中级阶段 | 40～70 | 40～20 |
| 高级阶段 | >70 | <20 |

1. 农业机械化初级阶段

耕种收综合机械化水平<40%,农业劳动力占全社会从业人员比重>40%。在这一阶段,虽然农业机械在某些农作物的某些生产环节已开始应用,但总体上人畜力作业仍占主导地位。常被称为农业初步机械化阶段。

2. 农业机械化中级阶段

耕种收综合机械化水平达40%～70%，农业劳动力占全社会从业人员比重在40%～20%之间。在这一阶段，农业机械已在大多数农作物的主要生产环节应用，从总体上看，机械作业在农业生产中已开始占主导地位。常被称为农业基本机械化阶段。

3. 农业机械化高级阶段

耕种收综合机械化水平＞70%，农业劳动力占全社会从业人员比重＜20%。在这一阶段，主要农产品的生产过程已经实现了机械化。从总体上看，机械作业已在农业生产中处于主导地位并且向更高水平、更大范围、更广领域发展。常被称为农业全面机械化阶段。

需要特别说明的是，耕种收综合机械化水平指标为必要条件，农业劳动力占全社会从业人员比重指标为充分条件。进行阶段评价和划分时，首先考虑耕种收综合机械化水平指标处于什么发展阶段，其次考虑农业劳动力占全社会从业人员比重指标所处发展阶段。若后者与前者同时处于同一发展阶段则判断其为所处发展阶段；若前者处于高一级发展阶段，后者处于低一级发展阶段，且与进入高一级阶段的判断值差距在5%的范围内，可视其处于低一级阶段向高一级阶段发展的过渡期，否则判断其仍处于低一级阶段。

以上发展阶段划分方法，在全国农业机械化发展"十五"、"十一五"、"十二五"规划中均已采用。

## 三、评价指标体系、指标权重及各指标标准值

由于农业生产是一个复杂的受经济条件、传统习惯、地域环境、气候条件等多因素影响的社会再生产和自然再生产过程，因而农业机械化涉及的内容繁多而广泛。要全面、精细地考察农业机械化的各方面，将是十分困难的。

为有利于农机管理部门宏观监测和因地制宜指导，评价内容具体、明确，切合实际，具备较强的指导性和可操作性，体现实际作业状况、农业机械化保障能力和总体效益，种植业机械化水平评价指标的构建以农机作业为基础、能力为保障、效益为核心，由3个一级指标和10个二级指标组成。其中，耕种收综合机械化水平为必要指标，农业机械化综合保障能力和农业机械化综合效益为分析指标。

1. 耕种收综合机械化水平

反映机械化生产方式替代传统生产方式已经达到的程度，即农业机械化在种植业生产中实际作用的大小，是先进适用的农业机械和技术装备运用于农业生产的反映。用农作物耕整地机械化程度、播栽机械化程度、收获机械化程度3个二级指标来评价耕种收综合机械化水平。

2. 农业机械化综合保障能力

反映农机装备、农机人员对提高农业综合生产能力、实现发展目标的保障能力。即正常生产能力、抗灾防灾能力、环境保护能力、实施增产增收措施能力、市场竞争能力（科技含量、技术进步和先进性等）。用农业劳均农机原值、单位播种面积农机动力、受专业培训的农机人员比重 3 个二级指标来评价农业机械化的综合保障能力。其中，农业劳均农机原值和单位播种面积农机动力 2 项指标反映农业机械装备保障能力；农机人员受教育程度反映农机人员素质保障能力。

3. 农业机械化综合效益

农业机械化以经济效益为核心，才能持续、健康发展，实现发展农村经济、增加农民收入、提高人民生活水平的目的。因此，把农业机械化综合效益作为种植业机械化水平评价的分析指标之一。下设农业劳动生产率、农业劳均播种面积、农机原值利润率、农业劳动力占全社会从业人员比重 4 个二级指标。其中，农业劳动生产率反映农业机械化的综合经济效益和已经达到的社会平均生产力水平；农业劳均播种面积反映已经达到的农业劳均规模效益，可间接反映农村经济结构调整和农业劳动力转移情况，反映农业机械化的作用和效果；农机原值利润率反映农业机械化经营的直接效益；农业劳动力占全社会从业人员比重反映农业机械化使从事农业的人口比重下降而对国民经济的支撑能力增强，使更多的人能从事其他重要工作的综合社会效益。

用 3 个一级指标和 10 个二级指标（表 5-10）对我国现阶段种植业机械化水平进行评价和分析，较全面、科学，简明实用，符合国情，具有科学性、可行性、可比性，也可以进行国际交流和比较。

**表 5-10 农业机械化发展水平评价指标**

| 一级指标 | | | 二级指标 | | | |
|---|---|---|---|---|---|---|
| 指标名称 | 单位 | 代码 | 指标名称 | 单位 | 代码 | 权重 |
| 耕种收综合机械化水平 | % | $A$ | 耕整地机械化程度 | % | $A_1$ | 0.4 |
| | | | 播栽机械化程度 | % | $A_2$ | 0.3 |
| | | | 收获机械化程度 | % | $A_3$ | 0.3 |
| 农业机械化综合保障能力 | % | $B$ | 农业劳均农机原值 | 元/人 | $B_1$ | 0.3 |
| | | | 单位播种面积农机动力 | $kW/hm^2$ | $B_2$ | 0.3 |
| | | | 受专业培训的农机人员比重 | % | $B_3$ | 0.4 |
| 农业机械化综合效益 | % | $C$ | 农业劳动生产率 | 元/人 | $C_1$ | 0.25 |
| | | | 农业劳均播种面积 | $hm^2$/人 | $C_2$ | 0.25 |
| | | | 农机原值利润率 | % | $C_3$ | 0.25 |
| | | | 农业劳动力占全社会从业人员比重 | % | $C_4$ | 0.25 |

参考"农业机械化水平评价方法"课题组的研究成果、国际农业机械化发展经验和我国发达地区农业机械化发展实践，以及我国基本实现农业现代化时农业机械化应达到的水平，各指标标准值如表 5-11 所示。

表 5-11　农业机械化水平各评价指标标准值

| 序号 | 指标名称 | 单位 | 标准值 |
|---|---|---|---|
| 1 | 耕整地机械化程度 | % | 100 |
| 2 | 播栽机械化程度 | % | 100 |
| 3 | 收获机械化程度 | % | 100 |
| 4 | 农业劳动力占全社会从业人员比重 | % | <20 |
| 5 | 第一产业产值占 GDP 的比重 | % | <10 |
| 6 | 人均 GDP | 元/人 | 10 000 |
| 7 | 农民人均年纯收入 | 元/人 | 8 000 |
| 8 | 农业劳动力中初中以上文化程度所占比重 | % | 80 |
| 9 | 农业劳均播种面积 | $hm^2$/人 | 1.2 |
| 10 | 农业劳均农机原值 | | |
| | 全国平均 | 元/人 | 3 500 |
| | 北方一熟区 | 元/人 | 3 000 |
| | 北方二熟区 | 元/人 | 4 000 |
| | 南方地区 | 元/人 | 3 500 |
| 11 | 单位播面农机动力 | | |
| | 全国平均 | $kW/hm^2$ | 7.0 |
| | 北方一熟区 | $kW/hm^2$ | 5.0 |
| | 北方二熟区 | $kW/hm^2$ | 9.0 |
| | 南方地区 | $kW/hm^2$ | 6.0 |
| 12 | 农业劳均年产值 | 万元/人 | 1.5 |
| 13 | 农业劳均产粮 | kg/人 | 5 000 |

## 四、发展阶段评判模型

就农业机械化的发展过程而言，可谓灰色系统的运动过程，对其过程的进展程度很难用常规的方法进行判断，而在这类问题的处理上，模糊数学的办法有着其特有的长处。从指标体系的建立中，可以知道，对农业机械化发展过程的评判是多方面多层次的。因此，为正确认识和判断全国及各地区农业机械化所处的发展阶段，提供一定量分析的依据，本文将按照模糊数学的基本原理建立多层次模糊综合评判模型。

在定量划分农业机械化发展阶段时，主要用农业机械化作业水平和农业劳动力占全社会从业人员比重来进行判断。同时考虑影响农业机械化发展因素的多样性和复杂性，将影响农业机械化发展的一些环境条件作为参考指标。

由农业机械化的发展过程及阶段划分可知，对农业机械化发展阶段的评语有3个，即评语论域：

$V$={农业机械化初级阶段，农业机械化中级阶段，农业机械化高级阶段}

1. 确定决断集合

根据农业机械化的发展进程分为初级、中级、高级3个阶段，确定决断集合为：

$$V=(v_1,v_2,v_3) \tag{5-10}$$

式中：$v_1,v_2,v_3$ 分别为农业机械化的初级阶段、中级阶段和高级阶段。

2. 确定评判因素和评判因素权重

根据评判农业机械化发展阶段的指标体系，对于阶段划分的关键性因素是农业机械化作业水平（耕整地机械化程度、播栽机械化程度、收获机械化程度）和农业从业人员占全社会从业人员比重2项指标，其他为参考指标。因此，将耕整地机械化程度、播栽机械化程度、收获机械化程度和农业从业人员占全社会从业人员比重4项指标作为阶段划分的主要评判因素，构造出评判因素集合

$$U=(u_1,u_2,u_3,u_4) \tag{5-11}$$

经过专家对各因素重要程度，凭理论和实践经验，按照因素间的相对重要性进行评分，重要性大的相对于重要性小的分数要高，最后汇总，每一因素所得分数的总和占同一层次所得分数总和的比重即作为该因素的权重，因此得到因素权重集。

第一层次因素权重：$A=(0.70,0.30)$；

第二层次因素权重：$A_1=(0.4,0.3,0.3)$。

3. 构造各评判因素的隶属函数

由各因素在农业机械化发展过程中的变化趋势分析，选择相应的函数形式后，借鉴国内外比较划分标准，利用直线阶段函数给出。

农业机械化作业程度的隶属函数：

$$U_1(X_{11})=\begin{cases}3-X/40 & X<40\\ 2-(X-40)/40 & 40\leqslant X\leqslant 70\\ 1-(X-70)/30 & X>70\end{cases} \tag{5-12}$$

农业从业人员占全社会从业人员比重的隶属函数：

$$U_2(X_{12}) = \begin{cases} X/20 & X < 20 \\ 1 + (X - 20)/20 & 20 \leqslant X \leqslant 40 \\ 2 + (X - 40)/60 & X > 40 \end{cases} \quad (5-13)$$

4. 计算频率矩阵

为较全面地反映农业机械化发展的阶段性，尽量消除短期外部因素的影响，可以若干年为一时段，计算出指标的隶属度，并统计各指标隶属于各阶段的频率，得到频率矩阵 $R$，其转置矩阵为：

$$R = \begin{pmatrix} Y_{U11} & Y_{U12} & Y_{U13} \\ Y_{U21} & Y_{U22} & Y_{U23} \end{pmatrix} \quad (5-14)$$

5. 求综合评判矩阵

综合评判矩阵为：

$$B = A * R = (v_1, v_2, v_3) \quad (5-15)$$

根据评判农业机械化各发展阶段的隶属度范围和总大隶属原则，可以确定在某一时间段某一地区农业机械化发展所处的阶段。

## 五、我国及各地区农业机械化所处发展阶段的判断

利用上述评判指标体系和已经取得的 2009 年我国及 31 个省（区、市）的统计资料，对我国农业机械化目前所处发展阶段初步评判如下。

1. 按农业机械化作业水平进行评判

由农业机械化作业水平综合评判，2009 年我国农业机械化发展总体上处于中级阶段：其中黑龙江、新疆、天津、山东和内蒙古 5 个省（区、市）处于高级阶段，河南、河北、江苏、北京、安徽、辽宁、上海、吉林、西藏、山西、陕西、宁夏和青海 13 个省（区、市）处于中级阶段。处于高级阶段和中级阶段的省份占 31 个省（区、市）的近 2/3，其中 15 个省（区、市）是北方旱作为主的地区，江苏、安徽和上海 3 个省（市）属南方水田为主或水旱交界地区；属于东部沿海地区和经济发达地区的有天津、山东、江苏、北京、辽宁和上海 6 个省（市）（表 5-12 和图5-6）。耕种收综合机械化水平是进行阶段评判的基础。

**表 5 - 12　2009 年全国及各省(区、市)农业机械化作业水平排序**　%

| 序号 | 地区 | 作业水平 | 序号 | 地区 | 作业水平 | 序号 | 地区 | 作业水平 |
|---|---|---|---|---|---|---|---|---|
| | 全国 | 49.13 | 11 | 辽宁 | 58.98 | 22 | 湖南 | 32.09 |
| 1 | 黑龙江 | 89.95 | 12 | 上海 | 57.26 | 23 | 江西 | 31.43 |
| 2 | 新疆 | 79.83 | 13 | 吉林 | 56.97 | 24 | 甘肃 | 30.83 |
| 3 | 天津 | 75.80 | 14 | 西藏 | 53.81 | 25 | 海南 | 25.83 |
| 4 | 山东 | 75.51 | 15 | 山西 | 50.15 | 26 | 广西 | 23.62 |
| 5 | 内蒙古 | 71.20 | 16 | 陕西 | 48.50 | 27 | 重庆 | 20.48 |
| 6 | 河南 | 65.79 | 17 | 宁夏 | 47.99 | 28 | 福建 | 18.18 |
| 7 | 河北 | 64.58 | 18 | 青海 | 43.22 | 29 | 四川 | 12.00 |
| 8 | 江苏 | 62.18 | 19 | 浙江 | 35.74 | 30 | 云南 | 9.13 |
| 9 | 北京 | 60.25 | 20 | 湖北 | 34.72 | 31 | 贵州 | 4.20 |
| 10 | 安徽 | 59.87 | 21 | 广东 | 33.38 | | | |

数据来源:农业部农业机械化管理司.全国农业机械化统计年报,2009。统计数据不包括港、澳、台,下同。

注:表中排序依作业水平由高至低排列。

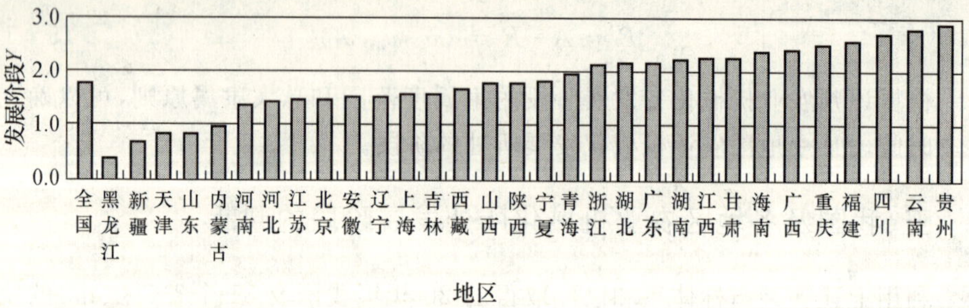


**图 5 - 6　2001 年全国及各省(区、市)农业机械化作业水平所处发展阶段示意图**①

2. 按从业人员构成进行评判

从农业从业人员占全社会从业人员比重(劳动力产业结构)的角度评判,2009 年我国农业机械化发展正处于中级阶段的快速发展期,总体上仍处于中级阶段。其中,北京、上海、天津和浙江已进入高级阶段;江苏、广东、福建、辽宁、湖北、重庆、山东和江西等 8 省市已进入中级阶段;山西、河北、黑龙江、吉林、青海、宁夏、新疆、安徽和四川 9 个省(区、市)已接近进入中级阶段,其余省份尚处于初级阶段(表 5 - 13 和图 5 - 7)。

① 图中 $Y$ 轴数据是根据本节发展阶段评判模型的隶属函数计算而得。其中数据越小所处的发展阶段越高,0～1.0 为高级阶段,1.0～2.0 为中级阶段,2.0～3.0 为初级阶段。

表 5-13　2009 年全国及各省(区、市)农业从业人员结构　%

| 序号 | 地区 | 农业从业人员占全社会从业人员的比重 | 序号 | 地区 | 农业从业人员占全社会从业人员的比重 | 序号 | 地区 | 农业从业人员占全社会从业人员的比重 |
|---|---|---|---|---|---|---|---|---|
| | 全国 | 36.61 | 11 | 山东 | 37.21 | 22 | 陕西 | 46.34 |
| 1 | 北京 | 5.26 | 12 | 江西 | 39.90 | 23 | 内蒙古 | 47.74 |
| 2 | 上海 | 5.30 | 13 | 山西 | 40.28 | 24 | 河南 | 48.62 |
| 3 | 天津 | 15.17 | 14 | 河北 | 40.48 | 25 | 海南 | 48.77 |
| 4 | 浙江 | 18.05 | 15 | 黑龙江 | 40.59 | 26 | 湖南 | 49.28 |
| 5 | 江苏 | 20.45 | 16 | 吉林 | 42.95 | 27 | 贵州 | 52.23 |
| 6 | 广东 | 28.07 | 17 | 青海 | 43.57 | 28 | 甘肃 | 52.39 |
| 7 | 福建 | 30.61 | 18 | 宁夏 | 43.76 | 29 | 广西 | 54.67 |
| 8 | 辽宁 | 31.57 | 19 | 新疆 | 44.05 | 30 | 西藏 | 55.05 |
| 9 | 湖北 | 34.63 | 20 | 安徽 | 44.31 | 31 | 云南 | 61.92 |
| 10 | 重庆 | 36.80 | 21 | 四川 | 44.75 | | | |

数据来源:农业部农业机械化管理司。全国农业机械化统计年报,2009。

注:表中排序依农业从业人员占全社会从业人员比重由低到高排列。

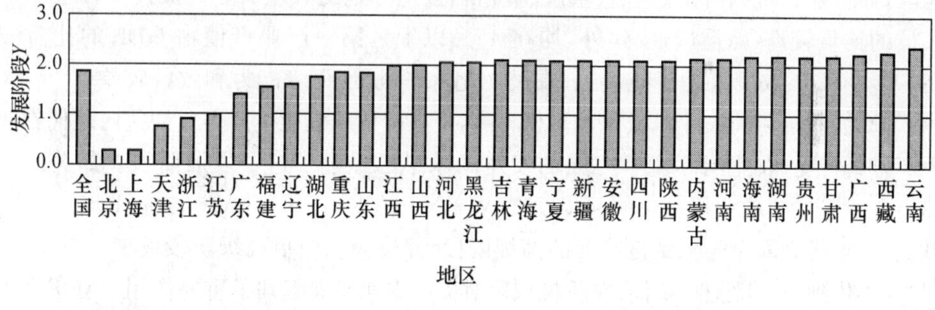


图 5-7　2009 年全国及各省(区、市)农业从业人员结构所处发展阶段[①]

3. 综合评判结果

根据上述农业机械化发展阶段评判标准,分析结论如下:

(1)从全国农业机械化发展综合评判的结果分析,截至 2009 年底,我国农业机械化发展总体处于中级阶段,进入快速发展时期。

(2)天津市农业机械化发展已经进入高级阶段。

(3)北京、河北、内蒙古、辽宁、黑龙江、上海、江苏、山东和新疆 9 个省(市、区)

① 图中 Y 轴数据是根据本节发展阶段评判模型的隶属函数计算而得。其中数据越小所处的发展阶段越高,0～1.0 为高级阶段,1.0～2.0 为中级阶段,2.0～3.0 为初级阶段。

农业机械化发展处于中级阶段。

(4)山西、吉林、安徽、青海和宁夏5个省(区)农业机械化发展处于从初级阶段向中级阶段过渡的发展阶段。

(5)浙江、福建、江西、河南、湖北、湖南、广东、广西、海南、重庆、四川、贵州、云南、西藏、陕西和甘肃16个省(区、市)农业机械化发展尚处于初级阶段。

从分析结果看,总体上符合我国现阶段农业机械化发展的实际情况,评判结果具有科学性和现实性,反映了我国农业机械化发展不同阶段的发展状况。总体上看,北方地区农业机械化水平较高,天津、北京、河北、内蒙古、黑龙江、山东、新疆代表了当前我国农业机械化发展的高水平。福建、广西、海南、四川、重庆、贵州和云南等东南、西南省(区)反映出我国农业机械化难度最大、水平落后地区发展状况。在发展过程中,阶段不能跳过和超越,但可以根据客观规律和各地实际情况努力加速其进程,缩短发展的时间,减轻发展所付出的代价。

同时,可以看出,农业机械化水平较高的地区,如北京、天津的农业从业人员占全社会从业人员的比重较低,第一产业产值占GDP的比重较低,人均GDP、农民人均年纯收入、农民文化水平较高,保障能力较强,效益较好。反之,农业机械化水平低的地区,如福建、广西、海南、四川、重庆、贵州和云南等地的农业从业人员占全社会从业人员的比重较高(除重庆、福建外,均在45%以上),第一产业产值占GDP的比重较高,人均GDP、农民人均年纯收入、农民文化水平较低,保障能力和效益较差。

总之,我国目前农业机械化水平仍不高,正在由传统农业生产方式加速向现代农业生产方式转变,农业国际竞争力强的发达国家早已经过了这一发展阶段。如美国在1840年就开始了农业机械化的起步发展(W·N·帕克和J·L·V·科林,1966),到20世纪60年代进入农业机械化发展的高级阶段,并进一步向更高级阶段发展。在19世纪40年代到20世纪60年代,农业机械化对美国农业发展起到了重要作用。有研究表明,关于美国小麦生产,劳动生产率的60%来源于机械化(W·N·帕克和J·L·V·科林,1966)。可见在由传统农业向现代农业转变的发展阶段,农业机械化发挥了重要作用。而目前,我国农业机械化技术尚不能满足农业生产发展的需要,导致农业劳动生产率低,竞争能力弱,已成为制约农业国际竞争力提高的核心因素。

## 习 题

5-1 试述农业机械化技术进步可以大幅度提高农业劳动生产率的原因。

5-2 简述农业机械化发展阶段的评价标准。

5-3 农业机械化评价指标体系的构成如何?试述其指标权重及各指标标准值。

# 第六章 农业机械运用管理的技术经济分析

农业机械的使用，要求有一整套科学的管理制度与办法。因为农业机械(以下简称农机)是复杂的生产工具，农业机械化过程是一个复杂的过程。农机运用管理，既包含使用的技术过程，也包含配备机械与组织运用的管理过程。运用与管理相辅相成，农机运用的技术过程是产生机械效果的直接过程，管理则是实现这一目标的保证。

由于农机运用管理的复杂性，需要采用科学的系统管理方法。在系统管理中，结构分析是其重要一环。结构既体现系统各方面的联系，又是完成系统功能的基础。若不进行结构分析，不了解系统各方面的联系，管理则无从实施；不同的结构产生不同的功能和功能效率，不进行结构分析，效果则无从评价。结构分析的积极意义还在于通过研究结构本身的合理性，考察结构对环境的适应性，判别结构的优劣，确定改进和完善结构的措施，以达到实施有效的管理，获得最佳经济效果的目的。

农机运用管理系统的结构，是由农机运用管理的目的所决定的。农机运用管理目的是为获得农机运用的最佳经济效果。经济效果是农机运用的核心。围绕这个核心所展开的行动形成了有序的各层次子结构。按照现有管理水平和实施情况，可以将农机运用管理粗分为有序的4个子结构：经营结构、配备结构、组合结构、工艺结构，如图6-1所示。

图6-1 农机运用管理系统结构图

图6-1中圆心表示农机运用经济效果，产生经济效果最直接的是农业机械作

业工艺结构，最佳的工艺结构有赖于最佳的组合结构，最佳的组合结构有赖于最佳的配备结构，最佳的配备结构又有赖于最佳的经营结构，而经营结构又必须适应外部的社会经济条件和自然条件。所以要对农机运用管理结构进行分析，就要对各个子结构的经济性进行分析，下面将分节讨论。

## 第一节 农业机械配备结构的经济性

### 一、农机配备结构的概念与基本要求

农机配备是农业机械化的重要组成部分。农机配备结构指一地区或一个经营使用单位的农机在机型、配套和数量之间的比例。正确确定农机配备结构是农机运用管理过程中的一个重要环节，它既关系到经营目标的实现，又要合理编制机组，顺利进行作业，是获得预期经济效果的物质技术基础。

农机配备从广义上讲，也包括了选择。合理配备要求正确选择，选择主要根据“需要、可能、经济”3个方面考虑，首先要了解使用机械的客观需要；第二要看购买的可能，以及资金、能源、技术、管理等条件有无实现使用机械的可能；第三是看经济效果的大小，即经济上是否合算。这3个方面是相辅相成的，而经济上合算则是关键。对农机配备结构的基本要求是以最少的投入获得最佳的经济效果，农机配备要讲求适度，所谓适度就是超过这个量度，经济效果就会下降，要力争用最少的配备量来适应对农机运用的需要，实现经营目标。

为了满足技术的要求，首先应提出某一地区或单位全年所应完成的各项农机作业的任务。然后因地制宜地计算完成所提出的任务应配备的拖拉机和农具的型号和数量。

为了满足经济的要求，必须在保证适时完成各种作业的基础上，并考虑到农场(户)配备与社会配备相结合，从而选择最经济的农机配备方案。因此，一种配备方案是否合理，不仅要从技术上的合理性来考察，还要从经济上的有效性来评定。

合理配备农机的经济目标要考虑以下3点：

第一，单位作业费用最小，或在其他条件和生产效果相同的情况下，单位面积投入的机械作业费用最小。

第二，在其他技术措施的配合下，使生产单位的产量或收入最大。

第三，较高的投资效益和较短的投资回收期。

实践表明，许多新的农业技术能否在农业生产中使用和推广，不仅取决于技术上的可行性，而且取决于经济上的有效性。在世界科学技术发达的今天，农业机械

化生产中的一些难题被逐一解决，农业机械化发展的技术障碍不断被突破。然而，许多先进技术在一些国家或地区行之有效，而在另一些国家或地区不能完全仿效，其原因除了自然、社会和技术的因素外，主要受经济因素所制约。

因此，从宏观上讲，实际配备的农机型号与数量，不仅取决于生产的需要，而且取决于工业部门能否提供农业生产所需要、价格合理、优质的农机产品和零配件保障，以及燃料和润滑油生产和供应；取决于国家、集体和农户是否有足够的资金来购置农机装备，并从中获得经济利益；取决于能否为充分发挥农业机械的效能创造必要的条件等。

## 二、农机配备的技术经济原则

### （一）农机配备应按当地农业生产条件来选择全年可能作业天数最多的机型

生产条件这个概念包括的范围很广，对农业机械使用来讲主要指的是自然环境条件，包括气象条件、土地条件和生产对象等。例如，一定地区的气象条件，如日照、雨量，气温，地温、霜期和冰期等，规定了当地的全年农业生产有效期；在全年农业有效生产期内，由于各个季节气候变化的不同，又决定了各种农业机械可能作业的天数不同，全年可能作业天数的多少反映了各种农业机械对当地的适应性；再者，土地状况和土壤性质对农机作业效率影响很大，从各种农业机械可能从事作业项目的多少和效率，也反映了各种农业机械对当地的适应性。虽然现在农业机械化的范围已扩大到农村机械化，农机作业已不限于农田作业，然而毕竟绝大多数的农村以农业为主，农村中的各项生产，甚至生活无不受农业季节性的影响。农业机械的充分利用首先表现在农时季节，即农业生产有效期内的充分利用。强调地区适应性是农机配备的重要原则，因为它是获得技术经济效果的前提。

### （二）农机配备必须把农户（场）配备与社会配备结合起来

一个农业经营使用单位内部的农机配备称为农户（场）配备，农户（场）之外的为农业服务的社会服务系统中的农机配备称为这个地区的社会配备。现阶段农户（场）配备主要指户营农机配备。由于农村生产和生活所需要的机械是多方面，一种配备结构模式的户营农机不能满足所需，必须有多种配备结构模式的户营农机，而且某些大型农田建设机械、抗旱排涝机械等还要通过社会化的农业机械服务系统来配备。根据我国国情，不应该实行一个农户（场）样样俱全的农机配备结构，而应该实行农户（场）配备同社会配备相结合的配备结构。随着工业化的发展和农村专业化水平的提高，社会配备的比重将逐步增加。

### （三）农机配备必须注意选用经济效果最好的机械

也就是要选用年运转费用最低的机械，以求用最小的投入，获得最大的经济效果。年运转费用包括固定费用与可变费用两部分。固定费用包括与购价有关的折旧费和管理费;可变费用包括人工、燃料及材料等费用。有的机械购置投资大,但使用中物质等消耗较少,有的机械购置时投资虽少,但使用中物质等消耗较大,这就要根据年工作量的大小,计算单位作业运转费用的多少来衡量选定。

## 三、我国农机配备的特点

随着国家支持"三农"政策的不断落实,各项惠农政策(特别是购机补贴政策)的落实,调动了农民种粮的积极性,使农机市场持续升温,带动了配套农机具的发展,但目前我国拖拉机的使用效率还非常低。据统计,目前我国拖拉机农机具配套比为1∶1.66,其中大中型拖拉机与配套农具比为1∶1.56,小型拖拉机与配套农具比为1∶1.68,远远低于发达国家拖拉机农机具配套比。

我国的农机具配套比如此不协调,导致农机效率不能充分发挥,这已成为我国农业机械化发展的一个软肋。我国农机配备理论和方法与国外存在很大不同,其主要原因在于种植制度和作业方式不同,导致不同区域农机配套比存在很大差异。以华北小麦、玉米一年两熟制为例,京郊平原全年大于等于0℃的活动积温为4 430～4 460℃,若种植小麦和中熟玉米,全年需积温4 900℃,超过实有积温,因此必须采用小麦地套种玉米的生产工艺。套种虽对争取积温有利,但实现机械化作业却十分困难。若种植小麦和早熟玉米,全年需积温4 400℃,可采用机械化平作工艺,然而富裕的积温只有30～60℃,全年允许农耗(田地上不生长作物,消耗浪费光热等资源的时间天数)仅2～4天。夏收夏种及秋收秋种异常紧迫,导致我国多数一年两熟地区在机械化作业工艺与机器配备上,大大不同于国外一年一熟及较温暖地区一年两熟制的情况,形成了如下农机配备的主要特点。

### (一)土地经营规模大且宜联合收获作业的地区采用多机组流水作业方式

以京郊三夏收小麦、浅耕灭茬和播玉米3项作业安排为例,多机组流水作业如图6-2(a)所示。3个机组在8天内流水作业,可完成80 $hm^2$ 收播任务。分段作业有2种安排:有限期和无限期(图6-2(b)和(c))。3种作业方式所需驾驶员数、机器台数、作业期、农耗、成本等如表6-1所示。

当作业期不限时,采用分段作业法每个驾驶员完成作业量最多,亩机械投资与作业成本最低。但对于我国多数一年两熟制地区,适时作业期非常有限,而图6-2(c)所示的分段作业期17天将导致很大的适时性损失,并且12天的农耗是绝对不允许的;若采用图6-2(b)所示的有限期分段作业法,虽其作业期基本满足农艺要求,但亩机械投资和成本分别比流水作业高71.4%和63.8%,且农耗超过允许值。因此,对于农时紧迫地区的机械作业工艺安排,宜采用多机组流水作业法。这种作业方式大量存在机器作业时间的交叉，机器配备模型显然较分段作业法复杂。

表 6-1 多机组流水作业表

| 作业方式 | 所需驾驶员数 | 所需机器台数 | | 作业期/天 | 完成面积/hm² | 农耗/天 | 机械投资/(元/hm²) | 折旧与工资/(元/hm²) |
|---|---|---|---|---|---|---|---|---|
| | | 联合收获机 | 大中型拖拉机 | | | | | |
| 流水作业 | 6 | 1 | 2 | 8.0 | 80 | 1～2 | 1 575 | 84.75 |
| 作业期有限的分段作业 | 2 | 1 | 1 | 8.5 | 40 | 6 | 2 700 | 138.90 |
| 作业期不限的分段作业 | 2 | 1 | 1 | 17.0 | 80 | 12 | 1 356 | 71.70 |

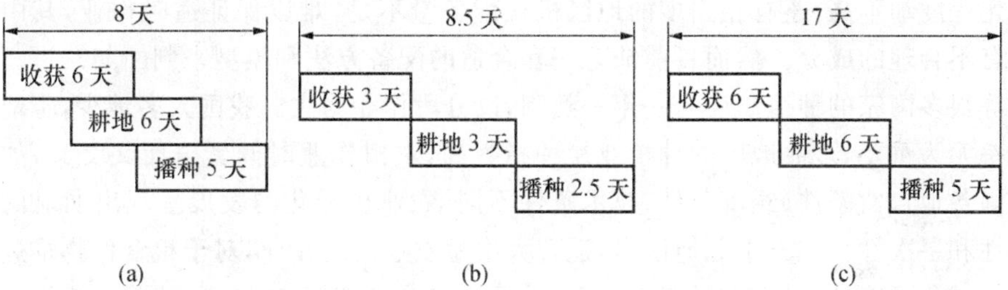


图 6-2 多机组流水作业图

**(二)农机配备应考虑前序作物的适时与否对后序作物适时性损失的影响**

以北京北郊农场联合收获机配备计算为例①，当只考虑收小麦的适时性损失时，全农场 44 600 亩小麦应配备 79 台北京-2.5 型联合收获机，但小麦收获期的长短不仅关系到小麦产量的损失，而且影响玉米播种期，从而影响玉米的产量。

**(三)农机配备应考虑农艺的发展**

不同的农艺对农机配备要求不同。例如，简化栽培技术、少耕、免耕及复式联合作业的发展会减少拖拉机的配备台数及作业次数，但要求拖拉机单机功率增大；而秸秆还田、地膜覆盖、化学除草、精量播种等，又会使拖拉机的配备量增加，投资加大，但有利于提高机具的利用率，降低单位作业成本。

**(四)农机配备应考虑社会经济等因素的综合作用**

农机配备还要考虑社会经济等一系列综合因素，如当地经济发展情况、农民购

① 高焕文. 高等农业机械化管理学. 北京：中国农业大学出版社，2003. 第 89 页。

买力、劳动力转移情况、主要利用的能源等因素。

综上所述，农机配备模型应全面、合理地反映以上特点，通过协调有关变量或参数之间的关系（包括数量关系和顺序关系等），使得系统在既定的目标下达到最优。

## 四、农机配备结构的经济分析

根据上述原则的要求，对农机配备结构的经济评价，主要从以下 4 个方面考察分析：地区适应性，社会需要的满足程度，机械选型的经济性和综合经济效果。

### （一）地区适应性

农机配备是种植业机器作业系统中很关键且非常复杂的一个课题。当前的突出问题是，有的地区单位面积配备量已超过世界上配备量最多的德国和日本，而机械化程度却不高；还有相当多的地区机械配备量不足，难以保证适时作业，其中必然有不合理的成分。然而目前缺乏一套合适的配备方法和模型来判断与改进。美国等很多国家的种植制度为一年一熟制，以分段作业为主。我国人多地少，土地生产率尤为重要，多数地区的种植业复种指数高，农田作业时间紧迫而又交叉，加之全国各地自然条件、经济条件、技术条件不同，农业机械化的发展呈现出明显的差异性和层次性。北方平原地区多，适合大中型农业机械作业，对于粮食作物推进全程机械化可能性大；南方丘陵山区多，适合小型农业机械作业，应根据种植作物不同有选择地配备农业机械。因此，农机配备应按照区域发展条件分类指导，实行分区决策、分类实施、重点突破、逐步推进的区域发展战略，以达到不同区域实现不同农业机械化程度的目标。

因此，在地区适应性方面可采用“全年可能作业天数”及“作业项目数”两个指标来考察。

### （二）社会需要的满足程度

要从两个方面分析，一是某项农机作业的社会需要满足程度；二是各项农机作业综合的社会需要满足程度。重点在前者，某项农机作业的社会需要满足程度可用下式计算：

$$\text{某项农机作业的社会需要满足度} = \frac{\text{某项农机作业完成量（作业能力）}}{\text{某项农机作业的社会需要量}} \tag{6 - 1}$$

从其商大于 1、接近 1、小于 1 来说明某种农业机械配备的生产能力有余、饱和或不足。

**(三)机械选型的经济性**

对于用途和性能大体相同的各种型号的农机,如何选择经济上才合算,就需要分析年运转费用中固定费用与可变费用的关系。例如,有A、B两种型号的农机,性能大体相同,A型购价高,生产能力和效率较高,完成单位工作量所耗的可变费用较低;而B型购价较低,生产能力与效率也较低,完成单位工作量所耗的可变费用也较低,此时就需要根据工作量的要求来选择,即计算临界工作量,其计算如下:

$$经济临界工作量=\frac{A型固定费用-B型固定费用}{B型单位可变费用-A型单位可变费用} \tag{6-2}$$

被配备单位的工作量大于临界工作量,宜选A型;小于临界工作量则宜选B型。

**(四)农机配备结构综合经济效果评价**

评价农机配备结构综合经济效果指标较难选定。因为综合指标是许多因素介入形成的,难以明显地表明是否直接由于农机配备结构合理性所导致,只能作为一般性的评价,不能作为结论性评价的依据。这里暂选定"单位动力纯收入"为评价农机配备结构的综合经济效果指标。因为农机配备结构主要反映生产能力的结构状态,农机生产能力的计量单位不一,目前通常以单位动力(如马力/千瓦)为统一计量单位,用投入机械的马力数或千瓦数反映配备结构的生产能力。"单位动力纯收入"这个指标可以在一定程度上反映农机配备结构的合理性。

## 五、实证分析:江苏省张家港永联现代农业示范园农机配备方案

先进、高效的配套机组必须符合当地的农艺要求,同时,农艺也必须适应机械化作业的要求,二者相互依存。为此,在进行农机配备时必须结合当地实际情况,同时要兼顾国家对农业示范园建设提出的要求。本书以江苏省张家港永联现代农业示范园农机配备为例进行说明。

**(一)示范园基本情况**

江苏省张家港永联现代农业示范园拥有耕地200 $hm^2$(实际面积180 $hm^2$),地形平坦,无大坡,实行水稻、小麦轮作,稻田0.33～0.53 $hm^2$ 为1块。小麦采用喷灌系统,水稻全自动灌排系统齐备。规划要求该园区田间生产实现全程机械化,达到当地乃至全国先进水平,可供参观学习与示范。

**(二)区域农业发展的基本要求**

十七届三中全会通过的《中共中央关于推进农村改革发展若干重大问题的

决定》中对农业示范区建设提出明确要求，要求继续办好国家农业高新技术产业示范区，发挥国有农场运用先进技术和建设现代农业的示范作用。2004 年以来的中央一号文件也对农业示范区建设予以重点扶持。2007 年，农业部发出了《关于开展全国农业机械化示范区建设的通知》，决定在全国不同的农业区域建立 100 个农业机械化示范区(目前全国共有 102 个农业机械化示范区)，促进各类农业机械化技术的集成配套应用，促进农机和农艺措施的有效结合，加速提升农业机械化科技含量和农业科技素质。2009 年《中共中央　国务院关于 2009 年促进农业稳定发展农民持续增收的若干意见》又进一步明确提出要加快推进农业机械化，启动农业机械化推进工程，重点加强示范基地、机耕道建设，普及主要粮油作物播种、收获等环节机械化。

江苏省农业机械化发展走在全国前列，2007 年全省耕种收综合机械化水平达到 71.35%，列全国第三位，水稻机械栽植水平达到 32.08%，机械收获水平达到 92.00%；2008 年全省主要农作物的耕种收植保综合机械化水平达到 74%。2009 年江苏省要启动实施农业机械化“六个三”工程，进一步提高农业机械化全面协调发展水平，重点培植江阴、武进和张家港 3 个县(市、区)，通过 3～5 年的努力，在全国率先基本实现农业生产机械化。张家港市农业局也提出推行农业标准化生产，建设一批农业标准化示范基地，并且要求农业示范园区要提高农业机械化水平，推行全程机械化生产。

张家港市地处长江和沿海两大经济带交汇处，经济条件发达，在全国县域经济百强县中名列第三。全境地势平坦，河港纵横，气候温和，雨水充沛，资源众多。无论是自然条件还是经济基础都是最有条件、最有基础、最有需求率先基本实现农业机械化。

永联农业示范园，已有完善的灌溉基础设施，配以先进适用的农业机械，实现稻麦生产全程机械化，将具有较好的规模效益，可为产前、产中、产后各环节机械化提供典型经验，在全国起示范带动作用。

### (三)示范园农业装备配备及选择

#### 1. 示范园田间生产主要环节

张家港市属典型的一年两熟区，示范园采取稻麦轮作。头年 11 月份种下冬小麦，次年 6 月份进行收割，同时进行晚稻的育秧；7 月份晚稻插秧，11 月份收获。涉及的环节有：耕整地、播栽、田间管理、收获、产后处理。主要的机械化作业项目有：机械化耕整地，小麦机播，水稻机械化育插秧，中耕除草、机械施肥、植保，机械化收获，秸秆机械化捡拾打捆，产后处理。具体各环节农事活动及主要机械化作业项目如表 6-2 所示。

表 6-2 示范园区一年内的农事活动及机械化作业项目

| 重要农事活动 | 主要机械化作业项目 |
|---|---|
| 1～2 月份，冬作物田间管理 | 开沟，确保排水畅通，防御渍害。化学除草 |
| 3～5 月份，小麦田间管理 | 中耕除草，防病治虫，追施恢复肥 |
| 6 月份，收割小麦，晚稻育秧 | 机收小麦，晚稻机械化育秧 |
| 7 月份，晚稻插秧 | 稻田杂草的防治；晚稻机插秧 |
| 8～10 月份，水稻田间管理 | 机械化植保，追粒肥；水田除草，利于通风；水田开沟；防治病虫，主攻稻飞虱，同时兼治三化螟 |
| 11 月份，晚稻收获、冬小麦播种 | 预防秋前遇寒，根部喷磷。机收晚稻，机播冬小麦 |
| 12 月份，冬小麦田间管理 | 中耕除草，疏松表土，提高地温 |

小麦机械化生产环节包括耕整地、播种、田间管理（中耕除草、植保）、收获、秸秆处理、产后烘干。图 6-3 为小麦机械化生产作业流程图。

耕整地 → 播种 → 田间管理 → 收获 → 秸秆处理 → 产后烘干

图 6-3 小麦生产作业流程图

水稻机械化生产环节包括耕整地、播栽、田间管理、收获、秸秆处理、产后烘干。水稻机械化播栽环节有机械直播和机械化育苗移栽两种方式。目前，农业部和江苏省都在大力推广水稻机械化插秧。机械化插秧可实现秧苗有序栽植，秧苗质量好、栽植后秧苗返青快、低节位有效分蘖多、成熟度好、产量高；宽行浅栽，便于通风，病虫害相对较少，用药量明显减少，稻米品质得到很大提高；作业效率高、劳动强度低、节本增产效果明显。因此，该示范园宜选取机械化育插秧的种植方式。图 6-4 为水稻机械化生产作业流程图。

耕整地 → 育秧 → 机插秧 → 田间管理 → 收获 → 秸秆处理 → 产后烘干

图 6-4 水稻生产作业流程图

2. 示范园农业生产各环节装备选择

(1)耕整地作业方式及装备配备。

①小麦。采用保护性耕作技术。保护性耕作是以秸秆覆盖地表、免少耕播种、深松及病虫草害综合控制为主要内容的现代耕作技术体系，具有防治农田扬尘和水土流失、蓄水保墒、培肥地力、节本增效、减少秸秆焚烧和温室气体排放等作用，采用机具包括深松机、免耕施肥播种机等，具体见表 6-3。2001—2009 年的保护性耕作机具推广应用效果：应用大型机械化免耕播种技术是实现保护性耕作技术

的最有效途径，它最大限度地减少了耕作次数及劳动力和机械投入、降低生产成本，实现了农业高产、低耗、高效和可持续发展。

表 6-3 小麦免耕播种机配套机型

| 生产企业 | 型号 | 主要技术指标 | 功用 | 参考价格/(元/台) | 是否享受补贴 |
|---|---|---|---|---|---|
| 佳木斯北方耙片厂 | 1BZP-3.0 28 片偏置重耙 | 配套动力(马力):80～100<br>效率:150 亩/天<br>所需台数:1 台 | 播前耙茬，地表整平 | 36 000 | 是 |
| 现代农装北方（北京）农机有限公司 | 中农机 2306 型深松机 | 配套动力(马力):80～100<br>效率:100 亩/天<br>所需台数:2 台 | 破坏犁底层、加深耕作层和增加土壤透气性、透水性的目的，为作物生长创造良好的条件 | 35 800 | 是 |
| | 中农机 6109 免耕施肥播种机 | 配套动力(马力):80<br>播种行数(行):9<br>效率:100 亩/天<br>所需台数:2 台 | 一次完成灭茬、开沟、播种施肥、覆土 | 79 000 | 是 |

配套实施农业技术：

ⅰ. 实行深松、播种、秸秆抛撒覆盖、茬上免耕播种、耙茬播种的轮作方式。

ⅱ. 在前茬秸秆覆盖土地上破茬播种，播后地表秸秆覆盖达 30% 以上。种子全部进行防治病虫害机械包衣统一供种，实现播种、播肥、覆土、镇压一次完成。

ⅲ. 选用优良小麦品种，采取播前播后机械化学除草配合机械中耕防治草荒。

ⅳ. 免耕播种技术同深松、浅松、秸秆抛撒技术配合应用，配套机械化学除草，机械喷药防治病虫害技术措施。

②水稻。

作业方式：机械化耕地除草。

作业机具：旋耕埋草机。

作业效率：100 亩/天(6.67 $hm^2$/天)。

配套动力：70 马力(52.5 kW)以上拖拉机。

所需数量：5 台。

作业效果：作业中能将稻麦整秆、留茬、杂草、绿肥等农作物秸秆进行直接埋覆还田。

(2)配套动力 80 马力(58.84 kW)以上拖拉机。给小麦耙地、深松、免耕施肥播种机和水稻旋耕埋草机配套动力，需要配备 80 马力(58.84 kW)以上拖拉机，与小麦偏置重耙、深松机及免耕施肥播种机和水稻旋耕埋草机相配，提供所需动力需要配备 2 台 80 马力(58.84 kW)以上拖拉机。

(3)播栽环节作业方式及装备配备。

①小麦。小麦实行深松、休闲、播种、秸秆抛撒覆盖、茬上免耕播种、耙茬播种的轮作方式。在前茬秸秆覆盖土地上破茬播种，播后地表秸秆覆盖达 30%以上。种子全部进行防治病虫害机械包衣统一供种、实现播种、播肥、覆土、镇压一次完成。

作业机具：小麦免耕施肥播种机。

作业效率：100 亩/天(6.67 $hm^2$/天)。

所需台数：2 台。

②水稻。作业方式：工厂化育秧。将育秧的全过程在室内和大棚内进行，无需占用农田，机械化、自动化程度高，节省种子，秧苗质量好，从种子处理到供秧整个周期只需 12 天左右，是高商品化供秧的最理想方法。核心技术是通过专用育秧设备在育秧盘内播土、播种、播水，然后采用自控电加热设备进行高温快速催苗及出苗。水稻工厂化育秧培育出的秧苗均匀、健壮、整齐，提供高素质的秧苗，在南方水稻地区，能有效减轻“倒春寒”的影响，赢得栽插时间。

作业流程：床土配制—育秧穴盘准备—种子前期处理(脱芒、晒种、选种、浸种、消毒等)—控温催芽—联合播种作业—温室控温催根立苗—炼苗管理。

作业机具：育秧播种机组(包括播种流水线，稻种脱芒机，碎土机，筛土机，育秧盘)、5～10 kW 蒸汽发生器。

附属设施：秧车、钢丝网托盘、温室、棚架。具体功用如表 6-4 所示。

插秧机：水稻种植机械对水稻生产有非常重大的影响，据有关文献资料报道，机械化作业与传统人工作业相比每亩可增产稻谷 50～70 kg，增产幅度为 5%～10%。人工插秧向机械插秧发展是必然趋势。目前，日本、韩国等发达国家已经实现水稻种植机械化。插秧机有步进式及乘坐式高速插秧机可供选用。大田块地区，在经济条件具备的情况下，为提高工作效率，可考虑采取用高速乘坐式插秧机。高速乘坐式插秧机的优势在于采用回转式栽植装置、运动平稳工作效率高、机插质量好。

作业方式：机械化插秧。

作业机具：高速乘坐式插秧机。

作业效率：500 亩/季。

**表 6-4 育秧播种机可选机型**

| 生产企业 | 型号 | 主要技术指标 | 功用 | 参考价格/(元/台) | 是否享受补贴 |
|---|---|---|---|---|---|
| 久保田 | SR-501C 育秧播种机组 | 外形尺寸(mm):7 445×570×1 203;<br>播种量(g/箱):105～340<br>箱体容量(L):60(床土)、22(种子)、36(覆土)<br>作业效率(盘/h):500 | 包括播种流水线,稻种脱芒机,碎土机,筛土机,育秧盘。播种流水线能把添加床土、浇水、播种、覆土四道工序一次完成 | 30 800 | 是 |
| 宜兴车辆厂 | 2BS-1000 育秧播种机组 | 外形尺寸(mm):5 404×526×1 150<br>箱体容量(L):65(床土)、20(种子)、50(覆土)<br>作业效率(盘/h):600 或 1 000 | | 24 500 | 是 |
| 盐城恒昌汽车配件有限公司 | 2BL-280A 育秧播种机组 | 配套动力(W):300<br>播种量范围(湿种)(g/盘):85～160<br>箱体容量(L):45(床土)、30(种子)、45(覆土) | | 17 600 | 是 |
| 广州市番禺万达工贸实业有限公司 | HFY-9KW 蒸汽发生器 | 外形尺寸(mm):37×19.5×35<br>功率(kW):9 | 调节温室温度 | 980 | 否 |

所需数量:6～8 台。

作业效果:标准化秧苗与高性能插秧机配套,可插得匀、浅,具有栽插效率高、插秧质量好的特点,机插大田管理得当,成穗足,具有高产的优势。

(4)田间管理作业方式及装备配备。田间管理环节主要涉及中耕除草、植保和水田开沟(水稻种植需要)等环节。小麦田间管理要进行中耕除草和植保施肥。主要涉及中耕除草机和植保施肥机。水稻田间管理主要包括施肥、水分管理、中耕除草和病虫害的防治等,需要配备施肥机、中耕除草机、水田开沟机、喷雾机、杀虫灯。

中耕除草机:旱田中耕除草机国内有较多机型可以选择。水田用中耕除草机和水田开沟机目前国内还没有成熟机型。水田用中耕除草机日本有成熟机型(3 行手扶式),东京农业大学研制了 3 行的小型稻田除草机(walking type paddy field weeder)作业效率为 3～4 亩/h(0.2～0.27 $hm^2/h$),单机价格在 4 000 元左右,需要 10 台,但是目前国内并没有相关的销售。

水田开沟机：开沟机的使用避免水资源浪费，使土壤保持合理的干湿度。目前水田开沟机在国内还没有成熟的机型。已经普遍推广使用的农田开沟机主要用于旱田作业。

植保机械：一般可采用机动式喷雾机和杀虫灯。大中型机动式喷雾机具有射程远，雾粒小，对作物附着率高，有效节水节药的特点。也可选用杀虫灯，对田间害虫进行控制诱杀。

化学方式作业效果：除草、杀虫见效快，效果好。能迅速消除杂草，减少大量田间管理工作。

杀虫灯作业效果：能适应生态农业的需要，减少化学药剂的施用，减少农作物的农药残留，同时减少农药对土壤、水源的污染。

作业方式：机械化植保或物理杀虫。

作业机具：喷雾机或者杀虫灯。

所需数量：喷雾机 2 台(水田专用 1 台，喷杆式 1 台)、杀虫灯 15 台左右。

(5)收获作业方式及装备配备。采用联合收获，粮食清洁度高，作业效率高。考虑到是现代化示范园，选取联合收获方式。

联合收获：全喂入联合收割机通用性强，价格便宜，但存在动力消耗较大和夹带损失偏高等问题。而半喂入联合收获机只将作物穗部送入滚筒，保持了茎秆的完整性，生产效率高，作业质量优于全喂入联合收获机。配备半喂入联合收获机用于小麦和水稻的收获，把收割、脱离、分离茎秆、清选谷粒这些工作集中在一台机器上完成，并可以将粮装袋或随车卸粮。收获后的秸秆可经秸秆粉碎还田机粉碎还田，增加土壤的有机质含量，提高土壤肥力，同时，减少因秸秆焚烧带来的环境污染。作业效率可达到 50 亩/天(3.33 $hm^2$/天)。

秸秆处理：半喂入式联合收割机在作业过程中可完成秸秆的粉碎还田，不需要单独配备秸秆粉碎还田机。如果秸秆全量还田，可完全由有联合收割机完成作业。如秸秆不全量还田，可考虑配备秸秆捡拾打捆机，将多余的秸秆打成方捆，便于后续运输和储存。根据实际作业中秸秆粉碎还田和捡拾打捆的比例配备机具。可考虑配备 2 台方捆捡拾打捆机。

## 第二节　农业机械组合结构的经济性

农机组合结构是指作业过程中动力机械与作业机具的组合(编制机组)和多种机组在完成农艺有序作业时的合理匹配。目的在于提高特定作业过程中整个机器系统的整体生产率和经济效果。

## 一、农机组合的基本原则

除动力机械与作业机具合为一体的自走式机械外，一般都存在动力机械与作业机具的组合问题。这一组合不仅影响农业机械作业的效率及质量，还影响到农业机械作业的经济性。如何正确做好机具组合，应遵循下列基本原则：

### （一）农机组合满足生产对作业质量的要求

农机是为农业生产服务的，这是运用农机的目的，主机应该配套何种作业机具，首先要看这种机具组合能否保证农业生产所要求的质量，作业质量不能保证的机具组合会造成资源的浪费。同时也应考虑到与承担的作业量相适应，这是农机合理组合的前提。

### （二）充分发挥机具功能提高机组生产率

这是农机合理组合的核心。例如，耕整地作业的机具组合，就要根据作业质量要求与土地土壤等条件，通过详细计算拖拉机各挡的牵引力曳带农具的阻力来确定机组的编制。拖拉机的牵引功率被利用得越多，机组生产率就越高。但要防止超负荷作业，因此要掌握拖拉机牵引功率利用系数（用于工作的牵引功率同能够提供的最大牵引功率的比值）。由于作业不同，负荷程度也就不同，各种作业的拖拉机牵引功率利用系数都各有一个经验值。在经验值的范围内，拖拉机牵引功率利用系数越高，机具组合的经济效果就越好。

### （三）农机组合经济核算以降低作业费用

因为不同的农机组合有不同的作业费用，有的农机组合虽然生产效率高，但消耗费用大，这种情况就要从单位作业油耗、维修费以及单位作业成本来衡量，到底在经济上是否合理。

### （四）农机组合遵照安全生产要求

一是人身安全，二是机具安全。人身安全特别重要，它是提高农业机械使用经济效果的前提和保证条件。包括操作人员的劳动环境与劳动强度是否有损于健康。机具安全也不容忽视，不能片面追求速度与效率，而忽视机具的磨损强度，机具磨损大，故障多，往往就是有害于人身安全的隐患。

## 二、农机组合结构的协调

农机组合结构合适与否，直接关系到农机功能的发挥，关系到生产效率和经济效果。研究农机组合结构的目的不仅在于考察其是否符合农业机械使用“优质、高效、低耗、安全”的要求，而积极的意义在于搞好农机组合结构内外的协调，争取最佳的经济效果。结构内部的协调以及与环境条件的协调是提高经济效果的基础。

**(一)农机组合结构内部的协调**

1. 功能的协调

如前所述,农机一般是由动力机械与作业机具组合而成,构成其完整的功能。若分开来看,动力机有各种功能,作业机具也有特定的功能。因此,农机组合的第一步,就是功能协调。例如,水田作业要求水田型拖拉机配套水田作业机具,旱地作业要求旱地型拖拉机配套旱地作业机具,功能协调进一步的要求是充分发挥主机的多种功能、提高其综合利用程度,这样才能取得更好的经济效果。

2. 功率的协调

在功能协调的基础上要求功率协调,这是提高机组生产率的关键。配套的作业机具所要求的功率应使主机所具有的功率能得到充分的利用。超负荷的配套当然是不允许的,但大马拉小车,大机小泵等现象既影响了机械效率的正常发挥,又造成能源的严重浪费,无论从微观或是从宏观上来看,都有损经济效果。

**(二)农机组合结构对环境条件的协调**

1. 农机组合与农艺的协调

农机组合与农艺的协调,也就是农业机械化与生物技术相结合的问题。生物技术是农业生产技术的核心。农业机械化是实现生物技术的手段,手段要服从目的的要求,农业机械化技术经济效果的好坏,很大程度上要看它对农业生物技术的满足程度。一个地区的耕作制度及栽培管理技术都有其特定的要求,农机组合结构要服从当地耕作制度、栽培管理技术等农艺的要求。但是农业机械服从农艺,不能理解为要求机械仿效人畜力作业工艺进行作业,而是应按照生物技术中主要作业(或是关键性作业)的要求,选择最适合于发挥功能的、经济效果高的作业工艺进行合理的农机组合。但同时从提高劳动生产率,从发挥机械生产经济性的意义上讲,生物技术的制定,也需要考虑适应机械的某些特性。

2. 农机组合与自然条件的协调

农机与自然条件的协调问题在前面讨论农机配备结构时已经涉及,但在作业过程中更为具体。农机组合结构必须考虑到气候、地形、地貌,田块大小、土壤质地、交通道路、田间障碍物等外界条件的影响,有些拖拉机配套的作业机械过长、过大,道路桥梁通不过,田块太小转不过弯等都直接影响功能与效率。

3. 农机组合与农村发展的协调

当前的农业机械化已经从过去的狭隘的种植业机械化发展为农村机械化。农村中各种生产与生活对机械的需要,已为农业机械的综合利用开拓了广阔的前景。随着综合利用的扩大,作业机械种类增多,对农机组合也有了新的要求。例如,要求作业中对生态环境无污染、无破坏;作业过程中保护好农产物,以利于加工增值

(如要求脱粒机械能保持秸秆的完整,以便用作编织材料等)。随着生活水平的提高,要求改善劳动条件,农机组合要比过去更注重操作环境的舒适性,以利于效率和效果的提高。

### 三、农机组合结构的经济评价

农机组合结构的优劣主要表现在作业质量、效率、费用、安全4个方面,其技术经济评价的直接指标有:①作业质量合格率和适时作业率;②作业效率(拖拉机牵引功率利用系数,纯作业小时生产率);③作业小时平均直接费用;④作业安全率。

上述指标的计算方法,大部分在有关章节已作了介绍,这里不再赘述,需要说明的是"作业效率"问题。因为农机组合所决定的功率利用程度,是一种理论生产率,在实际生产中是很难直接观测的,例如,拖拉机牵引功率利用系数,是按拖拉机所具有的牵引力和曳带的农具所需要的牵引力计算出来的,在实际作业时,拖拉机发出的牵引力和曳带农具所需的牵引力是在不断地变化中,除了用专门的自动记录仪器外,无法实测其牵引功率利用系数,因此,用纯作业小时生产率则比较实际可行。只要把纯作业小时记录准确,完成的作业量计算正确,可以较真实地说明农机组合的生产效率。

## 第三节 农业机械作业工艺结构的经济性

### 一、农机作业工艺过程

农机组合主要解决功能性协调问题,这只形成了可能的生产力,而要完成为现实的生产力,用之于生产,则需要进一步解决机械、劳动者和作业对象的协调,这种协调过程体现在农机作业的合理工艺过程上。农机作业工艺过程包括机械与劳动者、机械与劳动对象的协调两个方面。

**(一)机械与劳动者的协调**

根据我国农村经济不发达、生产力落后的特点,农业机械化必须向农业生产的各个领域发展,建立农林牧渔、工商运建服等多内容的农业机械作业结构。这种作业结构不仅能大大提高农村生产力水平,改变农民靠天吃饭的状况,而且可做到物尽其用,人尽其才,使农业机械化更具充沛的内在活力。建立这样的农业机械作业结构,对农机人员来说,必须全面提高自身素质。一方面,农机人员素质的状况对农业机械作业结构的形成和发展具有重要影响;另一方面,农业机械作业结构及其变化和发展的趋势,又会对农机人员素质提出相应的要求。

此外，农机安全生产形势依然严峻，由于我国安全生产基础比较薄弱，还存在农机事故导致人员伤亡的现象。因此，抓好安全生产是目前农机工作中的重中之重。

**（二）机械与劳动对象的协调**

其中既有技术操作问题，又有组织管理问题。不能把农机作业工艺简单地看做是操作技术。要使农业机械运转，固然需要劳动者的操作技术，但又需要工艺组织即工序的合理安排。要完成农机作业，需要有相应的辅助工序。例如，进行施肥播种作业则需要在作业前运肥运种，这些虽然为辅助工序，但是完成作业不可缺少的组成部分，故也纳入作业工艺过程。

在农机作业工艺过程中起主导作用的是劳动者的操作技术。操作技术的熟练程度表现为劳动者的操作效能，提高劳动者的操作效能是提高作业效率的关键。辅助工序一般与生产管理工作有关，辅助工序的组织安排适当与否，也直接关系到作业效率。

农机作业工艺过程受自然条件的影响。在一定的自然条件下，合理安排作业的工艺结构的核心问题是提高时间利用率，即在班次规定的时间内，尽可能增加纯作业时间。纯作业时间多，操作效能高，才能产生更多更好的作业成果，因而就要尽可能地缩短辅助工序时间，消除一切由技术不良或组织不善所造成时间浪费，工艺结构的合理性常常反映在工时结构的合理性上。

## 二、农机作业工艺结构的发展趋势及改善方法

**（一）传统农业生产工艺不适应机械化农业的需要**

发展农业机械化是以高劳动生产率、相对低的作业成本和高作业质量为目的。但是，在发展机械化的同时，如果不建立相应的生产工艺，这一目的则很难实现。下面从生产工艺内在差异及实践2个方面进行论述。

1. 农业生产工艺内在差异对比

农业生产工艺是其生产诸要素，特别是劳动者、生产工具和生产对象结合为现实生产力的技术“组织者”，是连接生产诸因素的纽带。因此，生产工艺和生产诸因素的发展是相辅相成、互为制约的。生产因素，特别是生产工具的发展，必将要求生产工艺相应变革，以便重新组织生产诸因素。

传统农业生产工艺是在人畜力作业效率基础上形成的生产诸因素的组合，而机械化农业生产工艺则是在机械作业效率基础上形成的生产诸因素的组合。当然，一个地区的农业生产工艺是该地区在各个不同历史时期的社会经济条件、自然条件、生产条件和科学技术水平下逐步演变形成的。现从生产工具及相关方面来

论述生产工艺问题。

(1)生产工具的不同。传统农业生产工艺容纳的工具因素是人畜力及其农具,机械化农业生产工艺所容纳的是机械,两种工具在功率、作业灵活性和要求的行走条件等方面存在很大差异,从而导致其生产工艺不同。

(2)农业生产与技术条件的差异。传统农业生产工艺是小规模(劳均规模)和以大量活劳动与农家肥投入为基础的精耕细作技术条件下形成的,而机械化农业生产工艺则是适应农业大生产发展起来的,其农艺条件是现代技术和生物技术。我国现代农业追求高的商品率、劳动生产率和经营生产效益,为促进生产和提高生产经营效益,需要采取新的生产工艺。除生产工具、农业生产与技术条件外,社会经济环境等方面的变化也要求机械化农业扬弃传统农业生产工艺。

2. 传统农业生产工艺不适应机械化农业

在几十年的机械化农业实践中,人们逐渐发现传统农业生产工艺与机械化发展存在着许多难以规避的矛盾,简单地按照传统农业生产工艺发展机械化,会使工序多而复杂,流程长,作业效率低,能耗高。下面以苏南地区为例进行分析。

苏南地区过去以人畜力劳动为主,实施的传统农业生产工艺的工序达 41 道。其中水稻由施有机肥到入仓约 21 道,三麦从开暗沟到入仓约 20 道,称这一工艺为"原有工艺"。它与机械化农业发展之间存在 3 个难以规避的矛盾。

(1)不利于机械作业,机械作业效率低,质量差且消耗大。农田机械作业必须在土壤水分适宜并有一定承压能力的情况下进行。苏南地区拖拉机能进行正常耕耙作业的土壤含水量不宜超过 36%,若不破坏土壤结构要求为 30%左右,这限制了稻茬田耕整和三麦播种的机械化。若按原有工艺进行机械作业,一方面,因稻田多次耕整,使土壤较多的土粒处于分散状态,使土壤含水量上升;另一方面,机播作业很难进行,机耕作业由于轮胎打滑导致高能耗、低效率和低质量。机械作业要求田平沟少,但原有工艺为了排水,强调深沟高畦,沟数较多。这给水稻应用农机进行收获耕整作业造成困难,使机轮落沟不能自拔或机身倾斜作业不正常。另外,在旱地机械化中,若按传统生产工艺组织作业,则要求机械 10 余次下地作业,这在对土壤和作物进行加工的同时,也增加了土壤压实,降低了作业效率,增加了能耗。单耕整作业,拖拉机输出功率的约 30%用于翻松其自身行走压实的土壤。

(2)部分作业工序或项目根本无法或不易实现机械作业,如水稻大田育秧、拔秧,插秧,撒播三麦的中耕除草、水稻耘耥拔草等,而这些作业用工量约占总用工量的 30%,均不利于土壤肥力的发挥和土地生产率的提高。对于三麦机械耕种作业,太湖流域水稻收获后的田间含水量,除表层 3 cm 在一定条件下可处于适耕状态外,其下直至犁底层在三麦播种适期内一般很难降至适耕水分范围。在这种条件下，江苏太湖农科所从模拟试验和定位试验两个途径都证明，用机械作业执行原有耕整工艺，土壤烂混黏团，多余水分长期不能下渗，造成减产。据研究，水稻田灌水后旋耕次数在3遍以内水稻产量均很接近，多旋将造成土块变干后愈易发僵，不仅水稻不能增产，对后作三麦增产也不利。在旱地机械化中，若按传统农业生产工艺，则机械多次下地，对土壤压实重，也将恶化土壤理化性状，导致土地生产力下降。

(3)原有工艺作业工序多，既增加农机设计制造与运用管理的工作量，也限制了机械作业效率的提高与作业成本的降低，使劳力节省效果不明显。

由上述分析可知，传统农业生产工艺不适应机械化农业发展，这既有其内在客观规律，也是几十年来机械化实践的经验总结。为提高农业生产效率、改善土壤生态，必须改革传统生产工艺，创立与机械化农业相适应的生产工艺。生产工艺的发展方向和途径，既要合理又要为机械作业创造条件，提高工艺措施对机械化操作的适应性。在农机方面也要保证农艺要求和良好稳定的作业性能。

**(二)农机作业工艺结构的发展趋势**

1. 工艺简单有效

即在能满足农艺要求的基础上简化或重新安排传统生产工艺。这有3条途径可走：①减去不必要的工序，比如机械耕整，每遍作业对土壤的作用明显高于人畜力耕整，不必要仍沿用人畜力耕整的作业遍数。②采用联合、复式作业工艺，即人畜力作业的多道工序由一台机或机组同时完成。③改变作业工序的顺序安排，如采用化学除草技术可将除草作业提前到播种之时完成。

2. 应用保护性耕作技术

保护性耕作技术不仅有利于减少水土流失，而且在机械化农业生产工艺中有着重要的意义。因为它既减少了作业工序和机器配备，又为其他机械作业提供了良好的田间行走条件。

3. 在多熟制地区实行多机组流水作业

由于受土地资源和人口等基本国情的制约，我国普遍采用高复种指数的两熟或三熟制来提高土地产出率。在这些地区农忙季节往往需要在较短的作业期内完成两项以上的作业工序，多机组流水作业是其发展方向。因为它与分区作业工艺相比，具有机器配备少、作业成本低、农时损失小等优点。据计算，华北平原机械化流水作业工艺的亩均机械作业总成本和亩均机械配备，分别比分段作业工艺低38.4%和44.4%。但流水作业要求的生产经营面积较大，华北平原大中型农机流水作业工艺要求的生产规模在千亩以上。

4. 化学除草

传统生产工艺是通过中耕除草来消灭草害，这虽有松土作用，但因作业要求在生长中作物四周的土地上进行，机械作业难以顺利完成。我国农业机械化发展过程中，一直在试验推广机械中耕除草工艺，但由于机械适用性差，除草效率低，伤苗率高，作业次数多、效率低、土壤压实严重等原因，效果并不好。采用化学除草工艺则易于机械作业，效率高，华北平原采用中拖作业（中拖配套旋耕复合作业型水田平整机），日效率可达200亩以上。由于我国幅员辽阔，自然条件和耕作制度千差万别，上述分析只是机械化农业生产工艺的总趋势，不同地区生产工艺的发展趋势有其独特之处。

**（三）改善农机作业工艺结构的方法**

概括来说，就是从提高作业效率的角度，对作业工艺过程进行研究，通过研究找出方法。

1. 组织工艺

主要研究构成工艺的各项工序，哪些是必要的，哪些是不必要的，哪些是可以简化的。去掉那些不必要的工序，使工艺尽可能地简化。

2. 对每项工序所采取的操作进行分解研究

每项工序是由哪些操作完成的，分析操作的构成，去掉不必要的操作，找出能省力省时的操作方式，研究确定各个工序最佳动作。

3. 测定最佳操作时间

对最佳操作所需的时间，进行反复测定，得出完成最佳操作的标准时间。

4. 合理调整各项工序

即对工艺结构中各项工序的安排进行调整，运用运筹学原理和网络技术，使各项工序衔接紧凑。

5. 组织实践

把由必要工序、最佳操作和标准时间所构成的新工艺结构付诸实施，通过实践检验是否切实可行，是否提高效率，还有什么不足之处以求进一步改进。

## 三、对农机作业工艺的经济评价

如前所述，工艺结构的合理性往往反映在工时结构的合理性上。因此，对农机工艺结构的经济评价常用的指标是班次时间利用率，即纯作业时间占班内持续时间的比率。班次时间利用率高，纯作业时间多，作业效率就高，经济效果就好。此外，改进工艺结构、简化工序还可能带来作业成本中直接费用的节约。所以采用班次时间利用率来评价工艺结构时，可同时采用反映直接费用节约的指标，这样才能做出比较全面的经济评价。

以上将农机运用管理的过程分为4个主要环节进行结构分析，目的是弄清联系，改善结构，实施有效的管理。通过分析，我们知道各个环节本身结构和内部协调固然重要，更重要的是各环节之间的协调，而最重要的是农机运用管理全过程与更大范围的社会经济条件之间的协调，只有搞好这3个方面的协调，才能实现农机运用管理的目标。

## 第四节　农业机械的磨损、修复与寿命

### 一、农机装备的磨损

近年来，随着各项惠农政策的实施，农民种粮的积极性越来越高，农机保有量大幅度增加。随着农机的增多，农机的维修、保养成为农民迫切需要解决的问题。农业机械在使用或闲置过程中，由于材料、工艺、环境条件和人为因素的影响，其零部件会逐渐地磨损、变形、断裂、蚀损等。随着零部件磨损程度的逐渐增大，农业机械的技术状态会恶化，不可避免地出现各种各样的故障，农业机械功能和精度的降低，致使其价值与使用价值不断降低，最后导致整机丧失其使用价值。磨损有两种形式，即有形磨损与无形磨损。

**(一)有形磨损**

农业机械在使用或闲置过程中发生的实体磨损，称为有形磨损，有时也称物质磨损。有形磨损根据其成因分为两类。

1. 第一类有形磨损

在农业机械使用过程中，受外力作用，其零部件会发生磨损、振动、变形、疲劳，造成机器设备的实体发生磨损，称为第一类有形磨损。其具体特征表现在设备尺寸与形状的改变、精度降低或零部件损坏。其造成的后果是使机器设备综合性能下降，当磨损达到一定程度时，会造成设备故障，进而丧失使用价值。

2. 第二类有形磨损

该种有形磨损是由于自然力的作用而产生的，因而与设备是否使用无关，设备在闲置或封存时，由于机器生锈、金属腐蚀、橡胶和塑料老化等原因，同样会使设备产生有形磨损，使设备的性能下降，甚至失去使用价值。

无论是第一类有形磨损还是第二类有形磨损，其后果是造成设备性能的不断下降，磨损比较轻微时，会造成设备的经济性下降、精度降低或产量减少；而当磨损严重时，则会威胁机器的安全生产，造成严重后果。因此，需要对设备的磨损程度

进行定量分析。度量设备的有形磨损程度,采用技术性指标比较复杂,同时对不同类型的设备没有通用性,因此在技术经济分析中一般采用经济指标进行度量,其表达式为:

$$\alpha_p = \frac{R}{K_1} \tag{6-3}$$

式中:$\alpha_p$ 为设备的有形磨损程度;$R$ 为恢复全部磨损零件(包括拆装)所需的修理费;$K_1$ 为在确定机械设备磨损时,该设备的重购价值。

以上所得的是由多个零部件组成的整机的平均磨损程度,因而其确定方法应综合单个设备的磨损程度。对于由几个零件组成的机器设备,其整机的平均磨损程度为:

$$\alpha_p = \frac{\sum_{i=1}^{n} \alpha_i K_i}{\sum_{i=1}^{n} K_i} \tag{6-4}$$

式中:$K_i$ 为零件 $t$ 的重置价值;$\alpha_i$ 为零件 $i$ 的磨损程度,其计算式为 $\alpha_i = R_i/K_i$;$R_i$ 为设备 $i$ 所需的修理费用。

**(二)无形磨损**

设备的无形磨损不是设备在使用或闲置过程中由于外力或自然力的作用而形成的。因而也并不表现为设备尺寸、形状、功能等有形的方面发生变化,而是由于技术进步而不断出现性能更加完善、功能更加合理的新型设备,或者是生产同样结构的设备成本不断降低而使原有设备贬值。无形磨损也称经济磨损,根据其成因可分为两类:

1. 第一类无形磨损

该种无形磨损是指由于设备制造工艺不断改进、自动化水平不断提高,致使劳动生产率不断提高,成本不断下降,同时同种机器设备的市场价值降低,造成原有设备的贬值。这种无形磨损的后果是现有设备的原始价值部分贬值,而设备的使用价值并未发生变化,因而设备可以继续使用。

2. 第二类无形磨损

第二种无形磨损是由于技术进步与创新,出现了结构更加合理、功能更加完善、操作更加简便、环境污染进一步减轻、能源消耗进一步降低的新型设备,从而使原有设备显得陈旧落后,可能提前退出历史舞台,造成经济磨损。这种无形磨损区别于第一种无形磨损的本质特征是:不仅使原设备的价值降低,而且会使原设备由于在经济环境、生态、效率等方面缺乏竞争力或受到限制而局部或全部丧失其使用价值。

无形磨损程度也可以通过经济价值来定量描述。若设备的原始价值为 $K_0$，在某一时刻其等效设备的再生产价值为 $K_1$，则设备的无形磨损程度可用下式表示：

$$\alpha_1 = \frac{K_0 - K_1}{K_0} = 1 - \frac{K_1}{K_0} \tag{6-5}$$

在式(6-5)中，$K_1$ 的确定比较困难，也是准确度量无形磨损程度的关键。$K_1$ 的确定应综合考虑以下因素：①由于生产效率的提高，使得相同设备再生产价值降低。②出现了功能更加齐全、性能更加优良的新设备，如果采用该新设备替代原有的旧设备，会使企业的产量与成本发生变化，故 $K_1$ 可用下式表示：

$$K_1 = K_n \left(\frac{Q_0}{Q_n}\right)^{\alpha} \left(\frac{C_n}{C_0}\right)^{\beta} \tag{6-6}$$

式中：$K_n$ 为新设备的价值；$Q_0$、$Q_n$ 为使用旧设备与使用新设备所对应的年产量；$C_0$、$C_n$ 为使用旧设备与使用新设备所对应的单位产品成本；$\alpha$ 为设备产量提高指数($0<\alpha<1$)；$\beta$ 为设备成本降低指数($0<\beta<1$)。$\alpha$、$\beta$ 的数值可以根据具体情况确定。

在极限情况下，当旧设备不符合我国的环保政策与产业政策时，此设备必须关停。此时，$Q_0 \to 0$，得到 $K_1=0$，得到设备的无形磨损度等于 1，表明设备的使用价值接近于零，旧设备必须淘汰。

当 $Q_0=Q_n$，$C_0=C_n$，则说明采用新设备与旧设备进行生产，其产量与单位生产成本并无变化，只是新设备的重置价格有所降低，意味着设备仅发生第一类无形磨损，而未发生第二类无形磨损。下面对第二类无形磨损的情况进行简单分析：

①$Q_0<Q_n$，$C_0=C_n$，此时 $K_1 = K_n(Q_0/Q_n)^{\alpha}$，说明使用新设备与旧设备相比，单位生产成本相同，但产量有所提高。

②$Q_0=Q_n$，$C_0<C_n$，此时 $K_1 = K_n(C_0/C_n)^{\beta}$，说明使用新设备与旧设备相比，产量相同，但单位生产成本有所提高。

③$Q_0>Q_n$，$C_0<C_n$，此时 $K_1 = K_n(Q_0/Q_n)^{\alpha}(C_0/C_n)^{\beta}$，说明使用新设备与旧设备相比，不仅产量有所提高，而且单位生产成本有所降低。

④$Q_0 \geqslant Q_n$，$C_0>C_n$，此时 $K_1 = K_n(Q_0/Q_n)^{\alpha}(C_0/C_n)^{\beta}$，说明使用新设备与旧设备相比，产量大幅提高，但单位生产成本有所增加，最终也使 $K_1 < K_n$，说明有第二类无形磨损。

⑤$Q_0<Q_n$，$C_0 \leqslant C_n$，此时 $K_1 = K_n(Q_0/Q_n)^{\alpha}(C_0/C_n)^{\beta}$，表明使用新设备与旧设

备相比，虽然产量有所下降，但单位生产成本大幅度降低，最终也使 $K_1 < K_n$，发生第二类无形磨损。

⑥$Q_0 = Q_n$，$C_0 = \infty$，此时 $K_1 = 0$，表明旧设备已经不符合国家的环保政策与产业政策，被迫关停与淘汰，此时 $\alpha_1 = 1$。

**（三）设备的综合磨损**

设备在寿命期内，会同时发生有形磨损与无形磨损。它们都会造成设备原始价值的降低，在这一点上是统一的。这也是我们为什么采用统一的经济价值指标来度量有形磨损程度与无形磨损程度的原因所在。在同时考虑设备的有形磨损与无形磨损后，即可采用经济价值指标，得到设备的综合磨损程度。其定量描述方法为：

老设备的原始价值为 $K_0$，经过一定时期的有形磨损后（包括第一类有形磨损与第二类有形磨损），其价值变为 $K_0(1-\alpha_p)$，在此基础上，再考虑无形磨损（包括第一类无形磨损与第二类无形磨损），则其综合完好率为 $K_0(1-\alpha_p)(1-\alpha_1)$。

得到设备的综合磨损度为：

$$\alpha = 1-(1-\alpha_p)(1-\alpha_1) \tag{6-7}$$

这样，设备在同一时期遭受经济磨损（包括有形磨损与无形磨损）后，其净值为：

$$K = (1-\alpha)K_0 \tag{6-8}$$

进一步展开并整理，得：

$$\begin{aligned} K &= (1-\alpha)K_0 = \{1-[1-(1-\alpha_P)(1-\alpha_1)]\}K_0 \\ &= (1-\alpha_p)(1-\alpha_1)K_0 \\ &= \left(1-\frac{R}{K_1}\right)\left(1-\frac{K_0-K_1}{K_0}\right)K_0 \\ &= K_1 - R \end{aligned} \tag{6-9}$$

上式的物理意义为：设备在一定时期内，在同时遭受有形磨损与无形磨损后，其价值为等效设备的再生产价值减去修理费用。

可以分以下 3 种情况考虑：①当 $K_1 > R$ 时，$K > 0$ 说明设备在经过维修后继续使用比重置新设备合算，设备还有价值。②当 $K_1 = R$ 时，$K = 0$，说明设备在经过维修后继续使用与重置新设备所付出的代价一样，此时，可以继续使用旧设备，亦可重置新设备。③当 $K_1 < R$ 时，$K < 0$，说明设备的维修费用比重置新设

备的费用高，显然此时设备已没有维修必要，应重置新设备。

## 二、设备磨损的补偿

由于农机在使用或闲置过程中发生多种磨损，为了维持生产的正常进行，就需要采取多种措施，对磨损进行补偿，一台设备总是由某些零件组成，而在使用或闲置过程中，每个零件的磨损程度与磨损特性总是不同的，有些零件易发生磨损，而有些零件不宜磨损，有些零件的磨损易消除，而有些零件的磨损不易消除。因此，我们需要针对不同的零件磨损的特性采取相应的补偿方式。一般地，磨损的补偿方式有3种，即修理、更新、技术改造。

### 1. 修理

当设备或零件所发生的磨损易消除时，例如，零部件的弹性变形、表面粗糙度增大、泄露等，则可以通过修理与技术处理，使得磨损得到一定程度的恢复与补偿，这种补偿方式为修理。

### 2. 更换

对于某些设备或零件，所发生的磨损不易消除，如材料老化、零件损坏等，此时必须更换新的设备与零件，这种磨损的补偿方式为更换。

### 3. 技术改造

当设备或零件的磨损属于第二类无形磨损时，即有更先进、更可靠的设备来取代原有设备时，需要采用技术改造的方法来进行无形磨损的补偿。

以上3种磨损的补偿方式是相辅相成的，并没有绝对的界限，例如，我们一般在进行设备的修理时，对其中的一些易耗品、磨损程度严重的零件则需要更新，如果有更加先进、耐用、经济的新零件时，也可考虑对这些零件进行技术改造。同样，当我们对设备进行更新时，一般是指对设备的核心部件与重要部件进行更新，而对旧设备中的部分零部件还可以通过修理继续使用。对于给定的设备或零件，究竟采用哪一种方法进行补偿需要根据磨损的性质与程度采用经济评价的方法来确定。

## 三、设备的寿命

由于设备磨损的存在，使得设备的性能不断下降，使用价值与经济价值也不断下降，最终停用或被淘汰，因而设备都具有一定的寿命。在技术经济分析中，设备的寿命有以下几种。

### 1. 自然寿命

自然寿命也称物质寿命，是指一台设备从全新的状态开始，经过各种有形磨损,造成设备逐渐老化、损坏直至报废所经历的全部时间。设备的自然寿命受设备设计水平、材料性能、运转时间、维护水平、外部环境等综合因素的影响。

2. 技术寿命

技术寿命是指从开始使用到因技术落后而被淘汰所经历的全部时间。它是由于科学技术的迅速发展,不断出现比现有设备更先进、性能更加优良、生产效率更高的新型设备,从而使现有设备在自然寿命尚未结束时就被迫淘汰,停止使用。技术寿命的长短,一般与技术进步的速度有关,而与有形磨损无关,通过设备的现代化改装,可以使原有设备具备更好的性能,因而可以延长设备的技术寿命。

3. 经济寿命

经济寿命是从经济角度来确定设备最合理的使用期限,当设备经历一定时期后,随着设备的老化与磨损,其维修费用不断上升,同时由于其技术性能的下降而造成运行成本的不断增加,这些因素最终会使单位产品生产成本提高。另一方面,当我们采用新型设备时,虽然可以降低运行与维修费用,但需花费较高的购置费,这部分费用也会增加单位产品的生产成本。因此,我们应该综合考虑新设备购置费用与运行、维修费用对产品生产成本的影响。使得设备在被淘汰前所经历的时间内使年平均总成本最低,以此来确定的设备的最佳使用期限为经济寿命。

经济寿命是在综合考虑了设备的有形磨损与无形磨损之后确定的,符合经济规律,同时也是确定设备最佳更新期的依据。

## 第五节 农业机械维修及其经济评价

### 一、设备维修的有关概念

维修是指在设备的平均寿命期内,为了保持设备完好使用而进行的局部更换或修复工作。维修按其范围与工作量分为日常维护、小修和大修几种。其中大修是工作量最大、更换零部件最多、消耗费用最多、修理时间最长的维修,它是通过对设备的全部解体,对其中耐用的零部件进行修复清理,对易损部件进行更换,对缺陷与故障进行排除,以使设备在大修后能够在设备的安全性、经济性、可靠性方面有所提高。下面我们着重对设备大修的有关特点进行解释。

设备经过大修后,虽然其技术性能较大修前有所提高,但由于存在一些不可消除的磨损,如材料老化,使得经过大修后设备的性能不可能完全恢复到设备的出厂水平,图 6-5 示出了经过历次大修后设备的综合性能下降趋势图。

横坐标代表时间,纵坐标代表设备的综合性能,$A$ 点代表设备出厂时的综合性能，随着设备的使用，其性能沿着 $AB_1$ 曲线逐步下降，如果在 $B_1$ 点所对应的时刻进行第一次大修，则经过大修后设备的综合性能提高到 $B$。随后自 $B$ 点开始，沿着曲线 $BC_1$ 进入第二个运行周期，性能又不断下降，至 $C_1$ 点时进行第二次大修，大修后其综合性能恢复到 $C$，再进入第三个周期。从图 6-5 中我们可以得出以下两个结论：

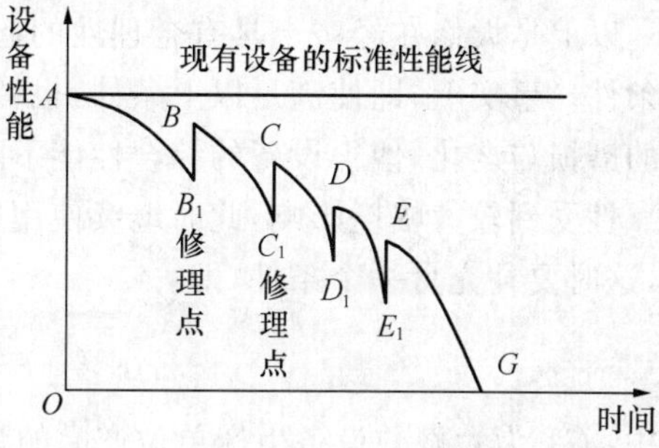

图 6-5　大修后的设备综合性能趋势图

(1)对设备进行大修，虽然能够使设备的综合性能较大修前有所改善，但不能完全恢复到出厂时的水平，并且随着大修次数的增加，设备的综合性能越来越远离设备出厂时的性能，即沿着图中的曲线不断下降，直至 $G$ 点时，设备已无法正常进行，因而也不存在修理的必要性。可见，设备的大修是有一定限度的，并非永无止境。

(2)随着设备的使用，大修的周期会越来越短，造成大修的经济性逐步降低。

鉴于以上两个原因，使得大修在经济方面的竞争力逐步减弱，而且不再必要，最终导致设备的整体更新。

## 二、农机大修的经济性评价

设备大修的经济评价主要回答以下两个问题：一是设备运行一段时间后，是大修合适还是用新设备取而代之，亦即大修的经济界限；二是如果在已知设备的使用寿命里，如何合理确定大修周期，避免过早与推迟维修。以上两个问题都需要对设备的多种费用进行全面的技术经济分析。

### (一)农机大修的经济界限

随着农业机械使用期限的不断延长以及修理次数的增加，维修中所能利用的被保留下来的零部件越来越少，而需要更换的零部件越来越多，造成设备维修费用不断增加，当增加到一定程度时维修已变得没有必要，需进行设备的更新。

很显然，当该次大修费用超过同种设备的重置价值时，大修在经济上不合理，而应重置新设备，我们把这一标准视作设备大修的最低经济界限，即

$$K_r \leqslant K_n - V_{0I} \qquad (6-10)$$

式中：$K_r$ 为该次大修的费用；$K_n$ 为同类新设备的重置价值；$V_{0I}$ 为旧设备被替换时的残值。

以上是大修在经济上具有合理性的起码条件，而不是决定大修经济界限的唯一条件。事实上，即使满足以上条件，也并非所有的大修均是合理的，如果由于设备的磨损与老化，使得设备的综合性能下降比较严重，导致其生产成本及安全性与可靠性受到较大幅度影响，此时继续使用旧设备在经济上缺乏竞争力，未必是合理的，这时要补充另一个条件，即

$$C_{z0} \leqslant C_{zn} \tag{6-11}$$

式中：$C_{z0}$ 为大修的设备生产单位产品的计算成本；$C_{zn}$ 为采用新设备生产单位产品的计算成本。

构成设备在一定时期内生产单位产品的成本可以分为两部分：一部分是设备的购置费与修理费分摊到产品中的成本；另一部分是生产中的经营成本，包括原材料、燃料动力、人工费等，因而要确定产品在一定时期（如某一个大修周期）中的单位成本，应综合考虑以上两方面的因素。对于维修后的旧设备，在下一个维修周期内，生产单位产品的计算成本为：

$$C_{z0} = \frac{(K_r + \Delta V_0)\left(\dfrac{A}{P}, i_0, T_0\right)}{Q_A} + C_g \tag{6-12}$$

对于采用新设备，在第一个大修周期内生产单位产品的计算成本为：

$$C_{zn} = \frac{\Delta V_n\left(\dfrac{A}{P}, i_0, T_0\right)}{Q_{An}} + C_{gn} \tag{6-13}$$

式中：$K_r$ 为原设备大修的费用；$\Delta V_0$ 为原设备在下一个大修周期内的价值损耗现值；$i_0$ 为设备的基准折现率；$T_0$ 为原设备本次大修到下一次大修的间隔次数；$Q_A$ 为原设备在下一个大修周期内的平均产量；$C_g$ 为原设备在下一个大修周期生产单位产品的经营成本；$\Delta V_n$ 为新设备在第一个大修周期内的价值损耗现值；$T_0$ 为新设备投入使用到第一次大修的时间（率）；$Q_{An}$ 为新设备在第一个大修周期内的年均产量；$C_{gn}$ 为用新设备生产单位产品的经营成本。

**（二）最佳维修周期的确定**

传统的维修方式采用的是“定期维修”，即设备使用单位需根据设备生产厂家的规定，每隔一定时期进行一次维修，这种维修方式并未根据设备的健康状况进行科学维修，容易造成“维修不足”与“维修过度”。从经济学的角度，维修周期过短，会由于维修费用的增加造成生产单位产品的费用上升；另一方面，如果维修周期过长，则会由于设备性能的劣化导致运行成本增加，也会使得生产单位产品的费用上

升，同时还可能由于没有及时维修而造成设备发生故障乃至停运。因此，我们应对构成产品成本的各种费用进行综合比较，制定合理的维修周期。

下面我们考察设备在经过第 $j$ 次大修后直至第 $j+1$ 次大修的间隙期内生产单位产品的成本（为了方便起见，暂不考虑资金的时间价值）：

$$C_{zj} = (\Delta V_j + K_{rj} + C_j)/Q_j \tag{6-14}$$

式中：$Q_j$ 为第 $j$ 个大修间隙期内的产品总量；$\Delta V_j$ 为第 $j$ 个大修间隙期分摊的设备价值耗损；$K_{rj}$ 为第 $j$ 次大修的费用；$C_j$ 为第 $j$ 个大修间隙期内设备总运行费用。

假设生产单位产品的运行成本呈线性增加，则：

$$C_j = \int_0^{Q_j} (C_{0j} + a_j Q_j)\mathrm{d}Q = C_{0j}Q_j + \frac{a_j}{2}Q_j^2 \tag{6-15}$$

式中：$C_{0j}$ 为在经过第 $j$ 次大修后的设备生产单位产品的运行成本；$a_j$ 为设备在第 $j$ 个大修间隔期内生产单位产品运行成本的增长系数。

同时，假定设备价值与生产产品的数量成线性关系，即 $\Delta V_j = b_j Q_j$。式中 $b_j$ 自第 $j$ 个大修周期内生产单位产品应分摊的设备价值损耗。将以上表达式代入得：

$$C_{zj} = b_j + \frac{K_{rj}}{Q_j} + C_{0j} + \frac{a_j}{2}Q_j \tag{6-16}$$

要使在第 $j$ 次大修间隔期内生产单位产品的平均总费用最小，应满足：

$$\frac{\mathrm{d}C_z j}{\mathrm{d}Q_j} = 0 \tag{6-17}$$

$$Q_j = \sqrt{\frac{2K_{rj}}{a_j}} \tag{6-18}$$

$Q_j$ 即为在第 $j$ 个维修间隔期内的最佳产量，也就是在经过第 $j$ 次大修后，设备再生产 $Q_j$ 的产品就需要考虑进行大修，在求出 $Q_j$ 后，则可根据生产 $Q_j$ 所需的时间，得到最佳的维修间隔期 $T_j$。

## 第六节　农业机械更新及其经济分析

### 一、农机更新的有关概念

当农机运用到一定年限后，随着农机的磨损与老化，使得农机的性能下降，经营费用逐年增加，影响到设备的经济性，更严重者可能威胁设备的安全性。毋庸置疑，当设备的磨损造成设备无法安全运行时，必须对设备进行更换或更新，而当设备的磨损仍然能使设备安全运行，但由于性能的下降，经营费用的不断提高而使得设备的整体经济性下降时，我们也应该考虑设备的更新问题。对于此类更新问题，需要从技术经济学的角度来判断，当设备老化到什么程度进行更新最为经济，这正是本节要回答的问题。

设备的更新可以划分为两种，即原型更新和新型更新。原型更新也称简单更新，是指在进行设备更新时，没有出现结构、性能、效率更优的设备，因而只是用与原设备相同的新设备来替代原有设备。新型更新则是以结构更先进、技术更完善、性能更好、效率更高、功能更合理的设备来代替原有设备，这种更新具有同时解决设备磨损与技术落后的双重功效。在当今技术进步日益加快的情况下，新型更新变得越来越普遍。

对于设备更新的决策，应综合考虑技术的先进性与经济的合理性，重点解决以下两个问题：第一，设备在什么时间更新？第二，当有多种更新方案时，采用哪种更新方案更合理？

对于第一个问题，我们实际上是要计算设备的经济寿命，而对于第二个问题则是类似于多个投资方案优选的技术经济决策。

## 二、农机更新的经济评价

设备在一定时期内生产一定量产品的费用由两部分组成，一部分是运行成本，包括燃料、动力费、修理费、工资、奖金、燃料费等；另一部分是分摊的设备初始投资费用，设备在不同时期，生产相同数量产品的总费用以及费用的构成都会发生变化，如图 6-6 所示。

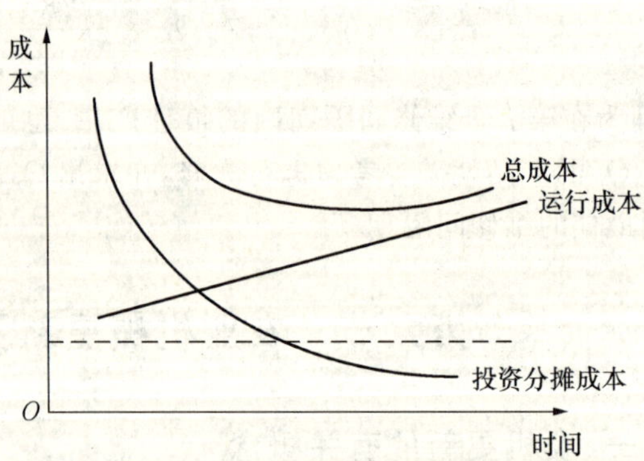


图 6-6　设备使用成本图

随着设备使用期的增加，运行成本逐年增加，而每年分摊的初始投资则随着使用年限的增加而减少。

假定设备在初始投入使用（即第一年）的年运行成本为 $C_1$，以后每年的运行成本比前一年的增加额为 $\lambda$，有时也称为年运行成本的劣化值，则第二年的年运行成本为：$C_2 = C_1 + \lambda$，第

$T$ 年的年运行成本为 $C_T = C_1 + (T-1)\lambda$，由此得出设备在使用年数为 $T$ 时，每年运行成本的年平均值为：

$$\overline{C_T} = C_1 + \frac{(T-1)\lambda}{2} \tag{6-19}$$

设备使用年限为 $T$ 时，所对应的每年应分摊的初始投资额为：

$$\overline{K_T} = \frac{K_0 - V_L}{T} \tag{6-20}$$

式中：$K_0$ 为设备初始投资额；$V_L$ 为设备处理时的残值。

设备在使用年限为 $T$ 时的年均总费用为：

$$\overline{C_T} + K_T = C_1 + \frac{(T-1)\lambda}{2} + \frac{K_0 - V_L}{T} \tag{6-21}$$

根据经济寿命的定义，应使设备在使用期限内年均总费用最小，假定式中 $C_1$、$\lambda$、$K_0$、$V_L$ 均为常数，此时 $\mathrm{d}(AC)/\mathrm{d}T = 0$，解得 $T_E = \sqrt{\frac{2(K_0 - V_L)}{\lambda}}$，即为设备的经济寿命。

## 三、农机更新模型简介

本章所介绍的经济寿命确定公式的前提条件是假定每年运行成本呈线性增长，即运行成本增加值为 $\lambda$，不考虑资金的时间价值的静态分析方法，而且设备残值视为常数。

如果设备残值不能视为常数，运行成本不呈线性增长，各年不同，且无规律可循，用动态分析方法确定设备经济寿命可用以下几种经济模型。

### (一)模型Ⅰ

模型Ⅰ是一种不计算设备残值、不计算资金时间价值从而确定设备的经济寿命(最佳更新期)的静态分析方法。

$$AC(T) = \frac{K_0}{T} + \frac{(\sum_{j=1}^{T} C_j)}{T} \tag{6-22}$$

当 $AC(T)$ 为最小时，寿命 $T$ 为经济寿命 $T^*$，则必有：

$$AC(T^* - 1) \geqslant AC(T^*) \leqslant AC(T^* + 1) \tag{6-23}$$

若考虑设备在寿命结束期残值的差异，年均总费用为：

$$AC(T)=\frac{K_0-V_L}{T}+\frac{\sum_{j=1}^{T}C_j}{T} \qquad (6-24)$$

同样有，当 $AC(T^*-1)\geqslant AC(T^*)\leqslant AC(T^*+1)$ 时，$T^*$ 为该设备的经济寿命。

**【例 6-1】** 某设备原值 60 000 元，年运行成本和年末残值如表 6-5 所示。求设备的经济寿命。

**表 6-5 某设备的年运行成本和年末残值** 元

| 使用年限/年 | 1 | 2 | 3 | 4 | 5 | 6 | 7 |
|---|---|---|---|---|---|---|---|
| 年运行成本 | 10 000 | 12 000 | 14 000 | 18 000 | 23 000 | 28 000 | 34 000 |
| 年末残值 | 30 000 | 15 000 | 7 500 | 3 750 | 2 000 | 2 000 | 2 000 |

**解：**(1)不考虑残值，根据公式，列表求设备的经济寿命，具体计算过程见表 6-6，该设备的经济寿命为 5 年。

**表 6-6 不考虑残值时求设备的经济寿命的计算过程** 元

| $T$ | $K_0/T$ | $C_j$ | $\sum_{j=1}^{T}C_j$ | $(\sum_{j=1}^{T}C_j)/T$ | $AC(T)$ |
|---|---|---|---|---|---|
| 1 | 60 000 | 10 000 | 10 000 | 10 000 | 70 000 |
| 2 | 30 000 | 12 000 | 22 000 | 11 000 | 41 000 |
| 3 | 20 000 | 14 000 | 36 000 | 12 000 | 32 000 |
| 4 | 15 000 | 18 000 | 54 000 | 13 500 | 28 500 |
| 5 | 12 000 | 23 000 | 77 000 | 15 400 | 27 400 |
| 6 | 10 000 | 28 000 | 105 000 | 17 500 | 27 500 |
| 7 | 8 571 | 34 000 | 139 000 | 19 857 | 28 428 |

(2)考虑残值，根据公式，列表求设备的经济寿命，具体计算过程见表 6-7，该设备的经济寿命为 5 年。

表 6-7　考虑残值时求设备的经济寿命的计算过程　　元

| $T$ | $C_j$ | $V_L$ | $(K_0-V_L)/T$ | $(\sum_{j=1}^{T} C_j)/T$ | $AC(T)$ |
|---|---|---|---|---|---|
| 1 | 10 000 | 30 000 | 30 000 | 10 000 | 70 000 |
| 2 | 12 000 | 15 000 | 22 500 | 11 000 | 41 000 |
| 3 | 14 000 | 7 500 | 17 500 | 12 000 | 32 000 |
| 4 | 18 000 | 3 750 | 14 063 | 13 500 | 28 500 |
| 5 | 23 000 | 2 000 | 11 600 | 15 400 | 27 400 |
| 6 | 28 000 | 2 000 | 9 667 | 17 500 | 27 500 |
| 7 | 34 000 | 2 000 | 8 286 | 19 857 | 28 428 |

**(二)模型Ⅱ**

模型Ⅱ是考虑资金时间价值的年平均现值比较法，认为年平均现值最低时，设备使用年限就是该设备的经济寿命。设备年平均现值计算公式为：

$$AC(T)=\left[K_0+\sum_{j=1}^{T}C_j(P/F,i_0,t)-V_L(P/F,i_0,T)\right](A/P,i_0,T) \tag{6-25}$$

或

$$AC(T)=(K_0-V_L)(A/P,i_0,T)+V_L i_0+\sum_{j=1}^{T}C_j(P/F,i_0,t)(A/P,i_0,T) \tag{6-26}$$

同样有，当 $AC(T^*-1)\geqslant AC(T^*)\leqslant AC(T^*+1)$ 时，$T^*$ 为该设备的经济寿命。

**【例 6-2】** 有一台设备原值 10 000 元，年运行成本及年末残值如表 6-8 所示，若基准收益率为 10%。求该设备的经济寿命。具体计算过程见表 6-9，该设备的经济寿命为 6 年。

表 6-8　某设备的年运行成本和年末残值　　元

| 使用年限/年 | 1 | 2 | 3 | 4 | 5 | 6 | 7 | 8 | 9 |
|---|---|---|---|---|---|---|---|---|---|
| 年运行成本 | 1 000 | 1 200 | 1 600 | 2 000 | 2 200 | 2 600 | 3 000 | 3 400 | 3 800 |
| 年末残值 | 5 000 | 4 500 | 4 000 | 3 500 | 3 000 | 2 500 | 2 000 | 1 500 | 1 000 |

表 6-9 某设备经济寿命的计算过程

| $t$ | $C_j$ | $V_L$ | $K_0+\sum_{j=1}^{T}C_j(P/F,i_0,t)$ | $V_L(P/F,i_0,t)$ | $(A/P,i_0,t)$ | $AC(T)$ |
|---|---|---|---|---|---|---|
| 1 | 1 000 | 5 000 | 10 909 | 4 546 | 1.100 0 | 6 999 |
| 2 | 1 200 | 4 500 | 11 900 | 3 719 | 0.576 2 | 4 714 |
| 3 | 1 600 | 4 000 | 13 102 | 3 005 | 0.402 1 | 4 060 |
| 4 | 2 000 | 3 500 | 14 468 | 2 391 | 0.315 5 | 3 810 |
| 5 | 2 200 | 3 000 | 15 834 | 1 863 | 0.263 8 | 3 686 |
| 6 | 2 600 | 2 500 | 17 302 | 1 411 | 0.229 6 | 3 649 |
| 7 | 3 000 | 2 000 | 18 842 | 1 026 | 0.205 4 | 3 659 |
| 8 | 3 400 | 1 500 | 20 428 | 700 | 0.187 4 | 3 697 |
| 9 | 3 800 | 1 000 | 22 040 | 424 | 0.173 6 | 3 752 |

前面所介绍的经济模型是用完全相同的新设备更换旧设备。实际上，由于科学技术的不断进步，效率更高的新设备不断出现，因此新设备一旦被生产出来，就应当及时研究用新型设备更新的问题。

**(三)模型Ⅲ**

假定某企业的一项生产业务计划期为 $T$ 年，但目前市场上出现了一种新型设备，且效率要比现有设备高，企业为了获得更大的经济效益，需要研究用新型设备更新的最佳时机。解决这类问题的方法是让现有设备继续工作一定时间或立即更新，然后用更换的新型设备，让它一直工作到第 $T$ 年末，最后求出 $T$ 时间内总成本最少的年份，该年份就是更新的最佳时机。

1. 不计资金时间价值的更新

$$TC(T)=K_0+\sum_{j=1}^{N}C_{0j}-V_{0N}+K_1+\sum_{j=1}^{T-N}C_{1j}-V_{1(T-N)} \qquad (6-27)$$

式中：$TC(T)$ 为当第 $N$ 年末更换新设备的费用总和；$K_0$ 为计划期初旧设备的残值；$C_{0j}$ 为旧设备第 $j$ 年的使用费用；$V_{0N}$ 为旧设备 $N$ 年末的残值；$K_1$ 为新设备的价值；$C_{1j}$ 为新设备第 $j$ 年的使用费用；$V_{1(T-N)}$ 为新设备 $(T-N)$ 年末的残值。

$TC(T)$ 最小的年份，就是最佳更新时机。

**【例 6-3】** 某农机服务组织希望继续实施某项生产业务 8 年，8 年后就要停止这项业务，现在的旧设备可以立即以 4 000 元的价格出售，该设备从现在起预计的残值和设备使用成本如表 6-10 所示。

表 6-10　设备的残值和设备使用成本　元

| $N$ | 1 | 2 | 3 | 4 | 5 |
|---|---|---|---|---|---|
| $C_{0j}$ | 1 600 | 2 000 | 2 200 | 2 600 | 3 000 |
| $V_{0N}$ | 3 500 | 3 000 | 2 500 | 2 000 | 1 500 |

现有一设备初始投资 8 000 元，服务期内各年的设备使用成本和年末残值如表 6-11 所示，试计算最佳更新期。

表 6-11　新设备服务期内各年的设备使用成本和年末残值　元

| $N$ | 1 | 2 | 3 | 4 | 5 | 6 | 7 | 8 |
|---|---|---|---|---|---|---|---|---|
| $C_{1j}$ | 800 | 1 000 | 1 400 | 1 800 | 2 000 | 2 400 | 2 800 | 3 200 |
| $V_{1(T-N)}$ | 3 800 | 3 600 | 3 400 | 3 200 | 3 000 | 2 800 | 2 600 | 2 400 |

**解**　具体计算过程如表 6-12 所示

表 6-12　求最佳更新期的具体计算过程

| $N$ (1) | $K_0+\sum_{j=1}^{T-N}C_{1j}-V_{1(T-N)}$ (2) | $K_1+\sum_{j=1}^{T-N}C_{1j}-V_{1(T-N)}$ (3) | $TC(T)$ (4) |
|---|---|---|---|
| 0 | 0 | 21 000 | 21 000 |
| 1 | 2 100 | 17 600 | 19 700 |
| 2 | 4 600 | 14 600 | 19 200 |
| 3 | 7 300 | 12 000 | 19 300 |
| 4 | 10 400 | 9 800 | 20 200 |
| 5 | 13 900 | 7 800 | 21 700 |

第(2)栏数据：

立即更新：4 000 元＋0－4 000 元＝0

第一年末：4 000 元＋1 600 元－3 500 元＝2 100 元

第二年末：4 000 元＋1 600 元＋2 000 元－3 000 元＝4 600 元

第(3)栏数据：

立即更新：8 000 元＋(800＋1 000＋1 400＋…＋3 200)元－2 400 元＝21 000 元

第一年末：8 000 元＋(800＋1 000＋1 400＋…＋2 800)元－2 600 元＝17 600 元

第二年 $TC$ 最小，所以第二年末更新有利。

2. 考虑资金时间价值的更新

若考虑资金的时间价值，则在 $T$ 年内的总成本现值为：

$$PC(T)=K_0+\sum_{j=1}^{N}C_{0j}(P/F,i_0,t)-V_{0N}(P/F,i_0,N)+$$
$$\left\{K_1+\sum_{j=1}^{T-N}C_{1j}(P/F,i_0,t)-V_{1(T-N)}[P/F,i_0,(T-N)]\right\}(P/F,i_0,N) \quad (6-28)$$

总成本现值最小的年份，就是最佳更新时机。

仍用上例的数据，设基准收益率为 10%，设备使用 2 年后的总成本最小，说明在第二年末更换设备有利。具体计算过程请读者自行考虑。

## 习 题

6-1 解释下列名词术语：

①农业机械配备；②有形磨损，无形磨损；③修理，更换，技术改造，维修；④最低经济界限，最佳维修周期

6-2 试述农业机械配备的技术经济原则包括哪些。

6-3 简述我国农业机械配备的特点。

6-4 农业机械配备结构的经济分析应从哪几方面考虑？

6-5 农业机械组合的基本原则包括哪些？如何进行有效协调？

6-6 试述农业机械作业工艺结构的发展趋势及改善方法。

6-7 常见农业机械更新模型有哪些？试述其基本原理。

# 第七章 农机社会化服务的技术经济分析

## 第一节 农机社会化服务概述

农机社会化服务是农业社会化服务的重要组成部分，在农、林、牧、渔业发展过程中，通过提供农业机械化物质装备和技术指导，对促进农业增效、农民增收，以及农业机械化发展和现代农业建设发挥重要的作用。

### 一、农机社会化服务的基本内容

#### (一)农机社会化服务的概念

农机社会化服务，指的是为农业生产的产前、产中和产后提供各种农机作业服务，实现农机共用，提高农机利用率，提升农业机械化水平，促进农业劳动力转移和农民增收的社会化服务方式。

我国土地家庭承包经营的特点，决定了势必要采取特定的组织方式，在农户小规模生产和经营基础上发展农业机械化。从农业生产到市场销售，除组织本身外，还涉及农民进入市场的组织化程度，农机服务组织(包括作业服务组织与中介组织)所承担的工作贯穿于与农户组合而成的贸工农一体化经营的整个过程。农机社会化服务及其体系的形成是传统农业向现代化农业转化的必然产物，其实质是在稳定家庭承包经营责任制基础上，通过农机拥有者的服务，形成农机的产业化经营、社会化服务、市场化运作。这既是农业生产力发展的内在要求，又是我国农业生产方式基本矛盾运动的结果。

经过多年的发展，我国已经走出一条“农民自主、政府扶持，市场主导、社会服务，共同利用、提高效益”为主要特征的中国特色农业机械化发展道路。

#### (二)农机社会化服务体系的框架设计

我国农机社会化服务体系的框架应由政府农机社会化服务的管理体系、农机社会化服务的供给体系和农机社会化服务的辅助体系3个部分组成。

(1)农机社会化服务的管理体系。即政府的农机管理、农机推广、农机监理、农机公共信息服务和法律法规体系等。

(2)农机社会化服务的供给体系。是直接针对农业生产的各种农机作业服务供给主体的总和。它包括各种形式的农机服务主体,以及农机服务主体间的各种形式的联合。

(3)农机社会化服务的辅助体系。是指为农机服务主体提供支撑服务的体系,如农机流通体系、农机修理体系和农机零配件、能源供应体系等。

在上述3部分内容中,政府农机社会化服务的管理体系对农机社会化服务供给体系起着规范和引导作用,并提供必要的公共服务,是政府介入和调控农机社会化服务市场的体现;农机社会化服务供给体系直接为农业生产者提供农机服务,是农机社会化服务体系的主体;农机社会化服务辅助体系则为农机社会化服务主体提供必需的配套市场服务。由此可见,一个完善的农机社会化服务体系,应是市场机制和政府职能的有机结合体。

**(三)农机社会化服务体系的目标模式**

市场经济环境下农机社会化服务体系的目标模式是:

1. 政府农机社会化服务的管理体系

各级农机管理部门通过制定农业机械化发展规划、出台相关的政策法规,进行行业监管等来引导和规范农机社会化服务体系建设;政府管理部门通过积极提供公共信息服务、金融保险服务等公共服务来有效促进农机社会化服务体系的发展;政府管理部门及其下属机构不再直接参与农机社会化服务的供给。

2. 农机社会化服务的供给体系

从服务供给主体的类型上看,应形成包括农机户、农机大户、农机服务组织(含农业专业合作社、作业公司等)、农机协会等多种组织形式构成的既有分工又有协作的多元化的组织体系;从服务供给主体的属性上看,这些服务主体应是产权清晰、自主经营、自负盈亏,采用市场化机制运作的市场主体或其联合体;民间(个体的、私营的和股份制的)服务主体及其联合体成为农机社会化服务的主要供给者。

3. 农机社会化服务的辅助体系

如同农机社会化服务的供给体系一样,农机社会化服务辅助体系的服务供给主体亦应是产权清晰、自主经营、自负盈亏,采用市场化机制运作的市场主体;民间(个体的、私营的和股份制的)服务主体成为农机社会化服务辅助体系的主要服务供给者。

**(四)新型农机社会化服务体系模式**

按照上述框架设计和目标模式，我国农机社会化服务体系的总体模式应确立以农机社会化服务供给体系为主体，农机社会化服务管理体系提供市场监管和公共服务、农机社会化服务辅助体系提供配套支撑服务的新型"一体两翼"模式。详见图7-1。

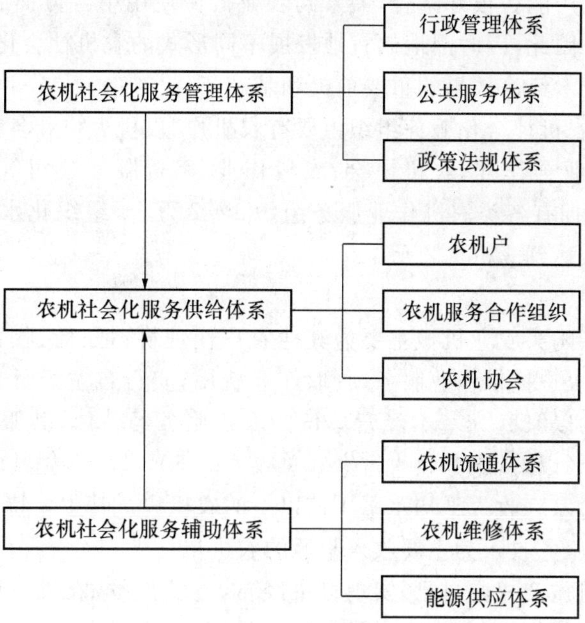


**图 7-1　新型农机社会化服务体系模式**

## 二、农机社会化服务组织形式

组织是构成体系的基础，也是农机社会化服务的重要载体。我国的农机社会化服务组织形式，几十年来经历过复杂的演变过程：20 世纪 50 年代初，国家办站，国有国营；50 年代后期，随着公社集体经济的发展，逐渐变成为以公社经营为主，社有社营；70 年代起，随着生产队集体经济的发展，农业机械的经营又逐渐从大集体（公社、大队）向小集体（生产队）转移，队有队营的形式比较普遍；70 年代末，随着农业生产责任制的推行和农业经营体制的改革，出现以独户和联户经营农机的新形式（统称"户营农机"），而且发展迅速。当前是多种经营形式并存，包括农机户、农机大户、各种农机专业合作组织（如农机专业合作社、农机作业/租赁服务公司、农机协会等）。

从以上演变过程可以看出，农机社会化服务组织形式不是凭主观设计的产物，而是随着社会经济条件的发展变化而变化。决定农机社会化服务组织形式的主要因素：一是农业所有制的结构；二是农业生产的经营服务形式；三是农业资金积累水平；四是农业生产管理水平。当然也要考虑农业机械本身的特点，但社会经济条件是主要的影响因素。农机社会化服务组织形式是否适合客观的社会经济条件及农业机械化的特点，关系到农业机械功能和劳动者积极性能否充分发挥，关系到农业机械与农业生产能否很好结合，关系到农业机械使用中各方面工作的协调和最终的经济效果。因此，因时因地制宜地发展不同形式的农机社会化服务组织，是提高农业机械化技术经济效果的重要前提和基础条件。

目前，我国农机社会化服务组织主要有农机户、农机大户和各种农机专业合作组织（如农机专业合作社、农机协会、农机作业/租赁服务公司等）3 大类。截至 2010 年底，全国拥有各类农机作业服务组织 17.2 万个，组织化水平持续提升；农机化作业总收入达到 3 665 亿元。

### （一）农机户

农机户是指购买农业机械主要为其他农户代理耕、耙、播、收、加工、运输等服务，通过为其他农户提供作业服务，收取作业费用，实行自主经营、自负盈亏，经过多年积累形成的以家庭为基本经营单位的农机服务经营体，其服务时间（一般按 300 天计）在 60%以上，服务收入占家庭总收入的 60%以上，凭其农机作业服务收入高出当地农村家庭收入平均水平 1 倍以上的农机户。其主要特征是以农机服务为专业，以农机服务收入为主要收入来源的农机户。

由于农业机械产权归自己，实现自主经营，自负盈亏，农机户从事农机作业服务的积极性大大提高，可以自主择优雇用人员，配备人员大大减少，油料消耗更加节约。由于社会竞争更加激烈，优胜劣汰，田间作业质量及服务态度不断改善，从根本上改变了过去“等靠要”的工作方式。但任何事物都有矛盾的两重性，农机拥有者成了机械的经济人，是以获取经济利益为目的，经济收益少了将会影响其经营的持续性。因此，单靠农机户自身的积累，实现农机具更新换代，特别是一些技术含量高、生产效率高、购价高的农机具具有一定困难。由此可见，农机户这种形式，最大的问题在于是否能够可持续发展，能否积累一定的资金维持机具的更新换代及保持充足的作业量和作业效率。

### （二）农机大户

农机大户是指拥有较多农机固定资产，农业机械以大中型为主，具备较强的农机作业能力、生产能力和经营能力，服务方式以技术集约承包为主，实行自主经营、自负盈亏、自我约束和自我发展的经营机制，服务项目科技含量较高的一种农机服务经营体。农机大户在自身发展的同时，有力地带动和促进了当地农机装备实力和农业机械化水平的提高。根据农机大户所从事经营项目可分为不同类型，而不同区域其类型的划分标准也不尽相同。如湖北省农机大户大致可分为以下5种类型①：

(1)农田作业大户。拥有主机3台以上，农机动力100马力以上，机具配套比1∶3以上，年作业面积200 $hm^2$ 以上，年作业收入10万元以上的农机户。

(2)农机维修大户。农机维修设备5台套以上，检测仪器齐全，修理厂房面积70 $m^2$ 以上，修理人员5人以上，具备相应的维修等级证，年服务收入6万元以上。

(3)农机加工大户。拥有粉碎机、打米机、磨面机等农副产品加工机械5台以上，厂房面积100 $m^2$ 以上，年加工能力500 t以上，达到国家标准，年收入10万元以上。

(4)农机运输大户。拥有农用机械3台以上，农机总动力100马力以上，以运输为主，年收入15万元以上的农机户。

(5)农机经销大户。具备农机经销企业开业条件，营业门店面积100 $m^2$ 以上，年经销额500万元以上，具有“三包”服务能力。

当然，以上5个种类及其分类标准是根据不同经营项目而定的，事实上，多数农机大户经营项目不止1～2种，有关复合型农机大户的具体标准现今还无法界定。农机大户还是一个动态的概念，地域不同，时段不同，经济发展程度不同，标准也不尽相同。

**(三)农机专业合作组织**

农机专业合作组织是农机户、农机使用者或各类农机服务组织为了维护和实现共同利益，按照自愿、互惠、互利的原则，在国家有关管理部门登记注册基础上依法建立起来的一种农机服务经营体。农户与农机户/农机服务组织之间为满足生产和经营的需要自愿组合，以劳力、技术、资金和机械设备等入股，购置各类农业机械并提供作业服务，收益按股分红。合作组织既是一个专业服务的组织，又是一个由农民自愿合作的经济实体。

近年来，农机专业合作组织发展迅速，合作组织数量迅速增加，年作业服务总面积、服务总收入及人均服务收入也在不断提高。服务的组织化、规模化、产业化程度不断提高，有效推进了我国农业机械化和农业社会化服务能力的发展。其常见类型包括：

(1)农机专业合作社。农机专业合作社是由农机经营者与使用者按照《农民专业合作社法》等相关法律、法规，依法成立的以开展农机服务为目的的农民专业合作社。合作社本着入社自愿、退社自由、民主管理、民主监督、政府引导的方

① 彭传权.浅谈农机大户[J].湖北农机化，2002(1)：30。

针，坚持资本、技术和劳动要素相结合。在服务方面，除满足内部成员需要的作业服务外，主要是为其他个人/团体提供专业农机服务的一种农机专业合作组织。除主要承担合作社成员及周边区域常规农机作业任务外，有的合作社还向池塘清淤、林业绿化、农村道路养护、农田土方工程等方面延伸。在作业服务方面，根据作物作业时间差，有计划、有组织、有步骤地进行跨区作业，不断提高经济效益，壮大自身实力，有的甚至是向产后处理加工延伸，与产业化发展相联系，实现全程生产机械化，提高农产品附加值，极大增强合作社服务能力和可持续发展能力。农机专业合作社机具配置多以大中型和成套设备为主，服务能力较强，在较大幅度提高农机效益的同时，减少了农民重复购机，节省了社会资金投入和能源投入。具有一定规模和实力的农机专业合作社还成为当地农机推广部门力量的延伸，承担如技术示范推广、教育培训等方面的公益性职能，逐渐成为农业机械化技术推广的重要依托力量。截至 2010 年底，全国农机专业合作社达到 2.2 万个，入社人数 43.3 万人。

(2)农机协会。主要是指在政府或农机管理部门指导下，农机经营者自愿组织成立的专业性农机中介组织。主要是为农机经营者提供优惠的系列化全方位服务，通过信息服务和信息沟通，将分散的农机户组织起来，进行跨区作业和经营性服务，为方便农民了解市场信息、提高农机使用效率、增加机手收入发挥了积极作用。这种组织形式在发达国家较为普遍，如德国的“农机环”、日本的农协，基本属于这种类型。其合作不改变农业机械产权关系，通过服务内容和便利吸引农机户和用机户加入协会，这种形式将成为我国农业机械化发展的重要组织形式。

(3)农机作业/租赁服务组织。农机作业/租赁组织拥有农业机械，为农民直接或间接提供耕、种、收等作业服务，以赚取作业利润。农机作业/租赁服务组织形式多样，有的属农机大户型，有的由乡镇农机技术推广站改造而成，也有社会投入进行农机租赁服务，这些服务组织均可认为是农机专业合作社的初级形式。与其他组织形式相比，农机作业服务组织在目前中国的农业生产中具有较强的适应性，组织形式灵活，广泛存在于农业生产中，发挥着积极作用。农机租赁服务本身就是一项投资大、周期长和风险大的特殊行业。对经营者而言，直接的租赁对象是农户或农机户，对机具的非正常操作易增加机具的维修、折旧和更新等成本，同时，受传统观念与操作技能的制约，农民对租赁形式的接受程度远低于其他服务形式，多方面的制约造成近年来农机租赁服务形式在我国发展相对缓慢。

随着服务内容的不断发展及自身能力的不断增强，农机大户、农机作业合作组织和租赁公司不断发展壮大，势必进一步发展成立农机专业合作社，不断加强其规范性，提升业务水平。

由此可见，农机专业合作组织中的成员既是经营者又是投资者，农机的经营状况好坏与自身的经济利益相互挂钩，形成利益共享，风险共担的统一体。其成本观念、主人翁意识、工作积极性得到了较全面的提高，促进了劳动与资本的联合。与其他经营形式相比，由于合作经营克服了农机户分散经营规模小、机械利用率低、效益差等弊端，是我国农业机械化发展重要的组织载体。目前，以农机专业合作组织为龙头，农机大户为主体，农机户为基础，农机中介组织为纽带的新型农机社会化服务体系初具规模。

## 三、农机社会化服务模式

由于在不同发展阶段，自然环境条件、社会经济背景及农业机械化技术发展程度各不相同，我国农机社会化服务经历了计划经济时期集体所有的统一服务、转型时期的过渡服务和市场导向时期的社会化服务发展历程，探索出了一系列具有中国特色的农机社会化服务模式，主要包括跨区作业、合同/订单作业、承包服务，以及一条龙作业、租赁服务等主要模式。

(1)跨区作业。指的是农机户或农机专业合作组织跨县进行农机作业的服务模式，大规模的跨区作业已经具有 15 年的发展历史。农机跨区作业模式主要包括“走出去”和“引进来”两种模式。其中“走出去”模式主要是指农机拥有量多的组织和地区，在农忙时除了可以满足当地的需要，还可以积极地跨县、地区、省(市)进行农机作业服务，从而提高机具利用率，获得更多的经济效益。“引进来”模式主要是指在当地农机保有量有限，不能满足农忙时期农业生产的需要，通过引进农机保有量多的地区的农机和农机手参与当地的农机作业服务，提高当地农业机械化水平。目前，跨区作业的环节已经从开始时跨区收获，向跨区机耕、机播、机械植保等主要机械化作业环节发展；跨区作业的产业领域已经由开始时的小麦，向水稻、玉米、马铃薯、大豆、油菜等作物普遍展开。跨区作业已成为一种较为成熟的农机社会化服务模式，今后将进一步向产业化纵深发展。

(2)合同/订单作业。这是农机社会化服务中常见的服务方式，提供作业服务的组织与农户就作业服务价格、作业量、作业时间等内容签订作业协议或合同，明确各自享有权利和应承担义务。提供农机作业服务的组织按照协议或合同规定的时间和作业要求标准提供服务，接受服务的农户按合同规定付给提供服务者酬劳。随着市场化程度的提高，这种服务方式在农业生产中普遍存在。

(3)承包服务。即农户将自己部分或全部的土地承包给农机专业合作组织，农机专业合作组织依据协议或者合同进行生产，并依照协议或者合同向农户支付农产品或者现金作为承包土地的费用。除按照合同支付土地承包费用以外的农产品或者销售农产品所得到的收入则归农机专业合作组织所有。农机专业合作组织通过机械化生产，为农民减轻农业生产负担，按照统一经营方式提高机械作业效率，获得良好经济效益。

(4)“一条龙”作业。主要是指农机专业合作组织承担了农业生产的各个环节，包括耕地、播种、植保和收获等生产环节全过程机械化服务。这种服务模式有利于实现农机与农艺的结合，以及生产调度。如玉米生产机械化问题，作业服务组织将会从全程机械化、机械技术配套角度全面考虑，玉米播种机播种行距与玉米收获机械要求行距相配合，有效提高机械化收获效率，实现玉米收获机械化。目前，我国玉米收获机械化水平还很低，很大程度上也是由于农民种植习惯不同、机械不能适应各种种植制度造成的。在目前实际生产中，各地玉米种植行距 30～75 cm 不等，玉米收获机械设计行距一般为 65～70 cm，种植与收获环节严重脱节，造成玉米机械化收获技术与机具难以推广。因此，实行“一条龙”全程机械化服务，可有效解决农机农艺结合问题，实现规模效益，提高机械化作业水平。

(5)租赁服务。主要是由出租方(租赁公司、农机企业或农机服务组织)将自己拥有的农业机械通过一定的形式交由承租方(农机手或者其他农机作业服务组织)使用农业机械开展作业服务的交易活动。在此交易活动中，出租方与承租方签订租赁合同。出租方依照合同约定收取租金，并将农业机械的使用权交给承租方；承租方依照合同支付租金，同时获得农业机械的使用权。这种提供租赁服务的方式，一定程度上促进了某些技术先进、价格较贵的农业机械在农业生产中使用，缓解了农户、农机手在购置和使用高性能农业机械方面的困难。

## 四、农机社会化服务技术经济分析的意义

对农机社会化服务进行技术经济评价，是实现科学生产和管理的有效方法，是加强农机经营管理，提高管理水平必不可少的一个环节。通过对经济活动过程的分析与评价，可及时总结经验并进行调整，从而达到增产节约、增收节支、又好又快地发展农业机械化的目的。

### (一)合理配置农机社会化服务资源

投资少，见效快，收益大，是构建农机社会化服务体系的基本原则。对农机社会化服务加以技术经济分析，可以有效判断机械配备与农业规模之间的经济合理性。机械配备量愈多，作业期限便愈短，但如超过了农业生产规模的限度，配备量愈多，利用率愈低，农业生产成本愈高，不仅造成机械资源浪费，而且影响服务经营的收益。对农机社会化服务的资源配置、人员配备及组织规模等从不同角度加以经济合理性分析，有利于促进机械配备与组织服务更加有效与紧密地结合，形成规模

化生产、专业化服务，降低农业生产成本，提高农机利用率和产出率，提升农机社会化服务水平。

**（二）合理确定农机社会化服务半径**

农业机械化技术经济学是研究农业机械化技术与经济相互关系以达到两者最佳配合的学科。农机社会化服务的基本经济要求，是以尽可能小的物化劳动消耗换取活劳动的更大节约，并达到农业增产、农民增收的目标。为实现这一经济目标，就必须要综合考虑农机社会化服务构成要素中一切可能利用的资源，使有限的资源达到最有效的配备和发挥最大效用，以此获得最大服务效益。随着农业机械保有量、燃油费用及人工费用的增加，市场竞争加剧，在有限的市场环境下，一些机具作业比较效益出现下降趋势。通过农机社会化服务技术经济分析，针对特定作物的生产环境、作业规模、组织形式、服务模式、配备机型、市场情况进行综合分析，根据经济效益评价原则评价和选出提高资源利用率和资金利用效率最优方案，合理确定农机社会化服务效益最优化的服务范围，使农机社会化服务效益尽可能最大化。

**（三）全面提升农机社会化服务综合效益**

评价农机社会化服务效果，实际上就是对其综合效益的评价，反映服务组织经营水平和效果，具体表现为使用先进的生产工具和综合服务经营后的成本、产值、利润等指标。加强这方面的评价与分析，有利于促进服务组织有效降低成本，节支增收，达到提高服务水平、服务质量、经济收益效果的目的，有效带动和促进农业机械的推广使用，提升农业机械化发展水平。

**（四）推动农机社会化服务科学健康发展**

对农机社会化服务进行技术经济评价，有利于不断提高农机经营管理水平，推进农机社会化服务组织稳步健康发展。具体表现在：①通过评价，可以实现农机装备资源的优化配置，促进机械共同利用，减少机械重复购置，充分发挥农机的使用效率和效益；②有利于促进机械与服务更加有效、紧密地结合，形成规模化作业，降低农业生产成本，提高服务综合效益；③有利于促进机具、资金、技术和劳动力的合理流动和优化组合，提高整体服务能力和水平，发挥农机社会化服务组织的主体作用和导向作用。

## 第二节　农机社会化服务技术经济评价原则

农机社会化服务涉及组织制度、经营模式、经营规模、自然与技术条件、人力资源、经济实力等各方面因素。因此，进行农机社会化服务技术经济评价，需要综合考虑各方面因素，注重其整体性、经济性和可行性。

## 一、整体性原则

农机社会化服务技术经济评价，涉及多个经济部门和多种生产过程与作业环节，要把技术经济分析的对象如实地看作一个整体多层次、多维度的大系统，它有复杂的内部关系，也有复杂的与之相适应的外部关系，即既有内部性也有外部性。进行技术经济分析评价，既要分析它的内部关系，也要分析它的外部关系。

### (一)协调发展

对农机社会化服务进行技术经济评价，需要综合考虑到农业机械化进程中事物发展所遵循的客观规律，既要考虑自然变化规律、农业生产规律和生态平衡规律，还要考虑社会主义基本经济规律、价值规律。遵循事物发展规律前提下进行服务经济效果的评价，农机社会化服务才有可能实现协调发展，这既是选择评估技术经济方案的出发点，也是选择实施技术经济方案的归宿点，需要把农机社会化服务的技术经济问题放在一个整体中去考虑。

### (二)相互联系

技术经济分析的对象往往是多目标、多因素的，影响技术经济评估的因素更是多种多样。其中有技术经济自身所具有的各种因素，也有与之相关的各种因素。比如有经济、政治、社会、技术、生态环境、市场需求、原材料供应、劳力资源、交通运输、公共设施、能源条件、销售网络、信息系统等。任何一个因素或任何一个环节出现问题，都将影响其他因素、其他环节，以致影响全局。因此，在评价分析时，必须始终注意各个构成部分相互影响及它们的协调作用，从整体的意义上反映农业机械化技术经济的客观效果。

## 二、经济性原则

判断一种农机社会化服务组织形式或模式的最重要依据就是其经济效果如何，经济效果是决定技术方案取舍或者调整的决定性因素。

经济评价一般可分为绝对经济评价和相对经济评价。绝对经济评价可以反映单个方案的经济效益绝对值，而相对经济评价只反映两个对比方案的经济效益的相对值，而不能反映出其中一个方案的经济效益的绝对值。在实际评价中，绝对经济评价和相对经济评价的结论可能一致，也可能会发生矛盾，出现此情况应当用绝对和相对经济评价同时作分析比较。

经济评价一般包括企业经济评价和国民经济评价。企业经济评价即为企业财务评价，是指从企业的角度所做的经济评价；国民经济评价是指从社会经济角度（包括国家和企业在内）所做的经济评价。它包括对国民经济效益评价、社会评价和综合评价。进行农机社会化服务技术经济分析时，既要进行企业经济评价，也要进行国民经济评价。坚持技术经济分析的经济性原则需要注意以下方面。

**（一）宏观微观结合**

在社会主义市场经济条件下，农机社会化服务部门的经济利益和国家的经济利益从根本上说应当是一致的。但是在有些情况下，往往会发生矛盾，此时社会化服务部门的局部利益要服从整个国民经济的全局利益，注意近期利益与长远利益相结合。

**（二）技术效益统一**

根据技术效果原理，技术效果表现为采用机械技术措施后所取得的效果在技术上符合目的性的程度。经济效益是反映有用效果与劳动消耗之间的比例关系，是有用效果与劳动消耗的比较。如果有用效果大于劳动消耗，则技术措施在经济上取得了正效益。如果一项技术措施耗费过大，在经济上有用效果小于劳动消耗，则虽有技术效果，但在经济上和综合效果上却是负效益，这种技术措施不适宜推广应用。所以，对农机社会化服务的考核评价必须坚持技术效果与经济效益相统一的原则。其实质是要促使服务者尽可能地节约劳动消耗（包括活劳动消耗和物化劳动消耗）来取得同样的有用效果；或者用同量的劳动消耗，能够取得更多的有用效果。不仅要考核其作业质量、数量、适时性和安全生产情况，还要考核其作业成本、能耗、修理费和资金利用情况。

**（三）定量定性结合**

反映技术方案的技术经济效益指标，一般是应该用定量来表示的，定量分析是技术经济分析的一个重要特点，但是有些技术经济效果，是不能用量来表示的，而必须凭借人们以事实为依据的分析判断为基础的定性分析来表示。为了客观、全面、准确地反映方案的技术经济效果，必须注意坚持定量分析与定性分析相结合。

**（四）静态动态结合**

经济分析有静态分析和动态分析之分。静态经济分析就是不考虑时间因素的经济分析；动态经济分析是指考虑资金的时间价值和建设项目服务年限等时间因素的一种投资效益分析方法，较能反映客观真实情况。农机社会化服务的技术经济效果，总是随时间、地点和条件的变化而变化，因此，不能只在静止的状态下来研究农机社会化服务的技术经济问题，而必须结合动态分析的观点和方法来研究。由于农机社会化服务受多种环境因素的影响，因而，不仅要对服务系统内部结构进行动态分析，更需要对其外部环境的变化进行动态分析。动态分析不仅指对农机社会化服务技术经济效果形成的动态研究，而且需要对农机社会化服务发展过程中可能造成的潜在问题进行动态研究。因此，必须静态经济分析和动态经济分析相结合，并以动态经济分析为主。

## 三、可比性原则

农机社会化服务技术经济评价的实质就是对可实现某一预定目标的多个方案进行选优，只有通过比较才能从中选优，因此要求必须满足可比性的一些基本条件。

### （一）需要指标可比

任何技术方案都必须达到规定的目标。当对目标相同的不同技术方案进行比较时，要求不同方案的产品数量、品种、质量等指标必须具有可比性。为获得这种可比性，必须对产品数量、品种和质量的不可比因素进行修正计算，使对比方案具有可比基础，然后再进行比较和评价。

(1)数量不同的可比性。如果两个对比方案的产量不同，不能直接比较它们的总投资和经营费用，而应用单位产品的投资和单位产品的经营费用作比较。

(2)质量不同的可比性。产品质量应符合国家规定的质量标准。如果第一方案的产品质量达到了国家规定的质量标准，第二方案产品质量超过国家规定标准，并且对方案的技术经济效果产生了显著的影响，那么应该采用使用效果系数 $a$ 修正第二方案的投资和经营费用，然后再与第一方案进行比较。

(3)品种不同的可比性。当对比方案的品种不同时，其修正方法与上述(2)提出的“质量不同的可比性”修正方法相同，品种的使用效果系数可用材料的节约和工资的节约等表示。

### （二）消耗费用可比

各种不同的技术方案都有其自己的技术特征和经济特征，不同的技术方案在各方面的劳动耗费也不相同。当比较不同技术方案的消耗费用时，既要考虑方案本身的消耗费用，也要考虑与方案有关的其他方面的消耗费用。

### （三）价格指标可比

当对农机社会化服务方案进行技术经济分析时，考虑价格指标可比是十分重要的。如果实际价格与价值相差不大时，可以直接采用现实价格，如果实际价格与价值相差很大时，应对实际价格进行修正。不同方案比较时，要采用相应时期的价格计算，用同一标准计算价格。

**(四)时间期限可比**

技术方案的经济效益不仅有数量的概念,同时还具有时间的概念。不同方案比较时,必须具有时间上的可比条件:

(1)不同技术方案比较必须采用相同的计算期作为比较基础。

(2)不同技术方案比较必须考虑在人力、物力和资源的投入及发挥效益的时间不同对整个国民经济所引起的经济影响的差异。例如,两个方案,它们的产品产量、质量、投资和成本均相同,但它们在投资和投产的时间上有差别,一个投资早,一个投资迟;或一个投资是一次投入,一个是分期分批投入;或者一个投产早,一个投产迟等,这两个方案的经济效益将会出现差异,因此必须考虑资金的时间因素。

## 第三节　农机社会化服务经济活动分析方法与内容

分析计算农机社会化服务项目的技术经济效果,一般要对该项目或多项目实现机械化前后和不同机械化方案的各项技术经济指标进行计算和对比分析,做出综合评价结论。

### 一、分析方法

农机社会化服务经济活动分析的方法,一般有比较法、计划指标换算法和因素分析法。

**(一)比较法**

这是农机经营经济活动分析的基本方法。所谓比较法就是将数字资料互相对比的一种方法。根据分析的目的,通常采用以下几种对比:

(1)本期实际完成指标与计划指标对比。说明计划的完成情况,为进一步分析提供资料。

(2)本期实际指标与前期实际指标对比。了解生产进展情况,可从动态中观察其发展方向和发展速度,从比较中找出规律性的东西。

(3)部分指标与总体指标对比。考察部分占总体的构成比例。这种对比方法一般又叫构成分析法。例如,从各成本项目占总成本的比例,可以分析各项成本对总成本升降的影响,从而找出进一步降低成本的途径。

(4)本单位的实际指标与经营先进单位的相同指标对比。找出差距,分析原因,以利提高经济效果。

**(二)计划指标换算法**

这是将实际指标与实际完成的规模按计划定额换算的指标进行比较。如在分析作业总成本时,不能单纯地比较实际总成本与计划总成本,必须与实际完成的作业量和计划的单位成本换算的总成本进行比较,才能找出差异。

**(三)因素分析法(也叫连环代替法)**

这是用来分析指标变动的多种因素影响的一种方法。这种分析方法的特征是:在许多因素对某一指标综合发生作用的情况下,按一定的顺序将各个因素逐个地进行分析,确定各个因素的变动对该指标变动的影响。各个因素影响的综合,就是这个指标变动的差异数。

## 二、分析内容

凡是有投入与产出或成本与效益比较的活动就可以称为经济活动,经济活动都是在遵循价值规律的前提下运行的。对农机社会化服务经济活动进行分析,实际上就是对构成社会化服务基本要素的分析,包括人力、物力、资金和设备等的生产、分配、经营与管理等活动的效益分析。

农机社会化服务经济活动分析的内容主要包括:

(1)农机作业情况分析。通常采用实际完成的作业量指标与计划作业量指标进行对比,以完成计划的百分数表示。

(2)农机具利用情况分析。分析指标主要包括出勤率、农机完好率、班次效率和机器效率。

(3)农机作业成本分析。包括总成本和单位成本计划完成情况分析、成本水平与结构分析、单机成本分析和影响成本高低各种因素的分析等。

(4)农机经营效益分析。主要是通过收入和支出比较计算盈亏,重点分析每个作业机组的盈亏情况对整个服务组织盈亏总额的影响。

**(一)农机作业情况分析**

农机作业是农机社会化服务经济活动分析的核心内容。在一定的人力、机械条件及保证作业质量的前提下,完成的作业量越多,经济效益越大。

**【例 7-1】** 某农机服务组织拥有东方红-75 型拖拉机 2 台(编号分别为 1 和 2)、东方红-54 型拖拉机 1 台和东方红-20 型拖拉机 1 台,年计划作业量及实际完成工作量如表 7-1 所示。

通过对表 7-1 数据比较分析,可以看出该农机服务组织全年总体作业完成情况不错,以超额 2.7%的额度完成了全年作业计划。但仔细分析发现,在农机具的实际利用中还存在一些问题:

(1) 显然，该服务组织农田作业没有按原计划完成，农田作业实际完成量占总作业工作量的80.5%，比原计划91.1%的比重降低了9.6%。

(2) 计划完成的不平衡性。同样机型的农业机械，原计划工作量相同，但最终完成情况却不尽相同：东方红-75(2)机组与工作计划相比差5.7%，而东方红-75(1)机组超额完成任务2.7%。是什么原因导致同样机型的机械出现作业量的差别？我们可以继续对该服务组织农机具的实际利用情况加以分析。

**(二)农机具利用情况分析**

通过农机利用情况的分析，既可以有效揭示农机利用的平均水平、每台机械利用效率高低及管理水平的好坏，为进一步改善农机服务与管理提供参考，也是指导今后如何充分利用现有农机具、提高农机具利用率、降低农机作业成本和促进农业增产增收的重要方法。

以[例7-1]农机服务组织农机具利用情况为例进行分析，数据见表7-2。

由表7-2数据可看出，该农机服务组织农机具利用总体情况良好，农机完好率和出勤率都保持在90%以上。总的平均班次效率超额完成了计划，机器生产效率也比计划提高2.3%。但也不难发现，该服务组织在农机具利用方面还存在一些问题，主要是机组之间的不平衡性。与东方红-75(1)机组相比，东方红-75(2)机组在出勤率与班次效率两方面表现不佳：机组不仅少出勤20个班次，而且班次效率低0.33 $hm^2$/班，机器作业效率低2.8 $hm^2$/kW，实际作业量比计划少完成100 $hm^2$。由此可见，出勤率、班次效率双重低下是造成同样机型作业效果不同的主要原因。

上述数据分析表明，该服务组织各机车组在机器生产效率之间存在差距，关键因素是出勤率和班次效率低下。通过对农机具利用率进行技术经济分析，找出机具利用中存在优势与不足，可为今后改进服务组织机具管理与服务工作提供参考。

**(三)农机作业成本分析**

**【例7-2】** 以A、B两农机大户为例(农机大户A为主要研究对象)，对自走式水稻联合收割机作业成本进行比较分析。表7-3中油料费包括作业消耗主燃油(柴油)和副燃油(包括黄油、机油、齿轮油、液压油等)。

1. 作业成本计划完成情况和成本结构分析

以表7-3数据为例进行作业成本分析，可得出如下结论：

(1)通过作业总成本分析，可以看出农机大户A的实际作业总成本比计划总成本(按计划指标换算法)降低2 340元，降低4.2%，作业完成情况不错。

(2)通过单位成本分析，可以进一步了解成本水平的变化。表7-3数据表明，农机大户A的实际成本比原计划和上年同期都有所降低。

表 7-1 某农机服务组织作业计划完成情况分析表

| 机车型号 | 计划作业量 | | | 实际完成量 | | | | 比计划(+)(−) | | | |
|---|---|---|---|---|---|---|---|---|---|---|---|
| | 总工作量/hm² | 其中农田/hm² | 占总数的百分比/% | 总工作量/hm² | 占计划/% | 其中 | | 比总工作量 | | 其中 | |
| | | | | | | 农田/hm² | 占总数/% | /hm² | /% | 农田/hm² | 农田/% |
| 东方红-75(1) | 1 750 | 1 750 | 100.0 | 1 800 | 102.9 | 1 750 | 100.0 | +50 | +2.9 | +50 | +2.9 |
| 东方红-75(2) | 1 750 | 1 750 | 100.0 | 1 650 | 94.3 | 1 750 | 100.0 | −100 | −5.7 | −100 | −5.7 |
| 东方红-54 | 1 300 | 1 300 | 100.0 | 1 350 | 103.8 | 650 | 48.1 | +50 | +3.8 | −650 | −50.0 |
| 东方红-20 | 800 | 300 | 37.5 | 950 | 118.8 | 480 | 50.5 | +150 | +18.8 | +180 | +60.0 |
| 总计 | 5 600 | 5 100 | 91.1 | 5 750 | 102.7 | 4 630 | 80.5 | +150 | +2.7 | −470 | −9.2 |

表 7-2 某农机服务组织机车利用情况分析表

| 机车型号 | 应出勤班次 | 实际出勤班次 | 未出勤班次 | | | 出勤率/% | 完好率/% | 班次效率/(hm²/班) | | 实际比计划/% | 按计划班次效率应完成/hm² | | 机械作业效率 | |
|---|---|---|---|---|---|---|---|---|---|---|---|---|---|---|
| | | | 合计 | 其中 | | | | | | | | | | |
| | | | | 机具故障 | 管理不善 | | | 实际 | 计划 | | 工作量 | 实际比计划 | 实际效率/(hm²/kW) | 比上年/% |
| 东方红-75(1) | 265 | 255 | 10 | 8 | 2 | 96.2 | 95.0 | 7.06 | 6.86 | 103 | 1 750 | +50 | 32.7 | +3.6 |
| 东方红-75(2) | 265 | 245 | 20 | 17 | 3 | 92.5 | 90.0 | 6.73 | 7.14 | 94 | 1 750 | −100 | 29.9 | −5.2 |
| 东方红-54 | 265 | 255 | 10 | 8 | 2 | 96.2 | 94.0 | 5.29 | 5.10 | 104 | 1 300 | +50 | 34.0 | +1.0 |
| 东方红-20 | 295 | 285 | 10 | 6 | 4 | 96.6 | 92.0 | 3.33 | 2.81 | 119 | 800 | +150 | 44.6 | +11.2 |
| 总计 | 1 090 | 1 040 | 51 | 39 | 12 | 95.4 | 92.3 | 5.53 | 5.38 | 103 | 5 600 | +150 | 32.7 | +2.3 |

**表 7-3 农机大户 A 与 B 水稻联合收割机作业成本分析表**

元/$hm^2$

| 成本项目 | 成本 | | | | | 总成本 | | | 各项成本占总成本的比例/% | | | 农机大户 B | |
|---|---|---|---|---|---|---|---|---|---|---|---|---|---|
| | 计划数 | 实际数 | 上年同期 | 比较(+)(-) | | 按计划成本计算 | 实际数 | 比较/% | 当年 | 上年 | 当年比上年 | 成本 | 比 A 户/% |
| | | | | 比计划 | 比上年 | | | | | | | | |
| 油料费 | 145 | 140 | 145 | -5 | -5 | 13 050 | 12 600 | -3.4 | 23.3 | 22.4 | +0.9 | 132 | -5.7 |
| 维修费 | 80 | 75 | 85 | -5 | -10 | 7 200 | 6 750 | -6.3 | 12.5 | 13.1 | -1.0 | 70 | -6.7 |
| 工资报酬 | 65 | 60 | 63 | -5 | -3 | 5 850 | 5 400 | -7.7 | 10.0 | 9.9 | +0.5 | 58 | -3.3 |
| 折旧费 | 290 | 280 | 295 | -10 | -15 | 26 100 | 25 200 | -3.4 | 46.7 | 46.9 | -0.2 | 275 | -2.4 |
| 管理费 | 46 | 45 | 48 | -1 | -3 | 4 140 | 4 050 | -2.1 | 7.5 | 7.6 | -0.1 | 43 | -4.4 |
| 总计 | 626 | 600 | 636 | -26 | -36 | 56 340 | 54 000 | -4.2 | 100.0 | 100.0 | — | 578 | -3.7 |

(3)通过成本结构分析，可以了解每项费用在成本中的结构变化。农机大户A上年两项可变费用成本(包括油料费和维修费)占成本结构的35.5%，当年上升为35.8%。这说明，除固定成本机器折旧费之外，影响收割机作业成本高低的关键是油料费和维修费。因此，农机大户A今后作业的重点是需要注意发挥机械潜力，节油降耗，采取有效措施，尽可能降低油料费和维修费。

(4)通过A、B两农机大户作业成本的比较，可以找出差距：农机大户A作业成本中的油料费比农机大户B多5.7%，维修费高6.7%。由此说明农机大户A下一步改进目标是降低油料消耗和减少维修费支出，这是提高其作业经济收益最为重要的节耗增效环节。

2. 油料费用分析

由上述分析表明，一般情况下，除机械的固定折旧费之外，油料费是农机作业可变成本中所占比例最大的费用，因此是降低作业成本的首选目标，也是作业成本分析的重点。下面采用因素分析法对油料费用支出情况进行分析。

**【例7-3】** 某农机专业合作社拥有5台半喂入水稻联合收割机，其年作业所需油料费用构成如表7-4所示。

**表7-4 某农机专业合作社油料费用影响因素及指标数据表**

| 指标名称 | 计划数 | 实际数 | 实际比计划差异数 |
|---|---|---|---|
| 工作量/$hm^2$ | 1 000 | 1 050 | +50 |
| 油耗量/($kg/hm^2$) | 22 | 20 | −2 |
| 油料价格/(元/kg) | 5.37 | 5.5 | +0.13 |
| 油料费用总额/元 | 118 140 | 115 500 | −2 640 |

表7-4数据表明，油料费用总额的变动，主要受工作量、油耗量和油料单价3个因素的相互影响，3因素之间的关系，可用下列公式表示：

$$油料费用总额=工作量\times油耗量\times油料单价$$

根据上述公式，运用因素分析法的步骤如下：①以实际数与计划数的差距作为分析对象；②以计划数作为分析、比较基础；③按顺序将每个因素的计划数逐个替代成实际数。每次替代一个因素，则得一个替代指标，替代指标要与因素数目相等。最后一次替代指标，就是实际指标。进而将每一次因素替代后的指标，与该因素替代前的指标相比较，就是该因素变动对经济指标脱离计划的影响程度。最后把各个因素影响结果加起来，其综合影响的结果与分析对象的差距相等。具体分析方法见表 7-5。

表 7-5 油料费用因素分析的具体计算方法

| 指标 | 连环替代方式 | 差异数 | 差异原因 |
| --- | --- | --- | --- |
| 计划指标 | 1 000×22×5.37=118 140 | — | — |
| 替代指标(一) | 1 050×22×5.37=124 047 | +5 907 | 工作量增加的影响 |
| 替代指标(二) | 1 050×20×5.37=112 770 | −11 277 | 每公顷耗油减少的影响 |
| 替代指标(三) | 1 050×20×5.50=115 500 | +2 730 | 油料价格提高的影响 |
| 实际指标−计划指标 | 115 500−118 140 | −2 640 | 油料费总额的差异数 |

从上述计算可以看出，该合作社实际油料费用总额比计划降低 2 640 元，其重要原因是由于每公顷耗油实际比计划降低 2 kg，因而使油料费降低了 11 277 元；但是由于工作量增加 50 $hm^2$，油料单价提高 0.13 元/kg，两因素协同作用使实际油料费支出比计划增加了 5 907+2 730=8 637 元。两方面增减因素相抵的结果，使油料费用总额减少 11 277−8 637=2 640 元，表明该农机专业合作社在节约油料方面取得了不错的成效。

运用因素分析法，在分析某一因素变动对某一经济指标变动的影响时，必须假定其他因素不变，只有一个因素变化的情况下来分析其变动对计划指标的影响程度。但客观经济现象是不同因素互相联系、互相制约和同时变动的，因此，这样的分析结果就具有一定程度的假定性和局限性。当然，在复杂的经济活动中，这种假定性和局限性也是不可避免的。这就要求在运用此方法时，必须抓住影响差距的各因素中的主要因素，进行具体的技术经济分析，才能做出正确的结论。

**(四)农机经济效益分析**

以某镇农机专业合作社为例，对其年农机经营效益分析，数据如表 7-6 所示。

总的分析看，该农机服务合作社的经营情况总体表现良好：作业收入超过原计划 4.5%，比上年提高 6.5%；利润额超过计划 10.1%，比上年增加 14.8%。但从不同机组来看，盈亏计划完成的还不是很均衡：2B-12 型水稻直播机没有完成收入计划和利润计划，实际收入比计划减少了 2 000 元，导致该项作业累积利润减少了 2 000 元。因此，今后该合作社提升经营效益的重点工作应该放在 2B-12 型水稻直播机管理上。

根据农机社会化服务的特点，在分析中还应特别注意宏观经济效果和微观经济效果的辩证统一。对服务经营体来说，不管是农机大户、农机专业合作社还是农

表 7-6 某镇农机专业合作社年经济效益分析表

万元

| 机车型号 | 作业收入 | | | | | 作业成本 | 盈(+)亏(-) | | | | |
|---|---|---|---|---|---|---|---|---|---|---|---|
| | 计划 | 实际 | 上年 | 比较/% | | | 计划 | 实际 | 上年 | 比较/% | |
| | | | | 比计划 | 比上年 | | | | | 比计划 | 比上年 |
| 上海-50 型拖拉机 | 10 | 10.6 | 9.7 | +6.0 | +9.3 | 5.9 | +4.1 | +4.7 | +3.8 | +14.6 | +23.7 |
| 2B-12 型水稻直播机 | 3 | 2.8 | 2.6 | -6.7 | +7.7 | 2.1 | +0.9 | +0.7 | +0.5 | -22.2 | +40.0 |
| 久保田 488 联合收割机 | 15 | 15.6 | 15.2 | +4.0 | +2.6 | 8.0 | +7.0 | +7.6 | +7.2 | +8.6 | +5.6 |
| 4LG-1 型悬挂式小麦联合收割机 | 5 | 5.5 | 4.9 | +10.0 | +12.2 | 2.2 | +3.0 | +3.5 | +1.4 | +16.7 | +150.0 |
| 总计 | 33 | 34.5 | 32.4 | +4.5 | +6.5 | 18.2 | +14.8 | +16.3 | +14.2 | +10.1 | +14.8 |

机租赁企业，首先要有利可图，不仅考虑当前利益，还要考虑长远利益。如果某些机械化措施，对经营体有利可图，但会给社会、生态带来危害，那也不能实施。因此某些机械化措施的采用必须同时兼顾经营者利益和国民经济可持续发展目标的相互统一与协调。

## 三、案例分析

以某镇农机专业合作社为例，对其进行农机社会化服务技术经济效益的评价。该合作社常年经营 6 000 亩粮田、500 亩西瓜田，分别种植水稻、小麦与西瓜，合作社组织规模、农机具拥有量及年作业需求情况分别见表 7 - 7、表 7 - 8 和表 7 - 9。

**表 7 - 7　农机专业合作社组成及工资支出情况**

| 人员组成 | 人数/人 | 工资/(元/月) | 工资支出合计/(万元/年) |
| --- | --- | --- | --- |
| 董事长 | 1 | 1 500 | 1.8 |
| 经理 | 1 | 1 500 | 1.8 |
| 职工 | 5 | 4 000 | 4.8 |
| 合计 | 7 | 7 000 | 8.4 |

**表 7 - 8　农机专业合作社农机具拥有情况**

| 机具类型 | 配备数量/台 | 价格/万元 |
| --- | --- | --- |
| 上海 - 50 型拖拉机 | 11 | 30.00 |
| 上海 IIBA 型收割机 | 3 | 7.00 |
| 久保田 PRO588 - Ⅰ型收割机 | 4 | 100.00 |
| JD - 2BD - 10 水稻水直播机 | 3 | 2.10 |
| 1G - 150 型旋耕机 | 8 | 3.20 |
| 1BSQ - 230 型水田驱动耙 | 6 | 3.00 |
| 1BG - 230 型浅耕机 | 3 | 1.65 |
| 1KH - 35 型开沟机 | 3 | 0.96 |
| 三圆盘犁 | 2 | 0.64 |
| 合计 | 43 | 148.55 |

表 7-9 农机专业合作社年农机作业情况统计表

| 作业项目 | 作业时间 | 作业面积/亩 | 所用机械 | 收 费/(元/亩) | 收入合计/万元 |
|---|---|---|---|---|---|
| 西瓜田翻耕 | 02.11～03.01 | 500 | 圆盘犁<br>旋耕机 | 40<br>18 | 2.9 |
| 麦子浅耕 | 11.01～11.15 | 2 000 | 浅耕机 | 15 | 3.0 |
| 麦子开沟 | 11.01～11.15 | 2 000 | 开沟机 | 18 | 3.6 |
| 麦子收割 | 05.28～06.08 | 2 000 | 悬挂式收割机 | 55 | 11.0 |
| 水田耕耙 | 06.01～06.15 | 4 000 | 旋耕机<br>水田耙 | 28(二次)<br>12 | 16.0 |
| 水稻机直播 | 06.01～06.15 | 4 000 | 水直播机 | 16 | 6.4 |
| 水稻收割 | 10.25～11.15 | 4 000 | 自走式收割机 | 72.5 | 29.0 |

## (一)农机专业合作社效益评价

1. 作业情况

作业经济效益的评价方法采用农机作业利润指标，其计算公式为：

$$C = A - B \tag{7-1}$$

式中：$C$ 为农机作业利润(万元)；$A$ 为农机作业收入(万元)；$B$ 为农机作业费用(万元)。

其中，农机作业收入 $A$ 为合作社完成农机作业后按照市场价格获得的收入。包括水田二耕一耙，水稻机直播、水稻收割、麦田浅耕、麦田开沟、小麦收割和西瓜田一翻一耕收入。其计算公式：

$$A = A_1 + A_2 + A_3 + A_4 + A_5 + A_6 + A_7 \tag{7-2}$$

式中：$A_1$ 为年水田二耕一耙收入(万元)；$A_2$ 为年水稻机直播收入(万元)；$A_3$ 为年水稻收割收入(万元)；$A_4$ 为年麦田浅耕收入(万元)；$A_5$ 为年麦田开沟收入(万元)；$A_6$ 为年小麦收割收入(万元)；$A_7$ 为年西瓜田一翻一耕收入(万元)。

农机作业费用 $B$ 为单位时间内，农业机械在作业过程中所发生的全部耗费。包括固定费用和可变费用。其计算公式：

$$B = B_1 + B_2 \tag{7-3}$$

式中：$B_1$ 为固定费用支出(万元)；$B_2$ 为可变费用支出(万元)。

$$B_1 = b_1 + b_2 + b_3 + b_4 \tag{7-4}$$

式中：$b_1$ 为机器年折旧费用（万元），机器原值的 9%；$b_2$ 为年资金占用应支付利息费（万元），机器原值的 3.8%；$b_3$ 为年管理费（万元），机器原值的 2%；$b_4$ 为职工工资（万元）。

$$B_2 = b_5 + b_6 \tag{7-5}$$

式中：$b_5$ 为油料费（万元）；$b_6$ 为维修费（万元）。

$$b_5 = P_1 + P_2 + P_3 + P_4 + P_5 + P_6 + P_7 \tag{7-6}$$

式中：$P_1$ 为年水田二耕一耙年油料费用总额（万元）；$P_2$ 为年水稻机直播年油料费用总额（万元）；$P_3$ 为年水稻收割年油料费用总额（万元）；$P_4$ 为年麦田浅耕年油料费用总额（万元）；$P_5$ 为年麦田开沟年油料费用总额（万元）；$P_6$ 为年小麦收割年油料费用总额（万元）；$P_7$ 为年西瓜田一翻一耕年油料费用总额（万元）。

机器年折旧费用是指固定资产在使用年限内，因有形和无形损耗减少的价值，待转入成本后形成的费用。提取折旧费，目的是回收资本，计入作业成本。取值为农机原值的 9%，其计算公式为：

$$年折旧费 = \frac{固定资产原值}{折旧年限}$$

管理费是指管理和组织生产中所发生的费用，取值为农机总投资的 2%。

职工工资是指农机服务组织中参加农业生产的作业人员所获得的劳动报酬，包括管理人员和作业人员。

油料费是指农机作业过程中消耗的燃油、副燃油、润滑油等费用，当年油价 4.90 元/kg，加 5%的副燃油、润滑油等，合计 5.15 元/kg。具体数据如表 7-10 所示。

表 7-10　农机专业合作社燃油消耗情况

| 作业内容 | 作业量/亩 | 耗油量/(kg/亩) | 油料费用总额/万元 |
|---|---|---|---|
| 水田二耕一耙 | 4 000 | 3.6 | 7.42 |
| 水稻机直播 | 4 000 | 0.4 | 0.82 |
| 水稻收割 | 4 000 | 2.5 | 5.15 |
| 麦子浅耕 | 2 000 | 1.0 | 1.03 |
| 麦子开沟 | 2 000 | 1.4 | 1.44 |
| 麦子收割 | 2 000 | 2.0 | 2.06 |
| 西瓜田一翻一耕 | 500 | 3.0 | 0.77 |
| | — | — | 18.69 |

维修费是指日常保养、修理时发生的用工、用油、更换零件和消耗低值易损所需要的总费用。日产久保田收割机配件价格昂贵，据调查每亩配件更新费用需 10 元，作业 4 000 亩，维修费 4 万元。拖拉机与其他农机具维修费每亩 6 元，作业面积 6 500 亩，维修费 3.9 万元。两项合计共 7.9 万元。

2. 收益计算

以上述数据为基数，分别代入公式计算：

(1)农机作业收入

$$A = A_1 + A_2 + A_3 + A_4 + A_5 + A_6 + A_7$$
$$= 2.9 + 3.0 + 3.6 + 11.0 + 16.0 + 6.4 + 29.0 = 71.9(\text{万元})$$

(2)机械原值 $M = 148.55$ 万元，则：

农机作业固定费用支出 $B_1 = 148.55 \times (9\% + 3.8\% + 2\%) + 8.4$
$= 30.385\,4$(万元)

农机作业可变费用支出 $B_2 = 18.69 + 7.9 = 26.59$(万元)

农机作业支出总费用 $B = 30.385\,4 + 26.59 = 56.975\,4$(万元)

(3)农机作业利润

$$C = A - B = 71.9 - 56.975\,4 = 14.924\,6(\text{万元})$$

**(二)评价结果分析**

1. 经济效益

对于加入农机专业合作社的农民来说，除了固定工资收入、资金占用利息费外，还有入股的股份分红，假设年利润的 25%作为发展基金，则：

该合作社年利润为 14.924 6(万元)；

股份分红 $= P \times 75\% \div 7 = 1.599\,1$(万元)；

人均年提取折旧费和资金占用利息费 $= 148.55 \times (9\% + 3.8\%) \div 7 = 2.716\,3$(万元)；

人均年工资收入 $8.4 \div 7 = 1.2$(万元)；

人均年收益 $= 1.599\,1 + 2.716\,3 + 1.2 = 5.515\,4$(万元)。

统计数据表明，同期该地区农民人均收入为 0.48 万元，一般农机户人均收入在 2.0 万元左右，该农机专业合作社社员人均年收入达到 5.515 4 万元，是同期农机户小规模经营人均收入的 2.76 倍，这个数据对于农民家庭收入来讲，已经非常可观，农机规模化经营效益在社会化服务中得到了充分的体现。

2. 社会效益

由于农户与农机专业合作社签订了作业协议，农机专业合作社从种到收实行统一作业、统一标准，确保各环节实现机械化，既能提高作业质量，又能缩短农时。机械化服务不仅可有效降低成本（据统计，与人工收获相比，使用水稻联合收割机收获每公顷至少节约费用 825 元），并可大大减轻农民劳动强度，节约人工投入，缩短作业时间。在高质量作业要求下，农机作业可以有效减少收获环节的损失，达到农业增产增收的目的。除了入股农户外，农忙时节，农机专业合作社还吸纳部分农村劳动力从事机械化生产作业，解决了农村部分人员的就业问题。此外，农机专业合作经营模式避免了特定区域内机械的重复投资，使农机具得到了统一管理与调度，大大提高了机器的有效利用率。

## 第四节　农机社会化服务技术经济评价指标体系

### 一、我国农机社会化服务的特点

随着我国农机社会化服务快速发展，总体呈现出 4 个特点。

(1)组织形式多样化。农机服务组织在形式上不断进行创新，涌现出了农机大户、农机专业合作社、农机专业协会、股份（合作）制农机作业公司、农机经纪人等新型社会化服务组织，县、乡（镇）、村农机站队积极进行经营机制转换和股份制、合作制改造，农机服务组织形式呈现多样化发展格局，为农机服务专业化、市场化、产业化奠定了基础。

(2)服务方式市场化。各类农机服务组织以市场为导向，积极开展订单服务、租赁服务、承包服务和跨区作业，采取集团承包、“一条龙服务”、代耕代种和“场县共建”等服务方式，满足农业生产和农民的迫切需要，推动了农机服务市场化快速发展。

(3)服务内容专业化。随着农机社会化服务领域的拓宽和服务范围的不断扩大，作业服务、信息服务、技术服务、维修服务等服务内容越来越专业化，不仅水稻机插秧公司、植保公司、机耕队等专业作业公司大量涌现，农机经纪人、农机协会等专门从事中介、信息服务的组织也在蓬勃发展。专业化的分工，扩大了农机经营规模，提高了经营者的专业技术水平和经营效益，促进了农机服务产业化。

(4)投资主体多元化。农机服务产业化的发展和国家、地方一系列扶持农业机械化发展的优惠政策出台，极大地调动了农民投资发展农业机械化的热情，吸引了大量社会资金的注入，一些军队农场、农垦农场、工商企业和城市下岗职工纷纷投资组建农机服务组织。中央和地方财政投入力度不断加强，农民个人投资和社会各类资金投入踊跃，逐步形成了以中央资金为引导，农民个人投资为主体，社会投入为补充的多渠道、多层次、多元化投入机制。

## 二、农机社会化服务技术经济评价指标体系的构建

### (一)指标体系的构建原则

为客观、全面、系统地对农机社会化服务经济效果进行评价,及时发现农机社会化服务体系建设过程中存在的问题,进一步健全农机社会化服务体系,构建农机社会化服务体系评价指标应遵循以下原则:

(1)科学性。科学性是建立指标体系的首要原则,要求所设计的指标必须具有确切的代表含义及物理意义,这样才能够准确地反映农机社会化服务体系的内涵,如实地反映出农机社会化服务体系的客观实际状况。同时,所选择的评价方法也必须准确、规范,这样有利于科学地进行描述和评价农机社会化服务体系。

(2)易测性。评价的关键离不开数据的收集,数据资料的可获得性、可靠性直接关系着评价结果。因此,在设计指标体系时,必须考虑评价指标的易测性,即获取数据资料的可行性和实用性。

(3)全面性。由于农机社会化服务体系涉及的领域比较多,在选取社会化服务技术经济评价指标时,不但要全面考虑农机社会化服务体系的建设水平,而且要抓住农机社会化服务体系的本质内涵和主要方面,重点反映出社会化服务体系的重要指标。

(4)可比性。建立农机社会化服务技术经济评价体系,需要把不同样本进行比较分析,这主要体现在评价指标上。因此,所选取的评价指标必须具有可比性,尽量选取一些便于比较的相对指标和具有共性特征的指标。

(5)系统性。农机社会化服务体系是一个复杂的大系统,可以细分为若干个子系统,各子系统紧密地联系在一起,相互作用。层次性是系统性的重要特性之一,因此,构建指标体系时,首先根据内涵特征和评价需要把农机社会化服务体系分成几个层次,并把所选取的指标在此基础上进行适当分类,使指标体系易于理解,便于进一步评价分析。

### (二)指标体系的设计思路

农机社会化服务评价指标的设置,实质上是对农机社会化服务社会效果和经济效果进行科学评价与分析的过程。首先,指标的选取要重点突出农机社会化服务在农业生产中的综合服务水平,体现农业机械化创造经济效益的能力。其次,指标体系应能够全面、客观地反映农机社会化服务的作用、效果,包括对社会、经济及生态的效果,反映农机社会化服务的质量和效益,反映农机社会化服务对农业现代

化、社会进步和经济发展的贡献，力求指标设置能反映农机社会化服务作用效果。一个指标可反映的内容，原则上不再设置另外指标。评价指标反映的是该地区的农机社会化服务综合水平，要能实现与其他地区农机社会化服务水平的比较，使各地区指标具有相对统一性，从而提高指标体系的使用范围。

根据我国农机社会化服务的实际情况，通过特尔菲法和层次分析法(AHP)来确定农机社会化服务水平评价指标体系的基本框架。通过上述对我国农机社会化服务特点和对指标选取的分析，在进行农机社会化服务水平评价时，以农机服务组织体系建设和作业水平为评价的重点，并考虑农机社会化服务的经济效果，把政策和技术支持作为环境条件，即建立以农机社会化服务装备与技术水平为基础，作业组织及资金投入为保障，经济效益为核心的农机社会化服务水平评价指标体系，详见表 7 - 11。

**表 7 - 11　农机社会化服务评价指标体系基本框架表**

| 一级 | | 二级 | |
|---|---|---|---|
| 装备与技术水平 | $Y_1$ | 农机总动力增长率 | $X_1$ |
| | | 耕种收综合机械化水平 | $X_2$ |
| 组织与资金保障 | $Y_2$ | 农机专业合作组织数 | $X_3$ |
| | | 财政资金投入 | $X_4$ |
| | | 农民个人与社会资金投入 | $X_5$ |
| 经济效果 | $Y_3$ | 粮食单产 | $X_6$ |
| | | 农民人均年纯收入 | $X_7$ |
| | | 农机社会化服务经营总收入 | $X_8$ |

在对农机社会化服务装备与技术水平的解释上，主要考虑了农机总动力与耕种收综合机械化水平的发展对社会化服务水平的需求及对其效果的影响；在农机社会化服务作业组织与资金保障方面，综合考虑到我国目前主要的农机社会化服务组织形式，选取了农机户、农机大户和农机专业合作组织数量来解释，同时兼顾财政资金、农民个人与社会资金投入对其社会化服务组织的保障作用；作为农机社会化服务评价的核心内容——经济效果，评价体系主要是以经济收益作为评价依据，反映在农业生产中主要以近年来综合机械化水平较高的粮食作物单产效益作为核心解释，同时综合考虑对农机社会化服务经营总收入与农民人均年纯收入的影响。

相关指标说明：

$X_1$ 农机总动力增长率＝农机总动力当年增长量/上年农机总动力数 (7-7)

$X_2$ 耕种收综合机械化水平＝0.4×机耕水平＋0.3×机播水平＋0.3×机收水平 (7-8)

$X_3$ 农机专业合作组织数＝农机户＋农机大户＋农机专业合作组织 (7-9)

$X_4$ 财政资金投入＝中央财政资金投入＋地方财政资金投入 (7-10)

$X_5$ 农民个人与社会资金投入＝单位、集体投入＋农民个人投资＋其他投入 (7-11)

$X_6$ 粮食单产＝全年粮食总产量/粮食作物实际播种面积 (7-12)

$X_7$ 农民人均年纯收入＝(农村居民家庭总收入－家庭经营费用支出－生产性固定资产折旧－税金与上交承包费用－调查补贴）/农村居民家庭常住人口数 (7-13)

$X_8$ 农机社会化服务经营总收入＝田间作业收入＋农产品初加工作业收入＋农机维修收入＋运输收入＋其他收入(含中介服务收入等) (7-14)

有些项目采用机械化措施能提高单位面积产量或提高资源的利用率，这时可用单位资源产量来评价该项目的优劣，此项指标是衡量机械设备在使用寿命期内，投资后所获得利润的大小。因各类机械使用年限不一样，各年的利润也可能不均衡，为使其计算更精确和具有可比性，还应考虑时间因素，把各年的利润都折算成现值，然后进行比较。

除以上通用指标外，还可根据项目的具体情况选择增加产量指标、质量指标、品种指标、能源消耗指标、资金周转指标、安全指标等。

## 习 题

7-1 我国现有农机社会化服务组织有哪些类型？试分析各类经营组织的利弊，并总结我国农机社会化服务的总体特点。

7-2 简述我国现有农机社会化服务模式的类型及基本特征。

7-3 进行农机社会化服务技术经济评价应注意哪些原则？

7-4 进行农机经营经济活动的分析需涵盖哪些内容？油料费是作业成本中所占比例最大的费用，一般采用什么方法进行分析？需考虑哪些影响因素？

# 第八章 农业机械商品流通的技术经济分析

## 第一节 农业机械商品的经济特征

现代流通是流通业发展的高级形式，是国际化、社会化的大流通格局。在经济全球趋势加速发展的情况下，资源配置已经从一个工厂、一个地区、一个国家扩展到整个世界，国际分工以追求资源配置的优化为前提，利用现代信息技术、网络技术和现代物流技术，实现流通的网络化、智能化、信息化和虚拟化，从而极大地降低流通成本，提高流通的效率和效益。农业机械商品（以下简称“农机商品”）流通是现代流通的重要组成部分。

### 一、农机商品流通的内涵与特点

农机商品流通，是指在农机商品生产后，通过买卖来实现从生产领域到消费领域的转移过程，是“商品所有者的全部相互关系的总和”。农机流通是商流、物流、信息流、资金流的统一。农机流通业，是指以农机产品为流通对象，连接农机产品出厂到农机用户（农民）之间的中间环节。也就是说，农机流通业实质上是实现农机生产企业最终交易领域的服务业，其服务对象主要是农民。它一方面为农民服务，另一方面为农机生产企业服务。

作为整个现代流通业的一部分，农机流通所呈现的内涵与整个现代流通一样，应从 4 个方面把握：

1. 现代流通是囊括有形与无形要素禀赋的全要素流通

过去流通中的要素禀赋以有形的、刚性的、有物质载体的形态为主，如以有形商品、有形货币、有形资本、有形资产的流通为主。现在更多无形的、柔性的、没有物质形态的更高级的要素禀赋进入了流通，如无形商品、无形货币、无形资本、无形资产等进入流通。在商品流通中，原来以实物流转为主体的商流分流为商流、物流、信息流、价值流等，分流为现货交易与期货交易。

2. 现代流通是面向全球市场的全开放流通

现代流通已经跨越了国界，一切国家的生产与消费都成为世界性的。生产的社会化、需求与消费的社会化、服务的社会化、资本的社会化、信息的社会化，可以说进入流通的一切物质与非物质载体，都变得越来越社会化了，流通的社会化是所有进入流通的要素禀赋共同作用的必然结果。

3. 现代流通是涵盖生产和流通的全过程流通

生产是流通中的生产，更多的产品无法在一个国度、一个工厂、一条生产线或一个工序完成；分工是流通中的分工，社会化的流通把各个“部件”配置在能发挥效用的地方；交易是流通中的交易，所有有形的和无形的要素禀赋，其交换价值的实现必然伴随着自身的流动；消费是流通中的消费，消费的施动者就是流通中劳动力所有者、资本所有者或企业家等以人的形态存在于社会的有生命、有思想的生灵。

4. 现代流通以消费需求为起点周而复始螺旋式上升和发展

市场经济条件下的现代流通，消费需求是经济运行的起点，消费决定生产，决定整个经济运行的过程。市场有多少消费需求就生产多少商品，消费需求是社会再生产周而复始的起点。如何满足即期的消费需求，开发潜在的消费需求，创造崭新的消费需求，成了市场经济运行经久不竭的活力，也是现代流通周而复始的起点。

农机流通的特点是由农机产品、服务和使用对象决定的。基本特点主要表现为公益性、基础性、配套性、季度性和安全性。农业机械是农业机械化的载体，是现代农业的物质技术装备基础。农机流通是农业机械化体系中非常重要的一环，它连接着政府、生产企业、科研单位和用户等各个环节，是农业机械化发展的前沿阵地、政策宣传阵地、技术培育和推广阵地，是农业机械化信息集散地。农业机械门类繁多，品种繁杂，覆盖面广，商品流通量大，涉足农业的方方面面，有 14 个大类、62 个小类、3 500 多种品目。服务对象是千家万户农民。农民是相对弱势、分散、不富裕、文化科学知识有限的群体，而我国幅员辽阔，气候、土壤、农艺复杂，农机产品技术性能、使用性能与农艺、农时紧密结合，具有明显的季节性、区域性。农业机械的不当使用不仅会影响作业质量、影响农时，还会危及使用者的健康与生命安全。所以，农业机械在流通中必须配备良好的售前、售中、售后服务和零配件供应。

农机商业的职能是“专门对商品交换起中介作用”。无论是国家、集体或个人经营，农机商品在流通全过程中，商业工作者的工作起着三个方面的作用：

(1)把农机产品从生产厂家买来，经过运输、储存、销售服务等环节转到用户(农民或农机服务组织)手里。

(2)为用户提供一些必要而可能的售前、售后服务(介绍商品,教会使用方法,组织供应维修配件),让机械尽快地、更好地发挥作用。

(3)把用户对农业机械的意见和要求反馈给工厂,以求改进,生产出更好的农业机械。

## 二、农机流通业的基本格局

### (一)按经济成分分类

现有农机流通企业按经济成分大体可以分为以下4种类型:

1. 国有农机公司

近年来国有农机公司的数量越来越少,目前只占5%左右。为适应市场经济,其经营管理体制进行了改革,但所有制没变。这些留存的国有农机公司总体经营情况较好,大多是当地的主流渠道。如广东省农业机械总公司、河北省衡水市农业机械总公司、山西省农业机械总公司、山西省长治市农机总公司、山西省临汾市农机总公司等。

2. 股份制民营农机公司

这是目前的主流,主导着农机流通业的发展,农机流通百强企业中80%是这类企业。这些公司大多是原国有农机公司改制成功后发展起来的企业,经营规模较大的如江苏苏欣公司、黑龙江省农业机械有限责任公司、新疆农机公司、辽宁省新民市农业机械有限公司、江苏省徐州市同德发展工贸有限公司、河北光明农机有限公司、江西省赣州市农机有限责任公司、广东省番禺市农机供应公司、陕西富平渭北农机有限责任公司等。还有一些是由原农机公司或原农机其他行业的人创建的新兴公司,也相当有实力,如四川吉峰农机连锁股份有限公司、安徽青园农机公司、南宁森瑞农机公司等。

3. 生产企业直销点

为加强销售和深入市场,一些有实力的生产企业建立了直销点。这种情况目前数量不多。

4. 个体经营户

这部分企业量大面广,有许多是原国有农机公司分化出来的兄弟店、夫妻店、父子店等。相当一部分主要经营农机配件,少部分经营小型整机产品,经营规模较小。其主要经营地在农机有形市场。

上述前3种类型的公司一般都有比较完善的售后服务系统,能够较好地处理销售产品的质量和维修服务问题。

**(二)按经营产品分类**

按所经营产品的类型,农机流通企业大致可分为整机(综合)销售公司和配件销售网点。

1. 整机(综合)销售公司

销售整机的公司是指具有整机销售仓储设施、有一定的展示面积和售后服务能力的公司。这种公司按销售产品的品种和形式可分为综合经营型、专营型和专卖型。

(1)综合经营型。综合经营型农机公司一般规模都比较大,销售农机产品的品种比较全,一般销售半径在数个县到数十个县。如华北农机集团公司、江苏苏欣农机公司、黑龙江省农业机械有限责任公司、广东省农业机械总公司、河北光明农机有限公司、辽宁省新民市农业机械有限公司、佳木斯农机公司、江苏如皋农机公司、苏州农机公司、江苏省徐州市同德发展工贸有限公司、安徽青园农机公司等。其中黑龙江省农业机械有限责任公司就是全国著名的综合经营型公司,其销售的农机产品从大型到小型、从整机到配件无所不有,还涉及汽车和工程机械产品;其销售区域除覆盖黑龙江全省外,还辐射到吉林和内蒙古的部分地区,年销售额达 20 多亿元。综合经营型公司大多数是在原省级或地市级农机公司的基础上改制而成,也有部分公司是合伙创办或个人创办的民营企业,经过积累和滚动发展形成。

综合经营型公司的最大优势是规模效应,对供应商来说,是该地区销售产品必须依靠的力量;对当地用户来说,他们对这样的公司有信任感和安全感。综合型公司的抗风险能力较强,由于销售的产品较多,一旦某种产品市场发生滑坡,还有其他产品的经营作保障。

(2)专营型。专营型公司是相对综合型而言,它不是什么整机都卖,而是只销售某种产品或某几个生产企业的同类产品。这种类型的公司一般地处大城市,有些在同一城市的几个专营型公司,都是从同一个原国有公司中分解出来的。如在吉林省长春市,有几家公司同时做中小型拖拉机的销售,他们分别经营着某种或某几种品牌的拖拉机,同行之间很少有经销品牌的重叠。

近年来新创办的专营型公司比较多。若新创办综合型农机公司投入很大,一开始他们不可能什么产品都销售,只能挑选一类产品或几种品牌的同类产品销售。他们或专卖牧草机械,或专卖收获机械,或专卖农产品加工机械,形成自己的特色,有些经营效果非常明显。如北京市富力众诚公司,专门销售牧草机械,经营效果和效益都不错。

专营型公司的优势是专业化经营。由于销售产品的品牌或种类单一,因此在营销过程中专业化程度就比较强，售后服务也比较容易做好，受到企业和用户的一致好评。相对综合型公司，专营型公司的抗市场风险能力较弱，一旦所销售的产品市场发生滑坡，没有其他产品可销售，其利润和效益会受到影响，有时这种影响对于规模较小的公司来说可能是致命的打击。

(3)专卖店。专卖店也可称为品牌代理商。与专营公司不同的是，专卖店只销售同一品牌的产品，绝不销售其他品牌的同类产品。这种营销方式是近年来主要由生产企业牵头建立并扶持发展起来。最早全面采取这种销售方式的企业是久保田农业机械有限公司，他们把全国久保田产品的销售点限定在一定数量内，并严格挑选进入公司的资格和条件。公司一旦被选中，久保田农业机械有限公司首先对其从业人员进行培训，从营销理念到经营战略都有较详细的规范和要求，在经营过程中，久保田农业机械有限公司保证经营者能够获取利润，并具有良好的发展前景。

到目前为止，应该说专卖这种营销方式是最先进和成功有效的。因此，不少企业采用这样的方式布局销售网点，如中国一拖和约翰·迪尔公司。

上述几种类型的流通企业有一个共同点，就是一般都有比较完善的售后服务系统，能够较好地处理销售产品的质量和维修服务问题。

2. 配件销售网点

配件销售网点是农机流通数量最大、分布范围最广的一类销售网络，主要由配件市场、配件及维修经营店和配件零售商组成。

(1)配件市场。配件大市场承担着类似于商品批发的角色。全国各地分布着众多大大小小的农机配件市场，其中最有名的规模最大的当属河北庞口农机配件城。

(2)配件及维修经营店。配件及维修经营店是指具有一定的经营场所和经营规模的店铺。一般拥有门面房、配件库或兼修理间、具有一定专业技术知识的销售人员或维修技术人员及必要的维修设备等。这些农机配件及维修店是配件供应网络的骨干，经营者绝大部分为个体工商户。

配件及维修店的经营者大都具有丰富的配件经营经验和一定的专业技能，对稳定配件市场秩序和维护用户利益，做出了积极贡献。

(3)配件零售商。配件零售商是数量最大的农机经营者，他们或街头路边摆摊，或在农村自己的住宅开店，极大地方便了用户购买配件。

## 三、农机商品的流通模式

农机商品的流通主要包括两种基本模式。

(一)直销模式

指农机厂商直接将产品供应给消费者或用户,没有流通中间商的介入。即农机制造商→企业销售公司(总/地区分销商)→经销店的销售渠道。其中企业销售公司负责包销企业内部各生产企业产品,生产企业不从事产品销售业务。该销售模式具有排他性,即只负责本集团内生产厂家的销售业务。直接流通的优点主要有4方面:一是销售及时,可迅速投入市场,减少损耗;二是不经过中间环节,费用支出较少,售价可相应低一些;三是有利于提供售后服务,树立企业信誉;四是同使用者直接沟通,信息反馈迅速。其缺点是增大工厂的开支,不易提高商品的覆盖率和加速资金的流转。有些企业集团或实力较强的联营企业,利用集团内部的成员企业或网点进行直接销售,既发挥了直接销售的优势,又克服了缺点。

直销模式的特点是制造商自身承担流通组织职能,通常设立相对独立的直销机构,例如销售公司及各地的分公司,专门从事农机产品的直销业务。这些机构虽然承担着产品的流通职能,但与流通商不同,他们一般只为自己厂家服务,销售自己的产品。

典型的直销模式流通渠道包括:农机制造商→企业销售公司(分销商/网络)→消费者,商品流通渠道短,环节少,产品质量及售后服务容易保证。

(二)代销模式

该模式常见表现形式为区域经销商/代理商,由农机制造商授予独立的经销商/代理商"销售权",划定经销商/代理商的销售区域,实行限区域销售,经销商/代理商在销售代理权限内连续地代表委托人搜集订单、销售商品及办理其他与销售有关的事务(如广告、售后服务、仓储等),经销商/代理商在销售完成后领取一定的佣金。该模式的产生主要基于三方面的策略:一是普遍分布的策略,争取更多的批发商和零售商销售自己的商品。二是专营性分布的策略。生产者在一定的市场区域,仅仅选择一家批发商或零售商销售其商品,实行独家经营。好处是:易于控制价格;促销活动能获得经销商的合作和协助;销售、运送、结算手续均极简化,销售费用可降至最低;有利于加强对用户的服务,提高企业和产品的信誉。不足之处是独家经营,因销售力量不够会失去更多的用户。三是选择性分布策略,即生产者有选择性地确定一部分批发商和零售商来销售其产品。

该模式的特点是生产企业与流通企业没有资金合作的关系,通过提供优惠的产品经销价和货款结算方式,将流通企业确定为生产企业的特约经销公司。区域经销/代理制的建立,有利于稳定市场价格,使物流更加合理、规范,保证制造商与代理商双方的利益,建立长期的战略性伙伴关系。

代销模式中,农机制造商与代理商在市场中的主要职能分工见表8-1。

表 8-1 农机制造商和代理商在市场中的主要职能

| 农机制造商 | 代理商 |
| --- | --- |
| 代理商的确定和管理 | 促销实施 |
| 营销计划的确定 | 零售覆盖、零售商支持 |
| 销售政策的制定 | 售后服务 |
| 今后服务流程制定 | 产品分销 |

以上两种模式的区别在于自销模式的“分销商”是属于农机生产企业本身，而代销模式的“分销商”则是独立的销售企业。另外在经销店的地位上，前者是专销，而后者则既可是专销也可是兼营。

在美国，农业机械从设计、制造、销售到培训、使用、维修服务等，均在市场中形成了比较稳定的分工协作关系，农业机械化经过制造商—销售服务公司—农户3个环节得以实现。制造商承担研究、开发和改进、制造机械的任务。制造商可以同研究部门合作开发新产品，也可利用自己的力量开发或研制产品。制造商本身不零售农机具，而是在各个地区委托代理商销售。制造商对申请代理的经销商进行考察和对比，尽可能寻找推销能力强、信用好、资金充足、服务和维修力量较雄厚的销售商作代理，双方签订代理合同。制造商为每台主机购买产品责任险，并供应零配件。经销服务组织的类型较多，除代理制造商销售产品外，还从事零配件销售、产品租赁、维修保养和对各种新机具进行推广演示及组织各种专业的服务，如耕地、播种等，有的自行经营种植业、畜牧业和牛奶生产加工业等。如美国加利福尼亚州图拉瑞县林德尔公司就拥有自己的牛奶加工业。经销商要对机手进行培训，农户或服务组织要为机手购买保险，只有培训合格才能购买保险。农户或服务组织、机手、保险公司三者要订立合同，发生安全事故按合同规定进行裁决。属于质量事故，由各农机专业质量委员会鉴定，提出发生事故的主要原因，交法院裁决。农机生产、销售、服务等均为市场行为，政府不可干预。

## 四、农机商品的流通方式

### （一）电子商务

电子商务（e-business，e-commerce，e-trade）是利用先进的电子技术从事各种商业活动的一种方式。美国学者瑞维・卡拉科塔和安德鲁・B・惠斯顿在他们的专著《电子商务的前沿》中提出：“电子商务是通过计算机网络将买方和卖方的信息、产品和服务联系起来，提高买卖双方商务活动的效率。”由此可见，电子商务活动的开展涉及买卖双方。农机流通业电子商务的模式通常有 BTOB、BTOC、CTOC 3 类。

1. BTOB 电子商务经营模式

BTOB(business to business)电子商务是企业与企业之间经过互联网进行的商务活动。从所调查的欧洲农机相关网站来看，大都具备企业产品发布、产品查询及产品维护、网上签约购买、在线购买、货款支付、订单交易、企业数据维护、客户管理等功能。BTOB 电子交易平台是农机供应商、采购商交易的场所，农机供应商和采购商首先要在电子交易平台上注册，才能进行 BTOB 交易。供应商在交易平台发布商品信息，采购商在交易平台采购的商品同时可以申请特约商户，这样采购商能获得更好的价格。

传统的企业间的交易往往要耗费企业的大量资源和时间，无论是销售和分销还是采购都要占用产品成本。通过 BTOB 的交易方式买卖双方能够在网上完成整个业务流程，BTOB 使企业之间的交易减少许多事务性的工作流程和管理费用，降低了企业经营成本。网络的便利及延伸性使企业扩大了活动范围，企业跨地区、跨国界发展更方便，成本更低廉。

目前企业采用的 BTOB 可以分为以下两种模式：

(1)面向制造业或面向商业的垂直 BTOB。垂直 BTOB 可以分为两个方向，即上游和下游。农机生产商或商业零售商与上游的供应商之间的供货关系，比如德国 CLAAS 公司与上游的供应商就是通过 claas-supplier. net 电子平台这种方式进行合作。生产商与下游的经销商也可以形成销货关系，比如 John Deere 与其分销商之间进行的交易。

(2)面向中间交易市场的 BTOB。这种交易模式是水平 BTOB，它是将各个行业中相近的交易过程集中到一个场所，为企业的采购方和供应方提供了一个交易的机会，如 Alibaba、德国 agroparts 农机销售网等。

德国 agroparts 农机销售平台囊括了所有德国著名的农机制造商及来自世界各地的采购商。以德国 LEMKEN(http://www. lemken. com/)农机公司为例。LEMKEN 公司在德国本土拥有 16 个代表处与销售点，这些网点的设置尽可能地处于与客户临近的位置。同时，公司为分布在 47 个国家的进口商提供了快速、方便的整机及零配件供应。一旦有零件短缺，位于多特蒙德市的物流中心会在 24 小时之内将零配件送达客户，该物流中心提供全年 365 天的全天候服务。

除此之外，LEMKEN 通过 agroparts(http://www. agroparts. com/agroparts/internal. jsp?)网络平台提供每周 7 天、每天 24 小时的在线整机及零配件提供服务，包括各农机制造商的原装零配件目录、pdf 格式的零配件清单、零配件使用说明及来自公司的最新零配件消息。不仅是农机制造商的信息，在 agroparts 网络平台上，同时还提供了农机经销商、进口商、出口商和其他相关购买者的信息。所有用户在使用平台时都需要注册，注册成功的用户才能享受和使用相关权利。平台同时为经销商提供了在线订单模块，该软件只有经农机制造企业授权的经销商才有资格使用，完成网上交易。

2. BTOC 电子商务经营模式

BTOC(business to customer)电子商务模式也就是通常说的商业零售，即商业机构直接面向消费者销售产品和服务的电子商务。这种形式的电子商务一般以网络零售业为主，主要借助于互联网开展在线销售活动。

多数人较了解的电子商务模式即是 BTOC，具有典型代表性的网络销售有 DELL、Amazon、AOL、E * Trade 等。在众多形态的商业模式中，其在便利性、优惠的定价及可供多范围选择性三方面具有优势，特别有利 BTOC 电子商务发展。BTOC 利用网际网路，透过网页将商店虚拟化，提供消费者在线上购物的服务。BTOC 的出现不但提供消费者另一购物选择，也替企业开拓另一行销的渠道。如德国 Krone Group 公司在法国、英国等多数国家的经销采用 Amazon 平台。

3. CTOC 电子商务经营模式

CTOC(customer to customer)是消费者相互之间进行销售买卖的电子商务模式，是将网站经营成集市(market place)，让消费者提供想要出售的商品与服务给其他的消费者，如同一般人所熟悉的跳蚤市场。著名的 eBay(www.ebay.com)即属 CTOC 的电子商务公司，有较多知名品牌的新旧农机在此平台上销售。

与传统商品流通方式相比，电子商务具有下列竞争优势：①信息交流方便、快捷。信息交流是买卖双方实现交易的基础。与传统商务的信息交流方式及工具相比，电子商务以 web 超文本(包含图像、声音、文本信息)传输，传输效率不可同日而语。②企业间交易成本降低。对于农机卖方而言，电子商务可以降低企业的促销成本。通过互联网发布企业相关信息(如农机产品价目表、新产品介绍、经营信息等)和宣传企业形象，可以更省钱、更有效。据 IDC 调查，在互联网上做广告促销，可以提高销售数量 10 倍，而费用只是传统广告的 1/10。其次，对于买方而言，电子商务可以降低采购成本。传统的原材料采购是一个程序繁锁的过程。利用互联网，企业可以加强与主要供应商之间的协作，将原材料采购和产品制造过程两者有机地结合起来，形成一体化的信息传递和处理系统。借助互联网，消费者还可以在全球市场上寻求最优价格的供应商，而不是只局限于原有的几个商家。③减少企业库存。企业为应付变化莫测的市场需求，通常需保持一定的库存量。但企业高库存政策将增加资金占用成本，且不一定能保证产品或材料是适销货品；而企业低库存政策可能使生产计划受阻,交货延期。因此寻求最优库存控制是企业管理的一个目标之一。以信息技术为基础的电子商务则可以改变企业决策中信息不确切和不及时问题。通过互联网可以将市场需求信息传递给企业决策生产,同时也把需求信息及时传递给供应商而适时得到补充供给,从而实现“零库存管理”。④缩短企业生产周期。一个农机产品的生产是许多企业相互协作的结果,因此产品的设计开发和生产销售可能涉及许多关联企业,通过电子商务可以改变过去由于信息封闭而无谓等待的现象。⑤全天 24 小时无间断运作增加了商机。传统的交易受到时间和空间的限制,而基于互联网的电子商务则是一周 7 天、一天 24 小时无间断运作,网上的业务可以开展到传统营销人员和广告促销所达不到的市场范围。

**(二)特许经营/授权代理**

特许经营已被认为是 21 世纪主流的商业经营模式,指特许权人与被特许人之间达成的一种合同关系。在这个关系中,特许权人提供或有义务在诸如技术秘密和训练雇员方面维持其对专营权业务活动的利益;而被特许人获准使用由特许权人所有的或者控制的共同的商标、企业形象、工作程序等,但由被特许人自己拥有或自行投资相当部分的企业。

在农机流通业中,商业特许经营按其特许权的形式、授权内容与方式、总部战略控制手段的不同,可以分为两类:

1. 产品—商标特许

被特许人使用特许人的商标和零售方法来批发和零售特许人的产品。作为被特许人仍保持其原有企业的商号,在销售其他商品的同时,销售特许人生产并取得商标所有权的产品。

为保证农业机械质量及方便使用,法国政府颁发“特许权证”,指定专门企业,在各地建立销售服务网点。不论哪个厂家哪一年的产品,其零部件都能随处买到。

目前,国外农机制造商多采用此种特许经营模式。如英国 PALMERS TURFCARE LTD(http://www.palmerag.co.uk/),该公司为 John Deere 的特约经销商。公司位于英国 East Sussex 郡 Hailsham 地区,是 John Deere 在该地区的特约经销商。公司为客户提供了极为便捷的服务,所需零配件服务隔日即可送达。经过 John Deere 公司培训的专业技师能够为客户提供准确诊断及良好的维修服务。除获得 John Deere 特许经营以外,公司还兼营其他重要的、有代表性的农机品牌。

2. 经营模式特许

被特许人有权使用特许人的商标、商号、企业标志及广告宣传,完全按照特许人设计的单店经营模式来经营；被特许人在公众中完全以特许人企业的形象出现；特许人对被特许人的内部运营管理、市场营销等方面实行统一管理，具有很强的控制。被特许人同时享受制造商提供的人员培训、融资支持、广告基金及管理帮助等优惠措施。

经营模式特许是大型生产企业或批发企业以向中小企业有偿提供经营垄断权和经营技术为纽带，如出售或转让商标、专利产品字号和特有的经营管理技术等，纵向联合组成的联合体企业，具有一定的强制性和技术系统特色，属于一种独特的知识产权形态。它首先在汽车、农机具、家具等销售技术要求较高的商品领域和饮食业中发展。无论是日本还是美国，厂家主导型特许连锁商店都占有很大比重。日本有学者认为：与其说它（特许经营）是商业的一种组织化形态，倒不如说是厂家实行系列经营政策的手段更合适。

这一模式的特点是生产企业与流通企业没有资金合作的关系，通过提供优惠的农机经销价和货款结算方式，将流通企业确定为生产企业的特约经销公司。

日本的农机特约经销商通常采用区域制，即在农机制造商与其特约经销商签订的特约经销合同中明确规定特约经销商的责任销售区域，在该区域内特约经销商获得唯一的、独立的经销权，但禁止在责任销售区域外开展销售活动。原则上农机制造商在每个都、道、府、县设置一个特约经销商，但对于北海道这样的大地区和东京、大阪这样的大城市，一般设置多个特约经销商。这时就需要对销售区域进行细分，每一细分区域确定一个特约经销商，并进一步确定其重点销售区域。在亚洲，尤以日本洋马公司的销售流通体制为代表。2006 年，洋马重点强化了销售服务体系建设，在中国设立了 50 家特约销售服务店，分布在全国 21 个省、市，其中 60％的特约销售服务店为农机推广单位。

**（三）农机二手市场**

农机二手市场的体制包括公司交易（新旧兼营、二手农机专营）及个人交易（包括拍卖行、网上交易、登广告交易、路边销售等）二元化经营体制。

1. 新旧兼营型

农机二手市场在英国比较流行，很多农机经销商同时兼营新旧农机具的销售，如 RVW Pugh Ltd（http：// www. rvwpugh. co. uk/used. php）、GORDONS（http：// www. jgordon. co. uk/），都是兼营新型及二手农业机械销售及服务公司。RVW Pugh Ltd 创建于 1978 年，该公司于 2000 年成为 Massey Ferguson（MF）和 Fendt 特约经销商。这些公司除了销售相关品牌的新机械之外，还会出售二手农机。在农机经销公司购买二手农机的优点是服务优良、质量有保证且附带保修，缺点是价格相对较高。

2. 二手农机专营型

在英国也有许多公司专营二手农机，从事二手农机国内经销及进出口贸易。Witheridge Garage 公司是一个家族性企业，专营二手拖拉机和农业机械。公司位于 Devon 郡中部地区中心位置，是当地著名的二手拖拉机及农业机械的供应商，同时兼营二手农机的进出口贸易。

英国允许个人进行二手农机买卖，主要方式有网上交易、登广告交易和路边交易 3 种。从个人手中购买二手农机的优点是价格便宜，缺点是质量没有保证且存在一定的购买风险。

3. 网上交易型

在欧洲有许多二手农机交易网站，如英国的 http://www.agmachinery.co.uk，http://www.combineworld.co.uk/，http://www.foragerworld.co.uk/，http://www.fwi.co.uk，www.mftrader.com，http://www.farmequip.co.uk/，http://www.tractorsandfarming.com/等，许多个人和公司都会选择在网上发布二手农机信息。买方可通过品牌、车型、价格、使用年限、买卖双方距离等选项搜索出自己的目标农机具。

例如，网站 http://www.fwi.co.uk 为买卖双方提供了一个信息交流的平台，该网站是一个类似于跳蚤市场的 Weekly Marketplace。通过网站，卖家可以自由发布农机具广告信息，包括机具名称、广告类型、广告有效时间、机具价格、所属位置、机具情形、机具制造商、机具型号、生产日期、联系人及详细联系方式，农机具的详细技术指标说明，配有机具图片。同时，有需求的买方也可以通过该平台分布农机需求广告，在需求信息中提供对所需机械的具体要求，包括生产厂家、种类、型号、机具基本情况、广告有效截止时间、买方所处地理位置及买方的详细联系方式。不仅如此，该网站还提供新农机具信息的发布及展示。

4. 刊登广告

英国有专门刊登销售二手农机的杂志，如 Farmer Guide (http://www.farmersguide.co.uk/)，杂志每月一期，不仅有纸本报道，还有网络版的报道，杂志上登有大量二手农机的销售广告。

5. 路边交易

在英国随处可见车窗上贴有“Sale”(出售)字样的农机停放在路边，这些车的价格很低而且大都可以砍价。

英国二手农机市场具有体制健全、市场健康规范、交易手续简便、省时省力的基本特点。

(1)体制健全，促进市场健康发展。英国二手农机市场具有一套完善的认证、置换、拍卖、收购、销售和监督体制，政府负责制订有关二手农机交易法规，以法律形式保护消费者的权益。如《1998 年数据保护法》(Data Protection Act 1998)中就规定个人有权利查阅车辆(在英国，农业机械定义为专一适用于农业、园艺领域的交通工具，属于车辆范畴)的相关信息(需付费)。政府部门对二手农机市场的管理控制并不严格，这对促进二手农机市场繁荣、引导新旧农机市场的协调发展起到关键作用。

英国车辆管理局(Driver & Vehicle Licensing Authority，DVLA)是英国交通部下属负责农用车辆交易、注册、变更、驾驶员管理、路税和交通安全的执行机构。管理局规定，对专业应用于农业、园艺及林业领域的农用车辆实行免除车辆税(vehicle tax)的优惠政策。

(2)交易手续简便，省时省力。在英国二手农机可以自由交易，且交易手续极其简便，最快几分钟即可完成。同其他机动车辆一样，英国每辆农业机械均有车管局颁发的登记证书(registration certificate)，登记证书上除标明车辆品牌、型号、牌照号、发动机号、生产日期等信息外，还专门设交易栏(new keeper)供二手车交易使用。交易步骤十分简单：

第一步，买方检查车况并且试驾后查验该车与登记证书是否相符、有无有效年检证书；

第二步，买方在交易栏内填写姓名、出生日期、住址、驾照号码和交易时间(用以界定责任)；

第三步，付款并开立手写收据；

第四步，卖方将交易栏附栏(new keeper supplement)撕下交给买方，买方当场即可将车开走。买方可在 2 个月内凭交易栏附栏证明自己合法拥有此车。卖方会尽快将登记证书寄到车管局，以便车辆过户，买方一般 2～3 周即可收到车管局寄回的以买方名义注册的新登记证书。

**(四)拍卖**

农机拍卖是发达国家农机流通的一种主要形式，主要在英国较为流行，法国和意大利较少。其中最为著名的是英国 Cheffins 公司(http://www.cheffins.co.uk/)。该公司始建于 1825 年，是目前东英格兰地区成立时间最长、最为著名的拍卖商。在欧洲，Cheffins 是首位国际认可的农业机械拍卖商，其拍卖形式包括两类：现场拍卖及在线拍卖。现场拍卖地有两处：Cambridge 和 Bristol Salegrounds。

美国在 1967 年之前就有拍卖销售的形式，举办拍卖会之前，出售者将机具的型号等提交给拍卖会举办方，拍卖方在报纸上刊登广告，写明拍卖会的详细地点、拍卖的机具及机具拥有者的联系方式。参与拍卖的有拖拉机、卡车、联合收割机、农机具等。

农业机械拍卖作为一种新型流通方式已逐渐受到人们的关注。与传统的流通方式相比,它具有交易透明度高、交易安全性好、交易手续简便等不可替代的优势。拍卖会为买卖双方搭建了一个公平、公正的互动平台。让买卖双方直接见面,完全按市场规律操作,这也是农机拍卖交易方式能在欧洲各国及其他国家比较流行的主要原因。

**(五)农机租赁**

农机租赁是多数发达国家采用的一种农机流通方式。有的国家通过政府投资或企业投资,面向农户/农场主实行的一种优惠使用农机的方式。如 John Deere Credit 在一些国家开展的政府租赁与管理(municipal lease and government)业务,该业务承租人为政府,不是真实租赁。租赁业务享受全额付清、利息免税、利息低的优惠政策。常见农机租赁形式包括以下 3 种。

1. 分期付款

分期付款方式是在第二次世界大战以后发展起来的,开始时只局限于一般日用商品或劳务的购买,后来随着生产力的迅速发展,工、农业生产的规模日益扩大,所需费用增大,加之银行信用的发展,分期付款的领域扩大到企业购买大型机械设备和原材料上。

2. 融资租赁

融资租赁是出租人(金融机构/政府)将所购农业机械(由承租人选定),通过一定的形式交由承租人使用农业机械的交易活动。在这个交易活动中,出租人与承租人应签订租赁合同。出租人依照合同约定收取租金,并将农业机械的使用权交给承租人;承租人依照合同支付租金,同时获得农业机械的使用权。

融资租赁的出现一方面可以使大多数农民能够使用农业机械进行农业生产,从而可提高农业机械化水平;另一方面农民可以根据当地的自然气候、地理、土壤等因素选择先进、高效、实用的农业机械,而制造商则根据农业机械市场的需求情况改进原产品,研发新产品,从而促进农业机械技术水平的提高。总的来讲,农民使用新型农业机械的风险也随之降低,从而促进农业机械的更新换代。通过租赁,农民有更多的机会使用上先进的、高效的、实用的农业机械。

3. 契约租赁

契约租赁是指农民(农户)按照一定的契约将自己应承担的农机作业事宜部分或全部委托农机组织/农机经销商/农机制造商来承担。农机作业包括农业生产的产前、产中、产后 3 个环节中所有可能的作业事宜。“契约”(contract)规范和约束了机作业委托体系(farm contractor system,简称 FCS)。契约一般是按照一定的市场规律合理形成的,FCS 由 4 个基本要素组成,即委托人、受托人、中介及契约机制。委托别人完成农机作业的农户称为委托人，它具有土地等生产基本要素的产权；被委托的农户或组织称为受托人，仅是农机作业的承担者；中介是联系委托人和受托人的桥梁，具体负责二者之间的受委托事宜，有时还要处理受委托作业过程中可能出现的纠纷等；契约机制指维系委托人和受委托人之间的作业委托合同，包括作业价格、作业质量、作业时间等，主要受市场机制的影响，同时也与社会、经济等因素相关。

**(六)农机展销会**

举办农机展销会也属于促进农机流通的主要方式之一。展销会不仅可以直接销售厂家的产品，更为重要的是，展销会可以最小投入来检测市场对农机产品及其相关产品的认可度。此外，农机制造企业的竞争力与产品适应范围可以得到有效评估，而与其客户的关系在交易中也可得以确定。

## 五、农机商品的流通环节

农机商业是农机产品流通过程中的中介，包括收购、储存、运输和销售等一系列环节。与一般商品一样，农机商品必须经过上述诸环节来完成从生产领域到消费领域的转移。其中以购和销为主导，运和存则是购与销的必要条件，购与销两个环节是对立的又是统一的。通过购，农机商品不断离开生产领域进入流通领域，购的目的是为了销，购为销创造了物质前提；销又制约购，销是购的必要条件。它们之间的矛盾运动，制约着流通过程的一切经济活动。因此，在研究农机商品的经济特征时，必须了解农机商品流通的形式和环节，认识其内在规律性。

## 六、农机商品的经济特征

农机是机电产品中重要的组成部分，它包括农、林、牧、副、渔、乡镇工业、农田基本建设等机械。它和其他商品一样具备两种属性，一是作为人的劳动产品具有交换价值；二是必须能够满足使用者某种需求而具有使用价值。农机产品具有这两种属性，表明了它属于商品经济的范畴。

农机通过商品交换的方式，走进了千家万户。国内广阔的农村市场，农机使用者不再是全民和集体为主，而是进入到个人、联户和集体多种经营形式并存的新时期，充分表明了农机已恢复了商品的本来面目，使用者有权自主选择，农机专业户——新型农民创造出比一般农民高数倍乃至十几倍的劳动生产率、商品率和资金利用率。家庭联产承包责任制初期，对农机商品要求“小型、多用、价廉、物美”。随着耕地向种地能手集中，种植业规模不断扩大，多种经营与乡镇企业的发展，促进了专业化、社会化的分工，农机专业户也越来越注重对农机商品经济特性的选择。如目前社会上出现农机"名牌货"供不应求的现象,其原因即在于此。

从商品经济角度来研究农机商品的经济特征,首先应对农机产品与一般机械产品加以区别,它们之间的不同特征主要有:

(1)一般机械产品受自然因素影响很小,而农机主要作业是在户外田间完成,受自然因素影响很大。

(2)在生物措施与工程措施相结合方面,生物的再生产过程中离不开农业机械的配合。

家庭联产承包责任制后探索形成的具有中国特色的农业机械化发展道路中,赋予农机商品以新的经济特征,值得重视并在实践中探索其发展规律。

①农村是农机商品的广阔市场,农村经济的变化必然在农机需求上迅速得到反映。家庭联产承包制责任前,农机商品作为一类物资,国家强调计划分配,通过农机商品流通渠道,供应全民所有制和集体单位,个体农民是不能拥有大型农机商品的。而随着家庭联产承包制责任的全面推行,农机商品流通渠道改变了独家经营的局面,由农民自己创造的旧农机集市贸易应运而生,使千家万户可以自主地在农机市场上选择自己经营所需要的农机商品,买与卖双方直接见面成交,减少了中间环节,降低了购买农机商品的费用,形成了新的农机商品经济特征。

②农机专业户的迅猛发展,服务项目增多,经营规模不断扩大,对农机商品不仅要求物美价廉,即技术上先进、经济上合理合算,并注重使用商品后带来的经济效果,把农机作为勤劳致富的手段。直接的经济效果,如机械使用后能替代多少劳动力,提高多少产量要进行核算;间接的经济效果,如替代下来的劳动力出路是什么,有否经济收入,其收入能否抵偿使用机械后所提高的生产成本等,都要进行核算。

## 第二节 农业机械产品的经济评价

### 一、农机产品经济评价的基本原则

农机产品的经济价值是通过农机的使用价值来实现的,而评价农机产品的经济性也是评价其实现使用价值的经济性。从物质生产部门来说,必须"用尽量少的价值创造出尽量多的使用价值",换句话说,就是在尽量少的劳动时间里创造尽量丰富的物质财富。这是衡量一般产品亦包括农机产品经济性的基本原则。

使用农机的目的,就是提高农业劳动生产率,降低生产成本,使农机经营者获得利润——即劳动致富。农机的使用价值可概括为:

(1)提高劳动效率,保证不误农时。

(2)抗御自然灾害,减少损失,稳产丰收。

(3)为实现生物措施创造更好的条件。

(4)实现人畜力难以完成的农艺或工艺措施。

(5)实现大农业各类产品的深度加工和多次增值。

(6)满足扩大农机经营项目、范围和规模对农机产品的需求等。

上述农机的使用价值,已早为社会所广泛认可。为了正确评价农机产品的经济性,应以农机使用价值为基本出发点。

农机产品是在特定环境条件下实现其使用价值的,如果实现其使用价值后能使农业增效、农民增收,可以说这种农机产品是经济有效的。不同地区农业环境不同,农机的作用也有所不同。一般发展中国家往往优先购买投资少、增产增收效果好的机械产品,把增加农用动力和提高作业效率放在重要地位,如先采用拖拉机进行耕整地和运输。从我国农机产品发展过程来看,抗御自然灾害所用的植保机械、排灌机械一直稳步增长;减少农业收获损失同时提高工效的脱粒机发展较快;农村运输一般都优先采用机动车、船。在评价农机产品时应首先弄清农民使用它干什么并发挥何作用,该作用是否在农民投资中占优先地位。

农机产品的作用有其独立性,但也离不开农业机械化社会综合效果。一般使用农机产品完成人力所不能完成的作业往往能独立发展。凡是人力能完成的作业,只有劳力缺乏或劳力价格较高时才会使用机械。如果使用农机社会综合效果不好,那么农机的作用就没有真正发挥。

农民为了购买农机产品,要花费人力、物力、财力,企业生产和有关机构推广农机产品都要花费人力、物力、财力,无论农民或企业都希望购买和使用某种农机产品之后其所得要大于耗费。

为客观评价农机产品的经济效益,应注意不同地区的侧重点。在使用农业机械是为了提高劳动工效以确保农事季节的地区,一般土地较多劳力不足,希望使用机械增加的物化劳动消耗等于或小于因使用机械增加的农业产值。在通过使用机械节约劳力以转移到二、三产业的经济发达地区,农业单产较高,其他经济效益好的就业岗位较多,社会劳动力价格高,这类地区要求农机作业质量高、性能好,且能提高工效,其经济要求是每节约单位劳力所消耗的物化劳动要小于农业净产率。在经济欠发达、经营规模小、单产较低的地区,希望通过运用农机作业有助于提高土地产出率,节约的劳动力往往转移外出务工。这类地区使用农机作业,希望单位面积产值增长大于单位面积物化劳动消耗的增长。有的地区要求使用农机作业后既节约劳动力又增加单位面积的产值;有的地区耕地不足,但国土资源较多,要求使用机械发展多种经营，为种植业转移出的劳动力找出路等。由于不同经济环境对农机运用要求不同，在评价农机产品时要区别对待。

## 二、农机产品的经济评价方法

### (一)评价的总指标

产品经济评价可以设许多指标，也有多种实用方法，为了便于比较，建议农机产品经济评价，按农机制造、使用费用与机械功能比较构成的作业计算费用和投资回收期作为评价指标，评价涉及经常费用和一次费用。

1. 经常费用

即农机产品或农机作业成本费用。成本费用又区分为固定费用和可变费用，固定费用几乎不随生产年度及产量(作业量)大小而变动。对农机来说，机械折旧费、保管费等就属于固定费用，而使用机械必须支出的燃油费、润滑油费、修理保养费、人工费等则属于可变费用。

2. 一次费用

即农机制造或农机用户购置机械的一次投资。包括农机制造企业为生产某种产品的总投资或生产单位产品的资金容量；农机用户购置农业机械的费用或单位耕地面积的农机投资等。

概括地说，在获得同样功能效果前提下，农机经常费用和一次费用都较低时经济性较好，衡量指标是计算费用和投资回收期。

为了进行农机产品评价，需要考虑机械本身所有的若干技术经济指标。这些指标包括作业量、作业质量、劳动条件、方便性、可靠性、劳动生产率、服务人数、动力效率等。这些指标既属农机产品原始资料性质，也起辅助评价指标的作用，有的还对机械效果评价起决定性作用。特别是作业质量指标往往是机械效果评价的前提，因为作业质量不符合农业技术要求时，对机械进行经济评价是毫无意义的。同样，如果某种机械不能节约劳动力也很难有经济价值。

### (二)比较基础的选择

评价农机产品通常使用比较法，可采用单项指标比较和综合比较。要进行比较就要选择比较基础，进行经济效果评价时比较基础应是有代表性的。作为基础的可以是一种机械、几种机械、机械与人工结合系统、人力或畜力作业系统等。一般要求农机产品的作业质量不低于对比基础。在设计新产品时，对比基础应是已在生产使用中评价为最好的农机产品，或是国外同类型的机械产品。我国自农业机械化起步以来做过大量农机产品评价工作，大都使用比较法，且按不同阶段选择适宜的比较基础。在新中国成立初期推广新式步犁时，以旧式犁作比较基础；在推广脱粒机时，以人畜力打场为比较基础。总之，新机械、新技术代替旧机械、旧技术，要以被代替对象或者竞争对象作比较基础。

在选择比较基础过程中，要求编制同类型机械技术规格及技术经济指标对比表。通过分析确定比较基础的各项技术经济指标，作业质量和使用可靠性等指标颇为重要，因为这两项指标说明机械是否能够使用。不能使用的机械不能作为比较基础。在机械替代人畜力作业时，应采用先进的人畜力作业指标作为比较基础。在选择比较基础时，要注意实现产品制造使用的条件，同时把它列为比较的内容之一。

**(三)调查收集资料**

调查收集比较基础机械的原始资料是一项重要的工作。调查范围、数量、内容等因其服务地区大小或市场大小而异。调查的内容包括机械运用、销售、制造、结构等多方面的技术经济项目，如机械重量、配套动力、编组方法、服务人数，机械生产率、班次工作时间利用系数或田间效率、年负荷，机械及机组配套设备销售价格，机械作业成本与质量，机械制造质量等。尽可能收集生产企业、农业生产生产者积累的资料，经过分析整理出代表基础机械的各项技术经济指标，计算出比较基础机械的计算费用和投资回收期。

关于先进适用机械的设计资料，按不同阶段处理。在设计阶段以估算资料为准。在试验阶段及初投产时，部分按试验资料(生产率、重量、工作时间利用系数、质量等)，部分靠估算，如成本、价格等。也可根据有关部门定额手册估算所需数据。关于农机的负荷、折旧及修理提成等定额资料，可采用有关部门汇编的数据。这些资料包括：

(1)作业年负荷，如通用犁全国年负荷小时数、地区年负荷小时数。在缺乏这类资料时，可采用调查资料或间接分析资料，也可参照国外资料。

(2)小时作业费，如拖拉机价格、田间作业或运输作业每小时费用或者单位面积作业费用，构成使用费用的机械折旧、修理、保养、燃料、润滑材料等费用，拖拉机年负荷小时数、结构重量、每小时占用投资额等。

(3)农机折旧提成定额及日常修理保养定额。

(4)农用燃油、润滑油价格。

(5)农机保管费定额。

(6)农机产品成本构成资料。

(7)其他，如企业产品生产基金、周转或流动资金、工农业生产工人的工资标准、农业生产资料价格表等。

不同农机产品，不同使用地区，都可能有不同的对比要求，因而在收集资料方面要求也不同。究竟收集哪些资料应视具体情况而定。

**(四)农机作业量的确定**

在农机作业质量符合农业技术要求的前提下,农机作业量是极重要的指标。计算农机的经济效果,选择机械方案、配置成套机械系统及确定机械经营方式等均涉及作业量指标。因此要求对将要评价的机械和基础机械作业量定出较准确的量值。

确定机械作业量时,主要是分析确定机械的田间效率,即机械的计算生产率究竟能发挥出多少。要确定的作业量有:

(1)计算标准值,按机械性能规格计算。

(2)田间作业量,按计算标准值乘田间效率。

(3)季节工效,按季节有效工作日计算出机械年作业量。

**(五)农机产品的价格界限**

先进适用农机产品要替代传统人畜力工具或旧农机产品,必须比旧农机产品工效高、作业质量好且价格便宜。因此在评价机械设计方案、评定新产品和购买农机产品时,往往要估算机械的价格界限。

1. 最高出售价格 $J_{max}$

$$J_{max}=(U_R-U_j)W_y\cdot H_0-J_{max}(\alpha+\gamma)H_0$$

$$J_{max}=(U_R-U_j)W_y\cdot H_0/[1+(\alpha+\gamma)H_0] \tag{8-1}$$

式中:$U_R$ 为人工作业(或旧产品作业)单位作业费用;$U_j$ 为不包括折旧、修理费的新产品单位作业费用;$W_y$ 为机械年作业量;$H_0$ 为社会平均投资回收期;$\alpha+\gamma$ 为机械折旧、修理提成百分比。

2. 最低出售价格

农机最高出售价格估算值并不一定高于农机制造企业的成本。由于农机制造企业制造产品一定要消耗原材料,购买外购件、半成品,花费劳动工时等,企业不能因制造农机产品遭到经济损失,反之期望出售产品后能获得利润。因此要估算新机械的最低出售价格 $J_{min}$。

$$J_{min}=C_0+I_0 \tag{8-2}$$

式中:$C_0$ 为产品的社会成本估算值;$I_0$ 为单位产品占用资金费(按农机工业平均利润估算)。

3. 最高价格与最低价格之比较

估算出的最高出售价格 $J_{max}$ 高于最低出售价格 $J_{min}$,这时企业设计制造新产品便有了从价格上获利的可能,新的产生设计工作或投产就可以进行。如最高出售价格低于最低出售价格，制造企业就无利可图，国家也不能因制造、使用这种成本高的产品获得经济效益，这时要从科研上为设计新产品寻找降低成本的途径，技术经济性往往需要反复地从技术实践中获得，这就需要投入科研经费进行研究。

在进行价格估算时，由于现行商品价格含有政策因素，必要时需进行价格恢复计算。例如，使用农机产品在缺粮地区增产粮食后按现行粮价核算可能得不偿失，但经过核算，缺粮地区的真实粮价可能很高，按真实粮价计算就可能显现出使用农机产品是经济有效的。

## 第三节　农业机械商品流通的经济效果评价原则与指标

### 一、农机商品流通经济效果的评价原则

1. 保障性原则

把农民需要的各种农业机械及时、保质、保量从企业采购后转送到农民手中，这是农机商品流通的根本目的，其经济效果也是在这个过程中产生的。因此，是否能保证供应，是评价商品流通的经济效果的原则之一。

2. 经济性原则

经济性原则是评价农机商品流通经济效果的原则之二，即要看农机商品在流通全过程中的各方面取得的经济效果怎样，是否经济合算。其费用越低越好，劳动的占用越少越好，流动资金周转得越快越好，正当的商业利润越多越好。

### 二、农机商品流通经济效果评价指标

1. 经营额

这是以货币为计量单位表现的指标。它表明一个经营单位在一定的时间内完成的工作量。这个指标值越大，说明该经营单位的工作成绩越大。

2. 流通费用率

农机商品流通费用是农机商品在流通过程中劳动消耗的货币表现额。流通费用率是一定数量的商品在流通中各项费用的总和与该商品额的比值，它表示每销售单位商品额所需开支的流通费用，所以也称此项指标为流通费用水平。此项指标低，则表示销售成本低，经济效益好。其计算表达式如下：

$$流通费用率 = \frac{商品流通费用额}{流通商品额} \tag{8-3}$$

3. 销售成本

$$商品销售成本 = 商品原价 + 流通费用 + 税金 \quad (8-4)$$

流通费用低，则销售成本也低，因此，应该尽量降低流通费用。

4. 流动资金周转率

流动资金周转率反映着流动资金周转的速度，是流动资金使用效率高低的重要质量指标。其计算公式有两个。

(1)以次数表示的流动资金周转率计算公式：

$$流动资金周转次数 = \frac{商品销售额}{流动资金平均占用额} \quad (8-5)$$

(2)以天数表示的流动资金周转率计算公式：

$$流动资金周转天数 = \frac{流动资金平均占用额 \times 计划期(报告期)天数}{平均每天商品销售额} \quad (8-6)$$

5. 利润

利润是商品流通过程中评价经济效果的重要指标，其计算公式为：

$$利润 = 商品销售额 - 销售成本 - 税金 \quad (8-7)$$

6. 资金利润率

它说明在农机商品流通过程中获得利润的水平，即每单位货币量资金所得到的利润，也称利润水平。其计算公式为：

$$资金利润率 = \frac{报告期内利润额}{报告期内流动资金占用额} \quad (8-8)$$

以上各项指标是对农机商品流通过程的经济评价指标，也可据此进行经济活动分析。

## 第四节 农业机械商品库存量的经济性

### 一、基本概念

#### (一)库存概念及定义

存货策略：由一系列指导方针组成策略，关系到购买或制造什么，何时购买或制造，以及购买或制造多少等问题。还包括有关存货安置及在企业和配送中心布置等方面的决策。

服务水平：规定了存货功能必须要实现的各种目标——订货周期、个案完成率、生产线完成率、订货完成率。

基本库存：又称周期库存(cycle inventory)，指企业在正常的经营环境下为满足日常需要建立的库存，它是企业总库存的重要组成部分。

安全储备(safety stock)：指企业除了基本库存之外而设立的缓冲库存，其目的是防止与减少因不确定因素(如大量突发性订货、交货突然延期等)而造成的负面影响。

中转库存：又称在途库存(in-transit stock)，指尚未到达目的地、正处于运输状态或等待运输状态而储备在运输工具中的库存。

平均库存：包括基本库存、安全储备及中转库存。

经济订购批量(EOQ)：从经济的观点出发制定库存策略，使库存总成本最低的订货批量，它是对库存实行定量控制和定期控制的一个最基本的参数。

再订货点(reorder point)：库存随着每日的需要而不断减少，当库存量降低到某一水平时，就要启动订货程序来进行库存补充，达到这个临界状态时的库存量就是所谓的再订货点。

前置期(或备货周期)(lead time)：为从发出订单到收到该批新订购货物之间所花费的时间，它与订单完成周期的含义是基本一致的。

**(二)库存分类**

1. 按功能区分

库存有5种基本类型：波动(需求与供应)库存、预期库存、批量库存、运输库存、屏障库存。

(1)波动(需求与供应)库存。由于销售与生产的数量与时机不能被准确地预测而持有的库存。对一给定物品，其平均订货量可能是每周100单位，但有时销售量可高达300或400单位。通常从企业订货后3周可收到订货，但有时可能要用6周。这些需求与供应中的波动可用后备存货或安全存货来弥补；后备存货或安全存货也就是波动库存的常用名。当通过各工作中心的工作流不能完全平衡时，在工作中心也存在波动库存。在生产计划中可以提供名为稳定存货的波动库存以满足需求中的随机变化而不需改变生产水平。

(2)预期库存。为迎接一个高峰销售季节，一次市场营销推销计划或一次工厂关闭期而预先建立起来的库存。基本上，预期库存就是为未来的需要、也是为限制生产速率的变化而储备工时与机时。

(3)批量库存。要按照物品的销售速率去制造或采购物品往往是不可能或不实际的。因此,要以大于眼前所需的数量去获得物品,由此造成的库存就是批量库存。生产调整时间是确定此类库存时的一个主要因素。

(4)运输库存。由于物料必须从一处移动到另一处而存在的库存。处在卡车上被运往一个仓库去的库存在途中可能要经历10天之久。当在途时,库存不能为企业或客户服务,它存在的原因只是由于运输需要时间。

(5)屏障(或投机性)库存。使用大量矿产品(诸如煤、汽油、银或水泥)或农牧产品(诸如羊毛、谷类或动物产品)的公司可以通过在价低时大量购进这些价格易于波动的物品而实现可观的节约,这种库存就叫屏障库存。还有,对预计以后将要涨价的物品,在现行价格较低时便买进额外数量就将降低该物品的物料成本。显然,由此而实现的节约是对该项追加投资真正的报酬。

2. 按在加工过程中的地位分类

(1)原料。用来制造成品中组件的钢铁、面粉、木料、布料或其他物料。

(2)组件。准备投入产品总装的零件或子装配件。

(3)在制品。企业中正被加工或等待于作业之间的物料与组件。

(4)成品。备货生产企业里库存中所持有的已完工物品,或订货生产企业里准备按某一订单发货给客户的完工货物。

3. 按所有权是否转移分类

(1)制造商的原材料、零部件和制造成品的库存。品种少而存货时间长。

(2)批发商的商品存货。品种较多,存货时间稍长。

(3)零售商的商品存货。品种多,但存货时间不会长。

### (三)库存成本构成

包括购买成本、储囤成本、订货成本、缺货成本等4种成本。

购买成本:指与采购原料部件相关的物流费用,包括采购订单费用、采购计划制订人员的管理费用、采购人员管理费用等。

储囤成本(库存持有成本或储存成本):指为了保持存货而发生的成本。包括公司由于所持有的库存量而发生的一切成本。通常包括报废、损坏、税、保险、资金、存储等因素。

订货成本:订购货物所发生的成本。订制一批物料时,要发生文书工作的成本、通讯费、采购人员工资、出差和调研等,所有这些费用之和就是该批的订货成本。

缺货成本:缺货成本是指因存货用尽、供应中断而使生产经营上的需求不能得到满足所造成的经济上的各种损失。

**(四)存储管理决策**

存储是指企业为保证持续正常生产或销售进行的物质储备,商业企业存货是指购进后可供销售的商品,生产企业存货是指购进后用于生产的原材料和零部件等。

企业存货一方面能维持企业的正常生产和销售活动,避免或减少企业因停产或停销造成的经济损失。但另一方面存货是一种资金占有,往往占企业流动资金的大部分,为了存货必须付出成本。因此,存货管理的水平的高低对企业至关重要。存储管理决策分析的目的是确定一个合理存货数量,既能保证生产销售经营活动,又使存货费用处于最低,使企业取得较好的经济效益。

存储管理决策涉及如下一些基本概念:

(1)存货需求量。指未来一定时间内的存货需求总量,一般分为确定型需求和随机型需求两种。确定性需求指计划期内存货的需求量是可以确定的,随机性需求指计划期内存货需求量不确定,具有统计概率特征,存货需求量的单位常用的是吨、千克、箱、件等。单位时间内的需求量称为需求速率。

(2)采购数量。也称订购批量,它是根据购销双方的具体情况决定的一次采购商品的数量,它的大小受许多因素的影响,同时它又影响存货费用。决定采购数量的目标是使库存总费用最低。

(3)采购成本。指计划期内购买存货量的成本总额,它取决于计划期的商品需求量和购进单价,存货的采购成本在订购批量决策中一般属于无关成本。只有在供应商采用"数量折扣"优惠价时,它才成为存货决策必须考虑的相关成本。

(4)订购费用。指为采购计划期内需求商品而发生的各种费用总额,如差旅费、通讯费、各种手续费、管理费、招待费等。其特点是与订购货物次数有关,订购货物次数愈多,计划期订购费用愈高。

(5)保管费用。指从商品入库起到商品出库止的时间内为保管商品所发生的全部费用。包括入库出库的装卸、搬运、验收、房租水电费、流动资金占用应计算的利息等。

(6)缺货费用。指由于存货数量不足、不能及时满足生产或销售需要而给企业带来的损失。如失去销售机会减少的赢利,缺乏零件引起停产而采取紧急措施补足所需存货而发生的额外费用,耽误合同失去信誉,失去顾客,等等。缺货费用多数情况表现为机会成本,计量比较困难。

(7)订购周期。指相邻两次采购的时间间隔,它与采购批量密切相关。

(8)订货点库存量或安全库存量。指库存降低到某一水平必须发出订单的库存量。当供需出现随机性波动时要设置安全库存量,以应付种种不测因素出现,防止缺货。

(9)订货提前期或到货延迟期。从发出订单到收到所订货常会有一个时间间隔,称这个时间间隔为订货提前期或到货延迟期。

上述因素基本上可分为决策约束条件和决策控制变量。存货需求量、采购数量、采购成本、订购费用、保管费用、缺货费用等为决策约束条件因素。每次采购数量或订购周期、订货点库存量、安全库存量则是企业存货决策控制变量。

**(五)储存合理化概念及主要标志**

储存合理化的含义是用最经济的办法实现储存的功能。储存的功能是对需要的满足,实现被储物的"时间价值",这就"必须有一定储量"。马克思说:"商品储备必须有一定的量,才能在一定时期内满足需要量。"这是合理化的前提或本质,如果不能保证储存功能的实现,其他问题便无从谈起了。但是,储存的不合理又往往表现在对储存功能实现的过分强调,因而是过分投入储存力量和其他储存劳动所造成的。所以,合理储存的实质是,在保证储存功能实现前提下尽量少的投入,也是一个投入产出的关系问题。

1. 质量标志

商品储存最重要的就是要保证在储存期间商品的质量不会降低,这是完成储存功能的根本要求,只有这样,商品最终才能够销售出去,商品的使用价值才能通过物流之后得以最终实现。在储存中增加了多少时间价值或是得到了多少利润,都是以保证质量为前提的。所以,在储存合理化的主要标志中,为首的应当是质量标志。

2. 数量标志

在保证功能实现前提下要有一个合理的数量范围。目前管理科学的方法已能在各种约束条件下对合理数量范围做出决策,但是较为实用的还是在消耗稳定、资源及运输可控的约束条件下所形成的储存数量控制方法。

3. 时间标志

在保证功能实现的前提下,寻求一个合理的储存时间,这是和数量有关的问题,储存量越大而消耗速率越慢,则储存的时间必然长,相反则必然短。因此,商品存储必须有一个合理的时间范围,不能过长,过长则意味着商品积压,造成商品成本的增加。在具体衡量时往往用周转速度指标来反映时间标志,如周转天数、周转次数等。

4. 结构标志

即从被储物不同品种、不同规格、不同花色的储存数量的比例关系对储存合理性的判断。尤其是相关性很强的各种物资之间的比例关系更能反映储存合理与否。由于这些物资之间相关性很强，只要有一种物资出现耗尽，即使其他种物资仍有一定数量，也会无法投入使用。

5. 分布标志

指不同地区储存的数量比例关系。企业不同的市场区域对于商品的需求是不同的。因此，不同的地区所储存的商品的数量也应该不同。各个区域的仓库只有根据商品的需求储存适量的产品，才能真正实现商品储存的经济性和合理性，不至于造成浪费。

6. 费用标志

仓租费、维护费、保管费、损失费、资金占用利息支出等，都能从实际费用上判断储存合理与否。

## 二、农机商品流转库存量的意义

为什么农机商品的经营部门要保持一定数量的库存呢？这是因为：

(1)企业在生产这些产品时要有时间和过程，经营部门采购产品运到仓库及销售到用户手里还要有一个流转、运输的过程。为了保证不断供应，就要有一定的储存量。

(2)一些季节性生产但常年都有销售的商品，或常年生产但季节性销售的商品，势必都要建立商品储存，否则生产和供应都有可能会中断，从而影响生产和供应。

(3)某些商品需要组装成套，如排灌机械，是由几个企业生产，然后由经营部门组织成套销售的，这样在成套销售过程中，对其中的一些产品要有一定数量的储备。

(4)根据国家计划和特殊需要建立的库存，如救灾物资的储备。

总之，商品储存是保证商品流通不断进行必不可少的条件。经营部门在商品流通过程中，必须加强商品储存管理，使商品的储存量和商品的储存结构合理，这对满足用户需要、缩短商品流通时间、加速资金周转、降低流通费用水平都有重要作用。

## 三、农机商品储存量的经济性

农机商品的经营部门为了保证供应，需要保持一定数量的库存。也就是要解决商品储存结构和商品储存量，即农机商品储存的经济性问题。商品储存结构不合理，不但会造成商品积压或短缺，同时也影响资金周转速度。所以在组织商品库存时，要考虑商品储存结构和商品储存量两因素，在保证市场供应的前提下，根据不同商品的产销特点，合理安排商品库存，考虑其经济性问题，即遵从“保障供应，经济合理”的原则。不能片面考虑本企业的经济效益，还要考虑到社会经济效益，这是一个矛盾着的事物。应该从全局出发，从社会主义商业的根本目的出发，既考虑本企业的经济效益，又要考虑社会需要和社会经济效益。对一些品种规格多、周转慢的商品，如农机维修配件，尽管经济效益低，为了保证农机的修理需要也要储备适当的数量。

## 四、农机商品合理库存量的计算

正常周转量的库存，是根据计划期各类商品的平均每日销售量和平均周转天数进行计算的。即：

$$期末正常周转储存量 = 计划期每日销售量 \times 商品周转天数 \quad (8-9)$$

平均每日销售量可按计划期销售总量除以计划期天数求得。

商品周转天数应当以历史资料和前期预计周转天数为基础，结合计划期影响商品储存的因素，分别不同商品，研究确定。

季节性商品，即某些季节生产、常年销售或常年生产、季节销售的商品，其商品储存量可根据市场调查预测的情况及工厂生产供应的可能，研究确定。

特殊需要储存的商品，如救灾物资等，按照上级计划，参考历史资料、市场预测各类商品计划期内需用情况的变化，研究确定。其资金由国家专项划拨。

## 习　题

8-1　解释下列名词术语：

①流通费用率；②流动资金周转率；③资金利润率；④存货策略，存货需求量，安全库存量

8-2　简述现有农机流通业的基本格局。

8-3　试述农机商品的流通模式与常见方式。

# 第九章 节能降耗与农业机械化技术经济分析

## 第一节 农业机械化与节能降耗

### 一、节能降耗提出的背景

节能，顾名思义，就是节约能源消费，即从能源生产开始，一直到最终消费为止，在开采、运输、加工、转换、使用等各个环节都要减少损失和浪费，提高其利用的有效程度。从经济的角度，节能是指通过合理利用、科学管理、技术进步和经济结构合理化等途径，以最少的能源消耗获得最大的经济效益。节能必须考虑环境和社会的承受能力，因此，我国对节能赋予了更科学的定义，即节能是指“加强用能管理，采取技术上可行、经济上合理以及环境和社会可以承受的措施，减少从能源生产到消费各个环节中的损失和浪费，更加有效、合理地利用能源”。

由于全球能源问题日益突出，节能降耗已经成为解决当代能源问题的一个公认的重要途径。有科学家把“节能”称为开发“第五种能源”，与煤、石油和天然气、水能、核能四大能源相并列，可见节能的重要意义。

继我国“十一五”规划纲要中提出“十一五”期间单位国内生产总值能耗降低20%左右、主要污染物排放总量减少10%的要求，“十二五”规划纲要中继续提出：要抑制高耗能产业过快增长，突出抓好工业、建筑、交通、公共机构等领域节能，加强重点用能单位节能管理。强化节能目标责任考核，健全奖惩制度。完善节能法规和标准，制订、完善并严格执行主要耗能产品能耗限额和产品能效标准，加强固定资产投资项目节能评估和审查。健全节能市场化机制，加快推行合同能源管理和电力需求侧管理，完善能效标志、节能产品认证和节能产品政府强制采购制度。推广先进节能技术和产品。加强节能能力建设。开展万家企业节能低碳行动，深入推进节能减排全民行动。

(一)我国石油资源现状

农业机械的迅速发展带来了能源消耗量的大幅度增加。以柴油为例,农业装备主要使用柴油,据农业部统计资料,农机用油占农业柴油消耗总量的60%～70%,目前我国农业柴油消耗总量为2 800万～3 200万 t/年,占我国柴油消耗总量的30%～40%,其中田间作业用柴油每年至少消耗1 100万 t,若以每年每吨柴油调价550元计算,则全年全国用在田间作业上的柴油支出就要多65亿元以上的资金,这还不包括农民为在农业运输中消耗的柴油所多支付的费用。

目前,我国石油可采储量约为27亿 t。而根据中国石油经济技术研究院在北京发布的《2010年国内外油气行业发展报告》,2010年我国原油产量、进口量双双首次突破2亿 t,对外依存度超过55%,并出现了多个标志性指标。全年石油表观消费量达4.55亿 t,比2009年增加4 700万 t,增长11.4%;石油进口量大幅度增长,国内原油产量比上年增长5%以上。该报告预计,2011年国内石油需求增速将有所下降,全年石油需求量将达4.83亿 t,增长6.2%;原油需求增速也将有所下降,需求量达4.71亿 t,增长7.2%。

未来十年,我国对原油需求依旧庞大,在国内产量不可能有较大提升的情况下,对外的依存度将进一步提高,石油安全形势严峻,不容忽视。因此农机节能是事关我国农业持续发展和农业现代化进程的一项重要工作,必须认真对待。

(二)农业机械高耗能的产生

可从资源利用、资源消耗两个方面分析农机高耗能是如何产生的。资源利用是指利用了哪些资源、利用率如何;资源消耗是指总的消耗和消耗结构及与发达国家的比较等。

农业机械化生产是一种高投入、高产出的资源型、集约型生产,它极大地提高劳动生产率和土地产出率,为解决人们的吃、穿、用,为改善农民的生活质量做出了重大贡献。但与此同时,粗放的、不合理的机械化生产方式大量消耗石油、钢材、橡胶、化工制品等非再生资源,带来了严重的资源与环境可持续发展问题。我国农业机械化发展能源消耗过高源于多方面的原因,最主要的原因集中在以下几个方面:

(1)单块耕地面积过小,不利于先进节能的大型机具使用,目前大范围使用作业效率较低的小型农业机具,必然带来较高的能源消耗和严重的能源浪费。

(2)机具数量及结构配备不合理,联合作业机具缺乏,重复作业导致能源消耗量上涨。

(3)缺乏相应的机具到期更新报废制度,机具老旧情况严重,大大降低了农机具的利用效率。

(4)全社会的农机科技研发投入低,农机具设计水平较低,机具本身性能与国外差距较大,单位作业面积上能耗更高。

(5)农机使用者学历水平和素质普遍低下,据统计 2009 年我国乡村农机从业人员中获得农机职业技能鉴定证书人员比例仅为 1.4%,不当的农机操作导致较高的能源消耗。

国际原油价格居高不下和国内市场柴油价格的持续走高,再加上我国农业机械能耗高、燃油效率低下,势必将对农业机械化发展产生深远影响。由于农民的现实购买力较低,不具备购买、保养和维护具有国际先进水平的节能环保型农业机械的能力,因此新机具、新技术的推广应用面临着困难。

**(三)农业机械化能源需求**

有专家认为,目前中国的农业实际上是石油农业。石油农业也叫工业式农业(industrial agriculture),是将农业看作是一个巨大的工厂,通过规模经营和高投入(主要是农业、种子、化肥、机器及燃料)、高消耗来达到降低成本和高产出目的的高度工业化农业的总称。1850 年以来,在西方发达国家,劳动力、土地等生产要素相对稀缺,也比较昂贵;同时,工业化生产的农药、农业机器、化肥相对便宜,在降低成本的动机引导下,农场主纷纷以工业化模式来经营农业,导致石油农业快速发展。

农业机械是能源消耗大户。传统人畜力作业方式一定程度上节约了燃油等能源的消耗,但是生产效率及农作物产量低,不能保障农产品供给和人们生产生活的基本需要。现代农业发展,农业机械和农药、化肥的施用,增加了能源消耗,但是保障了人们生产和生活的需要。因此,在保障农产品供给和社会经济发展的前提下,如何提高能源利用效率,降低单位能耗,成为亟待解决的问题。

2009 年,我国农业生产燃油消耗为 3 574.51万 t,比 2008 年的 3 401.23万 t 增加 173.28 万 t。随着我国农业机械化水平的不断提升,我国燃油消耗总量持续增加的趋势不可避免。我国农机利用率(即单位面积农机动力投入)与发达国家相比存在较大差距。像美国这样已经实现了高度机械化的国家,农田作业亩均动力为 0.07 kW,韩国约为 0.33 kW。我国 2009 年耕种收综合机械化水平为 49.13%,农田作业亩均动力为 0.31 kW(农田总动力=农机总动力-农产品初加工机械动力-畜牧养殖机械动力-渔业机械动力-机械运输动力)。在现有农机运用水平下,若将我国耕种收综合机械化水平提高到 70%,进入农业机械化发展的高级阶段,农田作业亩均动力约需 0.42 kW;若提高到 90%以上,相当于现在欧美、日韩等全程机械化的水平,亩均动力约需 0.54 kW。可见,我国农田作业单位面积动力投入远高于发达国家,相应地单位面积柴油消耗也多。在能源紧张的形势下,提高动力和燃油利用效率势在必行,也是节能减排的要求。

## 二、农业机械化与能源的关系

### (一)农业机械化能源消耗分类

农业机械化是发展现代农业的技术支撑,农业机械化技术体系可以在解决水资源短缺、环境恶化、人-地与人-粮矛盾等一系列问题,促进现代农业的发展进程中发挥重要作用。在农业机械化作业过程中,其能源消耗的主要来源在于提供动力的石油、电力和作为投入品的种子、化肥、农药、水等,排放物质主要是由能源消耗产生的污染物。我国农业机械化消耗的能源对象按照用途可以分为动力和非动力两类。

1. 动力类

动力类主要是指为农业机械化提供动力来源的石油、电力等,其中燃油(柴油和汽油)是我国农业机械动力源的主体。近几年来,随着农民生活水平的提高以及思想的转变,在农业生产中大量使用农业机械代替人力、畜力劳动,农业生产燃油消耗也在不断地增加,从 2000 年的 2 237.37万 t 增加到 2009 年的 3 574.51万 t,而 2009 年的农业生产燃油消耗总量占当年燃油消耗总量的 30% 左右。农业生产燃油消耗已经成为我国石油消耗的重要组成部分。动力类消耗和排放是农机作业中直接产生的消耗和排放,也是我国农业污染物排放的主要来源。因此,农业机械化的节能减排显得日益重要。同时农机节能也是贯彻落实科学发展观的重要内容,是完成国家节能减排目标的一个重要途径,是实现农业生产节能的有效手段。

2. 非动力类

非动力类主要是指种子、化肥、农药、水等农业机械化生产投入品。非动力类的能耗和排放是间接的,主要体现为这些投入品在生产、加工、使用等过程中的消耗和产生的排放。

基于当前我国农业机械化田间作业能源消耗和排放的特点,根据消耗的能源对象在总能源消耗中所占的比重,本书以燃油为例做相关分析。

### (二)能耗与排放现状

1. 燃油消耗情况

《促进法》正式颁布施行后,各省(市、区)针对 21 世纪农业机械化发展的实际需要,相继出台或修订了一系列农业机械化条例和文件,扶持和促进本地农业机械化发展。尤其是购机补贴政策的出台,使农业机械化呈现出快速发展的趋势。1998—2009 年的 12 年间,耕种收综合机械化水平由 30.39%提高到 49.13%,农机总动力由44 936万 kW 增长到87 496万 kW,增加了42 560万 kW,增幅达到

94.71%(表 9-1)。从表中可以看出,随着耕种收综合机械化水平的提高,农机总动力不断地增加,所消耗的燃油总量也呈现不断增加的态势,由 1998 年2 074.36 万 t 增长到 2009 年 3 574.51万 t,增加 1 500.15万 t,增幅达到 72.32%。同期我国每 1 kW 动力的燃油消耗从 46.16 kg 降低到 40.85 kg,降幅为 11.5%,燃油利用效率提高明显。

**表 9-1　1998—2009 年我国农机燃油消耗量**

| 年份 | 耕种收综合机械化水平/% | 农机总动力/万 kW | 农业生产燃油消耗量/万 t | 全国石油消耗总量/万 t | 农业生产燃油消耗量占全国石油消耗总量比例/% |
|---|---|---|---|---|---|
| 1998 | 30.39 | 44 936.77 | 2 074.36 | 19 817.8 | 10.47 |
| 1999 | 31.61 | 48 863.88 | 2 045.89 | 21 072.9 | 9.71 |
| 2000 | 32.30 | 52 316.79 | 2 237.37 | 22 439.3 | 9.97 |
| 2001 | 32.18 | 55 041.72 | 2 434.25 | 22 838.3 | 10.66 |
| 2002 | 32.34 | 57 906.46 | 2 797.72 | 24 779.8 | 11.29 |
| 2003 | 32.46 | 60 446.62 | 2 944.70 | 27 126.1 | 10.86 |
| 2004 | 34.32 | 64 140.92 | 3 335.40 | 31 699.9 | 10.52 |
| 2005 | 35.93 | 65 217.29 | 3 454.39 | 32 535.4 | 10.62 |
| 2006 | 38.02 | 72 635.96 | 3 630.56 | 34 875.9 | 10.41 |
| 2007 | 42.47 | 76 878.65 | 3 688.96 | 36 648.9 | 10.07 |
| 2008 | 45.85 | 82 190.41 | 3 401.23 | 37 318.8 | 9.11 |
| 2009 | 49.13 | 87 496.10 | 3 574.51 | 40 837.5 | 8.75 |

数据来源:1998—2009 年《全国农业机械化统计年报》、1999—2010 年《中国统计年鉴》。

2. 农业机械排放现状

我国农业机械 95%以上的配套动力是柴油机,目前拖拉机国家强制标准中未正式实施排气污染物成分的测试,但在其他相关标准中有进行排气污染物测定要求。在国家各类标准中,涉及拖拉机排放的标准共有 11 项,JB 8890《往复内燃机安全要求》、JB8891《中小功率柴油机排气污染物排放限值》规定采用 8 工况试验方法进行拖拉机排放测试。国家环保总局发布的 GB 20891—2007《非道路移动柴油机排气污染物排放限值机测量方法(中国Ⅰ、Ⅱ阶段)》已于 2007 年 10 月 1 日起实施。在该标准的适用产品范围中,农业机械(包括拖拉机、联合收割机等)纳入国家强制排放检验范围。该标准的实施为农业机械减排工作提供了依据。

国家拖拉机质量监督检验中心根据 GB 20891—2007 给出的排气污染物限值,与以往的检测结果比较,对拖拉机用柴油机排放水平总体评价如下:

单缸柴油机：第Ⅰ阶段：8 kW≤$P_{max}$<18 kW，可通过率70%；

0≤$P_{max}$<8 kW，可通过率60%。

多缸柴油机：第Ⅰ阶段，可通过率80%。

主要控制：CO，$NO_x$。

**（三）农业机械化节种、节肥、节药、节水效果分析**

1. 节种效果

从2004年以来，随着国家颁布的一系列强农惠农政策，农民种粮积极性不断增强，每年所需的种子数量也在不断增加，据农业部种植业管理司发布数据显示，我国商品种子用量从2004年的385万t增长到2009年的512万t。而近些年，随着人民生活不平的提高，物价水平呈现出快速增长的趋势。作为农业重要生产资料的种子，价格年均增长都在5%以上。特别进入2011年4月，由南到北春耕播种全面启动，在多方因素影响下，与去年同期相比，种子价格平均涨幅在10%左右，虽说这是种子市场常态，但较大幅度上升的种子价格却切实加重了种植户负担。

在这种情形下，农机节种功能所发挥的作用就更加凸显。农机作为农业生产的工具，对节种起着关键作用。据调查，与常规播种相比，应用精密播种技术每亩可节省良种3～4 kg，一般可增产40 kg以上，即每公顷节省良种45～60 kg，增产600 kg以上。2009年，全国精少量播种机保有量为310.07万台，累计播种面积为32 720.67 $khm^2$，与常规播种相比，应用精少量播种机可实现节种147.2万～196.3万t，节种效果十分明显。

2. 节肥效果

化肥作为粮食的“粮食”，对粮食增产起着至关重要的作用。据联合国粮农组织（FAO）统计，化肥对粮食生产的贡献率达到40%左右。目前我国年化肥施用量超过4 500万t，占世界总用量的1/3，成为世界化肥生产和消费第一大国。化肥过量使用不仅会造成大气臭氧层破坏和地下水污染，而且会加剧土壤酸化和板结，造成土壤肥力下降。使用农业机械可以在保证作物生长所需肥力的情况下节省化肥，提高肥料利用率，减少化肥造成的有害排放，降低对环境、水源、土壤的污染。据测算，采用化肥机械深施比人工表面撒肥每公顷节约化肥120～300 kg，产量可以增加5%～15%。碳酸氢铵、尿素深施和表施相比，氨态氮利用率分别由27%和37%提高到58%和50%。磷、钾肥深施可减少因风蚀和雨水所造成的流失，提高肥料利用率。2009年，化肥深施机保有量为59.23万台，化肥机械深施面积为21 826.09 $khm^2$，按这一实施面积计算，采用化肥深施机作业相对于采用人工表面撒肥作业，可节约262万～654万t化肥。

3. 节药效果

农药指促进作物的成长所施用的杀虫、除草等药物。近年来,我国农药生产能力增长迅速。2010 年 1~12 月期间,根据国家统计局与各省市进一步核实调整结果,累计农药产量调整为 234.2 万 t,同比增长 20.4%,农药总产量达历史新高。根据中国农药工业协会公布的数据显示,在农药产量中,杀虫剂为 84.5 万 t,同比增长 6.0%,占总产量的 31.4%;杀菌剂 19.0 万 t,同比增长 20.8%,占总产量的 7.1%;除草剂 108.9 万 t,同比增长 33.4%,占总产量的 40.5%。全国各省(区、市)中,增长幅度超过全国平均值的有河北(34.6%)、山西(38.9%)、黑龙江(35.2%)、上海(185.4%)、江西(41.5%)、山东(68.3%)、河南(22.8%)、湖北(57.6%)、广西(161.8%)、陕西(74.7%)、新疆(154.8%)等。

农药产量不断创新高的同时,农药利用效率依旧不高。当前施药方式仍以"大雾量、雨淋式"喷雾为主,农药有效利用率仅为 20%~30%,其余 70%~80%都沉降到地面和漂移到周围环境中,严重污染环境。

造成农药污染的重要原因是施药器械和施药方法落后。目前,我国常用植保机械产品有 20 多个品种、80 多个型号,主要包括手动式植保机械、机动式植保机械、拖拉机配套植保机械和航空植保机械等四大类。其中手动式植保机械约占植保机械保有量的 80%,承担全国农作物病虫草害防治面积的 70%以上。但这些产品性能结构和质量都较为落后,制约了农药利用效率的进一步提高。

机动喷雾机等高效喷雾设备的使用,不仅能有效缓解施药时"跑、冒、滴、漏"现象,雾滴直径更细小,达到 50~100 μm,雾滴均匀率可达 50%,可有效提高农药利用效率。同时,相对于手动背负式喷雾器和手动压缩式喷雾器,机动喷雾机等高效设备能实现节约 15%~20%的效果。

4. 节水效果

水资源缺乏是我国特别是西北干旱地区经济社会稳定发展长期面临的突出问题。在全国农业用水总量中,灌溉用水占了很大的份额,但平均利用率不足 50%。目前,我国水资源总量的不足与灌溉用水大量浪费形成鲜明对比,节水灌溉对于我国农业实现科学、可持续发展具有重要意义。目前我国农业节水灌溉机械化技术主要包括低喷灌、微灌及低压管道输水灌溉。喷灌技术与传统的地面灌溉方法相比,一般情况下可节水 30%~50%。微灌技术是指通过低压管理系统与安装在末级管道上的特制的灌水器,将水分和作物所需养分以较小流量均匀准确地直接输送到作物根部附近的土壤表面或土层的灌水方法。微灌技术比喷灌技术省水 30%左右。行走式节水灌溉技术是利用拖拉机携带灌溉水和灌溉设备及作业农具,在田间行走灌溉的技术。行走式节水技术相对于传统的大水漫灌节水效果达到 90%以上。

## 第二节 农业机械化油耗与机具配备优化

如第一节所述，导致我国农业机械化发展能源消耗过高有多方面的原因，包括单块耕地面积过小、机具配备不合理、机具老旧情况严重和机手素质不高等，研究油耗影响因素问题要综合考虑这些方面。本节主要就农业机械化油耗与机具配备之间的关系进行分析研究。

农业机具配备是指实现农业生产过程机械化所需要的各种动力和作业机械的有机结合，完成规定的农业生产功能的综合体，包括选型、配套及机组数量的确定。作为一个系统，在农业生产过程中进行的各项作业的机器应具有较好的适应性，在结构参数、运用参数及作业工序之间存在一定的协调关系，既能满足农业生产的技术要求，又能达到较好的经济效果。农业机器系统选型配套应考虑农业机械的适应性、动力性、经济性、可靠性、安全性。农业机械的合理编组要根据农业机械的运用条件，在选定农机具型号、性能的范围内，确定机组较适宜的幅宽和速度。合理编组对节约油料、提高机组生产率和降低作业成本具有重要作用。

### 一、机具配备的原则与优化模型

#### (一)作业机具选型

对已选定的机械化技术模式，选取与其相对应的机具。首先，应从区域适用性来考虑。其次，从前面的分析得出，复式作业比传统多工序作业更加节油。因此从节能性原则来看，应尽量选取复式作业机具及多功能作业机具。比如，在北方具有一定规模的玉米小麦种植区域，特别是东北的农场，小麦和玉米免耕模式中，应尽量选取集破茬、施肥、播种、镇压(或起垄)于一体的多功能免耕播种机，在收获环节，应尽量选取带秸秆粉碎的联合收获机，经济条件好的地区建议逐渐使用半喂入联合收获机。再者，应根据地块大小选择合适幅宽的作业机具，地块面积大的应尽量选择幅宽大的作业机具，尽量减少机具转弯次数多带来的油耗浪费。只有满足上述 3 个原则，才能使选择的机具更符合节油的标准。

#### (二)动力机具与配套机具之间的合理编组

对动力与配套机具的组合中，也必须遵循一定的原则。由拖拉机的牵引特性可知，当在标定牵引力时，拖拉机的动力性能和经济性能都好，由此看来，按照标定牵引力计算编配机组似乎是合理的。但实际上并非如此。因为机组在实际作业时，其阻力不断变化，有时由于个别偶然的障碍物、土地坡度、土质变化等情况会使工作阻力突然增大。如果按标定牵引力去编配机组，就会使拖拉机频繁出现在超负荷状态下工作，有时超负荷严重还会造成拖拉机灭火。这样会大大降低生产率和燃油经济性。在进行农机具编组配套时，基本原则应当是尽量争取使拖拉机在接近标定负荷条件下工作，同时让拖拉机有一定的功率储备，避免出现长时间频繁的超负荷作业。

从发动机工作负荷的特性曲线可以看出，在一定的使用范围内，拖拉机的耗油率是随着发动机负荷的增加而下降，在接近满负荷状态下工作，耗油率反而最经济。这就说明，动力机械与作业机具的配套不但要求在尺寸上协调，而且要求在功率上匹配，能够充分利用动力机械的功率。因此，选定动力机械和作业机具之后，需要进行二者的功率匹配验算。匹配的可行性可以通过以下方法来计算。

已知机组作业最适宜的工作速度 $V$(km/h)、机组牵引工作中的比阻 $K$(N/m)、农机具的作业幅宽 $B$(m)，即可计算出所需的拖拉机牵引功率 $N_T$(kW)，通过牵引效率 $\eta_T$，就可计算出所需拖拉机发动机的功率：

$$N_e=\frac{N_T}{\eta_T}=\frac{VKB}{3\,600\eta_T} \tag{9-1}$$

用上式算出的 $N_e$ 值与所选的拖拉机发动机的额定功率 $N_{eH}$ 对照，应使 $N_e<N_{eH}$，如果很接近，就算是匹配了，但是应留有一定的功率储备以防止超负荷。$N_e$ 与 $N_{eH}$ 之比称为发动机负荷系数 $\zeta_N$：

$$\zeta_N=\frac{N_e}{N_{eH}} \tag{9-2}$$

负荷系数因作业而异，一般的如果负荷系数为 0.8 左右，则称为动力机械与作业机械功率匹配。如果功率不相匹配，则应调整农机具工作幅宽或改变拖拉机类型，也可以采用不同作业速度进行调整，必要时可采用大小拖拉机搭配的方式组成配套机具，但必须经济合理。

例如：要给型号为 1GN - 175 的旋耕机配备动力机具，该机具幅宽为 1.8 m。现已知该旋耕机作业速度为 6 km/h，作业比阻为 11 kN/m，若牵引效率 $\eta_T$ 为 0.85，则

$$N_e=\frac{N_T}{\eta_T}=\frac{VKB}{3\,600\eta_T}=\frac{6\times 11\times 1.8\times 1\,000}{3\,600\times 0.85}=38.8(\text{kW})$$

因此，选取的拖拉机动力应超过 38.8 kW 且超过幅度不大。若功率不匹配，可在作业过程中通过调整作业速度，使机组在接近满负荷的状态下进行作业，达到省油目的。

农业机具系统配备的方法有作业量法、“机器 - 时间”系统配备法、德尔菲法、线性规划法、计算机模拟法等。其中，线性规划法能综合考虑作业时间、作业量、机具生产率和机具效率与效益，得到机械作业成本最低或经济效益最大的农机具配备方案，是目前较常用的一种方法。但是运用线性规划法必须有一个前提条件，它要求全部必要的经济条件和农艺条件都能用线性方程列出来，而且作为优化的目标函数也应用线性方程式列出。基于节油降耗的原则，以作业油耗作为目标函数，下面采用线性规划法，在满足现有生产工艺和经营规模的情况下，对农机具进行合理优化配备。

**(三)优化配备的数学模型**

用线性规划进行机具优化配备的步骤如下：①设变量；②编写约束方程组；③编写目标函数；④调用计算机程序，根据程序中的提问输入相关变量、约束方程和目标函数方程；⑤运算求解；⑥结果分析。

1. 作业量约束方程

按作业项数编写：

$$\sum W_{ij} X_{ij} \geqslant A_j \tag{9-3}$$

式中：$j$ 为作业项目；$i$ 为机组型号；$X_{ij}$ 为第 $i$ 型机组进行第 $j$ 作业项目的台班数；$W_{ij}$ 为第 $i$ 型机组进行第 $j$ 作业项目的班生产率。

2. 拖拉机配备量、配套农机配备量、自带动力机具配备量约束方程

按作业阶段编写，由于各阶段作业互不交叉，各阶段内每一型号拖拉机配备量约束方程为

$$\sum X_{kj} \leqslant U_k \cdot R_{ik} \cdot X_i \tag{9-4}$$

式中：$U_k$ 为第 $k$ 作业阶段第二种机具可下地班次数等于作业日历班次数乘机具可下地时间概率之和；$R_{ik}$ 为第 $i$ 种机型在第 $k$ 阶段的维修时间系数，它是考虑在较长的持续作业阶段内拖拉机高号保养要占用作业时间而设的，$R_{ik}$ =（持续作业时间 – 高号保养时间）/持续作业时间；$\sum X_{kj}$ 为第 $k$ 作业阶段内第 $i$ 型拖拉机需要完成的作业台班数之组合；$X_i$ 为第 $i$ 型拖拉机配备台数。

3. 不同类型机具作业面积约束

南方水田区地块比较小，不适合大型机具作业，因此在进行线性规划时，不能

按照理想情况认为配备大型机具越多越好，应对不同级别的作业机具作业量进行约束，使结果与现实相符。

4. 目标函数

以油耗量最小作为目标，建立目标函数：

$$目标函数 = \sum Y_{ij} P_{ij} X_{ij} \qquad (9-5)$$

式中：$Y_{ij}$ 为第 $i$ 型机组进行第 $j$ 作业项目每公顷耗油量；$P_{ij}$ 为第 $i$ 型机组进行第 $j$ 作业项目的班生产率；$X_{ij}$ 为第 $i$ 型机组进行第 $j$ 作业项目的台班数。

## 二、案例：双季稻区主要粮食作物生产全程机械化机具配备优化

南方双季稻区包括福建、江西、湖南、广东、广西和海南 6 个省（区），又细分成长江流域和华南双季稻区。本部分只研究农田作业中水稻机耕、机播和机收三个环节的作业及油耗情况。2009 年南方双季稻区机耕、机播和机收三个环节农田作业油耗分别为 84.49 万 t、6.4 万 t 和 44.75 万 t，总计 135.73 万 t，占全国这三个环节农田作业总油耗1 022.54万 t 的 13.27%，所占比例并不大，这与其机械化水平不高直接相关。南方双季稻区水稻耕、种、收三个环节机械作业面积分别为10 097.88 $khm^2$、362.23 $khm^2$ 和6 083.66 $khm^2$，总计16 543.77 $khm^2$，占该区所有作物三个环节机械作业面积13 726.92 $khm^2$、453.97 $khm^2$ 和6 379.78 $khm^2$（合计20 560.67 $khm^2$）的 73.56%、79.80%和 95.36%，通过此大致推算出该区水稻耕、种、收三个环节油耗分别大致为 62.15 万 t、5.18 万 t 和 42.68 万 t，合计110.002 5万 t。通过建立模型，测算出在现有机械化水平下该区耕、种、收三个环节合理的燃油消耗应在控制在 84.66 万 t 左右，这将比实际节油 23.04%。

表 9-2 为双季稻区水稻一年内主要农事活动及机械化作业项目，由此表可以大致推算出双季稻区水稻各项机械化作业项目的起止日期。本文取“三夏”作业阶段，即收获早稻、种植晚稻这个阶段的农事活动作为研究对象，采用线性规划的方法，以农机作业油耗为目标函数，作业量、拖拉机配备量、配套农具配备量、自带动力机具配备量以及不同类型机具作业面积为约束条件，列出方程组，在双季稻区水稻现有耕、种、收机械化水平（分别为 80.35%、2.88%和 48.30%）下求取农机具配备的最优解。由于机插秧适用范围较广，为方便计算，选取水稻“机械化耕整地—机插秧—机械化收获”作业模式进行机具优化配备，作业项目时间及机具生产率见表 9-3 和表 9-4。

**表 9-2 双季稻区一年内主要农事活动及机械化作业项目**

| 重要农事活动 | 主要机械化作业项目 |
|---|---|
| 1～2 月，冬作物田间管理；农田基本建设 | 开沟，确保排水畅通，防御渍害，化学除草 |
| 3～4 月，早稻育秧、插秧 | 机械化耕整地，机械化育秧、插秧和抛秧 |
| 4～6 月，早稻田间管理、追肥，中稻育秧 | 机械化植保，追粒肥；水田除草，利于通风；水田开沟；防治病虫，主攻稻飞虱，同时兼治三化螟。中稻机械化育秧 |
| 6～7 月，收获早稻，晚稻育秧 | 机械收获早稻、脱粒，晚稻机械化育秧 |
| 7～8 月，中晚稻育秧及插秧 | 中晚稻机械化育秧、插秧、抛秧 |
| 8～10 月，中晚稻田间管理、追肥 | 机械化植保，追粒肥；水田除草，利于通风；水田开沟；防治病虫，主攻稻飞虱，同时兼治三化螟 |
| 10～11 月，中、晚稻收获 | 机收中、晚稻，机械脱粒并运输 |
| 11～12 月，冬作物种植 | 种植油菜、蔬菜、小麦等冬作物 |

数据来源：农业部农业机械化管理司，全国农业机械化生产月历。

### (一)设变量

需要求解的包括主要环节作业机具台数、作业台班数两类变量，分别设置如下：

$X_1$——20 马力(以下表格内"马力"简写为"hp")以下拖拉机数；

$X_2$——20～40 马力拖拉机数；

$X_3$——40～80 马力以上拖拉机数；

$X_4$——与 20 马力以下拖拉机配套的带状浅旋机；

$X_5$——与 20～40 马力拖拉机配套的带状浅旋机；

$X_6$——与 40～80 马力拖拉机配套的带状浅旋机；

$X_7$——步进式插秧机数量；

$X_8$——高速乘坐式插秧机数量；

$X_9$——小型水稻联合收获机数量(带秸秆粉碎装置)；

$X_{10}$——大型水稻联合收获机数量(带秸秆粉碎装置)；

$X_1$——1 t 以下拖车数量(与 20 马力以下拖拉机数量相同)；

$X_2$——3 t 以上拖车数量(与 20～40 马力拖拉机数量相同)。

### (二)编写约束方程

约束方程有 5 类：作业量、拖拉机配备、配套农具配备、自带动力机具配备以及不同级别机具作业面积。

表 9-3　双季稻区作业项目时间及机具生产率(1)

| 项目号 | 作业项目 | 作业日期 | 可下地班次数/次 | 班生产率和台班数变量/($hm^2$/班) | | |
|---|---|---|---|---|---|---|
| | | | | 20 hp 以下拖拉机 | 20～40 hp 拖拉机 | 40～80 hp 拖拉机 |
| 1 | 机械收获 | 06.14～07.25 | 42×0.8 | — | — | — |
| 2 | 运稻谷 | 06.14～07.25 | 42×0.8 | 0.67 $X_{11}$ | 1.60 $X_{14}$ | — |
| 3 | 带状浅旋 | 06.24～07.25 | 32×0.8 | 1.60 $X_{12}$ | 3.20 $X_{15}$ | 6.67 $X_{17}$ |
| 4 | 运秧苗 | 06.24～07.25 | 32×0.8 | 0.53 $X_{13}$ | 1.20 $X_{16}$ | — |
| 5 | 机械插秧 | 07.01～08.25 | 56×0.8 | — | — | — |

注:①表中班生产率均来自 2009 年调研数据。

②根据实际调研情况,设定单机可下地时间概率为 0.8。

表 9-4　双季稻区作业项目时间及机具生产率(2)

| 项目号 | 作业项目 | 作业日期 | 可下地班次数/次 | 班生产率和台班数变量/($hm^2$/班) | |
|---|---|---|---|---|---|
| | | | | 大型水稻联合收割机/高速乘坐式插秧机 | 小型水稻联合收割机/步进式水稻插秧机 |
| 1 | 机械收获 | 06.14～07.25 | 42×0.8 | 3.73 $X_{18}$ | 1.60 $X_{20}$ |
| 5 | 机械插秧 | 07.01～08.25 | 56×0.8 | 3.20 $X_{19}$ | 1.07 $X_{21}$ |

注:①表中班生产率均来自 2009 年调研数据。

②根据实际调研情况,设定单机可下地时间概率为 0.8。

1. 作业量约束方程

2009 年双季稻区水稻播种面积为 12 596 300 $hm^2$,机耕面积、机播面积和机收面积分别为 10 097 878、362 230 和 6 083 661 $hm^2$。

机械收获　$3.73X_{18}+1.60X_{20}\geqslant 6\,083\,661$

运稻谷　$0.67X_{11}+1.60X_{14}\geqslant 12\,596\,300$

带状浅旋　$1.60X_{12}+3.20X_{15}+6.67X_{17}\geqslant 10\,097\,878$

运秧苗　$0.53X_{13}+1.20X_{16}\geqslant 12\,596\,300$

机械插秧　$3.20X_{19}+1.07X_{21}\geqslant 362\,230$

2. 拖拉机配备量约束方程(假设拖拉机维修时间系数 $R_{故}=0.9$)

20 马力以下拖拉机　$X_{11}+X_{12}+X_{13}\leqslant 42\times 0.8\times 0.9X_1=30.24X_1$

$X_{12}+X_{13}\leqslant 32\times 0.8\times 0.9X_1=23.04X_1$

20～40 马力拖拉机 $X_{14}+X_{15}+X_{16}\leqslant 42\times 0.8\times 0.9X_2=30.24X_2$

$X_{15}+X_{16}\leqslant 32\times 0.8\times 0.9X_2=23.04X_2$

40～80 马力拖拉机 $X_{17}\leqslant 32\times 0.8\times 0.9X_3=23.04X_3$

3. 自带动力机具配备量约束方程(假设自带动力机具维修时间系数 $R_{泆}=0.85$)

大型水稻联合收割机 $X_{18}\leqslant 42\times 0.8\times 0.85X_{10}=28.56X_{10}$

小型水稻联合收割机 $X_{20}\leqslant 42\times 0.8\times 0.85X_9=28.56X_9$

高速乘坐式插秧机 $X_{19}\leqslant 56\times 0.8\times 0.85X_8=38.08X_8$

步进式水稻插秧机 $X_{21}\leqslant 56\times 0.8\times 0.85X_7=38.08X_7$

4. 配套机具配备量约束方程(维修时间系数与拖拉机一致)

20 马力以下拖拉机配套机具 $X_{12}\leqslant 32\times 0.8\times 0.9X_4=23.04X_4$

20～40 马力拖拉机配套机具 $X_{15}\leqslant 32\times 0.8\times 0.9X_5=23.04X_5$

40～80 马力拖拉机配套机具 $X_{17}\leqslant 32\times 0.8\times 0.9X_6=23.04X_6$

5. 不同级别机具作业面积约束方程

双季稻区地块较小,不适用大型拖拉机作业,因此不能理想地规划成大中型农机具越多越好。但大中型农机具具有高效、节油的特点,是将来的发展趋势,即大中型农机具所占比重将会越来越高。根据我国目前不同马力段的拖拉机作业情况设 20 马力以下、20～40 马力、40～80 马力 3 种规格拖拉机相配套的带状浅旋机的作业面积占机械作业面积比例分别为 40%～70%、20%～30%、20%～30%,列出约束方程组如下:

20 马力以下拖拉机配套机具 $40\%\times 10\ 097\ 878\leqslant 1.6X_{12}\leqslant 70\%\times 10\ 097\ 878$

20～40 马力拖拉机配套机具 $20\%\times 10\ 097\ 878\leqslant 3.2X_{15}\leqslant 30\%\times 10\ 097\ 878$

40～80 马力拖拉机配套机具 $20\%\times 10\ 097\ 878\leqslant 6.67X_{17}\leqslant 30\%\times 10\ 097\ 878$

考虑受自然、地形地貌、社会经济等各种条件的约束,大型联合收割机及高速乘坐式插秧机也并不是越多越好,而是根据地块大小分别与小型联合收割机和步进式插秧机有一个合适的比例。根据我国不同类型的收获机具和插秧机的作业情况,设大型谷物联合收割机与小型谷物联合收割机的作业面积占总作业面积比例分别不小于 30%和 50%,高速乘坐式插秧机与步进式插秧机的作业面积占总作业面积比例分别不小于 30%和 50%,则有约束方程组如下:

大型水稻联合收割机 $30\%\times 362\ 230\leqslant 3.37X_{18}$

小型水稻联合收割机 $50\%\times 362\ 230\leqslant 1.60X_{20}$

高速乘坐式插秧机 $30\%\times 362\ 230\leqslant 3.20X_{19}$

步进式水稻插秧机 $50\%\times 362\ 230\leqslant 1.07X_{21}$

**(三)编写目标函数方程**

$$S_{\min}=15\times0.67X_{11}+45\times1.60X_{12}+15\times0.53X_{13}+12\times1.60X_{14}+40.5\times3.20X_{15}+12\times1.20X_{16}+38\times6.67X_{17}+35\times3.73X_{18}+4\times3.20X_{19}+45\times1.60X_{20}+4.5\times1.07X_{21}$$
$$=10.05X_{11}+72X_{12}+7.95X_{13}+19.2X_{14}+129.6X_{15}+14.4X_{16}+253.46X_{17}+130.55X_{18}+12.8X_{19}+72X_{20}+4.815X_{21}$$

**表 9-5　双季稻区每项作业油耗**　　L/hm²

| 机组号 | 机组作业项目 | 油耗 | 机组号 | 机组作业项目 | 油耗 |
|---|---|---|---|---|---|
| 11 | 20 hp 以下拖拉机运水稻 | 15.0 | 17 | 40～80 hp 拖拉机带状浅旋 | 38.0 |
| 12 | 20 hp 以下拖拉机带状浅旋 | 45.0 | 18 | 大型水稻联合收获机收获水稻 | 35.0 |
| 13 | 20 hp 以下拖拉机运秧苗 | 15.0 | 19 | 高速乘坐式插秧机插秧 | 4.0 |
| 14 | 20～40 hp 拖拉机运水稻 | 12.0 | 20 | 小型水稻联合收获机收获水稻 | 45.0 |
| 15 | 20～40 hp 拖拉机带状浅旋 | 40.5 | 21 | 步进式插秧机插秧 | 4.5 |
| 16 | 20～40 hp 拖拉机运秧苗 | 12.0 | | | |

注:根据调研数据,20～40 马力拖拉机与配套农具作业耗油量是按照比 20 马力以下拖拉机节油 10%来计算,40～80 马力拖拉机耗油量是按照比 20 马力以下拖拉机节油 15%来计算。其他数据包括 20 马力以下拖拉机油耗量均来自于 2009 年调研数据。

**(四)计算结果及分析**

以上 21 个变量、20 个约束方程的线性规划求极小值的数学模型,计算结果如下:

$S_{\min}=996\ 015\ 700$

$X_1=109\ 569$　$X_2=638\ 765.9$　$X_3=19\ 712.56$　$X_4=109\ 569$

$X_5=41\ 088.37$　$X_6=19\ 712.56$　$X_7=6\ 223.027$　$X_8=891.782$

$X_9=130\ 501.2$　$X_{10}=1\ 129.062$　$X_{11}=0$　$X_{12}=2\ 524\ 470$

$X_{13}=0$　$X_{14}=7\ 872\ 687$　$X_{15}=946\ 676.1$　$X_{16}=10\ 496\ 920$

$X_{17}=454\ 177.4$　$X_{18}=32\ 246$　$X_{19}=33\ 959.06$　$X_{20}=3\ 727\ 115$

$X_{21}=236\ 972.9$

即:在现有机械化水平条件下,通过机具类型和数量的优化配置,完成现在的机械化作业面积需要 20 马力以下拖拉机 109 569 台,20～40 马力拖拉机 638 766 台,40～80 马力拖拉机 19 713 台,分别与 20 马力、20～40 马力和 40～80 马力拖拉机配套的带状浅旋机为 109 569 台、41 088 台和 19 713 台,步进式插秧机 6 223 台,高速乘坐式插秧机 892 台,小型水稻联合收获机 130 501 台,大型水稻联合收获机 1 129 台。耕、种、收 3 个主要环节和秧苗及稻谷运输的总油耗为 996 015 700 L,即 84.66 万 t(按柴油密度 0.85 kg/L 计算)。

优化后的机具配备趋于大型化。在拖拉机配备方面,2009 年南方双季稻区 20 马力以下的小型拖拉机共 135.35 万台,占所有拖拉机比重为 89.84%,乘坐式插秧机占插秧机总数的比重为 9.91%,联合收获机中绝大部分为小型联合收获机。经过优化后,20～40 马力的拖拉机成为主体,占全部拖拉机总数的 83.17%,水稻插秧机中高速乘坐式插秧机比例增大,占总数的 12.53%,比优化前比例有所增加。

## 第三节 农业机械化节能降耗的技术经济指标

### 一、农业机械化能源消费指标

1. 能量消费总量

这一指标应从对每台机车、渔轮等每日、每月详细记录的各种耗油量及当班工作量等统计分析得来,所以机车日记、航行日记等是主要的原始记录,必须认真填写。同时,国家统计部门应做好能源消费总量上的统计工作。

在全面计算能源消费总量时,除应计算柴油消耗总量外,还应当包括煤、电、生物质能等能源的消费,由于各能源的消费形式不同,能源单位也不同,在综合计算这些能源时,需要将能源单位进行统一。同时,由于当前农业机械化所涉及的领域繁多,因此除用实物单位统计外,还应折换成标准煤加以统计,才能统一。

2. 单位工作量消费量

农业机械化的作业项目很多,如农田作业中的耕、耙、播、收等,林业中的采伐、运输、加工等作业,都可根据每班(8 或 10 h)所耗油(或煤、电)量统计出该项作业按面积(亩、公顷)、工时或加工量所耗能量(千克、吨),如耕地每亩耗油多少千克,运货每吨千米耗油多少千克,脱粒每吨小麦耗油多少千克等。

对不同的作业,为统一计算,单位必须统一。在农业机械化作业中,曾提出“标准工作量”或“标准亩(公顷)”这一名词,原含义为用带小前铧五铧犁在 0.5 比阻的农田耕地 1 亩(或公顷)、耕深 20～22 cm 时所耗油量,其他作业如耕地、播种等则通过田间试验求出相应的折合系数,如圆盘耙及播种可为 0.3 或其他系数。用这系数乘以前述标准工作量(标准亩)所耗油量,即可得出某项作业的耗油当量。

3. 单位产品消费能源

任何农产品生产都要经过若干过程与工序才能获得所需半成品和成品(如稻

或米)。如农作物从耕到收,生产 1 t 粮、棉所需能量,也可再加入干燥、贮运、加工、包装、调制成食品等所耗能量,综合统计即可得单位产品所消费能量。但必须先有各作业单项才能统计。而能量单位应求统一,最好用热量(焦耳或千卡)标准单位计量。习惯上则以标准煤或石油当量为多。石油当量在欧美用每加仑石油或每吨石油热量计算。

4. 能源使用消费量及费用

能源在运输及保管过程中,都存在着不可避免的消耗和损失。如石油,有蒸发、漏泄、弄脏等损耗。添加油类时也有一定损耗;机车保养、维修、清洗时也将消耗一定油量。油的种类很多,必须在使用中分别计量记录。这样加上农机作业用燃油,才算完整计入。按此所得能源消费量较为正确,计算费用才有真正依据。当然,计算能源使用费用时,对油库投资折旧、运输费、管理费等都应计入,以资比较。

## 二、农业机械化能源利用效率分析

农业机械化能源利用效率是衡量能源在农业机械化利用的技术水平和经济性的一项综合性指标。通过对农业机械化能源利用率的分析,有助于改进农机企业的工艺和设备及农机作业工艺,挖掘节能的潜力,提高能量利用的经济效果。

农业机械化能源利用效率是指能源使用中被有效利用的程度,通常以 $\eta$ 表示,其计算公式为:

$$\eta=\frac{\text{有效利用能量}}{\text{供给能量}}\times 100\%=\left(1-\frac{\text{损失能量}}{\text{供给能量}}\right)\times 100\% \qquad (9-6)$$

对不同的对象,计算能源利用率的方法也不尽相同,通常有以下几种计算方法。

### (一)按产品能耗计算

在农业机械化生产各种产品的过程中,对主要的耗能产品,按其单位产品有效利用能量和综合供给能量加权平均,即可求得总的能源利用率 $\eta_t$,即:

$$\eta_t=\frac{\sum_{i=1}^{n}G_iE_{0i}}{\sum_{i=1}^{n}G_iE_i}\times 100\% \qquad (9-7)$$

式中:$G_i$ 为某项产品的产量;$E_{0i}$ 为该项产品的有效利用能量;$E_i$ 为该项产品的综

合供给能量(综合能耗量)。

上述综合能耗量包括两部分:一部分为直接能耗,即生产该种产品所直接消耗的能量;另一部分为间接能耗,它是生产该种产品所需的原料、材料及耗用的水及设备投资所折算的能耗。

**(二)按部门能耗计算**

将国家或地区所消耗的能源,按开发、运输、农用等几大部门,分别按技术资料及统计资料,计算各部门的有效利用能量和损失能量,求得部门的能量利用效率$\eta_d$,即

$$\eta_d=\frac{\text{某部门有效利用能量}}{\text{某部门有效利用能量}+\text{某部门损失能量}}\times 100\% \tag{9-8}$$

全国或地区的总能量利用效率 $\eta_t$ 则为:

$$\eta_t=\frac{\sum \text{某部门有效利用能量}}{\sum \text{某部门有效利用能量}+\sum \text{某部门损失能量}}\times 100\% \tag{9-9}$$

**(三)按能量用途计算**

国民经济各部门使用的能源,除了少数作为原料外,绝大部分是作为燃料使用。其中一类是直接转化为动力,如柴油发动机;另一类转换为其他形式能量,如使用烘干机转换成热能。因此,可按用途不同分类计算各种用途的 $\eta_p$,即:

$$\eta_p=\frac{\text{某用途的有效利用能量}}{\text{某用途的有效利用能量}+\text{某用途的能量损失}}\times 100\% \tag{9-10}$$

各种用途总的能量利用率 $\eta_t$ 为:

$$\eta_t=\frac{\sum \text{某用途的有效利用能量}}{\sum \text{某用途的有效利用能量}+\sum \text{某用途的能量损失}}\times 100\% \tag{9-11}$$

**(四)按能量开发过程计算**

把能源从开采、加工、转换、运输、贮存到最终使用分为若干个过程,分别计算出每个过程的能源利用率 $\eta_f$,然后相乘求得总的能源利用率,即

$$\eta_t=\prod_{f=1}^{n}\eta_f \tag{9-12}$$

**(五)农业机械化能源消费系数**

除了用上述能源利用效率来衡量能量利用的技术水平和经济性外,通常还用

所谓"能源消费系数"来评价能源利用的优劣。能源消费系数是指某一年或某一时期，为实现第一产业 GDP 平均消耗的能源量，其表达式为

$$能源消费系数=\frac{E}{M} \tag{9-13}$$

式中：$E$ 为能源消费量，kg 标准煤；$M$ 为同期第一产业 GDP 总值，元或美元(与国外比较)。

由此可见，能源消费系数是一个从整个社会经济效益去考察能源有效利用的指标。

## 三、农业机械化节能潜力分析

在经济结构、生产布局及资源等因素均不改变的情况下，依靠改进技术装备和提高技术管理水平，可以进一步挖掘能源开采、加工、输送、转换、使用等过程中的节能潜力。节能潜力可以用节能量予以评估，考虑到能源消费量和所需要的有效能量随经济发展而增长，将节能量 $\Delta E$ 定义为

$$\Delta E=\frac{\eta_1 E_1}{\eta_0}-E_1=E_1\left(\frac{\eta_1}{\eta_0}-1\right) \tag{9-14}$$

式中：$\eta_0$ 为基准年的能源有效利用率；$E_1$ 为对比年的能源消耗；$\eta_1$ 为对比年的能源有效利用率。

即节能量 $\Delta E$ 是对比年的有效能量 $\eta_1 E_1$ 按基准年效率折算后的能源量 $\eta_1 E_1/\eta_0$ 与对比年的实际能源投入量 $E_1$ 之差。

由于 $E_1=E_0+\Delta E'$，所以式(9-14)可以写为

$$\Delta E=(E_0+\Delta E')\left(\frac{\eta_1}{\eta_0}-1\right) \tag{9-15}$$

式中：$E_0$ 为基准年的能源消耗；$\Delta E'$为能源消费增量。

若基准年到对比年的计算期为 $n$ 年，每一年的节能量为 $\Delta E_i$，则 $n$ 年节约的总节能量为

$$\Delta E_t=\sum_{i=1}^{n}\Delta E_i \tag{9-16}$$

广义上讲，节能就是要挖掘节能潜力，降低能源消费系数，使实现同样的国民经济产值 $M$ 所消耗的能源量 $E$ 减至最少。节能可以从以下几个方面着手：

(1)技术节能。提高用能设备的能源利用效率，直接减小能耗和 $E/M$ 值。

(2)工艺节能。调整工艺，降低某产品的有效能耗。

(3)结构节能。调整农业结构和产品构成，发展耗能少的产业，以降低 $E/M$ 值。

(4)管理节能。通过科学的组织管理，减少能源与材料消耗，提高产品质量。

其中，技术节能和工艺节能统称为直接节能，结构节能和管理节能统称为间接节能。据初步估计，我国节能潜力中，直接节能潜力占 1/3，间接节能潜力占 2/3。

## 第四节 能源利用及典型地区机械化生产能源预测

### 一、典型地区机械化生产能源预测

《中共中央关于制定国民经济和社会发展第十一个五年规划的建议》(以下简称"十一五"规划，"十五"规划和"十二五规划"与此类似)明确了能耗定量发展目标，即单位国内生产总值能源消耗比"十五"期末降低 20%左右。"十二五"规划继续对节能降耗提出要求。

#### (一)美国燃油消耗情况

据统计，与国外农业机械相比，目前我国农业机械的耗油量比国外平均高 30%左右。与美国相比，2009 年我国农机作业柴油消耗量为3 408.61万 t，其中仅农田作业柴油消耗量(不包括农用运输和渔业消耗量)占全国柴油消耗量总量比例就达到 17.87%。而美国近几年农机作业耗油占全部耗油的比重均未超过 0.3%，2007 年该数字为 0.24%，2008 年有所上升，但也仅为 0.28%，这与其燃油利用效率高有直接关系。

表 9-6 所示燃油消耗量是美国爱荷华(Iowa)州田间作业实际所需的燃油消耗量(不包括机具准备及往返田间所需的耗油量)。燃油消耗量在不同的作业条件下差别很大，不同的拖拉机和土壤种类的燃油消耗量差异也很大。1990 年前生产的或是维修保养不好的老旧拖拉机，其耗油量会比表中所列数据高 10%左右。耕翻机械的耗油量是根据美国爱荷华州土壤测量的，测量时的作业标准为翻耕 17.78 cm，其他耕作机械耕 7.62～15.24 cm，耕作和撒药时速 8.05 km/h，牧草收割时速 6.44～8.05 km/h，玉米和大豆收获时速 6.44 km/h。对于按行种植的作物，测量时其行距为 76.2 cm。所有测量值都是基于机具充分应用、拖拉机滑移率低于 15%的情况。

表 9-6　美国爱荷华州农田作业柴油消耗量

kg

| 农田作业项目 | 每亩耗油量 | 农田作业项目 | 每亩耗油量 |
| --- | --- | --- | --- |
| 施肥 | | 收获 | |
| 喷洒干肥料 | 0.48 | 割草机作业 | 0.96 |
| 喷氨肥 | 1.76 | 带传动轴割草机作业 | 1.76 |
| 耕种 | | 耙子耙草 | 0.80 |
| 粉碎玉米秆 | 1.44 | 打捆机打捆 | 1.28 |
| 串联圆盘耕作,犁过的地面 | 2.09 | 牧草鼓风机作业 | |
| 串联圆盘耕作,耕过的地面 | 1.76 | 绿色牧草 | 0.96 |
| 串联圆盘耕作,玉米秸秆地面 | 1.44 | 青贮饲料 | 0.80 |
| 土地耕种,犁过的地面 | 2.25 | 玉米青贮 | 4.02 |
| 土地耕种,耕过的地面 | 2.09 | 高水分玉米穗青贮 | 1.28 |
| 苗床调节器作业 | 2.89 | 联合收割机收大豆 | 3.21 |
| 种植(76.2 cm 行距) | | 联合收割机收玉米 | 4.66 |
| 播种(耕过的种床) | 1.28 | 搬运 | |
| 加施肥和除草装置的播种 | 1.76 | 绿色牧草 | 0.96 |
| 机播种(耕过的种床) | | 青贮饲料 | 0.64 |
| 播种机(带耕地)作业 | 1.76 | 玉米青贮 | 4.02 |
| 播种机(不带耕地)作业 | 1.44 | 玉米果实 | 0.64 |
| 谷物条播机作业 | 0.96 | 大豆 | 0.25 |
| 撒播机作业 | 0.48 | 搬运(碎石路) | |
| 风钻作业 | 2.25 | 绿色牧草 | 0.48 |
| 杂草控制 | | 青贮饲料 | 0.64 |
| 喷雾器喷雾 | 0.32 | 玉米果实 | 0.48 |
| 旋转锄作业 | 0.64 | 大豆 | 0.16 |
| 耕田机作业 | 1.28 | | |

数据来源:Fuel Required for Field Operations. Iowa State University of Science and Technology, Ames, Iowa. 2001.

美国农业生产已经实现了全面机械化。其户均耕地面积大,熟制以一年一熟为主,平均配套动力仅为 1.05 kW/hm²。对于某特定品牌的拖拉机年均燃油消耗量,可用从内布拉斯加州的拖拉机试验数据做出的模型近似得出,公式如下:

$$Q_{avg}=0.305\times P_{pto} \tag{9-17}$$

其中:$Q_{avg}$ 为平均汽油消耗量,L/h;$P_{pto}$ 为最大动力输出功率,kW。

由以上公式可以推出,若一辆 50 马力的拖拉机配套旋耕机,作业效率为0.33~

0.87 $hm^2/h$,则每公顷作业油耗为10.8～28.5 kg(即每亩油耗为0.72～1.9 kg)。

根据江苏省的调研数据可知,50马力的拖拉机配套旋耕机,每亩油耗为1.5～3 L,按燃油密度0.85 kg/L计算,则每亩油耗为1.28～2.55 kg。可以看出,国内农机作业耗油水平明显高于国外,当然这与我国田块面积小,特别是南方水田耕地面积小有关系。

由上所述,发达国家农机作业方面节油效果比较明显,我国农业机械燃油消耗利用效率低,节油空间很大。我国农业发展全程机械化的过程中,可以借鉴发达国家经验,实现节油降耗的目的。通过分析可知,发达国家农业机械化生产节油的主要经验有:①适度规模经营,合理配备动力;②合理实施保护性耕作;③统一作业标准,加强农机农艺结合;④配套政策扶持;⑤积极开展节油技术研究,提高机具燃油效率。

**(二)预测实例**

东北三省地域广袤、地势平坦,适合大规模农机作业,具有与美国农业生产相近的地理、气候和生产资源条件。从表9-7可以看出,2009年我国东北三省万元农业机械作业收入能耗为1.383 t/万元。农机作业燃油由汽油与柴油组成,按不同能源折算成标准煤来计算,即每千克汽油折算为1.471 7 kg标准煤,每千克柴油折算为1.457 1 kg标准煤。2009年我国农机作业油耗中柴油占98.69%,汽油仅占1.31%,折算后当年我国万元农业机械作业收入能耗约为2.015 4 t标准煤,远高于"十一五"规划提出的2010年我国万元GDP能耗水平比2005年下降20%(即2010年每万元GDP能耗为0.98 t标准煤[1])的目标。

**表9-7 1998—2009年我国东北三省农机作业能耗状况表**

| 项目 | 省份 | 年份 | | | | | | | | | | | |
|---|---|---|---|---|---|---|---|---|---|---|---|---|---|
| | | 1998 | 1999 | 2000 | 2001 | 2002 | 2003 | 2004 | 2005 | 2006 | 2007 | 2008 | 2009 |
| 农机作业油耗/万t | 辽宁省 | 57.03 | 59.12 | 65.62 | 65.83 | 70.40 | 74.31 | 73.15 | 88.66 | 87.00 | 87.09 | 87.28 | 87.44 |
| | 吉林省 | 36.00 | 71.60 | 70.10 | 86.99 | 75.55 | 82.60 | 83.50 | 92.00 | 102.00 | 128.00 | 118.61 | 125.11 |
| | 黑龙江 | 78.40 | 87.30 | 97.48 | 77.60 | 77.68 | 81.16 | 89.27 | 126.79 | 138.29 | 148.37 | 167.90 | 183.4 |
| | 总计 | 171.43 | 218.02 | 233.20 | 230.42 | 223.63 | 238.07 | 245.92 | 307.45 | 327.29 | 363.46 | 373.79 | 395.95 |
| 农机作业收入/亿元 | 辽宁省 | 41.59 | 44.35 | 47.18 | 47.39 | 49.36 | 50.28 | 51.88 | 62.78 | 58.73 | 61.55 | 72.80 | 76.7 |
| | 吉林省 | 45.74 | 48.43 | 48.90 | 50.73 | 52.02 | 58.69 | 57.71 | 59.84 | 62.90 | 66.46 | 82.88 | 96.77 |
| | 黑龙江 | 58.99 | 55.92 | 52.77 | 52.88 | 53.33 | 54.54 | 56.41 | 78.90 | 78.99 | 82.09 | 101.46 | 112.91 |
| | 总计 | 146.32 | 148.71 | 148.84 | 151.00 | 154.71 | 163.51 | 166.00 | 201.51 | 200.62 | 210.10 | 257.14 | 286.38 |
| 万元农业机械作业收入能耗/(t/万元) | | 1.172 | 1.466 | 1.567 | 1.526 | 1.445 | 1.456 | 1.481 | 1.526 | 1.631 | 1.730 | 1.454 | 1.383 |

数据来源:农业部农业机械化管理司.1998—2009年《全国农业机械化统计年报》。

---

① 《中华人民共和国国民经济和社会发展第十一个五年规划纲要》.2006。

2009年，辽宁、吉林、黑龙江耕种收综合机械化水平分别达到58.98%、56.97%、89.95%，地区综合机械化水平在全国处于较高水平。现特以我国农业机械化统计年报1998—2009年我国东北三省万元农机作业收入能耗(t/万元)为时间序列数据，建立 $GM(1,1)$ 模型，进而对2020年该地区的农机作业能耗进行预测。

根据灰色 $GM(1,1)$ 模型(见第三章第四节)可求得模型参数向量

$$\hat{a}=\begin{bmatrix}a\\u\end{bmatrix}=\begin{bmatrix}-0.001\,105\\1.504\,515\end{bmatrix}$$

即 $a=-0.001\,105$；$u=1.504\,515$。

由 $\frac{\mathrm{d}X^{(1)}(t)}{\mathrm{d}t}+aX^{(1)}(t)=u$ 求得的农机产出能耗 $GM(1,1)$ 灰色预测模型：

$$\begin{aligned}\hat{X}^{(1)}(k+1)&=\left[X^{(0)}(1)-\frac{u}{a}\right]\mathrm{e}^{-ak}+\frac{u}{a}\\&=1\,362.534\,754\mathrm{e}^{0.001\,105k}-1\,361.362\,754\end{aligned}$$

由 $\hat{X}^{(0)}(k)=\hat{X}^{(1)}(k)-\hat{X}^{(1)}(k-1)$ 便可得到预测数列，其拟合值、预测误差见表9-8。

**表9-8　万元农机作业收入能耗 $GM(1,1)$ 模型误差**

| 年份 | 实际值 | 拟合值 | 残差 | 相对误差/% |
|---|---|---|---|---|
| 1998 | 1.172 | 1.172 | 0.000 | 0.000 |
| 1999 | 1.466 | 1.507 | 0.041 | 2.772 |
| 2000 | 1.567 | 1.508 | −0.059 | −3.745 |
| 2001 | 1.526 | 1.510 | −0.016 | −1.050 |
| 2002 | 1.445 | 1.512 | 0.067 | 4.612 |
| 2003 | 1.456 | 1.513 | 0.057 | 3.937 |
| 2004 | 1.481 | 1.515 | 0.034 | 2.295 |
| 2005 | 1.526 | 1.517 | −0.009 | −0.612 |
| 2006 | 1.631 | 1.518 | −0.113 | −6.907 |
| 2007 | 1.730 | 1.520 | −0.210 | −12.137 |
| 2008 | 1.454 | 1.522 | 0.068 | 4.656 |
| 2009 | 1.383 | 1.523 | 0.140 | 10.151 |

下面进行模型精度检验。从残差的相对误差来看，平均相对误差为4.40%，预测精度达到81.2%。从后验差 $C=S_2/S_1=0.61$，其中 $S_2$ 为预测残差的标准差，$S_1$ 为实际数据的标准差。根据灰色系统理论评定预测精度的要求，预测精度等级为3级，等级高于4级可通过标准，因而我国农机产出能耗的动态变化趋势可以用该模型进行预测。预测结果见表9-9。

**表9-9 万元农机作业收入能耗 *GM*(1,1)模型预测值**

| 年份 | 预测值/(t/万元) | 年份 | 预测值/(t/万元) |
|---|---|---|---|
| 2010 | 1.525 | 2012 | 1.530 |
| 2011 | 1.526 | 2014 | 1.532 |
| 2012 | 1.528 | 2015 | 1.533 |

从表9-9的预测结果可知，以常规的不合理的农机作业能耗发展下去，2010年万元农机作业收入消耗的燃油量为1.525 t，换算成标准煤为2.222～2.244 t标准煤，远高于“十一五”规划提出的2010年万元GDP能耗水平降到0.98 t标准煤(2005年的价格水平)的要求。到2015年，每万元农机作业收入消耗的燃油量将为1.533 t，而换算成标准煤为2.256～2.234 t标准煤，更是高于这一标准，不符合国家大力促进资源节约、环境友好和节能减排的要求。

## 二、提升能源利用效率所产生的节油降耗潜力预测

根据2009年中国农业大学承担的“典型区域粮食作物生产全程机械化油耗现状及机具配置优化研究”课题结果，在我国农用燃油消耗总量中，农机田间作业燃油消耗约占36%，而其中耕、种、收3个环节又占农机田间作业燃油消耗的80%，即耕、种、收环节的燃油消耗占我国农用燃油消耗总量的28.8%。按这一比例，运用回归分析，以我国耕种收综合机械化水平与耕种收环节作业油耗的关系为例进行简单分析，见表9-10。

观察油耗与水平之间的曲线关系，可近似认为它们之间呈线性关系(图9-1)，这里采用第三章预测部分介绍的一元线性回归处理。设耕种收环节油耗量为 $Y$，耕种收综合机械化水平为解释变量 $X$。通过计算可得一元线性回归方程 $\hat{Y}=-222.79+28.7X$。

假定影响耕种收环节油耗量的其他因子不变，按此方程简单估算，当耕种收综合机械化水平达到70%时，耕种收作业油耗量为1 786.21万 t，而当水平达到90%时，油耗量将达到2 360.21万 t，此一项的油耗量就十分惊人。

**表 9-10　我国耕种收综合机械化水平与耕种收环节作业油耗分析**

| 年份 | 农用燃油消耗总量/万 t | 耕种收环节油耗量/万 t(Y) | 耕种收综合机械化水平/%(X) | 年份 | 农用燃油消耗总量/万 t | 耕种收环节油耗量/万 t(Y) | 耕种收综合机械化水平/%(X) |
|---|---|---|---|---|---|---|---|
| 1995 | 1 497.83 | 431.38 | 25.90 | 2003 | 2 944.70 | 848.07 | 32.13 |
| 1996 | 1 561.03 | 449.58 | 29.43 | 2004 | 3 335.40 | 960.60 | 35.17 |
| 1997 | 1 760.52 | 507.03 | 27.95 | 2005 | 3 454.39 | 994.86 | 39.29 |
| 1998 | 2 074.36 | 597.42 | 30.39 | 2006 | 3 630.56 | 1 045.60 | 35.93 |
| 1999 | 2 045.89 | 589.22 | 31.61 | 2007 | 3 688.96 | 1 062.42 | 42.47 |
| 2000 | 2 237.37 | 644.36 | 32.30 | 2008 | 3 401.23 | 979.55 | 45.85 |
| 2001 | 2 434.25 | 701.06 | 32.18 | 2009 | 3 574.51 | 1 029.46 | 49.13 |
| 2002 | 2 797.72 | 805.74 | 32.46 | | | | |

数据来源：农业部农业机械化管理司。1995—2009 年《全国农业机械化统计年报》。

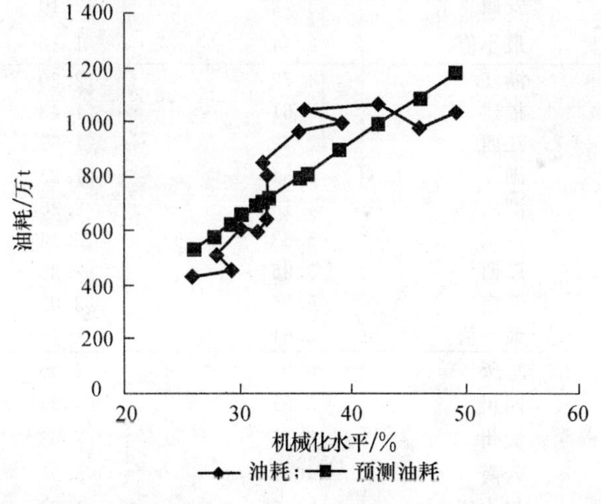


**图 9-1　耕种收综合机械化水平与耕种收作业油耗关系图**

按种植结构、地形地貌、机械化水平可将全国分为东北地区、华北平原区、长江下游平原、南方低缓丘陵稻区、西南丘陵山区、黄土高原及西北地区等 6 大区域，各区域耕、种、收 3 个环节单位作业面积燃油消耗见表 9-11。

由表 9-11 可以看出，我国各区域间和区域内部各环节单位作业面积燃油消耗差距较大，若每个省各环节都实现以各自所在区域最小单位作业面积燃油消耗标准进行作业，则存在较大的节油空间，按照 2009 年各省的实际作业面积计算，具体数据参见表 9-12。

表 9-11 2009 年各区域耕、种、收环节农机作业油耗量 kg/亩

| 区域 | | 机械耕作 | 机械播种 | 机械收获 |
|---|---|---|---|---|
| 东北地区 | 辽宁 | 3.46 | 1.60 | 3.76 |
| | 吉林 | 2.09 | 1.43 | 1.28 |
| | 黑龙江 | 3.80 | 1.07 | 3.17 |
| | 内蒙古 | 2.12 | 1.20 | 1.30 |
| | 最小值 | 2.09 | 1.07 | 1.28 |
| 华北平原区 | 北京 | 7.24 | 1.58 | 3.66 |
| | 天津 | 4.98 | 2.45 | 4.69 |
| | 河北 | 3.41 | 2.13 | 4.12 |
| | 山东 | 4.15 | 2.05 | 4.08 |
| | 河南 | 3.93 | 1.62 | 3.84 |
| | 最小值 | 3.41 | 1.58 | 3.66 |
| 长江下游平原区 | 上海 | 2.44 | 1.10 | 2.94 |
| | 江苏 | 6.61 | 1.14 | 3.67 |
| | 安徽 | 3.72 | 2.10 | 2.23 |
| | 最小值 | 2.44 | 1.10 | 2.23 |
| 南方低缓丘陵稻区 | 浙江 | 4.72 | 2.30 | 5.07 |
| | 福建 | 2.61 | 1.43 | 3.07 |
| | 江西 | 2.72 | 1.52 | 3.06 |
| | 湖北 | 3.84 | 1.25 | 3.03 |
| | 湖南 | 4.15 | 2.25 | 5.63 |
| | 广东 | 5.53 | 6.14 | 4.76 |
| | 广西 | 3.96 | 2.38 | 6.52 |
| | 海南 | 6.25 | 3.02 | 4.81 |
| | 最小值 | 2.61 | 1.25 | 3.03 |
| 西南丘陵山区 | 重庆 | 5.98 | 4.68 | 3.57 |
| | 四川 | 5.51 | 1.24 | 3.26 |
| | 贵州 | 2.17 | 7.03 | 7.69 |
| | 云南 | 4.22 | 8.97 | 6.79 |
| | 最小值 | 2.17 | 1.24 | 3.26 |
| 黄土高原及西北地区 | 山西 | 2.77 | 2.03 | 3.70 |
| | 西藏 | 2.44 | 2.26 | 2.00 |
| | 陕西 | 3.01 | 1.64 | 2.67 |
| | 甘肃 | 7.45 | 4.69 | 3.58 |
| | 青海 | 6.04 | 5.61 | 3.25 |
| | 宁夏 | 4.94 | 2.33 | 3.37 |
| | 新疆 | 3.66 | 1.78 | 2.72 |
| | 最小值 | 2.44 | 1.64 | 2.00 |

数据来源：农业部农业机械化管理司编制的《2009 全国农业机械化统计年报》。因年报部分统计数据出现较大误差，其中江西、湖南的机械播种油耗，重庆、甘肃和青海的机械收获油耗采用 2009 年中国农业大学课题组调研数据。

表 9-12　2009 年各区域耕种收环节燃油节油潜力　%

| 区域 | 机械耕作环节 | 机械播种环节 | 机械收获环节 | 区域合计 |
|---|---|---|---|---|
| 全国合计 | 34.66 | 20.00 | 25.28 | 29.67 |
| 东北地区 | 33.29 | 11.46 | 52.71 | 33.23 |
| 华北平原 | 12.67 | 17.58 | 8.38 | 12.37 |
| 长江中下游平原区 | 50.43 | 32.56 | 23.96 | 41.25 |
| 南方低缓丘陵稻区 | 36.21 | 28.50 | 29.30 | 33.72 |
| 西南丘陵山区 | 56.69 | 46.09 | 19.10 | 50.79 |
| 黄土高原及西北地区 | 39.17 | 27.50 | 33.43 | 35.07 |

前文中假定耕种收环节油耗量所受的其他影响因子不变，运用一元线性回归方程 $\hat{Y}=-222.79+28.7X$ 可以得到，当水平达到 70%时，耕种收作业油耗量为1 786.21万 t，而当水平达到 90%时，油耗量将达到2 360.21万 t。假如能实现全国耕种收环节生产机械化节油 29.67%的目标，即比现在的燃油利用效率提高29.67%，那么当耕种收综合机械化水平达到 70%和 90%的时候，耕种收作业油耗量将降至1 256.24万 t 和1 659.94万 t，与其他影响因子不变时（即包括未提高燃油利用效率等）回归方程得出的1 786.21万 t 和2 360.21万 t 相比，提高燃油利用效率一项就可实现节油 529.97 万 t 和 700.27 万 t 的效果。若农机作业各环节，即农业运输、农田作业、农产品初加工、农田基本建设、农田排灌等环节的燃油利用效率都得到提高，节油降耗效果将更为显著。

## 习　题

9-1　解释下列名词术语：

①能量消费总量；②能源利用率、能源转换率；③能源消费系数；④节能量

9-2　机具配备的基本原则包括哪些？试述用线性规划进行机具优化配备的一般步骤。

9-3　简述农业机械化能源利用效率分析常用计算方法及具体公式含义。

# 第十章 农业机械化技术创新与价值工程

## 第一节 农业机械化技术创新

### 一、技术创新的基本概念

现代技术创新理论是在美籍奥地利经济学家约瑟夫·熊彼得[①]创新理论的基础上形成和发展起来的。自从熊彼得提出技术创新以后，世界各国的经济学家都对技术创新进行了深入研究，也从不同的角度对技术创新的概念提出了不同的看法。目前学术界比较认可的是：技术创新是企业家抓住市场潜在赢利机会，以获取商业利益为目的，重新组织生产条件和要素，建立起效能更强、效率更高和费用更低的生产经营系统，从而推出新的产品、新的生产（工艺）方法，开辟新的市场，获得新的原材料或半成品供给来源或建立企业新的组织，它是包括科技、组织、商业和金融等一系列活动的综合过程。从概念论述中可以看出：技术创新的主体是企业，技术创新是以技术变动和提高为前提的经济行为，技术创新是始于研究开发，终于市场实现的完整过程。

### 二、技术创新特点

技术创新是为了研究开发出适应社会发展规律的先进技术，以达到实现技术经济活动为目的，与一般生产经营等活动比较，有着明显的特征，主要表现在以下几个方面。

---

① 约瑟夫·熊彼得（Joseph Alois Schumpeter，1883.2.8—1950.1.8.），奥地利政治经济学家，主要著作有《经济发展理论》、《景气循环论》等。

**(一)创造性**

技术创新就是要抛开旧的、落后的技术,创造出先进的、适用的技术。从定义可知,技术创新所强调的是新技术的首要应用,它必然具有创造性。创造性是指创新所进行的活动与其他活动比较,具有突破性质的提高。也就是说,创新是一种创造性构思付诸实践的结果。创造性是技术创新的本质特征,也是技术创新与企业一般生产经营活动的根本区别。

**(二)风险性**

技术创新作为一种创造性的过程,受各个环节和多种因素的影响,从而使得创新结果带来较大的风险性。这种风险性首先是由于创新过程需要大量的投入,这种投入能否顺利地转化为成果,受到技术、环境等许多不确定因素影响;其次是因为竞争过程的信息不对称,企业在进行创新时,不可能完全了解其他企业的创新活动,所以投入大量资源开发的创新成果,很可能其他企业已经完成,这就使投入大量资金创造出的成果成为没有价值的成果。第三是创新计划本身是一项无法预测环境变化的决策,不可避免带有风险性。

技术创新的风险与创新技术的变动的强度大小有关,创新技术变动强度大,不确定性越高,风险也就越大,反之则较低。此外,在技术创新的不同阶段,风险也不同。通常情况下,在创新的开始阶段,不确定因素相对比较多,风险相对比较大,随着创新过程的展开,创新的不确定性逐渐减弱,直至创新在市场上获得实现,不确定性变为确定性。

风险性是技术创新的一个基本特性,因此进行技术创新活动要充分估计创新的风险程度,根据自身的条件采取适当的创新战略,通过创新提高产品的市场竞争力。

**(三)高投入性**

技术创新与一般的经济活动相比较,技术创新要投入更多的人力、物力、财力和时间。新技术的研究与开发、样机试制、中间试验、生产设备的添置与生产流程的重新组织或改进,以及试销活动,都是创新区别于一般生产经营的特殊活动,都需要投入大量的资金。现代技术的发展日益复杂,而且伴随着学科的相互交叉与渗透,所有这些因素都要求加大技术投入。因此,高投入是技术创新的一个显著特征。

**(四)高效益性**

由于技术创新具有高投入和高风险特征,这就必然同时应该具有高效益性。创新技术的应用造成了创新企业相对于竞争对手在技术上具有优势,形成在一定时期的技术垄断,从而可以获得垄断利润。企业之所以冒高风险,不惜以巨大投入从事技术创新，为的就是追求这种垄断利润。

## 三、技术创新战略

在激烈的市场竞争中，农机企业要想保持长盛不衰，必须进行不断的创新，但创新战略的选择失误所导致的创新也可能加快衰亡的过程。技术创新战略是一个团体或者组织在正确地分析自身的内部条件和外部环境的基础上所做出的技术创新总体目标部署，以及为实现创新目标而做出的谋划和根本对策。这里介绍的创新战略主要有自主创新战略、模仿创新战略、合作创新战略3种类型。

### (一)自主创新战略

自主创新战略是指以自主创新为基本目标的创新战略。自主创新是指企业通过自身的努力和探索产生技术突破，攻破技术难关，并在此基础上依靠自身能力推动创新的后续环节，完成技术商品化，获取商业利润，达到预期目标的创新活动。这也说明自主创新的核心技术来源于企业内部的技术突破，是企业依靠自身力量、通过独立研究开发活动而获得。这是自主创新的本质特点，也是自主创新战略与其他创新战略的本质区别，自主创新的许多优势及缺陷也都是由此决定的。自主创新对社会发展具有重要的作用，它本身具有许多优点：自主创新企业能在一定时间内形成对核心技术的垄断，在一定程度上左右行业或者产品技术发展方向。同时，通过自主创新生产出来的新产品在社会发展中具有无可比拟的优势，可以获得超额利润。率先生产出来的新产品对用户产生一种先入为主的影响，无形中提升了企业的品牌形象，增加了对企业的认可度，增加了企业的无形成本。但技术上，新技术的探索具有较高的复杂性，为了获得成功，企业必须投入巨大的资金用于技术研究与开发，并且研究与开发存在着巨大风险。在生产上，自主创新的企业很难招到现成的熟练技术工人，必须由企业投资进行技术培训，这也增加了自主创新的生产成本和质量控制风险。在市场营销上，自主创新的企业需要在市场开发、广告宣传、用户使用知识普及等方面投入大量的资金，打开销售渠道。这也增加了企业自主创新的生产成本和销售回报风险。目前我国农机制造业的自主创新能力还非常薄弱，大部分设计和制造技术依靠引进，具有自主知识产权的技术少，原创性的产品和技术更少。与发达国家相比，我国产业竞争能力的最大差距是缺乏创新能力、缺乏具有自主知识产权的核心技术，所以急需提高自主创新能力。农业机械化技术自主创新又分为原始创新、集成创新和引进消化吸收再创新3种模式。

1. 原始创新

农业机械化技术原始创新是指农业机械化技术上的重大突破，包括新方法、新工艺、新产品等的重大发明。农业机械化技术与农业生产特点、服务对象和技术进步有着密切的关系。我国农业生产自然条件复杂，作物品种繁多，区域种植农艺差异性大，农户经营规模小，对农业机械产品技术的适应性、可靠性、性价比、多样性等方面具有诸多要求，是农业机械化技术原始创新的强大源头。但目前，我国农业机械化技术原始创新能力非常薄弱，所以急需立足国情，进行农机与农艺的融合；依托国家级的专业研究中心，增强原始积累，聚集顶尖创新人才；建立有效的制度保障体系和营造良好的创新氛围。

2. 集成创新

集成创新是指选择具有极强技术关联性和产业带动性的重大战略领域，将已有技术、已有知识产权和部分创新技术，系统化地组合成一个新的创造性研发方案，并在此基础上实现技术集成、技术突破与创新。农业机械涉及农学、动物学、机械、电子、信息等多种学科，面向的是具有生物活性的动植物和复杂多变的工作环境，针对的是水、土、林、肥、药等资源环境要素。新型农业机械化技术产品的成功研发更多地需要集成多学科、多领域的技术创新。同时，农业机械化技术向全程化、电气化、自动化、信息化、智能化方向发展，更需要集成创新模式来实现装备技术升级换代。

3. 引进消化吸收再创新

引进消化吸收再创新是指在引进国外先进技术基础上，学习、分析、借鉴、掌握引进技术和产品的原理、工艺流程、设计方法等关键环节，进而根据市场需要，通过对工艺流程、设计方法等的改造，或者独立研发新工艺、新技术，为既有技术开发出更大市场潜力，最终形成自主知识产权，产品最终在市场中获得认可。农业机械企业由大变强的第一步，可以选择走消化、吸收大型跨国集团成熟产品技术，吸收、消化其适应性技术的路子，研发、制造出符合我国现有工艺条件的高科技农业机械产品。在此基础上，实现产品升级，通过与国外大型企业的合作，引进先进的农业机械，逐步完成农业机械产品由低端向高端的过渡，然后通过国外先进技术的消化、吸收、创新，掌握核心研发、工艺、制造、生产技术，加速国产化进程，逐步走向自主研制高技术产品的发展道路。

**(二)模仿创新战略**

模仿创新是指在率先创新的带动影响和利益驱动下，通过学习率先创新思路和创新行为，通过吸收、消化率先创新产品的核心技术，并在此基础上经过进一步开发，获得经济利益的活动。模仿创新的最重要的特点在于向多个率先者学习，可以吸收与继承率先者创新的成果，具有模仿跟随的特点。模仿创新并不是单纯的模仿，而应属于渐进性创新行为，相对于自主创新，模仿创新不需要承担技术探索的风险和负担探索失败的损失，它只需要冷静地观察自主创新者的创新行为，向多个技术先驱者学习，选择成功的创新行为，进行模仿改进。这就决定了模仿创新的产品具有低成本和低风险的优点，以及充分地考虑到市场的需要，模仿创新的产品具有较强的竞争力，并且很有可能后来居上，在市场上受到青睐，给企业带来丰厚的利润回报。但被动性是模仿创新战略的主要缺点，这主要是因为模仿创新者并不进行技术研究的广泛探索和前期投资，只是做先进技术的跟进者。因此，在技术方面只能被动适应，在技术积累方面难以做到长远规划。目前我国大部分农机企业技术主要依靠模仿和引进，但很多都是单纯模仿，缺乏创新。

(三)合作创新战略

合作创新是指企业间或企业、科研机构、高等院校之间的联合创新行为。合作创新通常是以共赢为目标，以共同利益为基础，以资源共享或优势互补为前提，通过明确的合作目标、合作期限和合作规则，合作各方在技术创新的全过程或某些环节共同投入，共同参与，共享成果，共担风险。合作创新可以实现各个合作机构资源共享，优势互补，充分发挥各自的优势。合作创新可以缩短收集资料和信息的时间，优化创新资源组合，缩短创新过程所需要的时间，合作创新可以通过合作各方技术经验的交流，集中各方面的智慧，减少创新过程中因判断失误所造成的时间损失和资源浪费，从而加快创新周期，增强竞争能力。合作创新可以把整个创新的成本和风险分摊到各个合作机构。合作创新同样也存在一定的缺点：合作创新需要把各个合作机构协调成一个整体，如果管理不善，合作的各个机构存在一定的分歧，就会造成合作的失败，最终影响创新的效果，从而浪费一定的财力和物力。现阶段，我国农机企业的规模扩张程度及资金筹措能力有限，仅依赖企业自身的研发活动很难使技术创新跟上发展步伐。相对而言，农机科研机构和高校创新实力较强，拥有一批亟待开发或产业化的技术项目，因物质条件不足被束之高阁。因此，促进科研机构(大学)同企业之间的合作，实现二者的有机结合，有助于盘活这部分存量，而且其较低的运行成本可以帮助企业回避技术创新资金投入量方面的门槛限制，提高创新资源配置效率。目前，我国产学研合作大多采取一事一议的松散型合作方式，缺少长效激励约束机制，国家应该建立引导产学研合作创新的长效激励机制——选择农业机械化重点创新领域，通过政府长期稳定的项目支持和经费投入做引导，鼓励相关重点骨干企业和相关领域技术优势的高校和科研院所合作创办多元投资主体的创新实体，建立长期合作创新和长效激励约束机制。同时，也要鼓励企业间的合作创新，主要包括国内企业间的合作创新、大企业带动小企业联合技术创新、国际间技术合作等。

## 四、农业机械化技术创新过程

农业机械化技术创新是一个从新的设想产生到普遍推广应用的完整过程，包括新思想的产生、研究、开发、商业化生产到扩散这样一系列的活动。从理论的角度来看，又可划分为8个相对独立的组成部分：科技储备、科学研究、技术产生、技术试验、技术适应、技术一体化、技术传播和技术扩散与采纳。

(1)科技储备。农业机械化科技知识储备包括农业机械化相关的科学知识和技术，同时还要对农业机械化的发展历史、发展趋势、支持政策等有全面的了解。

(2)科学研究。科学研究是通过对现实世界的探索，寻求尽可能多的新知识的过程。一般来说，新知识只有转化为实用的技术，对农民才是有价值的。一般情况下，农民不能利用知识形态的科学，他们需要的是具体的技术。但科学的发展是技术产生和形成的基本前提，不能忽视。

(3)技术产生。它是指把科学知识、技术甚至民间工艺都融合在一起而形成符合某项可利用的功能或用途的一种形式。具体如保护性耕作技术、化肥深施技术等。技术的产生使得新知识可以被利用。严格意义上来说，科学研究与技术产生虽然存在概念上的区别，但在实际运用中，两者又是融合在一起的，它们都能够利用知识的创造力及科学的方法促进农业机械化的发展。

(4)技术试验。主要指技术的运行从它最初发生的条件下，转向在其他条件下测定它的性能。最终一些新技术都必须进行田间试验，即农业机械化新技术要在农业生产体系中进行技术试验。

(5)技术适应。主要包含两方面的功能。首先技术适应是指一项新技术被很好地调整到适应农业生产体系的过程。在农业生产体系里，它被用来测定新技术在不同条件下的性能如何。其次，新技术必须在大田进行试验，即通常所说的中试。新技术的应用必须要经过大面积的和不可控条件的试验来检验其对自然条件的适应性，否则农业机械化技术创新很容易造成中途失败。

(6)技术一体化。技术一体化是指使一项新技术适合于现行的农业生产体系，并融汇于其中。它有3个方面的含义：一是它与生产系统有直接联系。通过对相关问题的研究及对农民的技术培训，可以大大促进技术与生产的一体化进程。二是与农业生产要素市场、农产品市场融为一体。通常在某一农产品生产过程中包含着许多农业技术的投入。如果其他农业生产要素的投入质量差，比如农作物种子质量低劣，那么，无论使用的农业机械化技术有什么价值，都不能产生很好的效果。所以技术一体化必须保证投入要素的质量。就产出方面而言，如果产品没有充分的市场，农民就不可能使技术与他们的生产体系相结合。三是与国家政策相结合。国家政策通常是通过要素市场和产品市场来实施的，并且要求农民必须遵守一些规范的条件。农民需要合理地运用这些国家政策，从而使新技术的运用能达到最好的经济效果。

(7)技术传播。技术传播主要包括向农民提供新技术信息和帮助他们解决如何使新技术适用于他们的农业生产体系这两方面。示范推广是一种有效的传播方式之一。我国大部分农民都相信经验和眼见为实，他们只有经过把一项技术措施运用于自己的农业生产体系之后，或者是目睹了这项技术措施已在与他们相似的农业生产体系中运用时，他们才会接受和采纳这项技术措施。所以，示范推广能有效促进创新过程。

(8)技术扩散与采纳。一般情况下，农民自身可以通过他们的亲族关系和其他社会体系建立起一股强大的力量来促进或阻止技术扩散行为。同时，农民自身也是一个重要的技术创新主体，农民创新行为的原动力在没有得到研究与推广人员的帮助时，就已经对许多技术扩散产生了影响。因此，农业机械化技术推广机构可以鼓励和激发农民的创新行为，这有助于技术扩散和采纳。

## 五、农业机械化技术创新影响因素

农业机械化技术创新包括从技术产生到技术普遍应用的全过程，它既受到技术供给、技术传播、技术需求与采纳各行为主体的利益取向影响，又受农业科技、教育、文化、体制等政策环境制约，还受金融信贷、物资供应、社会化服务等社会条件支配。农业机械化技术创新过程实际上就是这些内部因素和外部条件相互作用而产生的过程。因此，影响农业机械化技术创新的因素之多，涉及面之广无法一一详述。但从我国农业和农村发展实际来看，农业机械化技术创新主要受如下几个重要因素影响。

### (一)创新利益

从行为上看，农业机械化技术创新是高层次的经济行为；从过程上看，它又是一种高投入、高产出的因果对应关系。这两方面决定了创新利益是引发农业机械化技术创新行为的重要因素。创新主体对技术创新利益追求的过程，就是技术创新利益的实现过程，创新利益的大小具有诱导和进一步激励技术创新主体从事技术创新的双重功能。当一项创新活动开始之前，对创新利益的预期会诱导创新主体的决策者是否选择这项创新；创新成功后，创新的利益会激励技术创新主体继续创新，同时也会诱导其他创新主体加入创新的行列。另外，农民对新技术的采纳也受到预期收益的影响。农业生产受自然因素影响较大，新技术的采纳具有一定的风险性，而我国农业保险等机制还不够完善，农民对采用新技术所产生的预期收益信心不足，这在一定程度上阻碍了我国农业机械化技术创新过程。

**（二）市场需求**

农业机械化科技创新的市场需求主要是针对农业机械化科技有效需求而言的。从市场经济规律看，农业机械化科技有效需求强弱决定着农业机械化技术创新行为的成功率。农业机械化科技有效需求不足，技术创新行为的成功率就低，反之技术创新行为的成功率就高。目前，从我国宏观经济发展需求来看，农业的基础地位在加强，包括农业机械化科技在内的农业科技在农业经济发展中日益受到重视。但较低的农民收入使农业机械化科技有效需求上升缺乏动力基础，比较利益偏低导致农业机械化有效需求缺乏合理的诱导机制，狭小的经营规模严重制约着农业机械化科技有效需求的强度。因此，这种农业机械化科技有效需求不足的现实将限制农业机械化技术创新行为产生较大的市场需求规模。

**（三）科研投入**

农业机械化技术创新行为产生的前提是有源源不断的科技成果出现，而科技成果形成需要一定的人力、物力和财力。我国长期以来实行农机低价格政策。计划经济时期，农机产品连续10次降价，为了支持农机企业的正常运行，国家采取许多优惠政策，不仅财政上给企业补贴，而且在材料价格上也给予优惠，紧缺材料优先供应。即使这样，企业也是在低利润或亏损状态下运行。在市场经济时期，很多优惠政策取消，而产品价格受到农民购买力的制约，不能大幅提高，所以相比于其他工业企业，农机企业的利润率较低，技术改造、设备更新等在很多企业难以施行。国外农机企业非常重视技术创新，研发费用对销售收入的比值为2%～5%，而我国农机企业多数低于1%，很多中小型企业根本不开展研发活动，采用跟随模仿战略。除了农机企业科研投入不足，政府对农业机械化科研开发特别是对共性技术、关键技术的研发投入和支持力度远不能满足农业发展对农业机械化科技的需要。政府和企业对农业机械化科研投入不足，制约了技术创新。所以，急需构建和完善以政府投入为引导、企业投入为主体、各种机构投资者共同参与的多元化资金投入体系。

**（四）技术推广**

农业机械化技术推广是促进技术创新形成的重要环节，其根本任务是向农业生产经营者提供先进适用的技术信息，使农业机械化科技尽快转化成现实生产力。技术推广主要是通过培训、宣传、示范、指导等渠道使新技术在短期内得到应用和扩散。可见，农业机械化技术推广对于技术创新的成败是一个关键因素，这主要是由于农业生产的自然属性和农业机械化科学技术的地域适宜性不同，决定了技术推广在农业机械化技术创新过程中起“催化剂”的作用。推广经费不足、推广人员缺乏将影响技术创新成果的转化。

**(五)金融信贷**

农村金融市场、农业信贷制度正如合作组织和土地占有制度一样，是农业机械化发展中的重要制度支撑。农业发展的一般规律表明，农业贷款需求的大量增加和农业信贷支持系统的出现，使由于生产力水平更高的生物、化学和机械新技术的投资能获得较高收益。所以，增加农业信贷能极大地促进农业机械化新技术的运用。目前，我国农村金融市场和农业信贷体系还远不能适应发展需要，需要很好地借鉴发达国家农业信贷系统的运作经验，结合我国农村实际来促进我国农业机械化技术创新和农业发展。

## 第二节 价值工程

### 一、价值工程的产生和发展

价值工程(value engineering，VE)又称价值分析(value analysis，VA)，是一门新兴的管理技术，是降低成本提高经济效益的有效方法。它于 20 世纪 40 年代起源于美国，其创始人是美国通用电气公司(General Electric，GE)负责采购工作的设计工程师、价值工程之父麦尔斯。

第二次世界大战期间美国军工生产极度膨胀，造成原材料供应不足，给民用生产带来极大困难。当时，通用电气公司需要的石棉板供应奇缺，价格剧涨。负责采购工作的设计工程师麦尔斯在一次采购过程中，把成本与功能联系起来分析采购石棉板的目的。经调查研究，发现在给公司产品上涂料时，涂料溶剂落在地面上容易引起火灾，消防法规定要铺石棉板防火，说明采购石棉板的目的是利用石棉板的防火功能，为此就寻找具备同样功能的其他材料。后来麦尔斯在市场上找到一种货源充足、价格也只有石棉板 1/4 的防火纸来替代石棉板，既能保证需要，又能降低成本。此举为通用电气公司节约了大量费用，但是违反了美国的消防法，这事件引起了社会舆论的广泛关注与讨论，最终导致了消防法的修改。通过此事麦尔斯发现人们使用某种材料的目的并不在于此种材料本身，而在于它所具有的功能，因此，可以使用具有相同功能而价格低廉的替代品取代原有价格昂贵的材料。从这一指导思想出发，麦尔斯提出了一套正规的分析方法。在该方法中，工作人员按小组审查该公司制造产品的功能，通过小组人员的创造性和创造技法来改革产品，降低产品成本而不影响其效用。这套方法就是价值分析。1961 年，麦尔斯在他的《价值分析和价值工程技术》一书中，把价值分析定义为“一种有组织的创造性方法，该方法的目的为有效地识别出不必要，即无助于质量、用途、寿命、外观或用户特殊要求等的成本”。之后，价值工程发展很快，从地域来看由美国迅速发展至欧亚各国；从应用领域来看，由硬件领域发展至非硬件领域，由产品开发设计发展到行政、培训、管理、系统和过程、冒险分析、预测、资源分配和销售等领域。

价值工程虽然起源于材料和代用品的研究，但这一原理很快就扩展到各个领域，有广泛的应用范围，大体可应用在两大方面：一是在工程建设和生产发展方面。大的可应用到对一项工程建设或者一项成套技术项目的分析，小的可以应用于企业生产的每一件产品、每一部件或每一台设备，在原材料采用方面也可应用此法进行分析，具体做法有工程价值分析、产品价值分析、技术价值分析、设备价值分析、原材料价值分析、工艺价值分析、零件价值分析和工序价值分析等。二是在组织经营管理方面。价值工程不仅是一种提高工程和产品价值的技术方法，而且是一项指导决策、有效管理的科学方法，体现了现代经营的思想。在工程施工和产品生产中的经营管理也可采用这种科学思想和科学技术。例如经营品种价值分析、施工方案价值分析、质量价值分析、产品价值分析、管理方法价值分析、作业组织价值分析等。

## 二、基本概念

### （一）价值工程

价值工程指的是通过集体智慧和有组织的活动对产品或服务进行功能分析，使目标以最低的寿命周期成本，可靠地实现产品或作业的必要功能，从而提高产品或作业的价值。

### （二）价值

价值工程主要是通过对选定研究对象的功能及费用分析，提高对象的价值。价值工程的理论基础是价值理论公式 $V=F/C$（$F$：function，功能系数；$C$：cost，成本系数；$V$：value，价值系数）。

提高价值的 5 种主要途径主要为：

(1)成本不变，功能提高（$F\uparrow/C\rightarrow=V\uparrow$）；

(2)功能不变，成本下降（$F\rightarrow/C\downarrow=V\uparrow$）；

(3)成本略有增加，功能大幅度提高（$F\uparrow$大$/C\uparrow$小$=V\uparrow$）；

(4)功能略有下降，成本大幅度下降（$F\downarrow$小$/C\downarrow$大$=V\uparrow$）；

(5)成本降低，功能提高（$F\uparrow/C\downarrow=V\uparrow$大）。

### （三）功能

功能是指产品或作业的性能或用途，即产品或作业所承担的职能，产品的功能实质上是指产品的使用价值。

**(四)寿命周期成本**

寿命周期成本是指产品或作业在寿命周期内所花费的全部费用。它不仅包括产品研制成本和生产后的储存、流通、销售的各种费用,还包括整个使用过程的费用。其表达式为:$C=C_1+C_2$($C_1$ 为设计制造费,$C_2$ 为使用费用)。

一般产品或作业的功能越高,制造成本也越高,但是用户在使用中所花费的使用成本会越少;产品或作业的功能越差,制造成本会越低,但是使用成本会越高。价值工程的目的,就是以最低的寿命周期成本,可靠地实现用户所要求的功能。即达到所需要的功能时,应满足寿命周期成本最小:

$$C_{\min}=\min(C_1+C_2) \tag{10-1}$$

## 三、价值工程的实施原则与步骤

**(一)价值工程的实施原则**

麦尔斯在长期实践过程中总结了一套开展价值工程的原则,用于指导价值工程的实施。这些原则是:

(1)分析问题要避免一般化、概念化,要作具体分析。

(2)收集一切可用的成本资料。

(3)使用最好、最可靠的情报。

(4)打破现有条条框框,进行创新和提高。

(5)发挥真正的独创性。

(6)找出障碍,克服障碍。

(7)充分利用有关专家,扩大专业知识面。

(8)对于重要的公差,要换算成加工费用来认真考虑。

(9)尽量采用专业化工厂的现成产品。

(10)利用和购买专业化工厂的生产技术。

(11)采用专门生产工艺。

(12)尽量采用标准。

(13)以"我是否这样花自己的钱"作为判断标准。

这 13 条原则中,第 1～5 条是属于思想方法和精神状态的要求,提出要实事求是,要有创新精神;第 6～12 条是组织方法和技术方法的要求,提出要重专家、重专业化、重标准化;第 13 条则提出了价值分析的判断标准。

按麦尔斯的观点开展价值工程的原则为:科学性、探索性、创造性、系统性、经济性、择优性、能级性、民主性。

**(二)价值工程的实施步骤**

现在价值工程已发展成为一门比较完善的管理技术，在实践中已形成了一套科学的实施程序。这套实施程序实际上是发现矛盾、分析矛盾和解决矛盾的过程，通常是围绕以下7个合乎逻辑程序的问题展开：①这是什么？②干什么用的？③成本多少？④价值多少？⑤有其他方法能实现这个功能吗？⑥新方案成本多少？功能如何？⑦新方案能满足要求吗？顺序回答和解决这7个问题的过程，就是价值工程的工作程序和步骤。即选定对象，收集情报资料，进行功能分析，提出改进方案，分析和评价方案，实施方案，评价活动成果。

**表10-1 价值工程的实施步骤**

| 问题的确定和解决 | VE构思的一般过程 | VE活动程序 | | | 输出 |
|---|---|---|---|---|---|
| | | 基本步骤 | 详细步骤 | 对应的问题 | 工作表格 |
| 确定问题 | 分析 | 功能定义 | ①确定对象<br>②收集情报 | 这是什么？ | 工作表格 |
| | | | ③功能定义<br>④功能整理 | 这是做什么用的？ | 工作表格 |
| | | 功能评价 | ⑤功能成本分析<br>⑥功能评价 | 它的成本是多少？<br>它的价值是多少？ | 工作表格 |
| 制定出解决问题的方法 | 综合 | 制定改进方案 | ⑦方案创造 | 有其他方法能实现这项功能吗？ | 工作表格 |
| | 评价 | | ⑧概略评价 | 新方案的成本是多少？<br>新方案能满足要求吗？ | 工作表格 |
| | | | ⑨方案具体化 | | 工作表格 |
| | | | ⑩仔细评价 | | 工作表格 |
| | | | ⑪试验研究 | | 工作表格 |
| | | | ⑫提案审批、实施 | | 工作表格 |
| | | | ⑬活动成果评价 | | 工作表格 |

由此可以总结出价值工程的4个中心内容：①正确选择是前提；②信息是基础；③功能分析是核心；④创造是关键。

下面介绍具体的实施步骤。

1. 选定价值工程对象

下面介绍几种常用的方法。

(1)经验分析法。经验分析法亦称因素分析法。它是一种定性分析的方法,即凭借开展价值工程活动人员的经验和智慧,根据对象选择应考虑的因素,通过定性分析选择对象的方法。

(2)百分比法。百分比法即按某种费用或某种资源在不同产品中所占的比重大小来选择价值工程对象的方法。

(3)ABC分析法。ABC分析法即重点分析法。这是一种运用数理统计分析原理,按照局部成本在总成本中比重的大小来选择价值工程对象的方法。一般说来,企业产品的成本往往集中在少数关键零(部)件上。

在选择对象产品或零件时,为了便于抓住重点,把产品(或零件)种类按成本大小顺序分为A、B、C三类。

成本占70%~80%、零部件种类数量占10%~15%的产品作为A类;

成本占10%~20%、零部件种类数量占15%~20%的产品作为B类;

成本占5%~10%、零部件种类数量占60%~80%的产品作为C类。

ABC分析法的具体做法如下:

①将被分析的零(部)件种类按成本大小依次排列填入表中,并按排列先后编出序号。

②根据零(部)件种类计算出累计数,求出占全部零(部)件总种类数的百分比。

③根据零(部)件成本求出其占总成本的百分比,并求出累计成本的百分比。

④根据零(部)件种类划分为A、B、C 3类。

(4)强制确定法。强制确定法(又称FD法)在价值工程的对象选择、功能评价和方案评价中都可以使用。在对象选择中,它的做法是:通过对每个零件的重要程度进行打分,用功能评价系数计量零件的价值,进而确定价值工程的对象。

用强制确定法选择对象时要求出3个系数,即零件功能系数(又叫功能重要性系数)、成本系数和价值系数。

①确定零件功能系数时,先把零件排列成矩阵,再按零件功能的重要程度一对一地比较,重要的得1分,不重要的得0分(这种方法通常叫做0-1法,还有0-4法,即功能重要的零件打4分,另一个相对不重要的得0分;功能比较重要的打3分,另一个功能比较次要的打1分;两个功能同样重要的零件各得2分);然后,把该零件的得分累计起来,除以全部零件的得分总数,其值即为该零件功能系数。

$$零件功能系数=某零件功能得分值/全部零件功能得分合计 \qquad (10-2)$$

功能系数定量地说明每一个零件在全部零件中的功能重要程度。

②确定零件成本系数,首先查各零件的目前成本,将各零件成本相加得出总成

本；然后，再将各零件成本除以总成本，即得出各零件的零件成本系数。即

$$零件成本系数=该零件目前成本/全部零件成本 \tag{10-3}$$

③各零件的零件功能系数和零件成本系数求出后，再求价值系数。

若价值系数等于1或接近1，意味着功能的重要性与成本比重相当，这种情况一般不作为价值工程对象。

价值系数小于1，意味着成本比重高，这种情况一般需要降低成本。

价值系数大于1，意味着功能过高或富裕，成本偏低，这种情况一般剔除过剩功能。会适当增加成本，以保障功能实现。

(5)最合适区域法。最合适区域法(也称田中法)是一种在价值系数法的基础上利用一个最合适区域来精选价值工程对象、选择价值工程改进对象的方法。最合适区域法在选择价值工程对象时，不仅仅考虑价值系数值大于1或小于1的情况，而且还要考察功能系数和成本系数绝对值的大小，从而对各对象加以区别对待。

在零部件价值系数相同的情况下，如果功能系数和成本系数的绝对值不同，那么它们对经济效果的影响也不同。所以不能简单地以价值系数来选择价值工程对象，还应考虑各对象的功能系数和成本系数，对两者较大的应作重点考虑，对两系数较小的对象可不作重点考虑或不考虑。

价值工程的对象是要考虑社会生产经营的需要及对象价值本身被提高的潜力。

2. 收集对象的相关情报

包括用户需求、销售市场、科学技术进步状况、经济分析及企业的实际能力等。价值分析中能够确定的方案多少及实施成果的大小与情报的准确程度、及时程度、全面程度紧密相关。

3. 进行功能分析

这是价值工程的核心阶段。在这一阶段要进行功能的定义、分类、整理、评价等。经过分析和评价，分析人员可以提出多种方案，从中筛选出最优方案加以实施。在决定实施方案后应该制定具体的实施计划、提出工作的内容、进度、质量、标准、责任等方面的内容，确保方案的实施质量。为了掌握价值工程实施的成果，还要组织成果评价。成果的鉴定一般以实施的经济效益、社会效益为主。作为一项技术经济的分析方法，价值工程做到了将技术与经济的紧密结合，此外，价值工程的独到之处还在于它注重提高产品的价值，注重研制阶段开展工作，并将功能分析作为自己独特的分析方法。

## 四、价值工程的核心内容

功能分析是价值工程的核心内容。它是对价值工程研究对象的功能进行系统分析,科学评价其重要性,通过功能和成本匹配关系定量计算对象价值大小,确定改进对象的过程。功能分析一般分为功能定义、功能整理、功能评价3个步骤。

### (一)功能定义

功能定义是将价值工程分析对象具备的功能用简洁的语言进行描述。在功能定义描述中,既要注意表达产品的有形特征外观、材质、质量等,又要注意产品的无形特征,以揭示产品的本质。

用户购买产品其实是购买产品所具有的功能,所以功能是连接生产与消费的本质性的东西。价值工程以功能分析为核心,站在用户的立场上,有利于开辟思路和创新。

依据功能的特性,可以将功能分为4类。

1. 使用功能与美学功能

这是从功能性质的角度进行分类。使用功能从功能的内涵上反映其使用属性,是一种动态功能;美学功能是从产品外观反映功能的艺术属性,是一种静态的外观功能。

2. 基本功能与辅助功能

这是从功能重要程度的角度进行分类。基本功能是产品的主要功能,对实现产品的使用目的起着最主要和必不可少的作用;辅助功能是次要功能,是为了实现基本功能而附加的功能。

3. 必要功能与不必要功能

这是从用户需求的角度进行分类。必要功能是用户要求的功能,使用功能、美学功能、基本功能、辅助功能等均为必要功能;不必要功能是不符合用户要求的功能,又包括3类:一是多余功能,二是重复功能,三是过剩功能。

4. 过剩功能与不足功能

这是相对于功能的标准而言,从定量角度对功能进行分类。过剩功能是指某些功能虽属必要,但满足需要有余,在数量上超过了用户要求或标准功能水平。不足功能是相对于过剩功能而言的,表现为产品整体功能或零部件功能水平在数值上低于标准功能水平,不能完全满足用户需要。

### (二)功能整理

功能整理是指在功能定义和功能分类的基础上,从系统的角度出发,按照一定的逻辑分析功能之间的相互关系,通过编制功能系统图,以掌握对象的必要功能,消除不必要的功能，把握价值改善的功能领域，明确改善对象的等级的整个过程。

产品组成越复杂，功能的数量越多，功能之间的联系也越复杂。所以从功能系统出发，才能真正把握产品的必要功能。

功能整理运用功能分析技术（FAST），即把功能按照“目的—手段”的关系加以系统化，编制功能系统图。其具体做法是：

（1）制作功能卡片。把功能定义一一写在卡片上。功能卡片的格式如图10-1所示。

| 功能 | |
|---|---|
| 零件名称： | 成本： |
| 功能卡片 | |
| | |

图10-1　功能卡片

（2）研究功能之间的关系，列出功能系统图。目的功能是上位功能，手段功能是下位功能。对于每个零件而言，可能对上位功能来说是手段，对下位功能来说是目的。

（3）列出功能系统图。功能系统图是功能整理的结果，对功能定义进行必要的修改，使功能系统化，既反映产品功能的全貌，又可反映各部分功能之间的关系，明确了功能级别，为从整体与局部功能关系角度改进设计方案提供了可靠依据。一般来说，对上位功能改进较难，但效果比下位功能显著。

功能系统图与成本联系起来，在功能评价之后就可以进行功能费用的分配。

通过功能定义与整理，打破以事物为中心的思想方法，以功能为中心，改革老产品、开发新产品。

**（三）功能评价**

通过功能分析与整理，明确必要功能后，价值工程的下一步工作就是功能评价。功能评价即评定功能的价值，是指找出实现功能的最低费用作为功能的目标成本（又称功能评价值），以功能目标成本为基准，通过与功能现实成本的比较，求出两者的比值（功能价值）和两者的差异值（改善期望值），然后选择功能价值低、改善期望值大的功能作为价值工程活动的重点对象。功能评价工作可以更准确选择价值工程研究对象，制定目标成本，有利于提高价值工程工作效率，增加工作人员的信心。

1. 功能评价过程

功能评价的过程如下：

（1）确定功能的现实成本。

（2）确定评价对象目标成本。指的是实现功能所需的最低成本。功能的目标成本是功能价值的衡量标准，若该值小于功能实现成本，则功能价值低；反之则高。

(3)计算功能价值系数。

(4)进行功能评价。

2. 功能评价方法

功能评价方法主要有经验估算法、功能重要性系数法、最合适区域法、理论价值标准法、实际价值标准法、逻辑判断法、实际统计值评价法等。下面介绍其中的几种。

(1)经验估算法。这种方法是由价值工程人员及一些邀请的有经验的技术人员、专家对实现某一功能的几个方案进行成本估算,取成本最低的为目标成本。在要求精度不高的情况下,这是一种简便有效的方法。

(2)理论价值标准法。有些功能成本可以根据物理学、材料力学和其他的工程计算方法进行计算,直接求出实现该功能的最低成本,进行功能评价。价值标准法比较科学可靠,应用简便,不需要评价的特殊技巧及熟练程度。但是该方法仅限于能够用物理学、材料力学等工程计算公式计算,而且用理论公式计算往往考虑不到实际情况,所以作为研究对象的现实目标成本还要进一步结合市场行情、企业状况、国家政策等综合考虑。

(3)实际价值标准法。是指广泛收集企业内外实现同样功能的已有产品资料,从中选择成本最低的产品作为价值标准。

实际价值标准法的实施步骤如下:

①广泛收集企业内外实现同样功能的已有产品资料,包括其功能、功能的实现程度、产品成本资料及实现功能的约束条件(如可靠性、操作性、质量、维修性等)。

②将所收集的产品资料按功能实现程度进行分类并排列顺序。

③根据实际价值标准决定产品目标成本。

采用实际价值标准法制定目标成本的价值标准现实存在,有说服力。但是现在的产品功能真的尽善尽美了吗?仍有可能存在过剩功能或功能不足,而且产品的功能与成本是不断变化的,所以选择实际价值标准时一定要注意变化的情况,进行适当修正。

(4)逻辑判断法。逻辑判断法也是一种相对评分方法,对研究对象各个功能区域进行功能评分,进行逻辑判断活动,给出功能评价系数。这种方法可以在强制确定法和 DARE 法的基础上进行。其评价步骤为:

①进行定性评价,由上而下依次排出各零件功能重要程度的顺序。

②自上而下进行对比,分析功能之间的关系,给出逻辑判断。

③暂定最下一项的功能分值为某一数值,按照逻辑判断的数量界限依次打分。

④每一功能的功能值除以得分总合,即得该零件功能评价系数。逻辑流程判

断法确定的功能评价系数，更能准确反映各个零件功能的实际情况，按功能评价系数分配的目标成本比较切合实际。但功能评价时逻辑判断有一定主观色彩。

(5)实际统计值评价法。这种方法是根据大量统计资料，依据产品的基本功能、辅助功能成本，预测价值工程研究对象总成本中实现基本功能的成本和实现必要的辅助功能所需要的成本及二者之间的比例，运用该比例关系决定研究对象的功能评价值。

随着经济的发展和市场竞争的激烈，产品竞争日益集中在辅助功能的竞争，所以产品价值改善的很大一部分取决于产品的辅助功能，预测产品的功能评价值时要考虑必要的辅助功能。

实际统计值法在展开评价工作时，实现收集若干同类产品的资料，经分析研究把现实成本分为3个部分：基本功能成本 $F_b$、必要的辅助功能成本 $F_s$、不必要的辅助功能成本 $F_u$，求出必要功能与基本功能的比例 $R$：

$$R = \frac{F_s}{F_b} \tag{10-4}$$

求出价值工程研究对象的基本功能评价值，利用已求出的(根据统计资料)的 $R$，根据公式

$$F = F_b(1+R) \tag{10-5}$$

求出研究对象的全部功能评价值。

实际统计值评分法简便易行，可以在短时间内进行评价，缺点是必要辅助功能成本比例难以准确确定。

随着科学技术的发展和价值分析的多次循环不断深入，在必要的辅助功能中会进一步分离出某些不必要的辅助功能，而必要的辅助功能有不断下降的趋势。$R$ 的数值也会相应变化需要适时修正。

## 五、方案的制定与实施

当完成了功能分析与评价过程后，价值工程的对象和改造目标已基本确立，下一步的工作就是价值工程的关键阶段——创造出新的方案来代替原有方案，并付诸实施。

方案创造分为两种形式：一种是新产品的设计，通常以最终功能出发，一步一步构想手段功能，创造一个全新的设计方案；另一种形式是老产品的改造，通常是以功能系统图为依据，从某一功能范围入手，创造出一个老产品的改造方案来。为节约经费，对老产品的各种合理的部分应尽量保留。

(一)方案的创造

方案创造是价值工程的关键环节,没有好的改进或全新的方案,价值工程的整个过程就无法完成。价值工程的方案创造工作必须从必要的要求出发,提出设计构思直到方案实施。

方案创造的理论依据是功能载体具有替代性。这种功能载体替代的重点应放在以功能创新的新产品替代原有产品和以功能创新的结构替代原有的结构方案。创造一般可选用下列方法。

1. 头脑风暴法(BS法)

头脑风暴的发展历史可以追溯到1938年,由美国创造工程学家A. F. Osborn首次提出,于1953年正式发表,是一种从心理上激励群体创新活动的方法。头脑风暴(Brain Storming)最初是精神病理学中的一个专业术语,主要指精神病人在失控的状态下的胡思乱想。Osborn借用这个术语来形容创造性思维的自由奔放,打破常规,很多创新的设想像暴风骤雨般地激烈涌现。它首先组织一些具有科研能力和知识修养的专门人才,组成一个小组进行集体讨论,相互启发、相互激励、相互弥补知识缺陷,引起创造性设想的连锁反应,产生尽可能多的设想,然后对提出的设想、方案逐一通过客观、连续的分析,找到一组切实可行的"黄金"方案。

BS是Brain Storming的缩写,是指自由奔放、打破常规、创造性的思考问题。我国的"诸葛亮会"与此类似。一般由5～13人参与为宜,主持人要熟悉价值工程研究对象、善于引导,参加人员要有企业内外部的专业人员。

BS法有4条规则:①不互相指责;②鼓励自由的提出想法;③欢迎提出大量方案;④欢迎完善别人提出的方案。

在会议上对表达的设想不必追求全面系统,但记录工作一定要认真。

国外经验证明,采用头脑风暴法提出方案比同样的人单独提方案的效果要大65%～93%。

2. 哥顿法

哥顿法是1964年美国人哥顿提出来的。在会议上,主持人仅把要解决的问题抽象介绍,使会议参加者并不明白会议的研究问题,以开拓思路。以有名的稻谷脱粒机案例为例,主持人首先提出如何使物体"分离",与会者可以回答"切断"、"锯断"、"剪断"、"烧断"等方法,会议主持人再进一步提出如何使稻谷与稻草分离的问题,最后会议形成一种高效率圆筒式稻谷脱粒机的方案。

哥顿法的优点是将问题抽象化,有利于减少束缚,产生创造性想法,难点在于主持者如何引导。

3. 德尔菲法

德尔菲法的工作方法是将要解决的问题进行分解，选择一定数量的专业人士，将提案要求寄出去，提案人员将提出的设想方案寄回后，把各方面意见加以整理汇总，形成不同的改进方案，再次寄出去供提案人员分析，再次收到意见后选出少数方案后再寄出去。如此反复，最后形成最优方案。

德尔菲法的优点是成员之间互不见面，可以排除权威、资历、多数意见等心理因素影响，有利方案创造，缺点是时间较长。

4. T・T-STORM 法

STORM 是 Systematic Thinking of Objective Realizing Method 的缩写，意思是实现目标的思考方法。该法是由日本经营合理化中心武知考夫提出的，T・T 是武知考夫罗马字母的字头。该方法的具体步骤如表 10-2 所示。

表 10-2 T・T-STORM 法的步骤

| 步骤 | 内容 |
|---|---|
| 集中目标 | 深刻领会对象问题的真正目的，明确定义 |
| 广泛思考 | 自由联想，提出多种新方案 |
| 搜索相似点 | 抽取新方案的关键词作强制联想，使这些方案得到发展 |
| 系统化 | 把实现各种目的的方案系统化，并把这些方案添加到产品设计上 |
| 排队 | 把提出的方案，按价值大小排列顺序，进行选择分析 |
| 具体化和提炼 | 把各种设想方案具体化，并同其他功能和对象问题联系起来，以求把解决的问题的方案具体化 |
| 制定模式 | 确定新方案的细节问题，确定能实现功能的最有价值的具体方案 |

5. 输入输出法

这是美国通用电气公司用于产品的设计的一种方法，将用户需要解决的问题作为“输入”，把企业满足用户要求的目标作为“输出”，将“功能要求事项”作为“制约条件”，进行方案创造。输入输出法首先分析“输入”是否可以直接“输出”，如果不能，进一步考虑“输入”能与什么发生联系。

6. 类比法

类比法是哥顿的又一研究成果，又称 Synectics，意思是把不同的、看起来毫无联系的因素进行联想，类比得出方案。类比法有 3 种。

①直接类比。

例如：有没有在水中和陆地都能走的动物？→ 龟→ 龟的机理→ 水陆两用汽车。

②象征类比。

例如：用神话进行类比，开发一种新型钥匙。（故事）念咒→声音→声波→电信号交换装置→（产品）根据电气原理制成的钥匙。

③拟人类比。

例如：对于传递力矩的轴，如表10-3所示。

表10-3 传递力矩的轴

| 步骤一 | 步骤二 | 步骤三 |
|---|---|---|
| 把自己设想为一根轴时所具有的心情 | 两边受力太大了 | 试图改进安装改进材料 |
| | 阻力太大了 | 试图改进有障碍的地方 |
| | 空间狭窄，挤得难受 | 试图改进空间布置 |

### (二)方案的评价与具体化

对所提出的方案，要从技术评价、经济评价和社会评价3个方面进行方案评价。评价根据需要可以有概略评价和详细评价2种。

1. 方案的概略评价

方案创造时，由于提出的方案很多，所以在具体化之前应进行概略评价，选出一部分较好的方案来。概略评价首先是进行方案的整理、分类。

2. 方案的详细评价

详细评价与概略评价相比，方法更为复杂，也更为准确。

(1)技术可行性评价。技术可行性评价是评价方案实现必要功能的程度，以价值工程研究对象是产品为例，其技术可行性可以从以下几个方面进行评价：①功能的实现程度（性能、质量、寿命等）；②可靠性；③可维修性；④操作性；⑤安全性；⑥整个系统的协调性；⑦与环境的协调。

技术可行性评价力求把技术指标定量化，以便进行比较选择。技术经济价值量计算公式为

$$X=\frac{\overline{P}}{P_{\max}} \qquad (10-6)$$

式中：$X$为技术价值；$\overline{P}$为各项技术项目得分的算术平均值；$P_{\max}$为评分标准的最高得分。

理想方案是技术价值为1，一般$X>0.8$是很好的方案，$X<0.6$为不可行方案。

(2)经济可行性评价。经济可行性评价从成本与利润两方面进行综合考虑，侧

重以成本为指标进行评价，综合考虑企业经营需要、实施改进方案的费用情况、适用时期、方案实施条件等。

经济可行性评价的公式为

$$Y = \frac{H_i}{H} \tag{10-7}$$

式中：$Y$ 为经济效益；$H_i$ 为目标成本（理想成本）；$H$ 为新方案制造成本。

理想方案是经济效益为 1，一般 $Y>0.7$ 是很好的方案，$Y<0.5$ 应该舍弃。

经济可行性评价的方法一般有以下几种：

①变动成本法。是指将成本划分为固定成本与可变成本，计算盈亏平衡点，其基本成本为

$$X = \frac{C}{P-V} \tag{10-8}$$

式中：$X$ 为盈亏平衡点产量；$C$ 为固定成本；$P$ 为产品单价；$V$ 为单位产品变动成本。

②“总额”与“差额”法。总额法是指对影响利润或成本的全部因素加以计算，求出总利润或总成本进行比较的一种方法。差额法是指只对影响利润或成本有差异的因素加以计算，进行差额比较的一种方法，这种方法简便、节省时间。

(3)社会评价。社会评价是指方案的社会效果评价。企业作为社会成员，有其社会属性，要谋求企业的利益与社会利益的一致。社会评价主要包括以下几方面内容：

①方案是否符合国家规划。

②方案实施资源利用是否合理。

③方案实施是否达到国家关于环境保护颁布的有关规定。

④是否符合国家、社会其他要求。

(4)方案综合评价。方案综合评价是在上述 3 种评价的基础上，对整个方案做出综合的、整体的评价。综合评价时要综合考虑各指标因素之间重要性程度、各方案对评价指标的满足程度，从而判断和选择出最优方案。

综合评价的方法从整体上说分为定性评价法和定量评价法。

定性评价法又称为优缺点评价法，简单而且全面，但是这种方法缺乏定量依据，容易把一些相近的方案全部排除或难以选择。

定量评分法是指用评分法评价每一方案的得分来选择方案的方法。定量评分法有许多具体操作方法。下面介绍几种。

①DARE 法，是指根据评价指标重要性程度($W_i$)和方案对评价指标的满足程

度($S_i$)进行综合评价的方法。该方法的具体步骤为：

第一步，确定重要性系数 $W_i$；

第二步，确定方案对评价指标的满足程度系数 $S_i$；

第三步，确定方案的评分值，计算公式为

$$A_i = \sum W_i S_i \tag{10 - 9}$$

根据 $A_i$ 数值，选择总评分值最高的方案为最优方案。

②加法评分法与乘法评分法，这两种方法都是将评价项目按满足程度分为若干等级，确定各级评分标准并进行评分。

加法评分法如表 10 - 4 所示。

**表 10 - 4　加法评分法**

| 内容 | 评价项目 | | 对比方案 | | | |
|---|---|---|---|---|---|---|
| | 评价等级 | 评分标准 | A | B | C | D |
| 功能 | 绝对必要 | 30 | 30 | | | |
| | 一般 | 20 | | 20 | | 20 |
| | 较小 | 10 | | | 10 | |
| 竞争能力 | 强 | 10 | | 10 | | |
| | 中 | 8 | 8 | | | 8 |
| | 弱 | 5 | | | 5 | |
| 市场规模 | 大 | 8 | 8 | | | |
| | 中 | 6 | | 6 | | |
| | 小 | 3 | | | 3 | 3 |
| 生产能力 | 充分利用现有基础增加设备 | 15 | 15 | | | |
| | 少量投入增加 | 10 | | 10 | 10 | |
| | 大量投入 | 6 | | | | 6 |
| 评分总数 | | 25～63 | 61 | 46 | 28 | 37 |

从表中可以看出，A 方案的评分值最高，确定为最优方案。

乘法评分法与加法评分法类似，各方案的每一个评价指标得分累计相乘。由于总分值由乘积确定，所以方案之间分值差距较大，对比醒目。

**(三)提案审批、实施、评价和验收**

选择出最优方案后，进行必要的试验，然后将提案交至有关部门审批，审批通过即可付诸实施。在实施过程中,及时掌握具体情况,及时采取措施解决出现的问题,保证方案顺利进行。活动结束后,要从技术、经济、社会效果进行总结和评价。

在方案实施过程中,应该对方案的实施情况进行检查,发现问题及时解决。方案实施完成后要进行总体评价和验收。

价值分析效果常用计算公式为

$$B=\frac{(C-F)Q-R}{R} \tag{10-10}$$

式中:$B$ 为价值工程活动效果(投资效率);$C$ 为改进前单位成本;$F$ 为改进后单位成本;$Q$ 为年产量;$R$ 为价值工程活动经费。

价值分析一般为 10～20 年,若低于 6 年,价值工程即不合算。

1. 企业经济效益评价

可以根据需要,计算方案实施后劳动生产率、材料消耗、能源消耗、资金利用、设备利用、产量品种发展、利润、市场占有率等指标值。此外,还要进行以下经济效益指标的计算。

(1)全年净节约额。

全年净节约额=(改进前的单位成本－改进后的单位成本)×年产量－价值工程活动费用的年度分摊额 (10-11)

(2)节约百分比。

节约百分比=(改进前的成本－改进后的成本)/改进前的成本×100% (10-12)

(3)节约倍数。

节约倍数=全年净节约额/价值工程活动经费 (10-13)

(4)价值工程活动单位时间节约额。

价值工程活动单位时间节约额=全年净节约额/价值工程活动延续时间 (10-14)

2. 方案实施的社会效果

如填补国内外科学技术或品种发展的空白,满足国家经济或国防建设重点需要,节约贵重稀缺物资,节约能源消耗,降低用户购买成本或其他使用成本,防止或减少污染公害,等等。

## 六、价值工程在农业机械产品设计改造中的应用

### (一)价值工程的合理运用可以显著降低成本,提高经济效益

1984年6月,农机企业价值工程研究会的成立标志着价值工程理论正式被农机行业重视并用来解决现实问题。价值工程在农机行业应用最广泛的是在农机产品的设计制造过程之中。20世纪80年代,该研究会曾对农机行业应用价值工程的情况进行过统计,如常州拖拉机厂应用价值工程对东风-12型手扶拖拉机的尾轮叉、钢圈、工具箱壳体、尾轮圈及照明装置进行了价值分析,全部实施后每年节约费用30.41万元,节约钢铁材料49 t。镇江脱粒机厂生产的TDG-40脱粒机颇受广大农村用户欢迎,产量和质量一直稳步上升,但由于售价低、利润薄,创造的经济效益很少。该厂应用价值工程采纳有关设计、工艺、材料方面改进提案40多项,通过功能成本分析、价值评价,选定更合理的部件改进方案,使整机各部件功能、成本更加匹配,仅8种零部件年节约金额可获益4.6万余元。齐齐哈尔农牧车辆制造总厂为了使产品的功能与成本更加符合用户要求,并增强产品竞争能力,重新审查设计,寻找老产品改进性能和降低成本的途径,对7C-3(7C-4)农用挂车轴总成进行价值分析,对轮轴、轮壳、轴承进行改革,新方案在结构和工艺设计上提出了改进措施,改革后成本分别可降低14%,14.3%和26.8%,从而使车轴总成降低成本18.6%。这些生产设计中的实践都表明,在农机行业中合理运用价值工程可以显著降低成本,提高经济效益。

### (二)价值工程在东方红-150拖拉机设计及生产中的应用

东方红-150小型轮式拖拉机在设计中吸收了国内小拖拉机的成功经验,并应用价值工程原理,对多种方案进行分析论证、筛选,力求设计方案先进、合理、经济可行;在投产后又不断进行功能分析,边生产边改进了13项设计方案,全部付诸实施后可使单台成本降低83.12元。

1. 应用价值工程原理优选设计方案

1982年初,第一拖拉机工程机械联营公司(1997年更名为"中国一拖集团有限公司")着手对东方红-150拖拉机进行设计。着重分析了国内已投入市场的泰山-12和邢台-12马力小四轮拖拉机的功能,每种功能是否是用户所要求的,新设计的小四轮能否比上述两种拖拉机功能多、成本低、使用可靠,在对市场、用户调查的基础上,论证了以下几个问题。

(1)选用卧式柴油机为动力,皮带加齿轮传动的传动系。初设计时,国内主要参考样机是采用卧式195柴油机(12马力)的泰山-12和立式190柴油机(12马力)的邢台-12拖拉机。经调查,这两种机型适合广大农村的需要,供不应求,但农

民反映功率小，希望提高至15马力，可是当时国内又没有能够大量提供15马力柴油机的厂家。有的提出重新设计单缸立式柴油机，这种机型较“正统”。有的提出采用可靠的卧式195柴油机扩缸到100缸径，扩缸设计变动不大，容易投产，见较快，并提出采用皮带加齿轮传动的传动系，少了连接壳体和昂贵的一对螺旋伞齿轮，成本比装立式柴油机可减少100～600元。而如果立式柴油机按电启动设计，再装电启动装置一套，还要增加成本400元左右。这样，同样15马力的分别以立式和卧式柴油机为动力的拖拉机，价格要相差1 000元左右。另外，采用卧式柴油机便于修理和更换各挡轴承、轴及齿轮。至于采用小缸径多缸柴油机的方案，因成本更高又无成熟的机型而未被采用。经分析比较，最后选用设计卧式单缸S1100柴油机作为动力，相应采用了皮带加齿轮传动的传动系统。

(2)传动系中采用(4+1)×2组成式变速箱。泰山-12小四轮拖拉机采用的是(3+1)×2组成式变速箱，高挡速度只有22 km/h。在设计东方红-150拖拉机时，采用(4+1)×2组成式传动箱，此方案只增加1个齿轮，可增加2个前进挡、1个倒挡，而且最高速度可达24 km/h，虽然成本有少量增加(约10元)，但功能有较大提高，因而是合算的。

(3)在横置传动箱上设计了后置动力输出轴。这一方案争论较大。因不但要增加2个直齿伞齿轮，而且还要增加5个直齿圆柱齿轮、8个轴承共51种71个零件，价值约175元，成本略有增加。但考虑到是新设计小四轮拖拉机，功能应高于泰山-12拖拉机。至于成本增加较多，可以由用户选订，以满足其带后置动力机具的要求。后置动力输出轴还可以带皮带轮，给许多固定机具如脱粒机、饲料粉碎机等提供正常工作的动力。

(4)液压悬挂系统采用了齿轮泵。液压悬挂的心脏是油泵，设计时有2种方案：一是选择泰山-12拖拉机的单柱塞泵；二是选择齿轮泵。第一轮设计时只考虑便宜，选用单柱塞泵，但经试验提升力不够，提升时抖动，提升慢。而试装306齿轮泵后，提升质量可达530 kg，各项指标完全符合国际标准。因此，选用齿轮泵和加大缸径的提升油缸，在其重要功能与成本发生矛盾时，最后决定以满足使用性能为主。

(5)后轮轮胎的选择。初设计时，市场上可提供8.3-20，7.5-20，7.5-16三种后轮驱动轮胎。前两种性能优于后一种，特别是低挡的牵引力较大，可是产量小，价格昂贵。而后一种已大量生产，价格比前两种便宜200多元，性能也能满足要求，因此决定先装7.5-16轮胎。而挡泥板设计时则考虑都可以装，以后可根据用户需要选装大轮胎。这个方案稍微降低一点性能，但可以较大幅度地降低成本。

(6)机罩造型尽量美观，并采用了烤漆、涤纶贴花、镀金标牌等美化措施，虽然增加一些成本，但提高了外观功能。

(7)有多种变型的可能。采用选装的办法可以解决功能与成本的矛盾。用户要购买功能多的拖拉机就多花钱,反之少花钱。东方红-150拖拉机可作如下变型:

①先装带蒸发水箱的柴油机,用户增加200元可换成带冷凝式水箱的柴油机,再增加400元左右可换装成电启动柴油机。

②对于只用于运输作业的拖拉机,可以取消动力输出轴,还可以取消液压悬挂系统变成运输型拖拉机,用户可节省购机费300多元。

③可根据用户要求换装加大后轮。

④为满足东北垄作地区要求,可将后轮距增至1.3 m,增加成本80元左右,变成加宽轮距拖拉机。

⑤还能装15马力立式柴油机。

新设计的东方红-150拖拉机于1982年试制出5台样机并进行了一系列试验。1983年12月顺利通过了省级鉴定。

2. 在结构改进中应用价值工程分析改进方案,降低成本

东方红-150拖拉机由于具有功能多、性能好、功率大、速度快、爬坡能力强、外观美等优点,自1983年投放市场后,深受农民欢迎,出现了供不应求的喜人局面,产量大幅度上升。但当时农机市场竞争激烈,优等的质量、优惠的价格、优质的服务是在竞争中立于不败之地的关键因素。另外,国家虽然对农业采取扶持政策,但价格体制上存在弊端,原材料、外协件等大幅度涨价,而小四轮却不提价。该公司结合开展的"双增双节"运动,决定深化价值工程的应用,向科学技术进步要效益,向现代化管理要效益。1987年初,该公司对东方红-150拖拉机13项设计进行了改进,在降低小四轮单台成本、提高经济效益方面又迈进了一步。

(1)功能分析。东方红-150拖拉机由柴油机和底盘18个组(总成)组成,为了便于分析,按功能可分为7大系统。

A—柴油机系统。

B—传动系统。包括离合器总成、传动箱总成、左右半轴与制动器总成。

C—液压悬挂系统。包括齿轮油泵总成、牵引装置、油管总成、提升器总成、悬挂机构总成、液压滤清器总成。

D—行走系统。包括前桥总成、后轮总成。

E—操纵系统。包括发动机供油操纵装置、轮机操纵装置和车架、转向机。

F—电器系统。包括电器设备与仪表。

G—覆盖件系统。包括驾驶室、机罩、挡泥板、皮带罩、工具箱及随车工具。

功能系统图如表10-5所示。

表 10-5　东方红-150 拖拉机的功能系统图

| 序号 | 名称 | 功能 |
| --- | --- | --- |
| A | 柴油机系统 | 提供驱动力 |
| B | 传动系统 | 传力和变速 |
| C | 液压悬挂系统 | 连接、操纵农具 |
| D | 行走系统 | 支撑、出力 |
| E | 操纵系统 | 控制方向、油门和停车 |
| F | 电器系统 | 照明、发声 |
| G | 覆盖件系统 | 美化、安全防护 |

(2)功能评价。采用 FD 法,求出功能评价系数,进而求出价值系数,并根据价值系数的大小来选择价值工程分析对象,如表 10-6 所示。

表 10-6　FD 法及价值系数计算表

| 系统名称 | A | B | C | D | E | F | G | 功能分数 | 功能评价系数 | 现实成本/元 | 成本系数 | 价值系数 | 选择对象 |
| --- | --- | --- | --- | --- | --- | --- | --- | --- | --- | --- | --- | --- | --- |
| A | * | 1 | 1 | 1 | 1 | 1 | 1 | 6 | 0.29 | 995.65 | 0.23 | 1.26 | |
| B | 0 | * | 1 | 1 | 1 | 1 | 1 | 5 | 0.24 | 1 273.45 | 0.29 | 0.83 | √ |
| C | 0 | 0 | * | 0 | 0 | 1 | 1 | 2 | 0.10 | 496.50 | 0.11 | 0.91 | √ |
| D | 0 | 0 | 1 | * | 1 | 1 | 1 | 4 | 0.19 | 945.20 | 0.27 | 0.86 | √ |
| E | 0 | 0 | 1 | 0 | * | 1 | 1 | 3 | 0.14 | 322.20 | 0.07 | 2.00 | |
| F | 0 | 0 | 0 | 0 | 0 | * | 0 | 0 | 0 | 73.80 | 0.02 | 0 | |
| G | 0 | 0 | 0 | 0 | 0 | 1 | * | 1 | 0.04 | 262.30 | 0.06 | 0.67 | √ |
| 总计 | * | * | * | * | * | * | * | 21 | 1.00 | 4 369.10 | 1.00 | * | * |

价值分析的对象最后选定为 G,B,D,C。

当价值系数大于 1 时,其因素很多,其中之一可能是成本偏低或功能富余,一般不作重点改进对象,如系统 A 和 E。

当价值系数小于 1 时,表明成本过高,应作为价值分析的对象,如系统 G,B,D,C。

当价值系数为 0 时,只说明它的功能最不重要,并不等于它可以取消,也不作为分析对象,如系统 F。

(3)具体改进措施。对 G,B,D,C 系统中零件进行功能分析,确定具体改进方案。

①对重点对象逐零件进行功能分析,取消多余、过剩功能,降低成本。

ⅰ. 在右半轴壳上固定一工具箱，工具箱与右半轴壳之间有工具箱垫板，经使用试验，取消也可以，并不影响工具箱固定的可靠性，已取消。

ⅱ. 在设计主离合器时，为降温开了窗口，原来的封尘圈和封尘弹簧的功能就多余了，经使用试验，取消后对离合器工作没什么影响，已取消。

ⅲ. 传动箱中差速器与半轴齿轮相对摩擦处有一处是钢对钢摩擦，原设计装了 2 个铜套，经整机转鼓试验，此处可以取消铜套。

②在满足功能的前提下，用廉价材料代替昂贵材料。

ⅰ. 前桥上的 6 个铜套由铜材改为粉末冶金。

ⅱ. 提升器的两个铜套改为粉末冶金。

ⅲ. 传动箱的量油尺由钢制改为尼龙油尺。

ⅳ. 油门三角板由 45 号钢改为 $A_3$ 钢。

ⅴ. 轮网由 08AI 改为 $A_3$ 钢。

ⅵ. 球头销座原用 20 号钢冷挤，然后渗碳淬火，现改为加二硫化钼的尼龙 1010 制作。

ⅶ. 主离合器弹簧由 50CrVA 改为 1 组碳素弹簧钢丝。

③改进设计，使零件便宜，功能又好。

ⅰ. 随车工具中有一大扳手(50×55)，只用一头。现改为专用套筒，使用起来比大扳手好用。

ⅱ. 传动箱体在不装动力输出轴时将结构简化，可大大降低废品率。

ⅲ. 制动蹄由铸钢件改为焊接件，节约了材料。

3. 应用价值工程改进产品的效果

改进方案是否可行，需从功能、成本与经济效益三方面综合评价。在功能方面，除去某些零件的过剩功能，保证了整机的必要功能。在成本方面。改进后单台成本可降低 83.12 元，全年按 4 万台计算，可降低成本 332.48 万元。

由此可见价值工程是一种花钱少、见效快、经济效益明显、行之有效的科学管理技术。该公司年价值分析活动费用约 1.2 万元，按年产 4 万台计算，全年节约金额为 331.28 万元。

公司为使改进方案可靠，共计进行了 4 860 h 台架试验，之后全部更改了图纸，并投入生产。

**(三)价值工程在喷雾喷粉机改进方案中的应用**

在农机产品设计中，组成产品的零部件能够充分体现使用功能是设计者追求的目标。功能较强的零部件在制造的过程中能够分配较多的成本，功能较弱的则分配较少的成本，功能与成本大体相符。但是，由于种种原因、导致某些零部件的功能与成本不符，这就需要运用价值工程理论对产品进行评价，调整价值系数偏差过大的零部件的制造成本，通过改进设计最终达到功能与成本基本相符的要求。当产品的目标成本确定之后，可根据价值工程理论探讨降低成本的途径。

现对3WF-2型背负式喷雾喷粉机进行分析。

1. 零件成本分析

对引风机构的26个零件进行成本分析，说明成本分析的方法，并按成本大小依次排列，分成A、B、C 3类，如表10-7所示。其中，A类零件的成本比重如表10-8所示，B类零件的成本比重如表10-9所示。由表10-8、表10-9可见，构成A、B两类的10个零件占全部零件总数的38.5%，但成本为1.11元，占全部成本的83.5%。因此，把A、B两类其中8种零件作为开展分析的对象。

**表10-7　引风机构零件成本分布**

| 分类 | 零件数量/件 | 占全部零件百分比/% | 零件成本/元 | 占全部零件成本百分比/% |
|---|---|---|---|---|
| A | 4 | 15.4 | 0.86 | 64.7 |
| B | 6 | 23.1 | 0.25 | 18.8 |
| C | 16 | 61.5 | 0.22 | 16.5 |
| 总计 | 26 | 100.0 | 1.33 | 100.0 |

**表10-8　A类零件成本比重**

| 序号 | 零件名称 | 成本/元 | 数量/个 | 占全部成本/% |
|---|---|---|---|---|
| 1 | 引风管 | 0.35 | 1 | 26.3 |
| 2 | 接风管 | 0.24 | 1 | 18.1 |
| 3 | 黄铜轴 | 0.15 | 1 | 11.3 |
| 4 | 橡胶垫 | 0.12 | 1 | 9.0 |
| 总计 | — | 0.86 | 4 | 64.7 |

2. 价值评价理论应用

通过对3WF-2型背负式喷雾喷粉机的各系数计算结果如表10-10所示。由表10-10可见，零件号1,4,5,8,10价值系数<1，成本偏高应选为对象，但零件号1为外协加工暂不选。由于用户反映9号零件质量问题较大，虽然价值系数接近于1，也应选为对象。所以，按次序分别选零件8,5,10,4,9等5个零部件为改进对象，但对于部件需要进一步分析。

表 10-9 B 类零件成本比重

| 序号 | 零件名称 | 成本/元 | 数量/个 | 占全部成本/% |
|---|---|---|---|---|
| 1 | 卡子 | 0.08 | 2 | 6.0 |
| 2 | 挡风板 | 0.06 | 1 | 4.5 |
| 3 | 塑料板 | 0.06 | 1 | 4.5 |
| 4 | 螺钉 | 0.05 | 2 | 3.8 |
| 总计 | — | 0.25 | 6 | 18.8 |

表 10-10 价值评价

| 零件号 | 名称 | 功能评价系数 | 目前成本/元 | 成本系数 | 价值系数 | 目标成本/元 | 成本降低额/元 | 优先顺序 | 备注 |
|---|---|---|---|---|---|---|---|---|---|
| 1 | 药液箱 | 0.21 | 600.00 | 0.257 | 0.817 | 472.50 | −127.50 | | 外协件 |
| 2 | 悬挂架 | 0.14 | 298.23 | 0.128 | 1.094 | 314.00 | +16.77 | | |
| 3 | 定框架 | 0.03 | 56.77 | 0.024 | 1.25 | 67.50 | +10.73 | | |
| 4 | 过滤器 | 0.02 | 47.81 | 0.021 | 0.952 | 45.00 | −2.81 | 4 | |
| 5 | 活动框架 | 0.07 | 171.56 | 0.074 | 0.940 | 157.50 | −14.06 | 2 | |
| 6 | 升降机构 | 0.04 | 81.93 | 0.035 | 1.143 | 90.00 | +8.07 | | |
| 7 | 喷管 | 0.15 | 290.81 | 0.125 | 1.2 | 337.50 | +46.69 | | 外协件 |
| 8 | 喷杆 | 0.13 | 340.19 | 0.146 | 0.89 | 292.50 | −47.69 | 1 | |
| 9 | 泵连接部件 | 0.16 | 363.33 | 0.156 | 1.026 | 360.00 | −3.33 | 5 | |
| 10 | 调压开关 | 0.02 | 49.96 | 0.021 | 0.952 | 45.00 | −4.96 | 3 | |
| 11 | 分段开关 | 0.03 | 32.15 | 0.014 | 2.413 | 67.50 | +35.35 | | 外协件 |
| 总计 | | 1.00 | 2 332.74 | 1.00 | — | 2 250.00 | — | — | |

由于条件所限，将具备以下条件的零部件作为改进对象：首先是占成本比重较大且有降低成本可能的零部件；其次是加工工艺复杂、应用现行工艺不能满足技术要求、质量不易保证的零部件；其三是有可能选用代用材料的零部件；其四是改进后能够很快实施的零部件；其五是试销后用户反映大的零部件。

经过技术经济分析后发现，活动框架部件中的离合上凸轮、离合下凸轮、泵联接部件中的花键、过滤器中的过滤网符合以上条件。因此，把它们与调压开关阀、喷杆一起作为此次改进的具体对象。

3. 分析研究与拟定改进方案

(1)喷杆。由于喷杆的设计中有较多阶梯，经过分析有个别阶梯可以去掉，通过改进设计和加工工艺，既满足了功能要求，又降低了成本。

(2)活动框架部件。此部件中转轴部分的离合上凸轮和离合下凸轮结构比较简单，技术要求不高，过去采用$\phi70$，$\phi27$圆钢经机械加工制作而成。通过研究分析后决定改为整体铸铁件，这样既满足了技术要求，又节省了材料与工时。

(3)调压开关阀。此零件原是一个整体铸铜件，结构比较复杂，铸造难度与加工难度较大。据用户反映，开关处容易漏水。针对这些问题，在对调压开关阀进行技术经济分析后，决定将整体调压开关阀解体为开关与阀体两部分。开关采用外协标准件，这样既可降低成本，又解决了滴漏问题；对于阀体，将过去的五通阀改为三通，去掉了不必要的功能，大大降低了成本。改进后的调压开关阀，材料费比过去减少了 2.38 元，工时节省了 320 min。

(4)泵联接部件。泵联接部件是组成喷雾机的关键件，技术要求高，但当时工艺装备比较落后，加工零件时需要工时较多，其中联轴器中的轴套最为突出。之前加工轴套是先铸件，然后内部拉齿，加工难度较大。经过技术分析后，决定将轴套分为两部分，分别铸造加工，其中花键部分改为外协加工。过去，轴套中仅花键部分加工就需480 min，折合工时费为 15.04 元，改为外协加工后，其花键成本是原成本的 2%，从而大大降低了成本。

(5)过滤器。过滤器中的过滤网采用不锈钢制品，不但材料贵，而且过滤网焊接时技术精度无法保证，在改进时，考虑到过滤网的功能主要是过滤药液中杂质，采用塑料过滤网可得到相同效果。同时，由于塑料过滤网可一次注塑成型，去掉了锡焊工序，过滤精度明显提高，过滤网成本也降低了 78%。

4. 效果评价

(1)概略评价。

①技术可行性评价。整体结构外形美观、稳固可靠、拆装方便，改进后整体结构在设计上和工艺上不存在技术障碍。

②经济可行性评价。对改进后的成本进行粗略评价，改进后成本大大降低，预计本方案所需投资新增工装和材料供应不成问题，立足外配加工，效果较好。

(2)详细评价。

在方案确定以后，即可在技术和经济上对方案进行详细评价，评价结果可作为制定目标成本的依据。上述方案在试生产后效果显著，主要表现在：

①降低了成本。通过对上述 5 种零件的改进，零件成本降低 62.32%，单台成

本比改进前降低 5.36％。

②提高了劳动生产率。改进方案确定后，经总工程师审批，纳入了工艺，重新修改了工时定额，每台可节约工时 1 395 min。这样，每月可多产 1 台。

③提高了产品质量。应用价值工程原理，系统地分析了该机的总体结构及主要零部件，在各系统的配合上进行了进一步优化，如泵联接部件、调压开关阀的改进，同时提高了产品质量。

④增强了价值观念。通过开展价值工程活动，使工程技术人员在技术工作中注重技术经济分析，讲究综合经济效益，做到了技术工作与经济工作的有机结合。

## 习 题

10-1 解释下列名词术语：

①技术创新；②创新能力；③价值工程；④头脑风暴法；⑤T·T-STORM 法

10-2 简述农业机械化技术创新能力的内容与基本构成。

10-3 技术创新战略有哪些类型，各有何特点？

10-4 试述我国农业装备技术创新能力的影响因素。

10-5 简述价值工程实施的原则、步骤、核心内容及方案评价方法。

# 参考文献


［1］ 安徽省法学会.农业生产经营法律指南［M］.合肥:安徽人民出版社,2009.

［2］ 白人朴.新阶段的中国农业机械化:白人朴教授论文选集［J］.北京:中国农业科学技术出版社,2007.

［3］ 陈宝峰,张培增,韩永英.新时期山西省农机化发展研究［M］.北京:中国农业出版社,2005.

［4］ 曹殿仲.农机公司的经济效果问题［J］.安徽财贸学院学报,1983(2):47.

［5］ 邓聚龙.灰色系统基本方法［M］.2版.武汉:华中科技大学出版社,2005.

［6］ 方宪法.我国农业机械化技术自主创新能力研究［D］.北京:中国农业大学,2007.

［7］ 高焕文.高等农业机械化管理学［M］.北京:中国农业大学出版社,2003.

［8］ 顾焕章.农业技术经济学［M］.2版.北京:中国农业出版社,2001.

［9］ 郝迪新.在东方红-150拖拉机设计及生产中应用价值工程效果显著［J］.价值工程,1988(3):14-17.

［10］ 洪兴华,阎宗彪.栾城"万亩方"引进农业机械试点经济效果的初步分析［J］.农业现代化研究,1981(1):23-37.

［11］ 马晓河.加快工业化城镇化要求推进农机化［J］.河北农机,2010(1):1.

［12］ 马山水,张建设.大荔县农户经营农业机械经济效果问题的探讨［J］.西北农林科技大学学报(自然科学版),1985(2):92-100.

［13］ 农牧渔业部农业机械化管理局编.农业机械化经济管理［M］.北京:中国农业机械出版社,1985.

［14］ 农业部农业机械化管理司.农机管理人员读本［M］.北京:中国农业科技出版社,1999.

［15］ 农业部农机化司课题组.应对农业劳动力转移加快推进农业机械化［J］.农机科技推广,2008(7):14-19.

［16］ 邵仲岩,董志刚.技术经济学［M］.哈尔滨:哈尔滨工程大学出版社,2008.

［17］ 宋山梅,于海龙.农业机械化与农业经济增长的实证分析［J］.农业经济,2008(11):10-11.

[18] 汪懋华.中国农业机械化发展战略研究 区域农业机械化卷(上):北方地区、南方地区、丘陵山区农业机械化发展战略研究[M].北京:中国农业出版社,2008.

[19] 万鹤群.农村经济结构调整与农业机械化优化[M].北京:北京科学技术出版社,1992.

[20] 王遵义.价值评价理论在喷粉喷雾机改进方案中的应用[J].农机化研究,2005(2):195-197.

[21] 辛永波.我国农业装备技术创新能力研究[D].北京:中国农业大学,2007.

[22] 夏振坤,刘天福.农业机械化技术经济学[M].北京:中国农业机械出版社,1986.

[23] 徐斌.技术经济学理论发展问题研究[D].北京:北京交通大学,2007.

[24] 涂同明.农机专业合作社与农机大户必读[M].武汉:湖北科学技术出版社,2009.

[25] 杨敏丽.中国农业机械化与农业国际竞争力[M].北京:中国农业科学技术出版社,2003.

[26] 杨敏丽.我国"十一五"农业机械化发展趋势与重点[J].农机推广安全,2005(6):8-9.

[27] 杨敏丽."十二五"中国农业机械化发展形势分析[J].中国农机化,2011(1):9-15.

[28] 苑鹏.联产承包责任制下农业机械投入的若干技术经济问题[J].农业现代化研究,1988(3):59-62.

[29] 余友泰.农业机械化工程[M].北京:展望出版社,1987.

[30] 张础宝.关于引进日本水稻机械化栽培技术经济效果调查[J].吉林农业科学,1981(01):91-93.

[31] 张冬平.农业技术经济学[M].北京:中国农业大学出版社,2009.

[32] 中国农业大学.典型区域粮食作物生产全程机械化油耗现状及机具配置优化研究[R].2009.

[33] 钟学义,陈平.技术,技术进步,技术经济学和数量经济学之诠释[J].数量经济技术经济研究,2006(3):156-161.

[34] 张云,庞庆海.机械化粮豆高产栽培技术经济效益分析——海城县东耿大队机械化经济效益的调查[J].农业经济,1982(2):32-34.